원서 2판

현대학습이론

Contemporary Theories of Learning(2nd ed.)

Knud Illeris 편저
전주성 · 강찬석 · 김태훈 · 김영배 공역

세계적인 학습이론가 18인의 시각

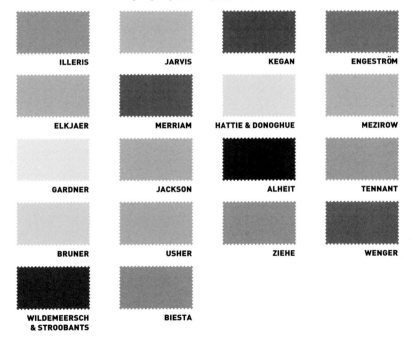

ILLERIS   JARVIS   KEGAN   ENGESTRÖM

ELKJAER   MERRIAM   HATTIE & DONOGHUE   MEZIROW

GARDNER   JACKSON   ALHEIT   TENNANT

BRUNER   USHER   ZIEHE   WENGER

WILDEMEERSCH
& STROOBANTS   BIESTA

학지사

Contemporary Theories of Learning 2nd Edition

by Knud Illeris

역자 서문

. . . .

바야흐로 유기체인 인간의 고유 기능이었던 '학습'을 이제 기계가 대신하는 시대를 살아가고 있다. 조만간 완벽한 범용인공지능(AGI)의 시대를 맞이하게 될 인류는 더욱 '학습' 혹은 '학습하는 수고스러움'에서 멀어질 운명이다.

본디 학습은 우리 인간에게 주어진 숙명인 동시에 기쁨이(었)다. 학습은 우리가 가진 가능성을 더욱 가능하게도 하지만, 뜻하지 않은 우리의 잠재성을 발현시켜 주는 동인이기도 하다. 학습을 통해 우리는 예측 가능한 삶을, 그리고 동시에 예기치 않은 삶의 변화에도 맞설 수 있었다. 향후 '학습'의 기능이 축소되거나 제한된 인간의 존재는 과연 '무엇'으로 남게 될 것인가?

점점 학습이 필요 없어지는 시대에 역설적으로 우리가 우리의 '학습'을 뒤돌아봐야 하는 것은, 그것도 자세히 살펴봐야만 하는 것은 '인간 존재'로서의 당위이다. 이러한 점에서 『현대학습이론(2판)』은 우리가 우리의 학습을 이해하는 데 귀중하고 소중한 길라잡이의 역할을 맡는다. 이 책은 학습이론에 관한 세계적인 석학 열여덟 분의 귀중한 통찰을 담고 있다. 우리 인간의 다양한 학습 양태며, 학습이 어떻게 이루어지고 구성되는지에 대한 심층적이고 현대적인 시각을 담고 있다. 결국, 문심혜두(文心慧竇)는 우리의 업(業)이다!

각설하고, 10여 년 전의 『현대학습이론』의 초판 번역은 나와 공역자들에게 지극한 어려움을 안겨 주었다. 우리의 사유체계와 사고구조에 부합하지 않은 어휘와 용어를 우리말로 옮기는 데 애를 먹기 때문이다. 2판 번역은 공역자들의 초벌 번역을 1년여에 걸쳐 거의 새로 고쳐 쓰고 다듬어 가독성을 한층 높였다.

끝으로, 번역서 그것도 종이책이 역사적 유물이 되어 가는 시대에 『현대학습이론(2판)』의 번역을 흔쾌히 허락해 주신 학지사 김진환 대표께 깊은 감사의 인사를 드린다. 그리고

초벌 번역에 기꺼이 동참해 준 숭실대학교 평생교육학과 강찬석, 김태훈, 김영배 박사께
도 심심한 감사의 마음을 전한다.

2024년 8월

살피재 서재에서

전주성 씀

현대학습이론 2판을 펴내며

• • • • • • • • • • • • • • • •

이 책은 2008년 출간된 Knud Illeris의 고전 저작 10주년 기념판으로 오늘날 가장 영향력 있는 학습이론가들의 최신 저작을 업데이트하여 수록한 결정판이다. 이 책에는 John Hattie와 Gregory Donoghue, Sharan Merriam, Gert Biesta, Carolyn Jackson의 챕터가 추가되어 있다. 이 책은 세계적으로 유명한 전문가들이 모여 학습이란 무엇이며 인간의 학습이 어떻게 이루어지는지에 대한 이해를 제시하며, 학습의 사회적·심리적·정서적 맥락을 다루고 있다.

이 명확하고 일관된 개요에서 Knud Illeris 교수는 학습이 이루어지는 복잡한 프레임워크와 학습의 특정 측면을 설명하는 장들을 모았다. 각 국제적인 전문가들은 성인학습이론, 학습전략, 학습과정의 문화적 및 사회적 성격과 같이 자신이 평생에 걸쳐 연구해 온 개념적 프레임워크에 대한 중요한 텍스트 또는 완전히 새로운 요약을 제공한다.

학습의 핵심 개념을 명확히 설명하는 『현대학습이론』은 학생들을 위한 완벽한 참고서이자 이상적인 입문서를 제공한다. 이 책은 학습에 관한 연구를 수행하는 모든 연구자와 학자들에게 귀중한 자원이며, 이론가들의 직접적인 말로 현재의 학습이론에 대한 상세한 종합을 제공한다.

편저자 서문

* * * * * * * * *

이 책의 초판은 2008년에 출간되었다. 이에 대한 직접적인 배경은 내가 거의 20년 동안 1999년에는 덴마크어로, 2002년에는 영어로 출판된『학습의 세 차원(The Three Dimensions of learning)』과 2006/2007년부터『우리는 어떻게 배우는가(How We Learn)』에 대한 책을 쓰기 위해 매우 광범위하고 국제적인 학습이론을 선택하기 위해 노력해 왔다는 것이다. 이와 관련하여, 나는 내가 생각하기에 가장 중요한 학습이론가들의 글을 담은 덴마크어로 된 두 권의 책을 출판한 적이 있다. 그리하여 비슷한 책을 영어판으로도 출판하는 것은 당연한 생각이었다.

하지만 이런 종류의 국제적인 책은 가장 중요하고 현대적인 이론가들에게 더 배타적으로 그리고 더 선택적으로 집중해야 한다고 생각했다. 그래서 두 덴마크어판에는 모두 50명 정도의 저자가 포함되어 있는 반면에, 영어판에는 16명의 기여자만 포함했는데, 나는 당시 이들을 가장 대표적이고 최신의 학습이론가로 생각했기 때문이다. 하지만 2판에서는 다음과 같이 변경하였다.

첫째, 그 선택이 여전히 동시대적인 것으로 간주될 수 있도록 기고문의 접수 시한을 1990년에서 1995년으로 변경했는데, 초판에 실렸던 John Heron(1992)과 Jean Lave(1993)의 장은 이들 두 저자의 최근 저술을 찾을 수 없었기 때문에 2판에서는 제외하였다. 당장은 새로운 밀레니엄의 시작인 2000년을 그 경계로 선택하는 것이 더 자연스러워 보일 수도 있지만, 사실 1990년대의 마지막 5년 동안, 특히 Jerome Bruner(1996), Robin Usher(1997), Etienne Wenger(1998)를 중심으로 매우 중요한 공헌이 이루어졌고 이는 여전히 현대적인 것으로 간주될 수 있다.

둘째, 2명의 기고자인 Bente Elkjaer와 Mark Tennant는 초판에 실린 글들을 자신의 새로운 글로 교체하고 싶다고 요청해 왔다. 그리고 마지막으로, 대표되는 4명의 새로운 저자를 초대하기로 하였다. 이 중 한 명인 Sharan Merriam은 1980년대 초부터 출판 활동을 해왔으며, Rosemary Caffarella와 함께 쓴 저명한 저서『Learning in Adulthood: A Comprehensive Guide』의 초판은 1991년에 나온 것이기 때문에 확실히 학습 분야에서 그녀의 이름은 새로운 이름은 아니다. 따라서 이번 판에서 그녀의 존재는 오히려 초판의 부족한 부분을 2017년의 새로운 장으로 보완한 것이라고 볼 수 있다. 이와는 대조적으로 Carolyn Jackson, Gert Biesta, John Hattie와 Gregory Donoghue의 세 개의 장은 학습이론 분야에서 새로운 중요한 기여로 신선한 접근을 확실히 보여 주고 있다. 이 장들은 학습이론 분야에서 지속적으로 새로운 발전이 일어나고 있으며, 새로운 사회발전을 어떻게 반영하고 있는지를 나타낸다.

또한 이 책에서 적절한 '학습이론'으로 간주될 수 있는 것 가운데 주로 시스템 이론이나 뇌 연구는 포함하지 않았다는 점을 초판에서와 같이 반복해서 밝힌다. 이 두 분야가 관련성이 없거나 흥미롭지 않기 때문이 아니라, 그 기초와 출발점이 일반적으로 학문 분야로 간주되는 영역 밖에서 이루어지기 때문이다.

이제 18개 장의 순서는 내가 쓴 첫 번째 장에 제시한 학습차원의 이론적 모델을 따른다. 첫 번째 장에 이어 두 번째 장부터는 각각 다른 방식으로 학습 분야의 일반적인 개요와 구조를 다루는 Peter Jarvis, Robert Kegan, Yrjö Engeström, Bente Elkjaer, Sharan Merriam 그리고 John Hattie와 Gregory Donoghue의 여섯 개의 장이 뒤따른다. 그다음에는 학습 콘텐츠 차원을 주로 다루는 Jack Mezirow와 Howard Gardner를, 그리고 이어 인센티브 차원에 주 초점을 둔 Carolyn Jackson, Peter Alheit, Mark Tennant를 배치하였다. 다음은 상호작용 학습차원을 다룬 다섯 개의 장으로 구성되어 있는데, 이 중 Jerome Bruner, Robin Usher, Thomas Ziehe는 주로 문화적 맥락을 다루었고, 마지막 두 개의 장인 Etienne Wenger 그리고 Danny Wildemeersch와 Veerle Stroobants는 사회적 맥락에 초점을 두었다. 마지막으로, 나는 일반적으로 그리고 학습모델과 관련하여 후기 근대의 학습에 관한 우수하고 보다 철학적인 접근 방식으로 차별화되는 Gert Biesta의 장을 배치하였다.

이러한 방식으로 이 책은 학습에 대한 다양한 관점을 독자에게 안내한다. 18개의 기고문은 각각 고유한 구역 또는 세계를 형성하기 때문에 따로 구역을 나누어 구별하지는 않았다. 학습이라는 주제에 대한 현대의 중요한 접근 방식을 광범위하고 적절하게 표현하는 것이 나의 목표였으며, 현재 상황과 다양한 학습이론적 이해에 대한 개요를 제공할 수 있는 책을 만드는 데 성공하여 독자들이 이 주제를 자격 있고 차별화된 방식으로 다룰 수 있도록 영감을 주었으면 하는 바람이다.

Knud Illeris

차례

◆ 역자 서문 / 003
◆ 현대학습이론 2판을 펴내며 / 005
◆ 편저자 서문 / 007

1 인간의 학습에 대한 하나의 포괄적 이해
Knud Illeris

배경 및 기본 가정 / 017
두 가지 기본적인 과정과 학습의 세 차원 / 018
일상적인 학교생활의 예 / 021
네 가지 학습 유형 / 023
학습 장애물 / 026
내외적 학습조건 / 029
결론 / 030
참고문헌 / 033

2 사회적 인간이 되기 위한 학습 내가 되기 위한 학습
Peter Jarvis

도입 / 037
인간학습에 대한 이해 / 038
인간학습에 대한 포괄적인 이론을 지향하며 / 042
한 인간의 평생학습 / 049
결론 / 051
참고문헌 / 053

3 무슨 '모양(form)'이 전환하는가 전환학습에 관한 구성적·발달론적 접근
Robert Kegan

도입 / 057
전환학습과 그것의 성공의 문제 / 065
정보학습과 전환학습 / 066
무슨 모양이 전환하는가 — 인식론의 중심적인 역할 / 069

평생에 걸친 현상으로서의 전환학습 / 071
참고문헌 / 080

④ **확장학습** 활동이론의 재개념화를 위하여
Yrjö Engeström

도입 / 083
활동이론의 세대와 원칙들 / 084
확장학습 ─ 새로운 접근 방식 / 089
헬싱키 아동건강센터의 학습과제 / 090
학습의 주체는 누구이고 어디에 있는가 / 091
그들은 왜 학습하며, 무엇이 그들을 그렇게 하도록 하는가 / 094
그들이 학습하는 것은 무엇인가 / 100
그들은 어떻게 학습하는가 ─ 핵심 행동은 무엇인가 / 104
결론: 학습발달의 방향성 / 106
참고문헌 / 108

⑤ **프래그머티즘** 창의적인 상상력으로서의 학습
Bente Elkjaer

도입 / 113
프래그머티즘의 출현 / 116
지식 사건(knowledge─affair)으로서의 경험의 개념 / 118
삶(lives)과 생활(living)로서의 경험의 개념 / 120
기초는 반사궁(reflex arc)에 대한 비판이다 / 121
Dewey의 정교한 경험 개념 / 123
실천 vs. 경험 / 126
지식의 통로로서의 탐구 / 127
결론 및 논의 / 129
참고문헌 / 131

⑥ **성인학습이론** 진화 및 미래 방향
Sharan B. Merriam

도입 / 137
성인학습에 관한 기초 이론들 / 138
성인학습의 맥락기반 모델 / 142
성인학습 분야의 최근 이론 / 145
성인학습의 미래 이론 구축 및 실천에 대한 시사점 / 150
참고문헌 / 152

7 학습모델 학습전략의 효과 최적화
John A. T. Hattie & Gregory M. Donoghue

도입 / 157
학습모델 / 160
입력과 결과 / 161
학습 에이전트 / 164
학습전략 / 166
논의와 결론 / 169
감사의 말씀 / 175
참고문헌 / 175

8 전환학습이론
Jack Mezirow

도입 / 181
기초 / 182
전환학습이론 / 183
이슈 / 187
전환학습에 관한 관점 / 192
대학원 성인교육에서 전환학습 촉진하기 / 197
성인의 앎에 대한 보편적 차원 / 198
참고문헌 / 200

9 이해를 위한 다양한 접근 방식
Howard Gardner

도입 / 203
접근 방식의 일반화 / 211
참고문헌 / 215

10 학습의 정서적 차원
Carolyn Jackson

도입 / 219
정서와 감정의 개념화 / 220
두려움, 불안 그리고 학교 교육 / 224
교육 분야에서의 두려움/불안 연구 / 225

결론 / 234
참고문헌 / 234

⑪ 전기학습 – 평생학습 담론 안에서
Peter Alheit

도입 / 239
거시적 관점: 교육시스템 재편으로서 평생학습 / 241
미시적 관점: 전기학습의 현상학적 측면 / 247
국제 평생학습 의제에 대한 새로운 연구질문 / 251
참고문헌 / 252

⑫ 자기(the self)의 생애사
Mark Tennant

도입 / 257
자기 / 260
정체성 / 263
주체성 / 266
참고문헌 / 272

⑬ 문화, 정신 그리고 교육
Jerome Bruner

계산주의와 문화주의 / 277
정신이론 / 283
참고문헌 / 288

⑭ 경험, 페다고지 그리고 사회적 실천들
Robin Usher

경험, 페다고지 그리고 사회적 실천들 / 293
라이프스타일 실천들 / 295
직업적 실천들 / 299
고백적 실천들 / 303
비판적 실천들 / 305
현대 성인학습의 맥락에서 경험 재고하기 / 307
참고문헌 / 311

⑮ 청소년의 '정상학습의 문제들' 근본적인 문화적 신념의 맥락에서
Thomas Ziehe

청소년의 학습 스타일에 대한 상징적 맥락으로서의 기본 신념 / 315
근본적인 신념의 현대화 / 318
청소년의 일상생활에 미치는 영향 / 323
구조화를 지지하는 의미의 필요성 / 329

⑯ 학습에 대한 사회적 이론
Etienne Wenger

도입 / 337
개념적 관점: 이론과 실천 / 338
참고사항 / 346
참고문헌 / 348

⑰ 전이학습과 성찰적 퍼실리테이션 일자리를 위한 학습 사례
Danny Wildemeersch & Veerle Stroobants

도입 / 353
성찰적 및 제한적 활성화 사이에서 / 354
전이학습 / 355
전이학습에 관한 교육적 관점 / 362
결론 / 367
참고문헌 / 368

⑱ 학습의 정치 중단하기
Gert Biesta

도입: 학습, 학습, 학습 / 373
'학습'의 문제 / 375
학습의 정치 / 377
학습의 탈자연화는 학습의 재정치화이며, 학습의 재정치화는 학습의 탈자연화를 요구한다 / 382
학습 없는 해방 / 383
예시: Foucault와 위반의 실천(practice of transgression) / 386
결론 / 390
참고문헌 / 391

◆ 찾아보기 / 395

1

인간의 학습에 대한
하나의 포괄적 이해

Knud Illeris

Knud Illeris

1970년대까지 Knud Illeris는 스칸디나비아에서 이론과 실제에 대한 프로젝트 연구개발로 유명했다. 이 연구에서는 주로 Jean Piaget의 접근 방식과 Carl Rogers의 유의미한 학습에 대한 아이디어, 독일계 미국인 프랑크푸르트학파의 소위 '비판이론'에서 발전한 후기 현대 자격 요구의 이해가 결합된 학습이론이 적용되었다. 청소년 및 성인 교육, 직장생활에서 수년간 실제적인 개발 작업을 수행한 후, Illeris는 1990년대에 학습이론의 뿌리로 돌아와서 학습에 대한 일반적이고 포괄적인 이해를 구축하기 위해 다른 많은 이론적 접근 방식을 포함했으며, 이는 1999년 덴마크어로, 2002년에는 영어로 처음 출간한 그의 저서 『학습의 세 차원(The Three Dimensions of Leaning)』에서 처음 소개되었다. 그 후 2006/2007년에 『우리는 어떻게 배우는가: 학교와 그 이후의 학습과 비학습(How We Learn: Learning and Non-learning in School and Beyond)』에서 완전히 해결되었으며, 2015/2017년에 새로운 버전으로 완성되었다. 이 장은 Illeris의 이해에 대한 주요 아이디어를 제시하며, 2006년 코펜하겐 학술대회에서 발표한 것을 공들여 다듬은 논문이다.

배경 및 기본 가정

• • • • • • • • • • •

　19세기의 마지막 수십 년 동안 학습에 관한 많은 이론과 지식이 나오기 시작했다. 이것들은 서로 다른 관점과 인식론적 기반 그리고 매우 다른 내용을 가지고 있다. 그중 일부는 새로운 지식과 표준들에 의해 추월당했지만, 대체로 우리는 오늘날 글로벌 학문 시장에서 어느 정도 양립될 수 있으며 또한 경쟁력 있는 각양각색의 학습에 관한 이론적 접근들을 보유하고 있다. 이 장에서 제시하고 있는 학습에 대한 접근의 기본적인 아이디어는 이 이론들 가운데 최고만을 골고루 선택하고, 새로운 통찰과 관점들을 더해서, 이 영역의 일반적이고 최근의 개관을 제공할 수 있는 총체적인 이해 혹은 프레임워크를 개발하는 것이다.

　학습은 **단지 성숙이나 노화 때문이 아닌 영속적인 능력 변화를 이끄는 살아 있는 유기체에서의 어떤 과정**(Illeris, 2007, p. 3)으로서 대략 정의될 수 있다. 나는 의도적으로 이러한 매우 열린 정의를 선택하였다. 왜냐하면 학습의 개념은 매우 광범위하고 복잡한 과정들의 집합을 포함하고 있고, 하나의 포괄적인 이해는 단지 학습과정 그 자체의 성격에 대한 문제만이 아니기 때문이다. 또한 학습에 대한 정의는 반드시 영향을 주는, 그리고 이 과정에 의해서 영향을 받는 모든 조건을 포함해야 한다. [그림 1-1]은 학습을 이해하기 위한 주요 영역 및 이들 서로 간의 연관 구조를 보여 준다.

　나는 맨 위에 학습이론의 기초로(내 견해로는) 포괄적이고 일관성 있는 이론을 개발하기 위한 근본 토대가 되는 지식과 이해의 영역들을 배치하였다. 이것들은 학습과 연관된 모든 생물학적·심리학적·사회과학적 조건을 포함한다. 이 영역 아래인 중앙에 있는 박스는 내가 보기에 학습을 이해하는 핵심적인 요소들인 학습의 과정과 차원들, 학습의 서로 다

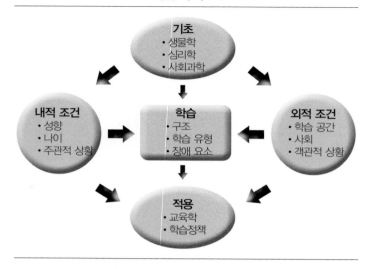

이론의 구조

- **기초**
  - 생물학
  - 심리학
  - 사회과학

- **내적 조건**
  - 성향
  - 나이
  - 주관적 상황

- **학습**
  - 구조
  - 학습 유형
  - 장애 요소

- **외적 조건**
  - 학습 공간
  - 사회
  - 객관적 상황

- **적용**
  - 교육학
  - 학습정책

그림 1-1 학습을 이해하기 위한 주요 영역들

른 유형, 학습 장애요소들을 포함하는 학습 그 자체를 묘사한다. 거기에 더해 이 '이론의 구조'에는 학습에 영향을 줄 뿐만 아니라 학습에 직접 관계된 구체적인 내적 및 외적 조건을 포함한다. 그리고 마지막으로는 학습의 적용 또한 포함시켰다. 이제 이들 다섯 가지 영역을 살펴보고 각 영역의 가장 중요한 특징 중 몇 가지를 강조하여 설명하겠다.

두 가지 기본적인 과정과 학습의 세 차원

깨달아야 할 첫 번째 중요한 조건은 모든 학습이 두 가지의 매우 서로 다른 과정, 즉 학습자와 사회적, 문화적 혹은 물리적 환경 간의 외적인 상호작용 과정과 정교화(elaboration) 및 획득(acquisition)의 내적인 심리적 과정의 통합을 의미한다는 점이다.

많은 학습이론에서는 이 두 가지 과정 중에 단지 하나만을 다루고 있는데, 물론 이 두 과정이 따로 연구될 수 있는 것처럼, 이것은 그러한 학습이론이 틀렸다거나 쓸모가 없다는 것

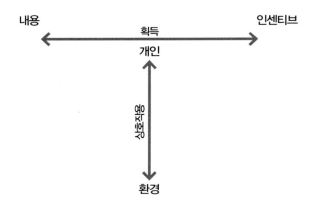

그림 1-2 학습의 근본적인 과정들

을 의미하지는 않는다. 하지만 이는 그것들이 학습의 전체 영역을 포괄하고 있지는 않는다는 것을 의미한다. 예컨대, 이것은 전통적인 행동주의자와 인지주의 학습이론이 오직 내적인 심리적 과정에만 초점을 두고 있다고 말할 수 있는 것과 같다. 이와는 반대로, 똑같이 어떤 현대의 사회 학습이론은 외적인 상호작용 과정에만 관심을 두고 있다고 말할 수 있다. 하지만 만약 어떤 학습이 발생하려 할 때, 이 두 과정 모두가 반드시 적극적으로 관여되어야 하는 것은 분명하다.

학습의 영역에 관한 모델([그림 1-2]) 구성 시, 나는 일반적인 기초로서의 환경(그렇기 때문에 바닥에 놓음)과 구체적인 학습자인 개인(그렇기 때문에 상단에 놓음) 사이를 수직의 이중 화살표를 이용해 외적인 상호작용 과정을 나타내는 것으로 시작하였다.

다음으로 나는 또 다른 이중화살표를 이용해 심리적인 획득 과정을 추가하였다. 이것은 학습자의 내적인 과정을 의미하며, 그렇기 때문에 반드시 상호작용 과정을 나타내는 이중 화살표의 상단에 위치시켜야 한다. 게다가 이것은 어떤 학습에든 관여되어 있는 두 개의 동등한 심리적인 기능들, 즉 학습내용을 처리하는 기능과 그 과정을 운행시키는 데 필수적인 정신적 에너지를 제공하고 감독하는 인센티브 기능 간의 통합된 상호작용 과정이다. 따라서 획득 과정의 이중화살표는 상호작용 과정의 상단 그리고 내용과 인센티브 막대 사이에 수평으로 놓인다. 그리고 이중화살표는 이 두 기능이 항상 관여되어 있으며 대개 통합된 방식으로 사용된다는 점을 강조한다.

[그림 1-3]에서 보다시피, 두 개의 이중화살표는 이제 세 개의 모서리 사이의 삼각형 영

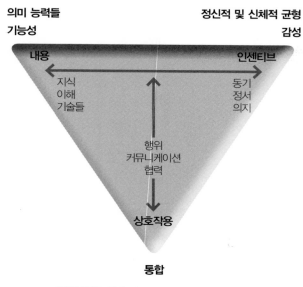

의미 능력들   정신적 및 신체적 균형
기능성   감성

내용   인센티브

지식   동기
이해   정서
기술들   의지

행위
커뮤니케이션
협력

상호작용

통합

그림 1-3 학습과 역량 개발의 세 차원들

역을 포괄할 수 있다. 이 세 모서리는 학습의 세 영역 혹은 차원을 나타내며, 또한 모든 학습은 항상 이 세 차원을 수반한다는 점을 분명히 한다.

　내용 차원은 '무엇이 학습되었는가'에 관한 것이다. 이것은 보통 지식이나 기술로 묘사되지만 또한 의견, 통찰, 의미, 태도, 가치, 행위양식, 방법, 전략 등과 같은 다른 많은 것이 학습내용으로 포함될 수도 있고 학습자의 이해와 능력을 구축하는 데 공헌할 수도 있다. 학습자의 노력이란 실제 삶의 여러 도전을 다루는 **의미**(meaning)와 **능력**(ability)을 구축한다는 것을 의미하고, 그렇게 함으로써 하나의 전반적인 개인의 **기능성**(functionality)이 개발된다.

　인센티브 차원은 학습과정이 발현되는 데 필요한 정신적인 에너지를 공급하고 감독한다. 이 차원은 느낌, 정서, 동기, 의지와 같은 요소들을 포함한다. 이 차원의 궁극적 기능은 학습자의 지속적인 **정신적 균형**(mental balance)을 확보하는 것이고, 그렇게 함으로써 동시에 개인적인 **감성**(sensitivity)을 개발시킨다.

　이 두 차원은 항상 상호작용 과정으로부터의 자극들로 처음 시작되며, 정교화와 획득의 내적 과정 안에서 통합된다. 그러므로 학습내용은, 말하자면 — 학습이 욕망, 흥미, 필요성 혹은 강압에 의해 구동되었든지 그렇지 않든 간에 — 항상 인센티브에 '사로잡혀(obsessed)' 있다. 따라서 인센티브는 항상 내용에 의해 영향을 받는다. 예컨대, 새로운 정보는 인센티브 조건을 변화시킬 수 있다. 많은 심리학자는 인지적·정서적 용어로 부른 것들 사이의 이러한 긴밀한 관계에 대하여 인식해 오고 있었으며(예: Vygotsky, 1978; Furth, 1987), 또한 최신 신경학은 만일 매우 심각한 뇌 손상의 경우가 아니라면 인지적 및 정서적인 영역 모두가 항상 학습과정에 관계되어 있음을 증명하고 있다(Damasio, 1994).

상호작용 차원은 학습과정을 시작하게 하는 자극들을 제공한다. 이것은 지각, 전달, 경험, 모방, 활동, 참여 등의 형태로 발생할 수 있다(Illeris, 2007, pp. 100ff). 이 차원은 여러 공동체와 사회 안에서의 개인적인 통합을 돕고, 그렇게 함으로써 또한 학습자의 사회성을 형성하게 한다. 하지만 이러한 형성은 필연적으로 두 가지 다른 차원을 통해 발생한다.

이처럼 이 삼각형은 그동안 우리가 역량이라고 불러온 것의 일반적인 구성 요소이기도 한 기능성, 감성, 사회성의 개발을 포괄하는 보통의 학습과 어떤 특정 학습 이벤트 혹은 학습과정의 장력장(tension field)으로 묘사될 수 있다.

또한 각 차원은 신체적인 측면과 아울러 정신적인 측면을 포함하고 있다는 사실을 언급하는 것이 중요하다. 실제로 학습은 신체로부터 시작하고, 신체의 일부인 뇌를 통해 이루어지며, 점차적으로 정신적인 측면은 특정 영역이나 기능으로 분리될 뿐 결코 독립적인 영역이나 기능으로 분리되지 않는다(Piaget, 1952).

일상적인 학교생활의 예

• • • • • • • • • • • • •

나는 이 모델을 어떻게 이해하고 이용할 수 있을지를 분명히 나타내기 위하여 평범한 학교의 일상을 예로 들 것이다(이것은 이 모델이 오직 학교 학습만을 다룬다는 것을 의미하지는 않는다).

어느 교실의 화학 수업시간에 교사가 화학적인 과정을 설명하고 있다. 학생들은 그것을 경청하며, 교사는 아마도 학생들이 설명을 제대로 이해하고 있는가를 확실히 하기 위해 질문을 던질 것이다. 학생들은 이처럼 하나의 상호작용 과정에 관여되어 있다. 그러나 동시에 그들은 교사가 가르치는 것을 받아들이거나 혹은 학습할 것으로 기대되는데, 즉 심리적으로 그들은 교사가 가르치는 것을 이미 배웠던 것에 관련지어야만 한다. 그 결과 학생들이 배운 내용을 기억하고, 특정 조건에서 그것을 재현하고, 적용하며, 추가 학습에 활용할 수 있어야 한다.

하지만 때때로, 혹은 일부 학생들에게는 그러한 학습과정이 의도한 대로 발생하지 않으며, 여러 다른 방식으로 착오 혹은 궤도이탈이 발생할 수 있다. 아마도 그 상호작용은 교사의 설명이 충분하지 않거나 혹은 심지어 앞뒤 말이 안 맞거나, 그 상황에 방해 요소가 있었기 때문에 제대로 기능하지 않을 수 있다. 만약 그렇다면 그 설명은 부분적으로 혹은 부정확하게 전달될 것이고, 이로써 학습결과는 불충분하게 될 것이다. 학생들의 획득 과정(acquisition process) 역시 집중력 부족과 같은 이유로 불충분할 수 있고, 그리하여 이것이 학습결과에 악영향을 미칠 것이다. 혹은 일부 학생들의 경우에 교사의 설명을 이해할 수 없게 만들고, 그것으로 인해 교사가 가르치는 것을 학습할 수 없게 만드는 선행학습에서의 오류나 불충분성이 있을 수 있다. 이것 대부분은 획득이라는 것이 인지적 차원의 문제만이 아니라는 것을 나타낸다. 거기에는 역시 의도된 학습에 대한 학생들의 태도와 관련된 또 다른 영역 혹은 기능이 포함되어 있다. 이는 학생들의 흥미와 정신적 에너지의 운용, 즉 인센티브 차원이다.

학교 상황에서의 초점은 보통 학습내용에 모아진다. 앞에서 언급한 사례에서는 화학적 과정의 성격에 대한 학생들의 이해에 초점이 있다. 하지만 그럼에도 인센티브 기능 역시 대단히 중요하다. 즉, 어떻게 그 상황을 경험하는지, 어떤 종류의 감정과 동기가 관여하는지, 운용되는 정신적 에너지의 성격과 힘은 어떠한지와 같은 인센티브 요소들이 학습과정에 관여하기 때문이다. 그 학습결과의 가치와 지속성은 학습과정의 인센티브 차원과 밀접하게 연관이 되어 있다.

더욱이 내용과 인센티브는 학습자와 사회적·문화적·물질적 환경 간의 상호작용 과정에 결정적으로 의존한다. 만일 그 화학 수업에서의 상호작용이 학생들에게 적절하지 않고 학생들이 받아들일 수 없다면 학습에 어려움을 겪거나 교사, 다른 학생, 화학 과목 혹은 학교 상황 전반에 대한 부정적인 인상과 같이 꽤 다른 뭔가를 학습할 수 있다.

네 가지 학습 유형

앞서 삼각형 모델에서 개괄적으로 다룬 것과 앞에서 제시한 사례는 사실상 학습자가 적극적으로 자신의 학습을 정신적 구조(mental structures)로 구축하고 해석하는 것으로서, 이는 기본적으로 구성주의 관점에서의 학습개념을 나타낸다. 이 구조들은 보통 '정신적 스킴(mental schemes)'과 같이 하나의 심리학적인 은유로 기술되는 성향으로서 뇌 속에 존재한다. 이것은 학습성과에 관한 어떤 조직이 뇌 속에 반드시 존재함을 의미한다. 왜냐하면 우리는 — 어떤 사람이나 문제, 토픽 등과 같은 — 뭔가를 인식할 때, 이를 순식간에 관련된 지식이나 이해, 태도, 반응 등으로서 주관적으로 그리고 보통 무의식적으로 정의하는 것을 회상해 낼 수 있기 때문이다. 하지만 이 조직은 기록보관소와 같은 것이 결코 아니며, 뇌 속 특정 위치에 자리한 서로 다른 요소들을 찾는 것 역시 가능하지 않다. 이것은 뇌 연구자들이 이전 사건들에서 활성화되어 있고, 그렇기 때문에 재생될 가능성이 있는 수십억 개의 신경세포 중 일부 세포들 사이의 — 아마도 새로운 경험 혹은 이해의 영향으로 인해 약간 다른 경로를 지닌 — 신경회로 자취들인 '기억흔적(engram)'이라고 부르는 것의 성격을 띤다.

하지만 이것을 체계적으로 다루기 위하여, 스킴(scheme)의 개념은 우리가 주관적으로 어떤 특정 토픽이나 주제가 어디에 속하는지를 분류하고자 하고, 정신적으로 연계시키며, 그 토픽이나 주제를 연관시키는 상황에 관하여 회상하고자 하는 것에 이용된다. 이것은 특히 내용 차원에 적용되는 반면, 인센티브나 상호작용 차원에서는 오히려 정신적 패턴(mental patterns)에 대해 이야기한다. 하지만 그 배경은 동기, 정서 혹은 의사소통의 방식들이 — 그것들이 활성화되어 있을 때 — 우리가 이전의 상황들을 상기시키는 상황들에 관심을 둘 때 그것들이 재생될 수 있도록 조직화되는 경향이 있다는 점에서 유사하다.

학습에 관한 중요한 사실은 새로운 자극들이 다양한 방식으로 그 정신조직(mental organization)에 포함될 수 있으며, 이를 바탕으로 네 가지 종류의 서로 다른 학습을 구분하는 것이 가능하다는 것이다. 이 네 가지의 학습은 서로 다른 맥락에서 활성화되며, 서로 다른 종류의 학습결과를 시사하고, 더 많거나 적은 에너지를 필요로 한다[이것은 원래 Jean

Piaget가 개발한 학습개념에 대한 하나의 정교화이다(예: Flavell, 1963; Piaget, 1952)].

하나의 스킴이나 패턴이 구축될 때, 이것은 누적학습 혹은 기계적 학습의 한 사례로 볼 수 있다. 이 종류의 학습은 절연형성(isolated formation)이 특징으로, 새로운 무엇인가는 다른 것의 일부분이 아니다. 그러므로 누적학습은 태어난 첫해에 가장 빈번하게 발생한다. 그러나 나중에는 비밀번호와 같이 의미나 개인적인 중요성이 없는 것을 배워야 하는 특수 상황에서만 일어난다. 이러한 종류의 학습결과는 그 학습맥락과 정신적으로 유사한 상황들에서만 오직 회상 및 적용될 수 있는 자동화의 한 유형으로 특징지어진다. 이러한 종류의 학습은 대체로 동물들의 훈련과 관련되어 있으며, 이로 인해 행동주의 심리학에서 조건화(conditioning)로도 언급된다.

가장 공통된 종류의 학습은 단연 새로운 요소가 이미 형성된 스킴이나 패턴에 하나의 부가물로서 연계되는 것을 의미하는 '동화(assimilative)학습' 혹은 추가에 의한 학습이다. 하나의 전형적인 사례는 보통 이미 학습해 온 것에 부단히 추가하여 구성되는 학교 교과목을 학습하는 것일 수 있다. 하지만 동화학습은 또한 사람이 점진적으로 자신의 능력을 개발시키는 모든 맥락에서도 발생한다. 이런 종류의 학습결과들은, 예컨대 하나의 학교 교과목과 같이 사람이 정신적으로 어떤 문제 영역에 관심을 둘 때 그것들을 상대적으로 쉽게 회상하고 적용하는 방식으로 문제의 스킴이나 패턴에 연계되는 것이 특징이다. 하지만 이것들은 다른 맥락들에는 접근하기가 어려울 수 있다. 이는 우리가 하나의 학교 교과목으로부터 다른 교과목에 혹은 학교 밖의 맥락에서 지식을 적용하는 데 자주 어려움을 겪는 이유다(Illeris, 2008).

하지만 어떤 경우에는 상황들이 기존의 스킴이나 패턴에 즉각 관련시키기 어려운 무엇인가가 발생하는 곳에서 나타난다. 이것은 사람이 정말로 이해할 수 없거나 관련시키기 어려운 무엇으로서 경험된다. 그러나 만일 그것이 중요하거나 흥미롭게 보인다거나, 만일 또한 그것이 반드시 획득해야겠다고 결심한 무엇이라면 이것은 '조절(accommodative)학습' 혹은 초월적(transcendent) 학습에 의해 발생할 수 있다. 이 종류의 학습은 기존의 스킴(혹은 기존 체계의 일부분)을 타파하고 그것을 그 새로운 상황에 연계될 수 있도록 변형시킨다. 이렇게 사람이 무엇인가를 포기하고 재건하는 것은 부담이 크거나 혹은 심지어 고통스러운 것으로 경험할 수 있는데, 이는 정신적 에너지의 강력한 공급을 요구하기 때문이다. 이 경우 반드시 기존의 한계를 가로질러야 하고, 상당히 새롭거나 기존과는 다른 무엇인가를 이해하거나 받아들여야 하는데, 이것은 단지 새로운 요소를 기존의 스킴이나 패턴에 첨가하는 것보다 훨씬 더 부담스러운 일이다. 이러한 학습의 결과들은 서로 다른 혹은 관련된 많은 맥락에서 회상 및 적용될 수 있는 것이 특징이다. 이것은 전형적으로 어떤 사람이 정말로 내면화한 무엇인가를 이해했거나 혹은 찾았을 때 경험된다.

마지막으로, 지난 수십 년 동안 어떤 특정 상황에서 유의학습(Rogers, 1951, 1969), 확장학습(Engeström, 1987), 전이(transitional)학습(Alheit, 1994) 혹은 전환학습(Mezirow, 1991) 등과 같은 이름으로 다양하게 기술되어 온 하나의 광범위한 학습 유형이 있음을 지적해 왔다. 이 학습은 인격변환(personality change) 혹은 자기(self) 조직에서의 변화로 일컬어질 수 있으며, 학습의 세 차원 모두에 있는 스킴과 패턴의 전체 클러스터의 동시적인 재구조화가 특징이다. 어떤 성향의 붕괴, 재구조화는 더 나아가기 위해 자신을 불가피하게 변화시키도록 하면서 전형적으로 긴급하고 피할 수 없는 것으로 경험된 도전들에 의해 촉발되는 위기 상황의 결과로써 발생한다. 전환학습은 이와 같이 심오하고 광범위하며, 많은 정신적 에너지를 요구하고, 그것이 달성되었을 때는 전형적으로 안도 혹은 휴식의 느낌으로서 물리적으로 종종 경험될 수 있다.

이 네 종류의 학습은 앞에서 설명한 바와 같이 범위와 성격에 있어서 대단히 다르고, 그것들은 또한 매우 다양한 상황 혹은 연계 속에서 발생한다(혹은 학습자들에 의해 활성화된다). 누적학습은 유아기에 가장 중요한 반면, 전환학습은 곧바로 인격 혹은 정체성을 변화시키는 매우 힘든 과정으로서 학습자에게 심오한 의미를 갖는 특수한 상황에서 발생하며, 동화학습과 조절학습은 Piaget가 기술한 것 같이 일반적이고 타당하며 보통의 일상적인 학습의 특징을 갖는다. 많은 학습이론가 역시 이러한 두 종류의 학습을 다루고 있다. 예컨대, Chris Argyris와 Donald Schön은 단일 및 이중고리 학습에 관한 잘 알려진 개념을 만들어 냈고(Argyris, 1992; Argyris & Schön, 1996), Per-Erik Ellström(2001)은 적응지향학습(adaptation-oriented learning)과 성장지향학습(development-oriented learning)에 관해 언급했으며, Lev Vygotsky(1978)의 근접발달영역(zone of proximal development)으로의 이행에 관한 아이디어 역시 조절학습과 유사한 개념으로 간주할 수 있다.

하지만 보통의 학습에 관한 논의들과 많은 교육 및 학교 활동에 대한 계획들은 동화학습에 집중하며, 대개는 오직 그것만을 대상으로 한다(학습개념에 관한 일반적인 이해는 이런 종류의 학습을 의미하기 때문이다). 그러나 오늘날 학습을 이렇게 이해하는 것은 명백히 불충분하며, 절실히 요청되는 포괄적인 역량들은 동화 및 조절, 마침내는 전환학습과정들의 조합에 의해 오직 구축될 수 있다.

학습 장애물

또 하나의 문제는 정말로 의도된 학습이 일어나지 않거나, 불완전하거나, 왜곡되는 것이다. 학교, 교육현장, 일터 그리고 다른 많은 상황에서 사람들은 매우 흔히 그들이 학습할 수 있었던 혹은 학습하기로 기대된 것들을 학습하지 않는다. 그래서 나는 그러한 사례에서 무엇이 발생하는지도 간략하게 논의하는 것이 중요하다고 생각한다.

물론 우리는 모두 때때로 잘못된 무엇인가를 학습하거나(Mager, 1961 참조) 혹은 이런저런 식으로 우리에게 부적합한 무엇인가를 학습하는 것을 피할 수 없다. 첫 번째 사례는 오해, 집중 결여, 불충분한 선행학습 등에 기인한 오학습(mislearning)과 같은 문제들에 관심을 두고 있다. 오학습은 짜증 나는 일일 수 있으며 몇몇 사례에서는 운이 나쁜 경우도 있지만, '실제적인' 이유로 인한 단순한 오학습은, 만약 필요하다면, 보통은 꽤 쉽게 교정될 수 있어서 학습이론에서는 그다지 큰 관심을 두지 않는 문제다.

하지만 오늘날 많은 비학습(non-learning)과 오학습의 문제는 그렇게 단순하지 않으며, 현대사회가 만들어 내는 몇 가지 일반적인 조건들을 배경으로 한다. 어떤 측면에서는 비학습과 오학습의 과정들에 대하여 실제로 무슨 일이 일어나고 있는지를 파악하고, 그것에 대처하기 위해 조사하고 이해하려는 것은 분명히 전통적인 학습이론만큼이나 중요하다.

핵심은 복잡한 후기 현대사회에서 Freud가 **방어기제**라 불렀던 것들이 — 이것은 특정한 개인적 관계에서 활성화된다(Anna Freud, 1942 참조) — 일반화되고 보다 체계화된 형태를 취해야 한다는 것이다. 왜냐하면 우리는 모두 끊임없이 마주치는 영향의 엄청난 양과 충격에 대해 누구도 열린 자세를 유지할 수 없기 때문이다.

이것이 바로 오늘날 사람들이 수많은 영향에 대해 일종의 반자동 분류기제를 개발하는 이유이며, 이는 독일의 사회심리학자인 Thomas Leithäuser(1976)가 '일상의식(everyday consciousness)'으로 설명한 것이다. 이것은 사람들이 어떤 주제 영역들 안에서 일반적인 사전 지식(pre-understanding)을 개발하는 것에 작용하는데, 사람들이 그러한 영역들에서 어떤 영향들을 맞닥뜨리면 이 사전지식이 활성화된다. 만일 그 영향들의 하위 요소들이 이미 구축한 사전지식에 부합하지 않으면 이 영향들은 그것들을 일치시키기 위하여 거부되거나 혹은 왜곡된다. 이 두 경우 모두 새로운 학습을 이끌어 내지는 않지만, 종종 이미 존재하는 지식과의 관계를 강화한다.

이처럼 우리는 일상의식을 통하여 거의 어떤 직접적인 포지셔닝(positioning)을 관여시키지 않으면서 동시에 이미 획득된 지식과 최종적으로는 우리 정체성의 방대한 방어기제를 관여시킴으로써 학습과 비학습을 통제한다(물론 거기에는 좀 더 목표지향적인 방식으로 — 의식적으로 그리고 유연하게 — 우리의 포지셔닝이 발생하는 영역과 상황 역시 존재한다).

하지만 양(volume)뿐만 아니라 영향의 종류 역시 압도적일 수 있다. 특히 우리는 실제로는 절대 받아들이기 불가능한 무수한 잔인함과 사악함 그리고 그와 유사한 부정적인 충격들을 텔레비전에서 매일 마주하고 있으며, 이것들로부터 자신을 보호할 수 없는 사람들은 결국 일종의 심리적인 붕괴에 처하는 불운을 맞게 된다. 이와 유사한 과부하의 새로운 형태는 많은 사람이 그들의 일터 및 사회기관 등에서 경험하는 끝없는 변화와 조직 재편에서 기인하기도 하고, 혹은 파워를 가진 사람들이 내린 의사결정의 결과가 자신들의 삶과 가능성을 침해할 때 느낄 수 있는 무기력함에서 기인하기도 한다.

가장 중요한 사례로, 예를 들어 어떤 삶의 영역에서 근본적으로 새로운 상황으로의 변화가 반드시 요구된다고 하자. 대부분의 사람은 그 상황을 돌파하기 위해 다소 치료적 성격의 매우 힘든 작업을 요구하는 진정한 **정체성 방어**(identity defence)기제를 동원함으로써 통상 하나의 전환학습과정에 의해 그 상황에 반응한다. 이것은 전형적으로 갑작스러운 해직 혹은 근로 상황에서의 다른 근본적인 변화, 이혼, 가까운 사람의 죽음이나 그와 유사한 것과 관련하여 발생하며, 그러한 상황들은 불과 한 세기 전보다 현대의 세계화된 시장 사회에서 훨씬 더 자주 발생한다는 것을 인식하는 것은 가치 있다.

또 다른 매우 일반적인 방어기제의 종류는 **양면가치**(ambivalence)로서, 이는 사람이 어떤 상황이나 관계에 있어서 무엇을 학습하거나 실행하기를 원하기도 하고 그렇지 않기도 하는 두 가지 모순된 감정을 동시에 갖는 것을 의미한다. 하나의 전형적인 사례로, 본의 아니게 그리고 어떤 개인적 잘못도 없는데도 실직하게 된 사람들이 자신이 어떤 재훈련 혹은 재교육 프로그램을 반드시 수강해야 한다는 것을 너무도 잘 알고 있는 반면, 다른 한편으로는 이것이 사실이 아니기를 강하게 바라는 상황이다. 그래서 어떤 학습과정에 자발적으로 참여하거나 혹은 억지로 보내지지만, 그들은 정신적으로나 신체적으로 그 학습에 집중하기 어렵고 그 상황을 모면하기 위하여 가능한 핑계를 이용한다.

그러한 모든 방어기제 상황들에서, 만일 학습자가 그 방어기제를 돌파하지 못한다면 학습은 방해되고 가로막히며 빗나가거나 왜곡되게 된다. 그래서 교사나 강사의 과업은 좀 더 목적지향적이고 건설적인 훈련 혹은 교육이 발생하기까지는 자주 그러한 돌파가 일어나도록 지원하고 격려해 주는 일일 것이다. 의도된 학습을 촉진하기 위해서는 이러한 기능들이 꽤 자주 필요한데도, 교사들은 보통 그러한 기능들을 익히도록 훈련받지 않는다.

유의미한 학습을 막거나 왜곡할 수 있는 또 다른 심리학적인 기제는 **정신적 저항**(mental resistance)이다. 어느 사회의 그 어떤 사람들도 그들이 달성하고자 하는 것이 달성될 수 없는 상황들을 경험할 것이기 때문에 이것은 그렇게 매우 특정 시간에 제한적이지 않다. 그리고 만일 그들이 그 장애들을 이해할 수 없거나 받아들일 수 없다면 자연스럽게 그들은 일종의 저항기제를 가지고 반응할 것이다.

실제에 있어 때때로 방어기제에 기인한 비학습과 저항기제에 기인한 비학습을 구분하기는 꽤나 어렵다. 하지만 거기에는 심리학적으로 크고 중요한 차이가 있다. 방어기제들은 학습 상황과 기능에 앞서 반동적으로 존재하는 반면에, 저항기제는 하나의 적극적인 반응으로서 그 학습 상황 자체에 기인한다. 이와 같이 저항기제는 하나의 강력한 정신적인 동원(mobilization)을 포함하고 있으며, 또한 강력한 학습 잠재성을 — 특히 조절학습과 심지어는 전환학습에 — 가지고 있다. 종종 사람이 무엇인가를 바로 받아들이려 하지 않을 때 상당히 새로운 무엇인가를 학습할 가능성이 생겨난다. 인류와 사회의 발달에 있어서 가장 위대한 진전은 하나의 주어진 사실이나, 일 혹은 사고방식을 그대로 받아들이지 않았을 때 발생했다.

일상생활에서 저항기제는 특히 교사들에게는 곤란하고 성가신 일일 수 있지만, 초월학습의 가장 중요한 자원이기도 하다. 아무튼 오늘날 많이 요구되는 독립성, 책임감, 유연성 및 창의성과 같은 개인적 역량들은 이런 식으로 개발될 수 있기 때문에, 정신적 저항기제에 대처하고 심지어는 그것을 격려할 수 있도록 하는 것이 교사들의 핵심적인 자격이 되어야 한다. 이것은 특히 도전적인 교육 상황들에서는 효과적이지만 부담이 되기도 하는 기법들로서, 갈등 혹은 딜레마의 고양이 필요한 이유다.

내외적 학습조건

앞에서 논의한 학습에 대한 과정, 차원, 종류 및 장애물은 어떤 학습이론이든지 학습개념의 전체 영역을 다루고자 한다면 반드시 포함해야 하는 특징들이다. 또한 학습에는 직접적으로 관련되어 있지는 않지만, 거기에 영향을 주는, 학습의 조건으로 불릴 수 있는 그밖의 다른 이슈들이 있다. 이 이슈들은 나의 책 『우리는 어떻게 학습하는가(How We Learn)』(Illeris, 2007)에서도 다루었지만, 여기에서는 그것들이 무엇인지에 대해서만 간략히 지적하고자 한다.

학습의 내적인 조건들은 학습 가능성에 영향을 주고 학습과정에 연관되어 있는 학습자의 혹은 학습자 내의 특징이다. '지능'은 학습할 수 있는 일반적 능력을 재는 척도로 간주된다. 하지만 이것에 관한 하나의 일반적이고 측정 가능한 사례가 존재하는지 아닌지에 대한 논쟁이 있어 왔으며, 또한 그것의 정의에 대한 일반적인 합의는 확실히 없었다. 1983년 이후 미국 심리학자인 Howard Gardner(1983; 1993; 1999)는 여러 개의 독립적인 지능이 존재함을 주장한다. 이러한 견해는 인지능력뿐만 아니라 정서적·사회적 능력까지도 포함하고 있기 때문에 여기에서 제시하고 있는 학습에 관한 이해와 어느 정도 부합하고 있다. 또 이와 다소 유사한 개념은 개인의 **학습 스타일**에 관한 것인데, 이것의 성격과 존재는 여전히 미해결의 문제로 보인다. 하지만 지능이나 학습 스타일과는 달리 학습자의 성별과 나이는 어느 정도 학습 가능성에 영향을 미치는 좀 더 구체적인 개인적 특징임이 분명하다.

학습의 외적인 조건들은 학습 가능성에 영향을 주고 학습과정들에 연관되어 있는 학습자 외부에 있는 특징이다. 이들은 대략 즉각적인 학습 상황 및 학습 공간 그리고 좀 더 일반적인 문화적·사회적 조건들의 특징들로 나누어질 수 있다. 학습 공간은 일상 학습, 학교 학습, 일터 학습, 온라인 학습, 흥미기반 학습 등 이들 사이의 차이를, 그리고 이들 공간의 경계를 가로질러 학습결과들을 적용하는 데 있어서의 어려움들, 소위 학습의 전이문제 (transfer problem)(Eraut, 1994; Illeris, 2008; Illeris et al., 2004)를 만들어 낸다. 일반적인 사회적 조건들은 시간과 장소에 종속적이다. 학습 가능성은 명백히 한 세기 전보다 오늘날 훨씬 더 광범위하고, 나라와 문화에 따라서도 다르다.

최종적으로, 특히 교육 실천과 정책 영역들에서의 학습이론의 이용과 적용 가능성에 관한 몇 가지 중요한 질문들 역시 간략하게 나의 책에서 논의되었다. 학습에 관한 서로 다른 이해들, 서로 다른 교육학 학파들 및 서로 다른 학습정책에 대한 근본적인 가정들 사이의 몇몇 전형적인 관계들은 물론 교육 실천과 정책 영역들에서 몇 가지 공통된 오해들이 지적되었다. 마지막 장에서는 [그림 1-3]의 학습 삼각형과 관련하여 학습에 관한 가장 중요한 이해와 이론가들을 매핑시킴으로써 결론을 맺는다.

결론

· · · · ·

일반적인 결론은 학습은 매우 복잡한 문제이며, 학습에 대한 분석, 프로그램 및 논의들이 적절하고 신뢰할 수 있으려면 이것들이 반드시 학습의 전체 영역을 고려해야만 한다는 것이다. 이것은 예컨대, 학습의 세 차원 모두가 반드시 고려되어야 하고, 적절한 학습의 종류에 대한 질문들이 반드시 포함되어야 하고, 가능한 방어(기제)와 저항(기제)이 반드시 고려되어야 하며, 외적인 것은 물론 내적인 학습조건들 역시 반드시 다루어야 한다는 것을 말한다. 이것은 물론 매우 광범위한 요구다. 달리 이야기하자면, 만일 몇 가지 이유로 이 모든 영역을 다 포함하기가 불가능하거나 적절하지 않을 때는 그 상황 혹은 과정이 충분히 다루어지지 않았다는 것과, 그리고 아직 논의되지 않은 영역들에서 무엇이 일어나는지에 관한 미해결의 문제가 남아 있다는 것 등을 분명히 해야 한다.

나는 나의 연구와 실천으로부터 나온 두 가지 사례를 통해 이를 좀 더 구체적으로 설명함으로써 이 장을 마무리 짓고자 한다.

첫 번째 사례는 청소년 교육과 관련이 있다. 서구의 여러 나라에서는 모든 혹은 대다수 청소년이 진학 혹은 취업을 위한 후기중등교육(post-16 education)[1] 자격 프로그램을 반드시 이수해야 한다는 취지의 높은 목표를 가지고 있다. 덴마크 정부의 목표는 95%의 청소년이 그러한 자격을 취득하는 것이지만 95%의 청소년만이 프로그램에 참여하며 단지 80% 이하가 그것을 제대로 마칠 뿐이다.

물론 이 사안은 그동안 수많은 연구, 토론, 교육개혁 등의 주제가 되어 왔지만, 이것들은 거의 효과가 없었거나 혹은 심지어 부정적인 영향을 미쳤다. 학습의 관점에서 보자면, 이는 오늘날 그 나이대의 청소년들이 — 후기 현대의 세계화된 시장 사회에서 항해할 수 있도록 하는 데 절대적으로 필요한 것인 — 개인의 정체성 개발 과정에 매우 열심인 것을 충분히 인식해 오지 못한 결과로 보인다. 청소년들은 근본적으로 의식적이든 무의식적이든 간에 "이것이 '나'에게 어떤 의미를 갖는가?" 혹은 "내가 이것을 무엇을 위해 사용할 수 있을까?" 등과 같은 질문을 가지고 모든 학습 이니셔티브(learning initiatives)를 대한다. 이는 그들이 정체성 개발 과정의 현재 요구에 이용할 수 있는, 가치가 있다고 주관적으로 받아들여지는 것에만 관심을 기울인다는 것을 시사한다. 이 판단의 전제들은 학습의 세 차원 모두에 똑같이 자리하는데, 즉 제공된 프로그램은 반드시 수준 등이 받아들여질 수 있고, 흥미로우며, 도전적인 내용을 가지고 있어야 하고, 또한 청소년 라이프스타일 시장의 현대적 동향과 관련해서 받아들여질 수 있어야 하며, 반드시 어느 정도 이들 학습자들의 개인적인 요구와 조화를 이루는 교사 혹은 다른 사람들에 의해 조직되어야 한다. 어떤 사람은 이러한 요구들이 관련이 없거나 받아들여질 수 없다고 생각할 수도 있고, 또 교육 분

---

1 역자 주: "후기중등교육(post-16 education)은 17세부터 18세까지의 2년간의 계속교육(further education)을 말한다. 이들 전기 중등학교를 졸업한 학생들은 취업을 하거나, 상위 교육을 받기 위해서 후기 중등교육기관으로 진학을 한다. 후기 중등교육기관은 대개 세 가지 유형으로 구분된다(허경철, 1994b). 전적으로 대학 진학을 목적으로 하여 교육이 이루어지고 있는 6형식 학교(sixth form college), 대체로 직업 준비 교육이 주 업무이지만 부분적으로 대학 준비 교육도 시키고 있는 제3단계 학교(tertiary college) 그리고 거의 전적으로 직업기술을 가르치는 계속교육 학교(college of further schooling)가 그것이다." 국립교육평가원(1996). '영국의 학교교육과정 평가원의 조직과 기능에 관한 연구' 참조.

야의 많은 사람 역시 이와 동일한 의견을 가지고 있을 수 있지만, 그렇다면 불가피한 결과는 지속적으로 높은 중도탈락률이 될 것이다(Illeris, 2003; 2007 참조).

두 번째 사례는 현대사회에서 매우 빈번하게 발생하는 일로서, 자신들의 의지에 반하여 실직하게 된 미숙련 노동자의 재훈련에 관한 것이다. 이 성인들은 매우 자주 재취업을 위한 하나의 기반을 마련하도록 다양한 실용 훈련과정에 위탁된다. 그러나 이것으로 이끄는 과정은 공식적으로 불리는 가이던스(guidance)로서가 아니라 자리알선(placement)으로 경험되어 왔다. 더욱이 그 과정의 참여자가 자신이 받는 훈련을 통해 다시 원래의 노동시장으로 되돌아갈 수도 있다는 것(이것은 보통 그들의 매우 강력한 소원이다)을 깨닫게 되면, 정체성이 이전 직업과 결부하게 되고 하나의 강력한 방어기제가 새로운 학습을 방해하게 된다. 만약 그 가이던스를 통해 개인적 성찰과 의사결정에 참여할 기회를 얻게 되었다면 이런 방어기제는 극복할 수 있었을 것이다. 이런 상황에 있는 대다수 사람에게 물어보았을 때, 그들은 아마도 동일한 과정을 선택하게 되었을 것이라고 대답한다. 불행히도 그들은 그 과정에 참여하기 전에 정신적 전환을 이룰 수 있는 기회를 얻지 못했다. 이제 그들은 매우 다양하고 새로운 실용 자격들을 취득하도록 기대됨과 동시에 하나의 힘든 전환학습과정을 겪도록 강요된다(Illeris, 2006 참조).

학습 측면에서 이 두 사례 속에 있는 무수한 자원이 투자된 노력은 거의 혹은 전혀 성공의 기회를 얻지 못한다. 왜냐하면 그 '시스템'에 대한 고려사항들 혹은 당국자들이 그 학습 상황에 대한 하나의 적절하고 현실적인 분석을 포함하지 않았기 때문이다.

참고문헌

Alheit, Peter (1994): The 'Biographical Question' as a Challenge to Adult Education. *International Review of Education, 40*(3/5), pp. 283–98.

Argyris, Chris (1992): *On Organizational Learning*. Cambridge, MA: Blackwell.

Argyris, Chris and Schön, Donald A. (1996): *Organizational Learning II – Theory, Method, and Practice*. Reading, MA: Addison–Wesley.

Damasio, Antonio R. (1994): *Descartes' Error: Emotion, Reason and the Human Brain*. New York: Grosset/Putnam.

Ellström, Per–Erik (2001): Integrating Learning and Work: Conceptual Issues and Critical Conditions. *Human Resource Development Quarterly, 12*(4), pp. 421–35.

Engeström, Yrjö (1987): *Learning by Expanding: An Activity–Theoretical Approach to Developmental Research*. Helsinki: Orienta–Kunsultit.

Eraut, Michael (1994): *Developing Professional Knowledge and Competence*. London: Falmer.

Flavell, John H. (1963): *The Developmental Psychology of Jean Piaget*. New York: Van Nostrand.

Freud, Anna (1942): *The Ego and the Mechanisms of Defence*. London: Hogarth Press.

Furth, Hans G. (1987): *Knowledge as Desire: An Essay on Freud and Piaget*. New York: Columbia University Press.

Gardner, Howard (1983): *Frames of Mind: The Theory of Multiple Intelligences*. New York: Basic Books.

Gardner, Howard (1993): *Multiple Intelligences: The Theory in Practice*. New York: Basic Books.

Gardner, Howard (1999): *Intelligence Reframed: Multiple Intelligences for the 21st Century*. New York: Basic Books.

Illeris, Knud (2003): Learning, Identity and Self–Orientation in Youth. *Young – Nordic Journal of Youth Research, 11*(4), pp. 357–76.

Illeris, Knud (2006): Lifelong Learning and the Low–Skilled. *International Journal of Lifelong Education, 25*(1), pp. 15–28.

Illeris, Knud (2007): *How We Learn: Learning and Non–learning in School and Beyond*. London/ New York: Routledge.

Illeris, Knud (2008): Transfer of Learning in the Learning Society. *International Journal of Lifelong Education* (in press).

Illeris, Knud et al. (2004): *Learning in Working Life*. Copenhagen: Roskilde University Press.

Leithäuser, Thomas (1976): *Formen des Alltagsbewusstseins* [The Forms of Everyday Consciousness]. Frankfurt a.M.: Campus.

Mager, Robert F. (1961): On the Sequencing of Instructional Content. *Psychological Reports, 9,* pp. 405–13.

Mezirow, Jack (1991): *Transformative Dimensions of Adult Learning*. San Francisco: Jossey–Bass.

Piaget, Jean (1952 [1936]): *The Origins of Intelligence in Children*. New York: International Universities Press.

Rogers, Carl R. (1951): *Client-Centered Therapy*. Boston: Houghton Mifflin.

Rogers, Carl R. (1969): *Freedom to Learn: A View of What Education Might Become*. Columbus, OH: Charles E. Merrill.

Vygotsky, Lev S. (1978): *Mind in Society: The Development of Higher Psychological Processes*. Cambridge, MA: Harvard University Press.

2

사회적 인간이 되기 위한 학습
내가 되기 위한 학습

Peter Jarvis

Peter Jarvis

Peter Jarvis는 오늘날 국제 학습이론 및 연구에서 가장 잘 알려진 인물 중 한 명이다. 그는 처음에는 신학과 사회학을 전공하였으나, 후에 성인교육과 관련된 학습 주제를 집중적으로 연구하였다. Jarvis는 1980년대 후반부터 학습이론 분야에서 상당한 연구 성과를 냈다. 그는 『International Journal of Lifelong Education』의 창간자이고, 수년간 편집장으로 일하였으며, 꾸준히 많은 저서와 논문을 출판하였다. 2006~2008년에는 『평생학습과 평생사회(Lifelong Learning and the Learning Society)』에 대한 3부작을 완성하였다. 또한 그는 『Routledge International Handbook on Lifelong Learning』(2009)과 『Routledge International Handbook of Learning』(2012)의 편집인을 역임했다. 앞 장과 마찬가지로 이 글은 2006년 코펜하겐에서 하루 일정으로 개최된 학습이론에 관한 학술대회에서 발표된 것이다. 동시에 이 글은 그의 3부작 중 첫 번째인 『인간학습에 대한 포괄적인 이론을 지향하며(Towards a Comprehensive Theory of Human Learning)』의 주요 아이디어를 소개하고 있는데, 학습에 대한 Jarvis의 폭넓은 이해가 집약되어 있다.

도입

· · · · ·

수년 전에 나는 예비 은퇴자 과정에 초청받아 강연하곤 했는데, 그때 참가자들에게 요청했던 활동 중 하나는 정체성에 관한 잘 알려진 심리학적 활동이었다. 나는 플립차트에 '나는 누구인가?'라는 질문과 함께 '나는 ~이다'라는 답변을 적어 두었다. 그런 다음 참가자들에게 답을 열 번 작성하도록 요청했다. 우리는 피드백을 받았고, 많은 경우 참가자들은 자신의 직업을 목록에서 보통 상위 세 개 안에 두었다. 이들에게 나는 '그러면 당신이 은퇴하면 그 후에는 자신에 대해 누구라고 답변하겠습니까?'라고 질문하곤 하였다.

만약 지금 내가 똑같은 질문을 받게 된다면 '나는 내가 되기 위해(to be me) 배우고 있습니다'라고 응답할 것이다. 그러나 우리 모두 알다시피 '나'라는 존재는 사회 속에서 존재할 수밖에 없으므로 다음의 네 가지 질문과 맞닥뜨릴 수밖에 없다.

1. 나는 누구인가?
2. 사회란 무엇인가?
3. 서로 어떻게 상호작용하는가?
4. '학습'이란 무엇을 의미하는가?

이 질문에 대한 간단한 대답은 실제로는 대답보다 더 심오한 질문을 제기하지만, 만약 우리가 대답할 수 있다면 이 네 가지 질문은 그 사람을 이해하는 데 도움을 줄 것이다. 나는 이 장의 주요 부분에서 '학습'에 초점을 맞추고 싶지만, 최종 분석에서는 그에 못지않게 중요한 것은 바로 '나'이다. 이 장에서는 또한 '존재(being)'와 '되어 감(becoming)'에 관한 질문을 제기하는데, 이것은 심리학, 사회학, 사회심리학을 넘어 철학, 철학적 인류학, 심지어는 형이상학으로까지 나아가게 한다.

내가 학습이라는 주제에 본격적으로 흥미를 갖기 시작한 것은 1980년대 초반이었다. 하지만 나와 내가 살고 있는 세계 사이의 **분절**(disjuncture)이라는 개념에 관한 관심은 세상의 모든 종교와 신학의 밑바탕에 흐르는 인간 존재에 관한 풀기 어려운 질문들에 집중하기 시작했을 때인 10년 전으로 거슬러 올라간다. 따라서 인간학습에 대한 현재 나의 생각은 나와 생활세계(life world)와의 상호작용 과정의 결과물이라고 할 수 있다. 그러나 그때부터 시작된 탐구는 아직까지도 미완성이고, 앞으로도 그러할 것이다. 여기에서는 분절, 즉 전기(biography)와 현재의 경험 사이의 차이에 대한 종교적·신학적 답변을 추구하고 싶지는 않다. 다만 모든 인간학습은 분절로부터 ― 명백한 질문이든 무지이든 ― 시작된다는 점을 강조하고 싶다. 또한 다소 개인적인 부분들에 대해서는 양해를 바란다. 이 글은 나의 연구가 어떻게 시작되었고 어디로 가고 있는지를 보여 주고 있는데, 이는 학습에 관하여 최근에 쓴 책의 첫 장에 반영되어 있다(Jarvis, 2006). 이 글에서는 이론의 전개를 요약하고 다른 학습이론과 관련하여 살펴볼 것이다. 이 글은 이론의 전개, 학습에 대한 이해, 평생에 걸친 학습의 세 부분으로 나누어진다.

인간학습에 대한 이해

1980년대 초부터 성인교육자로서 수많은 경험을 통하여 학습에 대한 흥미를 갖게 되었지만, 사실 이에 관한 연구를 시작한 것은 의도치 않은 것이었다. 교수(teaching)와 학습(learning)의 관계를 주제로 하는 성인교육 워크숍에 강사로 초대받은 적이 있는데, 이는 그 당시 가장 통찰력 있는 주제였다. 왜냐하면 그 당시 교수에 관한 대부분의 책이 학습에 대해서는 언급하고 있지 않았고, 심지어 학습에 관한 대부분의 교재조차도 교수에 대하여 언급하지 않았기 때문이다. 나는 이 주제를 다루는 가장 좋은 방법이 참가자들 스스로 데이터를 직접 생산해 내는 것이라고 믿었기 때문에 워크숍을 시작하면서 참가자들 각자의

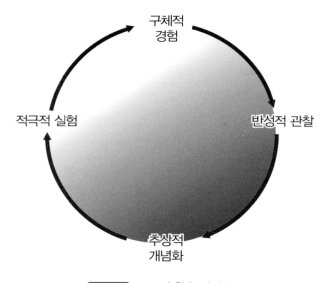

그림 2-1 Kolb의 학습 사이클

학습 경험을 적어 보도록 하였다. 시작하기는 어려웠으나 막상 20~30분쯤 지나자 모두 자신의 이야기를 마무리하였다. 나는 다시 두 명씩 짝을 지어 각자의 학습 경험에 관하여 토론하도록 하였다. 이 단계에서 몇 가지 피드백을 얻게 되었으며, 계속해서 네 명씩 짝을 지어 토론을 하도록 하였다. 그러나 이때의 몇몇 대화는 그들 각자의 이야기보다는 학습에 관한 일반적인 내용들이었다. 이 단계에서 나는 Kolb(1984)의 학습 사이클(learning cycle)을 소개하였다([그림 2-1]).

나는 그룹에게 이 사이클이 반드시 옳은 것은 아니라고 말했는데, 사실 이는 인간학습의 복잡한 사회적 과정이라는 실재를 반영하기에는 너무나 단순한 것이기 때문이다. 그래서 그들에게 각자의 네 가지 경험에 맞게 다시 그려 보도록 요청했다. 피드백을 받아 네 가지의 완전히 다른 그림을 만들 수 있었다. 운 좋게도 그다음 해까지 영국과 미국을 오가며 여덟 번의 워크숍을 수행하였는데, 세 번째 워크숍 때 나 자신이 성인학습에 관한 연구 프로젝트를 하고 있음을 깨닫게 되었다. 워크숍을 하면서 모든 피드백을 수집하였으며, 두 번째 워크숍부터는 참석자들에게 토론결과를 연구에 사용할 것임을 알려 주었다. 이에 대해 아무도 반대하지 않았으며, 오히려 연구에 대해 더욱 많은 제안을 하기 시작했다.

1986년까지 연구를 모두 마치고 논문을 작성하였는데, 여기에는 아홉 번의 워크숍 실습에 참여한 200명 이상 참가자의 수행결과에 기초한 학습모델이 포함되어 있다. 1987년『사회적 맥락에서의 성인학습(Adult Learning in the Social Context)』(1987)이라는 책을 출간하였는데, 이 책에 내가 연구한 학습 사이클([그림 2-1])이 소개되어 있다.

사회학자로서 나는 Kolb의 유명한 학습 사이클을 포함한 모든 심리학적 학습모델 대부분이 사회적인 부분이나 상호작용을 빠뜨리는 결함이 있음을 깨닫게 되었다. 그래서 나의 모델에는 이러한 부분들을 포함하였으며, 그 책에서도 학습의 사회적 기능뿐만 아니라 다양한 학습 형태에 대하여 논의하였다. 그 책에서는 12가지를 설명하고 있지만, [그림 2-2]를 보아도 학습과정을 통하여 선택할 수 있는 수많은 경로가 있음을 볼 수 있다. 나는 이 모델을 매우 초기에 덴마크에서의 두 번을 포함하여 여러 워크숍에서 시험해 보았고, 그 후 15년 동안 수많은 워크숍을 진행하면서 여러 책에서 이 주제에 대한 다양한 변형이 이루어졌다.

나는 이 모델이 다소 지나치게 단순해서 항상 좀 걱정이 있었지만, 이전의 어느 모델보다도 훨씬 정교하다고 생각했다. 학습은 언제나 경험과 함께 시작되고, 경험은 항상 사회

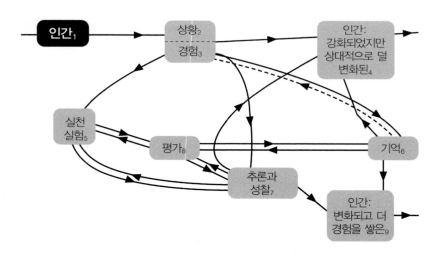

그림 2-2 Jarvis의 1987년 학습모델

적이라고 확신하면서, 인간학습에 대한 철학적 관점을 향하여 나아갔으며, 그래서 실존주의적 연구인 『학습의 패러독스(Paradox of Learning)』(1992)를 집필하게 되었다. 1987년 모델([그림 2-2])에서 알게 되었는데, 학습에 관한 중요한 철학적 이슈는, 비록 개발에 많은 시간이 들었지만, 결국 '학습하는 주체는 인간'이라는 것이다. 또한 진리나 의미와 같은 개념들은 모호하고 의문의 여지가 많기 때문에 학습이론 내에서 좀 더 많은 토론이 필요하다는 점도 인식하였다.

내 생각에 경험주의(experientialism)로부터 실존주의(existentialism)로의 전환은 인간학습에 관한 나의 사고에 있어서 가장 중요한 것이 되었으며, 현재 나의 이해에서의 중심 주제를 차지하고 있다(Jarvis, 2006). 이러한 인식하에 최근 또 다른 책(Jarvis & Parker, 2005)을 내게 되었는데, 여기에서 Stella Parker와 나는 학습이 인간에 관한 것이기 때문에 인간에 초점을 두는 모든 학문은 암묵적으로 학습이론을 담고 있거나, 최소한 학습을 이해하는 데 기여한다고 주장하였다. 근본적으로 학습의 주체는 사람이고, 이러한 학습의 결과는 변화된 사람(changed person)이지만, 변화된 사람은 여러 가지 다른 사회적 결과를 초래할 수 있다. 결과적으로, 우리 책의 내용은 생물학이나 신경과학과 같은 순수과학과 사회과학, 형이상학 및 윤리학 분야의 챕터로 구성되었다. 동시에 나는 다른 두 동료와 함께 학습에 관한 또 다른 책(Jarvis, Holford, & Griffin, 2003)을 집필하는 데 참여했다. 이 책에서 우리는 학습의 다른 모든 이론에 대한 장을 썼는데, 대부분이 심리학적이거나 경험적인 이론이었다. 나에게 명백해지고 있는 것은 우리에게 다른 모든 이론을 포괄하는 단일이론, 즉 다학제적인 이론이 필요하다는 것이다.

수년에 걸쳐 학습에 대한 나의 이해는 발전하고 변화했지만, 그러한 이론을 만들기 위해서는 복잡성을 반영하는 인간학습에 대한 조작적 정의(operational definition)가 필요했다. Illeris(2002) 또한 이를 지적한 바 있다. 나는 처음에는 학습에 대하여 '경험을 지식, 기술, 태도로 전환하는 것'으로 정의(Jarvis, 1987, p. 32)하였으나, 여러 번의 수정을 거쳐 지금은 다음과 같이 정의한다.

> 인간의 학습은 일생 동안 육체(유전적, 육체적, 생물학적)와 정신(지식, 기술, 태도,
> 가치, 감정, 신념)을 포함한 전인(whole person)이 사회적 상황을 경험하고, 그 인

식된 내용이 인지적, 정서적, 실제적으로 (혹은 어떤 조합을 통해) 변형되고 개별 인간의 전기에 통합되어 끊임없이 변화하는 (혹은 좀 더 경험한) 인간이 되는 과정의 조합이다.

내가 여기서 언급한 것은 수년간의 연구를 통해 학습에 대한 나의 이해가 점진적으로 발전한 결과이며, 학습하는 자는 전인이며 인간은 사회적 상황 가운데서 학습한다는 깨달음이다. 그러므로 학습에는 사회학, 심리학, 철학 등 수많은 학문 분야가 포함되어야 한다. 학습에 관한 최근의 연구는 이 모든 것을 포함하고 있다(Jarvis, 2006; 2007).

인간학습에 대한 포괄적인 이론을 지향하며

● ●

지금까지 강조했듯이, 학습은 실존적(existential)이면서도 경험적(experiential)이다. 어떤 의미에서 학습은 출생 전부터 시작된다고 할 수 있다. 왜냐하면 여러 학문이 말해 주듯이 우리는 어머니의 자궁 속에서 경험한 경험들로부터 전의식적으로(pre-consciously) 학습하기 때문이다. 또한 학습은 죽기 전 의식을 잃을 때까지 지속된다. 그러나 인간이 사회적이라는 사실은 학습에 대한 우리의 이해에 매우 중요하지만, 인간이 정신과 육체를 모두 가지고 있다는 사실도 중요하다. 우리의 생활세계(life world)에서의 모든 경험은 인간과 생활세계의 교차점에서 발생하는 육체적 감각에서 시작된다. 사실 이러한 감각은 처음에는 학습과정의 시작이기 때문에 그 자체로는 큰 의미가 없다. 경험은 분절(우리의 전기와 경험에 대한 지각 사이의 간극) 혹은 무지에 대한 인식으로부터 시작되지만, 이는 먼저, 의미를 갖지 않는, 이를테면 청각, 시각, 후각 등의 감각들을 받아들이는 육체의 문제다. 그런 다음 우리는 이러한 감각들을 두뇌와 정신의 언어로 전환하고 우리 자신에게 의미를 갖도록 학습하는데, 이것이 인간학습의 첫 번째 단계다. 하지만 우리는 이 자체로만 의미를 부여할 수는 없다. 우리는 항상 사람들과의 관계 속에 사는 사회적 인간이며, 우리가 성장함에 따라 사회적 언어를 습득하기 때문에 거의 모든 의미는 우리가 태어난 사회를 반영한다고 볼

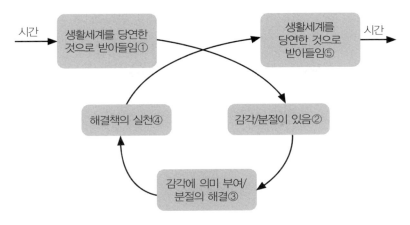

그림 2-3 감각들의 전환: 일차 경험으로부터의 학습

수 있다. 나는 [그림 2-3]에서 이러한 첫 번째 과정을 묘사하고 있다.

중요하게도, 성인으로서 우리는 인생의 많은 시간을 당연한 것으로 배워 온 상황(상자 ① 속에서 살아간다는 것이다. 즉, 우리는 세상이 우리가 알고 있는 것 같이 하나의 경험 으로부터 또 다른 비슷한 경험으로 크게 변하지는 않는다고 상정하지만(Schutz & Luckmann, 1974), Bauman(2000)이 말한 것처럼 세상은 '액체'라고 할 정도로 급격히 변하고 있다. 그러나 시간이 지남에 따라 우리는 실제로 이러한 당연한 일이 일어날 수 있도록 범 주(categories)와 분류(classifications)를 개발한다. 이에 대해 Falzon(1998, p. 38)은 다음과 같 이 정리한다.

세계와의 만남은 … 필연적으로 범주라는 이름으로 세계를 정리하고, 조직하며, 분류하고, 어떤 식으로든 적극적으로 통제하는 과정을 수반한다. 또한 우리는 세계를 대할 때 항상 어떤 프레임워크를 가지고 세계를 대한다. 이러한 조직적 활동 없이는 세계를 전혀 이해할 수 없을 것이다.

하지만 이러한 주장은 아이들에게는 적용되지 않는다. 그들은 자주 의미나 설명이 없는 감각들을 경험하면서도 의미를 찾으려 하고, 또한 어른들이 두려워하는 '왜'라는 질문을 하기 때문이다. 즉, 그들은 지속적인 분절 상태에 있는데, 다른 말로 삶의 많은 부분이 '상자 ②'를 반영하고 있다. 그러나 성장하면서 생활세계와 사회가 자신의 경험에 부여하는 의미를 자각하게 되면서부터 '상자 ①'이 점차 일상이 되는 것이다. 하지만 우리의 삶을 통하여 아무리 나이가 들고 경험이 있다고 할지라도, 우리는 여전히 새로운 상황들과 우리가 인식하지 않는 감각들, 즉 소리, 냄새, 맛 등을 접하게 된다. 성인이든 어린이든 모두가 감각을 두뇌 언어(brain language)로 전환시키고 궁극적으로는 의미를 부여해야 한다. 감각의 의미 등을 학습한다는 것은 생활세계의 문화를 우리 자신에게로 통합시키는 것이다. 이는 전부는 아니지만 우리 학습 경험의 상당 부분이 여기에 해당한다.

전통적으로 성인교육자들은 어린이들이 어른들과는 다른 방법으로 학습한다고 주장해 왔다. 그러나 어린이가 어른보다 새로운 경험을 많이 하고 이로 인해 어린이와 어른의 학습과정 간에 차이가 있는 것처럼 보이지만, 새로운 상황으로부터 학습하는 과정은 인간의 전 생애에 거쳐 동일한 것이다. 이러한 것들은 우리가 살면서 갖게 되는 기본적인 경험이다. 즉, 우리 모두는 세계에 대해서 당연하다고 여길 수 없는 새로운 감각들을 가지고 있다. 우리는 분절의 상태에 들어가게 되면 즉각적으로 '나는 지금 무엇을 하고 있지?' '그게 무슨 뜻이지?' '그게 무슨 냄새지?' '그게 무슨 소리지?' 등의 질문을 제기하게 된다. 그러나 이러한 의문들 중 많은 것이 질문의 형태로 명확하게 표현되지 않을 수 있지만, 알 수 없다는 느낌이 있다(상자 ②). 의식적인 경험의 중심에 있는 것이 분절이다. 왜냐하면 의식적인 경험은 우리가 무지하거나 세계를 당연하다고 받아들이지 않을 때 발생하기 때문이다. 우리는 다양한 방법으로 감각에 대한 의미를 부여하면서 분절을 해결하려고 한다. 질문에 대한 답변(정답이 있더라도 반드시 정답은 아님)은 어린 시절 중요한 타인이나 교사에 의해서 혹은 우연한 일상생활 속에서 또는 발견학습이나 자기주도학습 등을 통하여 제공될 수 있다(상자 ③). 하지만 아름다움이나 경이로움 등과 같은 근본적인 경험들에 대해서도 의미를 부여할 수 없을 때가 있으며, 우리는 여기에서 종교적인 체험을 찾아내는 것을 시작할 수도 있다. 그러나 시간과 공간은 오늘날 우리가 이러한 탐구를 지속하는 것을 허락하지 않는다(Jarvis & Hirji, 2006 참조).

우리가 분절의 해결에 이르게 될 때 그 답은 사회적 사고들(social constructs)이며, 그리하여 즉각 우리의 학습은 그것이 발생하는 사회적 맥락으로부터 직접적인 영향을 받는다.

우리는 우리의 문화에 의해 요약된다. 그러나 일단 암묵적 질문(implied question)에 대한 해답을 찾게 되면, 이를 잊어버리지 않기 위해 그것을 실행하거나 반복해야 한다(상자 ④). 우리의 처음 질문에 대한 해답을 실천할 기회가 많으면 많을수록 기억은 더 수월해진다. 우리는 이러한 과정을 사회세계(social world) 속에서 행하면서 피드백을 받게 되는데, 이는 사회적으로 수용 가능한 해답이거나 혹은 과정을 다시 시작해야 하거나, 아니면 주변 사람들과는 달라야 하는지 등을 확인시켜 준다. 물론 사회적으로 수용 가능한 답변이 올바르다고 볼 수도 있으나, 여기서 우리는 언어의 문제, 즉 사회에 순응하는 것(conformity)이 항상 '옳은 것(correctness)'은 아니라는 점을 알아야 한다. 이와 같이 순응하는 법을 배우는 과정은 '시행착오' 학습이다. 그러나 우리는 따르지 않는 학습도 할 수 있으며, 순응하거나 순응하지 않거나를 통해 우리 개성의 다양한 측면을 드러낸다. 그러나 일단 사회적으로 수용 가능한 해답을 찾고 이를 기억하게 되면 사회세계가 어떤 식으로든 변하지 않는 한 우리는 이러한 세계를 당연한 것으로 받아들이는 위치에 다시 서게 된다(상자 ⑤). 그러나 무엇보다 중요한 것은 우리가 변화하고 다른 사람들도 학습을 통하여 변화하는 것처럼 사회세계는 항상 변화하고 있으며, 따라서 우리는 조금씩 다른 상황을 경험하기 때문에 기존에 당연하다고 여기는 것들이 점차 더욱 의심스러워진다는 것이다(상자 ⑤). 같은 물이 같은 다리 밑으로 두 번 다시 흐르지 않는 것처럼, 우리가 당연하다고 여기는 것들조차도 상대적인 것이다.

그러나 현대사회에서 이러한 과정의 중요성은, 우리가 일단 그 감각에 의미를 부여하고 기억에 의미를 부여하면 사회적으로 수용 가능한 답(의미)이 그 과정을 지배하게 되므로 감각 그 자체의 중요성은 이후의 경험에서 밀려나게 되며, 이어 분절이 발생하게 되면 우리는 그 의미를 이해할 수 없기 때문에 그 감각 자체에 관한 것보다도 그 세계와 기타 여러 가지 의미를 이해하지 못할 가능성이 있다는 데 있다. 감각은 여전히 자연스럽게 발생하지만 우리는 그것을 덜 인식하게 된다. 이런 의미에서, 우리는 (사회적인 실재가 어떠하든지 간에) 우리 자신 안으로 사회적인 의미를 가져온다. 그것은 출생 이후부터의 학습을 통하여 우리 안으로 통합된다. 실제로, 이것은 Bourdieu(1992, p. 127)가 아비투스(habitus)를 '사회적으로 만들어진 육체'로 묘사하고, 같은 페이지에서 계속해서 '사회적인 실재는 말하자면 사물과 정신에, 현장과 습성에, 에이전트의 내부와 외부에 두 번 존재'한다고 말하는 것을 반영한다. 이 말은 어떤 의미에서는 Peter Berger가 처음 이야기한 것처럼, 우리가 자신도 모르는 사이 마음(minds)의 창살 뒤에 갇힐 수도 있다는 의미를 내포한다. 중요한 것은, 이것은 성인교육자들이 아이들이 아닌 어른들만 가지고 있다고 가정하는 학습의 한 양식이라는 것이다. 이러한 경험들은 언어나 다른 형태의 매개로 인해 발생하는 이차적인 것들인데, 이차적인 경험들은 세계를 매개로 한 간접 경험들이다. 우리가 늘 일차적인 경험들을 의식하고 있지는 않지만, 이차적인 경험들은 항상 일차적인 것들과 결합하여 발생한다. 예를 들어, 누군가가 말하는 것을 들을 때 우리는 의자가 얼마나 편안한지 등등에 대하여 항상 의식하지는 않는다.

우리는 감각을 경험하거나 의미를 경험하는 데 있어서 아는 것과 알지 못하는 것 모두에서 우리의 생활세계와 지속적으로 양가적인 관계를 맺고 있다. 감각으로 경험하는 것이기 때문에 일차적인 경험에 대해서는 이미 설명했다. 우리는 평생 동안 일차적인 경험들을 계속할 수 있으므로, [그림 2-3]은 감각이 학습의 중심에 있을 때 아이들에게처럼 성인들에게도 적절하다. 그러나 감각이 뒤로 밀려나고 우리가 문화적 의미에 더 관심을 가지게 될 때, 즉 소리보다는 의미나 단어를 모를 때, 우리는 이차적 경험을 하게 된다. 비록 텔레비전과 웹을 통한 시각적 매개가 점점 더 많아지고 있지만, 이것들은 주로 말과 글을 통해 매개되는 경험이다. 이러한 경험은 많은 사람에게 일상적인 특징이 되고 있다. 그럼에도 불구하고 인지는 학습의 중심이 되며, 우리는 여전히 일차적인 경험을 가지고 있지만 이는 인간학습의 위계에서 보조적인 지위로 격하되고 있다. 다음 [그림 2-4]에서 나는 특정 형태의 인지적 분절이 발생하는 이차적인 과정을 그려 보았다. '상자 ①'에서 생활세계 속 및 분절의 순간에 있는 전인은 경험을 가진다(상자 ②).

분절의 결과로 나타날 수 있는 경험을 하게 되면(상자 ②) 우리는 그것을 거부하거나, 그것에 대해 생각해 보거나, 그것에 대해 정서적으로 반응하거나 혹은 그것에 대해 무엇인가를 해 보거나, 아니면 이것들의 어떠한 조합도 해 볼 수 있다(상자 ③~⑤). 그러나 여기에는 항상 양방향 화살표가 있다. 왜냐하면 학습의 모든 지점에는 항상 진행되는 행동뿐만 아니라 피드백이 따르기 때문이다. 이러한 관찰에서 중요한 것은 우리는 사실 그 경험으로부터 배우는 것이지, 경험이 발생하는 사회적 상황이나 일단 의미가 부여된 감각으로부터 배우는 것이 아니라는 점이다. 학습의 결과로 우리는 변화된 사람이 된다(상자 ⑥). 그러나 알다시피, 학습은 매우 복잡한 과정 그 자체다. 일단 사람이 변하게 되면 그 개인이 들어가게 되는 다음 단계의 사회적 상황이 변하리라는 것은 자명하다. 그래서 우리는 자신의 경험들로 되돌아갈 수 있다[내가 내 경험들에 대해 성찰할 때 그 경험들에 의미를 부여하고 싶을 수는 있지만(상자 ③), 그 경험으로부터 학습하는 데 의미를 부여할 필요는 없다]. 하지만 나의 감정들이 전환되고(상자 ④), 그리하여 나의 신념과 태도 및 가치도 영향을 받게 된다(상자 ③). 나는 심지어 그것들에 대해 뭔가를 하고 싶을 수도 있다(상자 ⑤). 마침내 학습의 결과(상자 ⑥)로 변화된 사람이 되고, 오직 존재 속에서만 우리가 될 수 있으며, 학습을 통해서 우리는 되어 감의 과정을 경험하게 된다. 실제로 나는 변화되었고, 그 때문에 내가 상호작용하는 상황 역시 변화되었다. 따라서 우리는 학습이 세 가지 전환, 즉 감각, 인간 그리고 사회적 상황을 포함한다고 결론지을 수 있다.

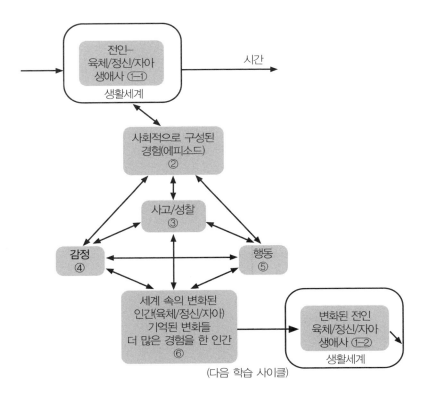

그림 2-4 학습을 통한 인간의 전환

[그림 2-4]에서 나는 두 번째 사이클(상자 1-2)을 가리킴으로써 학습의 지속적인 본성을 파악하려고 노력하였다. 그러나 이 그림은 반드시 항상 [그림 2-3]과 관련해서만 이해되어야 한다. 왜냐하면 오직 그것들을 결합함으로써만 우리는 인간학습의 과정을 이해하기 시작할 수 있기 때문이다. 이 두 그림은 감각들과 의미들을 동시에 경험하는 복잡한 과정을 묘사한다. 이는 또한 일차적 경험과 이차적 경험들이 동시에 발생함을 인식시켜 준다. 그러나 여기에는 인간의 본성에 대해 좀 더 많은 것을 알려 주는, 더 많은 경험을 하게 되는 인간에 대한 보다 근본적인 이슈가 있다. 내가 학습을 계속할 수 있는 한, 나는 미완성의 인간으로 남는다. 즉, 보다 성장할 수 있으며, 보다 많은 경험을 할 수 있는 가능성 등이 남는다. 그리고 나는 여전히 내가 되기 위해(to be me) 학습하고 있다! 철학적으로 말하자면, 나는 '지금' 이 순간에만 존재하며, 시간을 멈출 수가 없기 때문에 항상 되어 가고 있는 (becoming) 존재다. 그러나 역설적이게도 되어 가고 있는 모든 것으로 인하여 항상 내가 동일한 나로 느낄 수 있게 된다. 존재(being)와 되어 감(becoming)은 불가분하게 서로 얽혀 있으며, 인간의 학습은 삶 그 자체의 근본이기 때문에 이들을 연결하는 현상 중 하나이다.

그러므로 나는 지금 내가 되기 위한 학습에서 또 다른 이슈에 직면해 있는데, 그것은 학습하는 인간의 본질에서 발견되는 것이다. 나는 인간이 지식, 기술, 태도, 감정, 신념, 가치, 감각 그리고 심지어는 정체성에 관한 존재이고, 학습을 통하여 이들 각각은 변화하고 발전될 수 있음을 제시하였다. 그러나 우리가 학습에 관한 문헌을 조심스럽게 살펴보면 거기에는 개인 및 인지 발달에 관한 연구(Erikson, 1963; Piaget, 1929), 종교적 신앙 발달에 관한 연구(Fowler, 1981), 도덕 발달에 관한 연구(Kohlberg, 1981) 등이 있음을 알 수 있다. 이와 정확히 같은 방식으로 개인적 정체성과 사회적 정체성이 어떻게 발달하는지에 대한 연구도 있는데, Mead(Strauss, 1964)와 Wenger(1998)가 대표적이다. 만일 우리가 전인이 되기 위해 인간이 어떻게 학습하는지를 이해해야 한다면 이러한 이론 모두를 결합할 필요가 있다. 이것이 바로 내가 책에서 다룰 내용이다.

한 인간의 평생학습

• • • • • • • • • • •

학습은 하나의 실존적 현상이기 때문에 나의 출발점은 육체와 정신, 즉 전인이다. 우리는 이 과정을 전 생애를 통해 계속되는 하나의 과정, 즉 인간 실존으로부터 도출되는 인간의 본질로 표현할 수 있으며, 이 본질은 세계와의 상호작용을 통하여 형성된다. 그러나 그 본질은 아무런 도움 없이 그냥 생겨나는 것은 아니다. 마치 육체가 성장하기 위해서는 음식이 필요한 것처럼, 인간의 본질이 발현되고 발전하기 위해서는 인간 실존이 경험하고 학습할 필요가 있다. 이러한 학습을 위한 자극은 세계에 대한 우리의 경험, 즉 우리가 세계와 만나는 지점(육체적 및 사회적인 면 모두)이다. 우리가 이러한 만남의 순간들을 경험하는 유일한 방법은 우리의 감각, 즉 보고, 듣고, 말하고, 냄새 맡고, 맛보는 것들을 통해서이다. 이러한 감각은 모든 학습경험의 시작이므로 육체 감각은 모든 학습과정의 기본이 된다. 그러므로 학습을 이해하는 데 있어 기본은 사회적 상황에 있는 전인에 대한 이해다. 이는 철학적 인류학일 뿐만 아니라 사회학과 심리학이기도 하다. 학습은 단지 심리학적인 것만이 아니며, 심리학의 배타적인 주장들이 학습에 대한 우리의 완전한 이해를 손상시킨다는 것을 인식하면, 비로소 우리는 인간의 학습을 새롭게 볼 수 있을 것이다.

하지만 그 이전에 인간은 육체와 정신으로 구성되어 있으며, 이것은 분리될 수 없는 실체(entity)이고 상호 연관되어 있다는 점에 유의해야 한다. 따라서 학습이론에서 감각의 중요성을 인식하였다면 육체와 정신의 관계를 살펴보아야 한다. 이 주제에 대해서는 이미 많은 책이 쓰여 있으므로 여기에서는 깊이 있게 그 관계를 논하는 대신 육체와 정신의 관계에 관한 다섯 가지 주요 이론이 있음을 언급하는 것만으로도 충분할 것이다. 예를 들어, Maslin(2001)은 다섯 가지 주요 이론을 제시한다.

- 이원론(dualism): 인간은 두 가지 완전히 구별된 독립체, 즉 육체와 정신의 복합체다. 그러나 현대의 뇌 스캔 기술은 뇌 활동이 육체가 감각을 받아들이는 결과로 볼 수 있음을 말해 주고 있다. 이는 그들 상호 간에 밀접한 연관성이 있음을 말해 준다.

- 정신/두뇌 정체성(mind/brain identity): 오직 물리적 물질만 존재하고, 인간은 단지 물질세계의 일부에 불과하다고 주장하는 일원론적 이론이다. 즉, 이 이론에서는 정신적 상태들은 육체적 상태들과 동일하다고 보는데, 이것은 문화와 의미의 본성에 대한 근본적인 문제들을 제기한다.
- 논리적 혹은 분석적 행동주의(logical or analytical behaviorism): '정신과 정신 상태에 관한 진술들은, 분석 후 한 인간의 실제적이고 잠재적인 공공 행위를 설명하는 진술이 된다'(Maslin, 2001, p. 106). 이 이론에 대한 반대는 행동만이 인간의 주도적인 힘이라는 생각을 거부하며, 의미나 생각 자체와 같은 다른 힘도 중요하다는 점을 포함한다.
- 기능주의(functionalism): 정신을 두뇌의 한 기능으로 보는 이론이다. 이 이론에서는 의미, 의도성, 비합리성 및 감정을 배제한다.
- 비환원주의적 일원론(non-reductive monism): Maslin(2001, p. 163)은 이를 다음과 같이 설명하고 있다.

이 이론은 비환원적이다. 왜냐하면 이 이론은 정신적 속성이 물리적 속성보다 우월한 것이 아니라고 주장하지 않기 때문이다. 반대로 정신적인 속성이 물리적인 속성과는 종류가 다르며, 존재론적으로 환원될 수 없다는 것을 기꺼이 인정한다. 우리의 심리적 삶을 구성하는 것은 이러한 정신적 속성의 클러스터와 일련의 시리즈이다. 속성 이원론은 물질과 물리적 사건의 이원론을 배제하므로 그것은 일원론의 한 형태이다. 그러나 이러한 물리적 실체와 사건들은 두 가지 매우 다른 속성, 즉 물리적 속성과 비물리적 정신적 속성을 가지고 있다.

육체와 정신의 관계를 바라보는 다섯 가지 방식을 살펴보면 이 관계를 설명할 수 있는 간단한 이론이 없음을 알게 된다. 현대사회에서는 다양한 이론이 존재하지만, 논리적으로 어느 한 이론을 배타적으로 주장해서는 안 된다. 그러나 몇몇 이론들은, 예를 들면 정신/두뇌 정체성, 행동주의, 기능주의와 같은 일부 이론은 다른 이론에 비해 상당히 취약해 보인다. 이러한 이론들이 현대사회에서 널리 인용되고 사용되고 있다는 것은 불행한 일이다. 우리는 이원론 그 자체로는 덜 만족스럽지만, 비환원적 일원론의 한 형태로 가장 잘 설명될 수 있는 이원론의 한 형태를 받아들였다. 그러나 우리는 어떠한 이론도 보편적인 충성을 요구할 수 없으며, 각각의 이론들에는 극복할 수 없는 것처럼 보이는 문제가 있음을 인정해야 한다.

우리는 앞에서 언급한 간단한 철학적 논의로부터 행동주의 및 정보처리 그리고 모든 형태의 인지이론을 포함하여 인간의 학습에 대한 논리적 이해를 제공하는 수많은 현대학습이론에 심오한 의문이 제기되고 있음을 즉시 알 수 있다. 그렇다고 해서 그러한 이론들이 타당하지 않다는 것이 아니라, 인간에 대한 불완전한 이론을 가지고 있다는 것이다. 경험주의는 학습을 사회적인 맥락에서 보기 때문에 좀 더 근접하다고 볼 수 있으나, 심지어 경험학습이론도 인간에 대한 불완전한 이론을 기반으로 하고 있으며 실제로 경험이 발생하는 사회적 맥락을 정확히 설명하는 이론이 없기 때문에 충분하다고는 할 수 없다. 내 생각에 인간의 학습에 대한 상당한 통찰력을 제공하고 있는 가장 포괄적인 두 가지 이론은 Illeris(2002)와 Wenger(1998)의 이론이다.

결론

. . . . . .

다른 많은 학습이론처럼, 마지막으로 언급한 두 가지 이론은 각각 심리학적 관점과 사회학적 관점에서 출발한다. 이것들은 인간의 학습에 대한 엄청난 통찰력을 제공할 뿐만 아니라 우리를 이론의 경계 너머로까지 인도한다. 두 이론은 모두 심오한 질문을 제기하며, [그림 2-5]에서 내가 묘사하고자 하는 사회세계와의 관계에서 인간에 대한 생각을 포함하고 있다.

심리학자는 인간으로부터 외부의 객관화된 문화로 화살표를 추적해 가지만, 사회학자는 외부의 객관화된 문화로부터 시작하여 내부의 인간 개인으로 향해 간다. 그러므로 인간의 학습은 반드시 이 두 가지 관점에서 바라보아야 한다! 이것은 우리가 학습을 어떻게 연구해야 하는지에 관한 중요한 문제를 남긴다. 나는 학습에 관한 연구는 인간(학습자)에

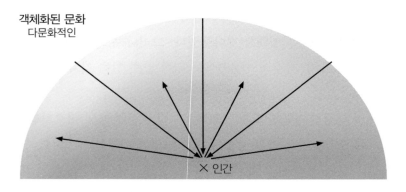

객체화된 문화
다문화적인

✕ 인간

그림 2-5 문화의 내부화와 외부화

대한 이해로부터 출발해야 한다고 보며(이는 학습에 관한 대부분의 연구에서 매우 결여되어 있는 철학적 관점임), 그 후에 학습과정의 심리학적 및 사회학적인 측면을 동시에 탐구하기 시작해야 한다고 생각한다. 그러나 그 가운데 서 있는 것은 인간이며, 인간에 대한 분석은 하나의 철학적 인류학을 필요로 한다. 이는 또한 우리로 하여금 Buber(1994)의 책『나와 너(I and Thou)』에 잘 포착되어 있는 사회적 삶과 인간학습의 간주관성(intersubjectivity)을 인식하도록 이끈다. 비록 모든 세밀한 부분에서 학습과정을 설명하는 하나의 이론을 갖는 것은 불가능하겠지만, 나는 이와 같은 폭넓은 관점이 우리로 하여금 학습을 보다 더 잘 이해하도록 하는 데 도움을 준다고 믿는다. 역설적이게도 우리가 알고 있는 모든 것과 학습한 모든 것에도 불구하고, 우리는 여생을 사회 속에서 우리가 되는 법을 배우는 데 쓸 것이다.

참고문헌

Arendt, H. (1978) *The Life of the Mind*. San Diego: Harvest Book, Harcourt.

Bauman, Z. (2000) *Liquid Modernity*. Cambridge, UK: Polity.

Bourdieu, P. (1992) The Purpose of Reflexive Sociology. In Bourdieu, P. and Wacquant, L.(eds). *An Invitation to Reflexive Sociology*. Cambridge, UK: Polity.

Buber, M. (1994 [1923]) *I and Thou*. Edinburgh: T&T Clark.

Erikson, E. (1963) *Childhood and Society*. New York: Norton.

Falzon, C. (1998) *Foucault and Social Dialogue: Beyond Fragmentation*. London: Routledge.

Fowler, J. (1981) *Stages of Faith: The Psychology of Human Development and the Quest for Meaning*. New York: Harper and Row.

Illeris. K. (2002) *The Three Dimensions of Learning: Contemporary Learning Theory in the Tension Field Between the Cognitive, the Emotional and the Social*. Leicester: NIACE.

Jarvis, P. (1987) *Adult Learning in the Social Context*. London: Croom Helm.

Jarvis, P. (1992) *Paradoxes of Learning: On Becoming an Individual in Society*. San Francisco: Jossey– Bass.

Jarvis, P. (2001) *Learning in Later Life: An Introduction for Educators & Carers*. London: Kogan Page.

Jarvis, P. (2006) *Towards a Comprehensive Theory of Human Learning*. London: Routledge(Vol 1 of *Lifelong Learning and the Learning Society*).

Jarvis, P. (2007) *Globalisation, Lifelong Learning and the Learning Society: Sociological Perspectives*. London: Routledge. (Vol. 2 of *Lifelong Learning and the Learning Society*).

Jarvis, P. and Hirji, N. (2006) Learning the Unlearnable – Experiencing the Unknowable. *Journal for Adult Theological Education*, 1, pp. 88–94.

Jarvis, P., Holford, J. and Griffin, C. (2003) *Theory and Practice of Learning (2nd edition)*. London: Routledge.

Jarvis, P. and Parker, S. (eds) (2005) *Human Learning: An Holistic Approach*. London: Routledge.

Kohlberg, L. (1981) *The Philosophy of Moral Development: Moral Stages and the Idea of Justice*. San Francisco: Harper & Row.

Kolb, D. (1984) *Experiential Learning: Experience as the Source of Learning and Development*. Englewood Cliffs, NJ: Prentice–Hall.

Loder, J. (1998) *The Logic of the Spirit: Human Development in Theological Perspective*. San Francisco: Jossey–Bass.

Maslin, K. T. (2001) *An Introduction to the Philosophy of Mind*. Cambridge, UK: Polity.

Piaget, J. (1929) *The Child's Conception of the World.* London: Routledge and Kegan Paul.

Schutz, A. and Luckmann, T. (1974) *The Structures of the Life-world.* London: Heinemann.

Strauss, A. (ed) (1964) *George Herbert Mead on Social Psychology.* Chicago: University of Chicago Press.

Wenger, E. (1998) *Communities of Practice: Learning, Meaning, and Identity.* Cambridge, UK: Cambridge University Press.

3

무슨 '모양(form)'이
전환하는가

전환학습에 관한
구성적 · 발달론적 접근

Robert Kegan

Robert Kegan

Robert Kegan은 숙련된 심리학자로, 2016년까지 하버드 대학교(Harvard University)의 성인학습 및 전문성 개발(professional development)학과 교수로 재직했다. 그는 1982년에 출간한 『진화하는 자기(The Evolving Self)』에서 인간발달에 관한 고등의 단계 모델을 제시하였고, 1994년에 또 하나의 중요한 저서인 『우리에게 벅찬 과제: 현대적 삶의 정신적 요구들(In Over Our Heads: The Mental Demands of Modern Life)』에서는 그 모델을 더 정교하게 다듬었다. 뒤에 그는 리더십, 변화 그리고 전문적인 학습 및 훈련에 관심을 두었다. 하나의 발달 단계로부터 다음 단계로 이어지는 전환에 대한 관심은 Jack Mezirow의 『전환학습(transformative learning)』 개념으로 이어졌으며, 이 장은 Jack Mezirow 등(2000)의 『전환으로서의 학습: 진행 중인 이론에 대한 비판적 관점(Learning as Transformation: Critical Perspectives on a Theory in Progress)』에서 Kegan이 쓴 장을 축약한 것이다.

도입

．　．　．　．　．

허둥지둥 침대를 빠져나온 Peter와 Lynn의 모습을 상상해 보자. "요즘, 너무 일이 많아."라고 각자 투덜댈 수 있을 것이다. 각자 하는 일이 다르다고 할지라도, 비슷한 상황이 그들을 서두르게 했다는 것을 눈치챌 수 있다.

Lynn은 하이랜드 중학교 영어교사로 12년 동안 근무해 왔다. 3년 전에는 영어과 부장교사가 되었고, 부장교사들은 작년에 교장이 신설한 리더십 위원회의 위원으로 자동 임명되었다. 학교는 학교 운영에 대한 책임과 권한이 더 이상 Carolyn Evans 교장에게만 주어지지 않고 주로 교장과 교사 또는 그 대표자들 사이에 공유되는 현장 기반 관리(SBM) 철학을 채택하기로 했다.

Peter는 19년 동안 베스트레스트에서 근무했다. Peter는 12개의 지역 공장을 거느린 침대 제조회사인 베스트레스트에서 대학생 때 여름방학마다 아르바이트를 했다. Peter는 당시 공장장이던 Anderson Wright의 눈에 들었고, Anderson은 Peter의 멘토가 되었다. Anderson이 승진함에 따라 Peter도 승진시켜 함께 데려갔다. 결국 Anderson이 부사장이 되었을 때, 그는 Peter에게 독립 생산라인의 책임을 맡겼다. Peter는 Anderson과 지속적으로 긴밀한 관계를 유지하면서 자주 쉽게 자문을 구할 수 있었다.

그러나 Anderson이 독립 생산라인을 만들고 Peter를 그 조직의 새로운 책임자로 임명하기로 결정하면서 Peter의 삶은 더욱 복잡해지게 되었다. Anderson은 "Peter, 자네가 준비되었다면, 내 생각엔 준비가 되었다고 보네만, 난 자네가 새 라인을 세이프슬립 프로덕트라는 독립된 회사로 경영해 주었으면 해."라고 말했다. Peter는 Anderson의 목소리에서 자신에게 놀라운 선물을 주었다는 기쁨에 겨워 흥분해 있음을 느낄 수 있었다. 그래서

Peter는 망설임이나 심사숙고 없이 새로운 자리로 이동해 Anderson과 다시 합류했다.

이처럼 Lynn과 Peter는 직무상 공통점이라곤 거의 없는 교사와 사업경영자임에도 불구하고 유사한 상황과 씨름하고 있는 자신들을 발견한다. 즉, 근로자 경영참여제(worker-participation initiatives)가 직장에서 그들의 책무 및 주인의식 그리고 권한을 바꾸어 놓았기 때문이다. 두 사람 모두 직장에서의 그러한 변화로 인해 무척이나 비참해졌고 사기마저 떨어졌다. 왜 이와 같은 일이 일어났는지 자세히 살펴보도록 하자.

Lynn이 말했다. "왜 이 일이 하이랜드에서는 작용하지 않는지 사례를 제공해 드릴 수 있어요. 아마도 모든 학과장과 교사 대부분은 우리가 교원평가를 하는 방식에 있어서 큰 결함이 있다는 데 동의할 거예요. 우선, 교원평가는 교장이 두 차례 수업 방문을 기반으로 이루어집니다. 교장 방문이 예고된 방문이기 때문에 교사들은 수업시연을 준비하지요. 교사들은 교장이 자신들이 하는 일에 대한 공정한 표본을 얻는다고 생각하지 않아요. 아이들은 무슨 일이 일어나고 있는지를 알아채고, 평소와는 다르게 행동해요. 아이들은 태도가 좋아지고, 산만했던 모습이 싹 사라져요. 교장은 특이할 것 없는 무해한 보고서를 쓰지요. 아무도 아무것도 배운 게 없는데, 최소한 교장은 중앙부서에 '모두 제대로 평가되었음'이라고 보고할 수 있게 되고, 수업이 정상적으로 이루어졌다는 것을 서류상으로 증명할 수 있게 되는 거죠."

"처음에는 그냥 따라가다가 영어과 부장교사가 되었을 때 학교가 모두에게 배움의 장이 되어야 한다는 생각을 하게 되었어요. 아이들이 학교에서 배움을 얻으려면 우리가 먼저 배움의 모범을 보이는 것이 도움이 될 것이라고 생각했어요. 처음 리더십 위원회에 참여하면서 흥분했던 것은 사실 이런 생각 때문이었고요. 저는 교원평가에 대해 몇 가지 다른 생각을 가지고 있었어요. 저는 파일 채우기가 아닌 학습에 중점을 두고 싶었습니다."

"그래서 Carolyn 교장이 교사들에게 SBM을 도입하자고 했을 때, 난 학교의 리더십에 다른 목소리를 허용하는 그녀를 우러러봤어요. 하지만 난 '좋아, 이제 우리가 넘겨받는 거야.'라고 생각하지는 않았어요. 넘겨받고 싶지 않았거든요. 교장이 되고 싶지도 않았어요. 그렇다고 Carolyn 교장이 부장교사가 되는 것도 원하지 않았어요. Carolyn 교장과 일대일로 교장실에서 면담하는 것보다는 위원회에서 하는 것처럼 단체로 협의해서 해결해 나가길 바랐어요."

"이번 학기에 교원평가와 관련해 모든 게 엉망이 되는 느낌이었어요. 교원평가는 전혀 내가 주도한 것도 아니었고요. 역사과 부장교사인 Alan이 제안서를 가져왔을 때 저는 완전 놀라웠어요. 기본적으로 그의 제안은 역사과에서 1년간 평가에 대한 실험을 할 수 있게 해 달라는 것이었어요. 그는 성과에 대한 불안과 시험에 대한 부담감을 없애고 싶어 했어요. Alan은 교사들이 자신 또는 학과의 다른 고참 선생님들을 선택할 수 있게 해서 실질적으로는 장학보다는 컨설팅하는 분위기가 되기를 바랐어요. 장학/컨설턴트는 사실상 교사들의 학습목표를 달성하기 위해 교사들에 의해 고용되는 셈이지요. 교사는 불이익 없이 컨설턴트를 해고할 수 있어요. 일 년 동안은 어떤 내용도 서류로 남길 필요가 없지요. 교사가 어떻게 사용했는지, 얼마나 많은 학습이 진행되었는지, 어떤 종류의 학습이 진행되었는지 파악할 수 있지만, 모두 익명으로 교사가 아닌 실험을 평가합니다."

"나는 물론 그 아이디어가 맘에 들었어요. 나 자신이 그런 것을 생각해 내지 못해서 샘이 났지만요. 교사가 자신의 평가를 수행해야 한다는, 즉 평가는 학습을 목적으로 해야 하며, 보여 주기 위한 게 아니어야 하고, 부장교사가 컨설턴트이자 자기주도학습의 자원이 될 수 있다는 내 생각을 실행에 옮겨 볼 수 있는 좋은 방법이라 여겼어요."

"위원회에서는 Alan의 안에 대해 세 번의 긴 토론을 거쳤지만, 그 안이 가져올 진정한 가치가 무엇인지에 대해서는 우리 누구도 한 마디도 말할 수 없었어요. 이제야 깨닫게 된 사실이지만, Carolyn 교장의 관심은 교사의 학습 촉진보다는 그것이 교장의 책무성에 대해 어떤 선례를 만드는가에 있었어요. 교장의 방문을 중단한다? 교사가 무엇을 배울지를 교사 스스로 결정한다? 누구도 파일에 대해 평가하지 않다니! 이것들은 Carolyn 교장에게 쉽게 와닿지 않았죠. 평소 교장은 회의 마지막에 발언했지만, 이번 경우엔 Alan이 제안한 후 맨 처음으로 말을 했고, 그녀가 말을 상당히 많이 하는 바람에 모두가 침묵하고 말았지요. 교장은 Alan의 제안에 들어 있는 어떠한 장점도 발견하지 못했어요. 교장은 최소한 그 제안이 다루고자 했던 암묵적인 문제조차 인정하지 않았습니다. 그녀는 '이건 우리가 할 수 없는 일입니다.'라고 원론적인 말만 할 뿐이었어요."

"난 내가 대응한 방식이 자랑스럽지는 않지만, 교장이 취한 너무 일방적이고 제왕적인 태도 때문에 미칠 것 같았어요. 나는 '도대체 왜 그렇지요, Carolyn 교장 선생님? Alan이 제안한 것이 불법인가요?'라고 말했어요. 이어 다른 모든 사람이 웃어 버렸고, Carolyn 교장이 매우 화가 났다는 것을 알 수 있었지요. 말은 그렇게 나왔지만 그런 뜻은 아니었어요. 교장이 그 제안을 반대하는 게 잘못되었다는 뜻이 아니에요. 난 교장이 반대하는 방식에 반응한 거죠. 난 교장이 대화를 막아 버릴 권한을 가졌다고는 생각하지 않거든요. 그때 나는 나의 과잉반응과 빈정거림을 그 제안이 나에겐 개인적으로 특별히 중요한 이슈였다는 사실 탓으로 돌렸어요. 그리고 그 제안이 어떻게 무시되는지를 보고 분개했지요. 그게 내 빈정거림을 정당화시켜 주지는 못했지만, 어느 정도 그것을 위엄 있게 보이게는 해 주었어요."

"어쨌든 위원회 회의가 끝난 후, Carolyn 교장은 자신의 사무실에서 나를 보자고 했어요. 그녀는 내게 그 소동을 멈추도록 엄명했지요. 교장은 어떻게 자신에게 그런 짓을 할 수 있는지, 그녀가 나의 충성심에 얼마나 의지하고 있는지를 모르는지, 부장교사로서 내가 얼마나 큰 힘을 가졌는지를 모르는지, 교장이 분명히 언질을 주었는데도 그렇게 의심스러운 관점을 취한다는 것이 얼마나 끔찍하게 해로운지를 인식하지 못했는지, 교장은 우리를 파트너로 생각했고, 오랫동안 함께 잘 일해 왔으며, SBM에서는 서로의 신호를 잘 읽고 좋은 팀이 되는 것이 훨씬 더 중요하다는 것을 모르는지 등에 대해 말했지요. 나는 '어, Carolyn 교장 선생님, 잠깐만요. 충분한 것 같아요, 인제 그만하시지요.'라고 말해야만 했어요."

"사실, 우리는 몇 년 만에 가장 좋은 대화를 나누게 되었지만, 그것은 정말 힘들었어요. 나는 교장이 그녀에 대한 나의 충성심을 이용하는 것이 부당하다고 말해야만 했어요. 난 그녀를 정말 존경했고, 지난 여러 해 동안 직업적으로 지지해 준 데 대해 감사하지만, 그녀가 복제품 친구에게는 관심을 두고 있지 않다는 것을 확신한다고 말했어요. 이것은 SBM, 리더십 위원회, 리더십 위원회가 진정한 팀인가 하는 것, 리더십 위원회 멤버로서 우리가 어떤 역할을 해야 하는지에 대한 기대치 등 전반적인 논의로 이끌었어요. Carolyn은 무너져 내렸고, 울음을 터뜨리며 말했어요. 그녀로선 SBM이 너무나 어렵고, 뭐부터 시작해야 할지 모르겠다고 말했지요. 절반의 시간은 혼란이 가중되어 학교가 무너질 것 같은 악몽에, 나머지 절반은 그녀가 경영하지 않아도 학교가 너무 잘 굴러가서 SBM이 점차 교장의 설 자리를 없애 버릴 것이라는 악몽에 시달린다고 했어요."

Peter에게 그가 한 사업부의 대표로서의 역할에 대해 실제 어떻게 느끼는지를 말해 보라고 한다면 그는 이렇게 말할지도 모른다. "솔직하게요? 그건 완전히 다른 종류의 게임이지요! 그게 무슨 게임이냐고? 글쎄…… 보자, 대표가 되기 전에는 '공 주고받기' 게임을 하고 있었다고나 할까요. Anderson이 내게 뭔가를 던지면, 나는 그것을 받아서 다시 그에게 뭔가를 던지고, 그가 받고 하는 식이지요. 지금은 어떠냐고요? 지금은 난 저글링하는 곡예사라고 할 수 있어요. 공이 하나만 있는 게 아니에요. 5개, 어떨 땐 10개, 15개나 된다고요! 사람들은 계속 더 많은 공을 내게 던져요. 그런데도 난 그것을 던져 줄 사람이 아무도 없다는 거예요. 나는 계속 공중에다 던지는 거지요. 저글링 곡예사로서의 내 일은 계속 공을 던져 올리고, 어떤 공도 땅에 떨어지지 않도록 하는 것입니다."

"당신은 내 책상을 거쳐 가는 일이 얼마나 많은지 믿지 못할 겁니다. Anderson은 '이 일은 이제 자네가 가져가. 그리고 이건 더 이상 내가 처리하는 게 아니고 자네 몫이야.'라고 말합니다. 많은 문제가 한순간에 발생합니다. 당신은 이러한 변화에 대해 많은 사람의 감정들을 다루어야 합니다. Anderson이 세이프슬립을 제안했을 때만 해도 모두 그것이 아주 훌륭한 아이디어라고 생각했어요. 하지만 우리가 실제로 일을 하면서 보니 많은 사람이 그렇게 확신을 하고 있는 것 같지는 않아요. 나도 현 시점에서는 Anderson조차 그것을 확신하고 있다고 믿지는 않아요. 사람들이 그 변화에 대해 내가 어떻게 생각하는지 계속 묻지만, 다른 사람들이 그것을 어떻게 생각하는지를 다루는 데 내 시간의 반을 쓰기 때문에 정작 내가 그걸 어떻게 생각하는지에 대해서는 생각할 시간이 없어요."

"Ted를 예로 들어 보지요. Ted는 우리 영업사원입니다. 난 Ted를 이 업계에서 10년 동안 알고 지냈고요. Ted는 세이프슬립 라인에서 자신을 빼지 말아 달라고 압력을 계속 넣고 있어요. Ted는 매트리스 세일즈맨인데, 정말 역량이 있어요. 고객들에게 아주 잘하고요. 고객들은 Ted를 좋아하고, 그도 고객들을 좋아해요. 세이프슬립 라인은 Anderson이 '기업가적 주짓수(jujitsu)'라고 부르는, 약점을 강점으로 바꾸는 우연히 계기로 시작되었어요. 새 정부는 난연(flame-retardant) 매트리스의 제조를 법규로 강제했고, 그 설비를 갖추려면 수백만 달러의 비용이 들어갑니다. Anderson이 생각하기에 우리는 그 설비를 갖추고 있는데, 왜 그것을 다른 용도로는 쓰지 못할쏘냐 한 것이지요. '자, 빨리! 세이프슬립 라인을 만들어 보자고.' 그러나 원래 이 제품은 매트리스 세일즈맨들이 거래처인 가구점에 제공한 경품이었다는 거지요. 가구점은 고객들에게 우리의 최고품 매트리스를 팔기 위한 감미료로 이 제품을 사용했던 것이었고요. 모두가 행복했던 거지요. 가구점 고객들은 공짜로 주니까 좋아했고, 가구점은 매트리스를 팔아서 좋았고요, 우리의 세일즈맨들은 주문이 늘어나서 좋았던 거예요. Ted는 '도대체 왜 당신은 이 좋은 것을 망치는 겁니까?'라고 묻습니다. 'Peter, 난 가족이에요. Harold는 아니지만요.' 그건 사실입니다. '그럼 왜 당신은 Harold가 내 테이블에 있는 빵을 가져가게 내버려 두는 겁니까?'라고 그가 말합니다."

"난 Harold가 침구 판매 경험이 있다는 걸 알고 내가 세이프슬립 대표가 되자 바로 Harold를 고용했지요. Harold는 매트리스 세일즈맨이 아닌 첫 사람이었고, 난 그게 새 회사에 꼭 필요하다고 생각했어요. Harold는 정열이 넘치는 사람이었어요. 그 사람은 내가 보아 온 것보다도 더 많은 아이디어를 가지고 있었는데, 대개는 타당성이 있었어요. 그러나 그 아이디어들은 Ted와 같은 몇몇 사람을 미치게 했고요. 난 Anderson 역시 Harold에게 강한 호감을 느꼈었는지는 확신할 수 없어요."

"Harold가 포착한 것은 베스트레스트가 세이프슬립을 질식시키고 있다는 거였습니다. 세이프슬립을 별개의 회사로 운영해야 하는 가장 좋은 이유는 세이프슬립이 매트리스 회사의 그늘에서 성장이 저해되었기 때문이라는 것이었지요. Harold는 가구점은 파자마를 파는 곳이 아니며, 심지어는 퀼트를 팔기에도 가장 좋은 장소는 아니라고 말했습니다. 기타 등등도요. 모든 게 일리가 있다고 생각했어요. 하지만 일을 좀 달리 해 보자고 말을 꺼낼 때마다 사람들은 그게 자신들에게 무슨 의미를 갖는지에 대해 걱정을 하는 겁니다. Harold의 견해는 만약 세이프슬립이 진정으로 독립된 회사가 되려면 자신의 정체성과 목적을 가져야 한다는 것이었지요. 베스트레스트의 뒷주머니에서 벗어나야 한다는 겁니다."

"문제는 세이프슬립 라인을 매트리스 영업조직으로부터 떼어 내자마자, Ted와 같이 많은 덕을 봤던 친구가 '아야!' 하고 소리친다는 점입니다. 기본적으로 Harold가 옳다고 보지만, 세이프슬립 라인을 철수하면 적어도 당분간은 매트리스 주문이 줄어들 것이라는 Ted의 말도 맞을 것입니다. Ted는 매트리스 판매량을 걱정하는 게 아니에요, 그의 보너스를 걱정하는 것이지요. Ted는 왜 그의 거래처에 죄책감을 느끼게 하지 않지요? 주문을 줄인다면 그들 잘못이지 내 잘못은 아니지 않나요? 내게 휴식을 달라고!"

"나는 Ted와 Anderson을 가장 친한 친구라고 생각합니다만, 만약 이 새로운 일이 두 친구와의 우정을 망친다 해도 놀랄 일이 아니라는 것이지요. Anderson이 대표 자리를 내게 제안했을 때, 그는 이것이 우리 관계를 전면적인 새로운 단계로 옮겨 놓게 될 것이며, 진정한 동료가 될 거라고 말했어요. 완전히 새로운 차원이지요. 내 생각에 만일 당신이 어떤 사람을 다시는 보고 싶지 않거든 그와 진정한 동료가 되는 겁니다! 그러나 만일 당신이 Anderson에게 물으면 그는 '언제나 가능한 게 나야.'라고 말하리라는 것을 난 알아요. 나는 전화하지 않지만요. 그 말도 사실이에요. 요즘 Anderson과 거리를 두고 있고, 그가 뭔가 내게 말할 필요가 있으면 연락을 하겠거니 생각하고 있어요. 난, 마치 우리가 미팅에서 많은 얘기를 나눈 것 같지만, 헤어지고 나면 내가 어디에 있었는지 혼란스러운 느낌이 들어요."

"Anderson은 우리가 무엇을 해야 한다고 생각하는지에 대해 직접적인 질문을 받고 싶어 하지 않는 것이 분명했어요. 그가 내게 계획이 있기를 바랐던 것은 분명해요. 하지만 Anderson이 몇몇 계획들만 좋아했던 것도 분명하고요. Anderson은 Harold의 수많은 아이디어를 통째로 날려 버렸지요. 나는 Anderson의 사무실을 나왔고, 3일 동안이나 Harold에게 미안한 마음이 들었어요. 난 Anderson이 내게 Harold에게서 떨어지라는 경고를 보내고 있다고 느꼈지만, 그가 딱 부러지게 그렇게 하라고 말하진 않았어요. 내가 항상 Anderson을 좋아했던 것은 그가 직설적인 사람이었기 때문이에요. Anderson은 항상 그가 원하는 것을 내게 말했어요. 나는 Anderson이 내 계획에 대해 신호를 보내 주었으면 하는데, 그는 계속 '만일 이곳이 자네가 칩을 올려놓고 싶은 곳이라면…….'이라고만 말하지요. 그건 전혀 도움이 안 돼요! 당신은 상관하지 않는 게 낫겠다고 말하면 그는 화내면서 말해요. '내가 상관하지 않을 거라고는 생각하지도 마! 자넨 세이프슬립을 세심한 계획 없이 즉흥적인 생각으로 독립적인 회사로 전환하려고 한단 말이야. 그런데 만약 그게 헛수고가 된다면 사람들은 무슨 일이냐고 나한테 물을 거란 말이야.' 난 지금으로선 Anderson을 다치게 해선 안 될 책임이 있기 때문에 자신감이 떨어지는 걸 느껴요. 그게 대표가 되고 나서 많이 달라진 점이지요. 난 Ted를 걱정해야 하고, 또 Anderson 걱정도 해야 하고, 내가 이 훌륭한 직무를 수행할 자격이 있는지 확신하지 못하겠어요."

Peter와 Lynn은 일의 세계에서 드러나는 성인 생활의 숨겨진 교육과정이라고 부를 수 있는 것을 다루고 있다. 우리가 만일 서구의 현대 문화 전체를 일종의 학교로 보고, 성인의 역할을 우리가 등록한 과정으로 간주한다면, 대부분의 성인은 빡빡하고 힘든 일정을 소화하고 있다. 점점 다양해지는 사회에서의 육아, 동반자 관계의 형성, 일, 생활이라는 '과정들'은 매우 힘든 일이지만, 대부분의 성인은 이 모든 과정을 이수하고 있다. 어려움을 겪고 있는 학생들이 성공적인 학생이 되기 위해 겪어야 하는 변화의 본질은 무엇일까?

이것들은 Peter와 Lynn이 주인공인 나의 저서 『우리에게 벅찬 과제(In Over Our Heads)』 (1994)에서 제기했던 질문들이다. 이 책이 출간된 후 수년간, 나는 다양한 워크숍과 기관, 하계학술대회에서 수천 명의 성인교육자들이 Peter와 Lynn에 관해서 어떻게 생각하는지를 들었다. 대부분의 사람은 Lynn이 더 유능하고 새로운 요구들을 더 잘 처리한다고 생각한다. 비록 사람들은 Peter가 Lynn이 가지지 못한 수많은 외적인 문제들(예컨대, Peter에겐 걸려 있는 게 더 많고, 조직문화가 지원해 주는 쪽이 아니며, 상사가 남성이고, Lynn의 상사처럼 대화에 열려 있지 않은 것)을 가지고 있다고 주장하고 싶어 하지만, 대부분의 사람은 Lynn의 더 큰 성공을 이러한 외적인 장점에만 기인한다고 생각하지 않는다.

전문용어를 사용하지 않고도 사람들은 우리에게 친숙한 심리학적 자기(self)의 사분면 각각에 있어서도 Lynn이 더 능력 있다는 것을 발견한다. 먼저 인지적인 부분이다. "Lynn은 자기 나름의 생각을 더 많이 가지고 있는 것처럼 보인다. 즉, 그녀는 큰 그림을 가지고 일을 '장악'하지만, Peter는 방향을 잃고 압도당해 있다." 다음 정서적인 부분에서 보면 "Lynn은 자신이 느끼는 것에 대해 책임을 지고, 왜 그런 식으로 느끼는지를 이해하고, 감정의 지배에서 빠져나올 수 있는 반면에, Peter는 감정의 늪에 빠져서 허우적거리고 있고, 자신이 느끼는 것에 대해 다른 사람을 비난하고 있다." 셋째, 인간관계적 부분에서 보면 "Peter는 마치 희생양 같고 너무 의존적이다. Lynn은 복잡한 다차원적인 관계에서 분명한 경계를 설정할 수 있지만, Peter는 그렇지 못하다. Peter에게 있어서는 친구 관계에 따라 일이 좌우되는 것 같다." 마지막으로 개인 내적인 부분에서 보면 "Peter는 자기성찰적이지 못하며, 다른 사람이 생각하고 있는 것에 대해 생각하고 있지만, Lynn은 자기 나름의 생각을 가지고 있다."

Peter가 사람들이 Lynn에게서 보는 역량을 발휘하려면 어떤 종류의 전환이 일어나야 할까? Peter가 이미 가지고 있는 역량은 무엇이며, 이러한 역량의 존재가 그의 학습에서 어떤 선행 전환들을 시사하는가? 그가 현재 가지고 있는 능력들은 왜 새로운 환경에서는 도움이 되지 않는가?

전환학습과 그것의 성공의 문제

가장 많이 풍자되고 놀림감이 되는 일부 학술적인 글은 독창적인 것이 아무것도 없다는 사실을 숨기기 위하여 모호한 언어를 사용한다. 매력 없는 애매모호한 학술적 언어는 진정 새로운 아이디어들을 표현하는 데 이용되기도 하는데, 사상가들은 새로운 아이디어를 표현하는 데 요구되는 용어를 고안해 내는 것보다 새로운 생각을 만들어 내는 데 더 능숙하기 때문이다. 때로 풍부한 발견을 담고 있는 참신한 아이디어들은 그것의 표현을 위해 호소력 있는 언어를 찾고, 그 분야는 주목을 받기도 한다. 심리학에서 Erikson의 정체성이나 정체성 위기와 같은 개념이 그 본보기이다. Gardner의 다중지능은 더 최근의 예다. 그리고 확실히 전환학습도 또 다른 예다. Jack Mezirow의 비범성과 우리의 행운은 가치 있는 새로운 아이디어들을 위해 접근 가능한 새로운 언어를 제공하는 이러한 두 가지 능력에서 비롯된 것이다. 하지만 Mezirow도 잘 알다시피, 이런 종류의 성공은 자체로 문제를 야기한다. 언어가 워낙 매력적이어서 무수히 많은 용도로 사용되기 시작하면 그 의미가 왜곡되고 고유한 아이디어가 사라질 수 있다. 이와 같은 극적인 '융합(conversion)'의 경우에 언어는 유사 종교적인 특성을 띤다. 전환(transformation)은 어떤 종류의 변화나 과정도 다 가리키기 시작한다. Piaget(1954)는 새로운 경험이 현재의 지식구조에 맞춰지는 동화적(assimilative) 과정과 구조 자체가 새로운 경험에 맞춰 변화하는 적응적(accommodative) 과정을 구별한다. 얄궂게도 전환의 언어가 보다 널리 동화적이 됨에 따라 그 순수한 전환적 잠재성을 상실할 위험이 생긴다는 것이다!

이 장에서 나는 명백히 밝힐 필요가 있다고 믿는 전환학습의 분명한 몇 가지 특징을 제시함으로써 그 개념 속에 있는 지평을 바꿀 정도의 잠재력을 보호하려고 한다.

- 전환적 학습은 정보적 학습과 보다 명확하게 구별될 필요가 있으며, 각각의 학습은 어떤 학습활동이나 학문, 분야에서 가치 있는 것으로 인식될 필요가 있다.
- 전환을 겪고 있는 모양(form)은 보다 잘 이해될 필요가 있다. 모양이 없으면

전환도 없다.

- 모양의 핵심에 앎의 방식[Mezirow가 '준거틀(frame of reference)'이라 부르는 것]이 있다. 그리하여 진정한 전환학습은 단지 행동의 변화나 지식의 양의 증가보다는 어느 정도 인식론적 변화를 수반한다.
- 전환학습의 개념은 인식론적 측면에 보다 명시적으로 초점을 맞춰 좁혀져야 하지만, 전 생애를 포함하도록 넓혀져야 할 필요도 있다. 전환학습은 성인기에만 해당하는 게 아니고, 성인교육만의 것도 아니다.
- 전환학습에 관심을 가지고 있는 성인교육자들은 학습자의 현재 인식론에 더 나은 이해가 필요할 수 있다. 그래야 자신도 모르게 자신의 설계가 촉진하고자 하는 학습자들의 능력을 전제하는 학습설계를 만들지 않기 때문이다.
- 성인교육자들은 학습자들의 현재 인식론뿐만 아니라 그들의 삶에서 직면하는 현재의 학습도전이 갖는 인식론적 복잡성을 더 잘 이해함으로써 전환학습에 대한 학습자들의 특별한 요구(needs)의 본질을 더 잘 알아차릴 수 있다.

이 장의 나머지 부분은 Peter와 Lynn이 처한 곤경의 맥락에서 앞에 열거한 특징들 각각에 대해 살펴본다.

정보학습과 전환학습

. . . .

우리의 지식금고(fund of knowledge) 증대를 추구하는 학습, 즉 기술 목록의 증가를 추구하거나 이미 확립된 인지구조를 연장하는 것을 추구하는 학습은 모두 기존의 준거틀을 강화시키는 데 유리한 역할을 한다. 이러한 학습은 가치 있는 새로운 내용을 우리의 앎의 방식(way of knowing)의 기존 형식에 집어넣는 것을 추구하기 때문에 글자 그대로 모양 속에 집어넣는 것(in-form-ative)이다.

어떠한 학습활동이나 학문, 분야도 이런 종류의 학습에 관여할 지속적인 기회가 없다면 영양 섭취 상태가 좋지 않을 것이다. 비행 현상에 대한 더 복잡한 이해에 도달하는 협업 성찰적 지식(collaborative reflective dialogue)은 풍부하지만, 어떤 승객도 옆바람이 불 때 비행기를 착륙시키는 기술이 부족한 조종사를 원하지 않을 것이다. 협업 성찰적 지식이 풍부하더라도 악성종양과 양성육종을 구분하지 못하는 의사를 원하는 환자도 없다.

하지만 우리가 아는 것(what we know)의 변화뿐만 아니라, 우리가 아는 방식(how we know)의 변화를 목표로 하는 학습은 정보학습과는 거의 반대의 리듬을 가지고 있고, '교육'의 어원적 의미('leading out', 끌어내어 인도하기)에 더 가깝다. '정보'학습은 일종의 안(in)으로 이끈다거나, 모양을 채운다는 의미를 포함하고 있다([그림 3-1] 참조). 전환학습(trans-form-ative)은 모양(form)을 변화의 위험에 노출시킨다(변화뿐만 아니라 용량의 증가도 의미). 예를 들어, 어떤 이가 역사 연구에 있어서 구체적인 사고에 매어 있다면 정보 제공적인 종류의 추가학습(further learning)은 역사적 사실들이나 사건들, 인물들, 결과들을 더 숙달하는 것을 의미한다. 하지만 전환적 종류의 추가학습은 사실에 관한 보다 일반적이고 주제와 관련된 질문을 할 수 있도록, 또는 그 사실을 만들어 내는 역사적 설명을 기술했던 사람들의 관점이나 편견들을 고려하도록 추상적 사고의 용량을 발달시키는 것도 포함한다. 두 종류의 학습은 확장적이고 가치가 있다. 하나는 선행하는 마음의 틀 내에서 이루어지는 것이고, 다른 하나는 틀 자체를 재구성하는 것이다.

그러나 나는 후자만을 전환적(transformative) 또는 변혁적(transformational)이라 부른다. 전환이란 아무 변화나, 심지어는 극적이고 중대한 변화를 가리키는 것이어서는 안 된다. 나는 여름 프로젝트로 백과사전을 A부터 Z까지 통째로 다 읽겠다고 결심한 열 살짜리 소년을 알고 있다. 그의 욕구와 기억 능력은 무척이나 인상적이었다. 단기 노출의 연속 속에서 흥미를 계속 유지하는 소년의 능력은 칭찬할 만했다. 하지만 나는 그의 학습에서 전환적인 것을 아무것도 찾지 못한다.

어떤 사람의 지식금고 안에서의 변화, 학습자로서의 자신감, 학습자로서의 자기인식, 학습에 있어서의 동기, 자기존중감 등의 변화는 모두 잠재적으로 중요한 변화이며, 모두 바람직하고, 교사가 이러한 변화를 촉진하는 방법에 대해 생각할 가치가 있는 변화이다. 그러나 이러한 변화는 어떠한 전환 없이도 일어나는 것이 가능한데, 그 이유는 이 모든 변화가 기존의 모양 내지 준거틀 안에서 일어날 수 있기 때문이다.

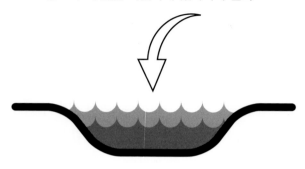

정보적: 무엇을 아는가에 있어서의 변화

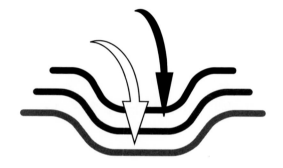

전환적: 어떻게 아는가에 있어서의 변화

그림 3-1 두 종류의 학습: 정보학습과 전환학습

　그리고 대부분의 경우 이 존재 안에서 정확히 무엇이 일어난다 하더라도 아무 문제가 안 될 것이다. 예를 들어, Lynn은 경계들을 설정하는 복잡한 능력을 보여 주고 있고, Carolyn 교장과 친구로서의 관계와 동료로서의 관계를 분리해서 유지하기 때문에 한쪽 관계에서의 요구가 다른 쪽 관계 때문에 부적절하게 존중되지는 않는다. Lynn은 그녀의 목표들을 안내하며, 그녀로 하여금 선택들과 기대들 및 다른 사람들의 제안을 분류하고 판단하게 하는 내적 비전을 만들어 내는 능력을 보여 준다. 비록 Lynn이 가진 앎의 방식의 근본적인 모양(underlying form)이 전환으로 더 나아가는 것이 분명 가능할 수 있겠지만,

바로 지금은 필요하지 않을 수도 있다. Lynn은 경계 침범의 위험이 발생하기 쉬운 환경을 더 쉽게 탐지하는 기술이나 자신이 지적으로 만들어 낼 수 있는 비전을 실현하기 위해 더 효과적으로 합의를 모으는 방법을 배우는 것이 더 필요할 수 있다. 그러한 학습은 지극히 가치 있고, Lynn을 훨씬 더 유능하게 만들며, 일과 환경에 대한 즐거움을 증가시킬 수 있다. 그리고 그러한 학습 중 어느 것도 전환적일 필요는 없다.

반면에, Peter에게는 정보적이기만 한 학습은 도움이 안 될 것이다. Peter는 다른 사람의 의견에 지나치게 의존하고, 다른 사람의 신호에 너무 의존하다 보니 자신의 선택과 행동을 주도하지 못한다. Peter는 12가지 다른 방식으로 자신의 신호 탐지능력을 극적으로 끌어올릴 수 있는 그런 종류의 학습을 경험할 수 있다. 그러나 그 변화가 극적이라 하더라도, 나는 그런 학습을 전환적이라고 부르지 않는다. 왜냐하면 Peter가 자신의 삶에서 그러한 신호의 역할을 재구성할 기회를 얻지 못하기 때문이다. 그의 현재 업무 환경을 고려할 때, 만약 Peter가 이러한 변화를 효과적으로 이끌어 내지 못한다면 그는 계속해서 어려운 시간을 갖게 될 것이다.

정보적 학습 및 전환적 학습은 각각 고귀하고, 가치 있고, 장점이 있으며, 고결한 활동들이다. 각각은 교사가 촉진하는 데 있어 향상되고, 필요하며, 도전적일 수 있다. 주어진 계기나 맥락에서, 둘 중 어느 하나에 더 무거운 가중치가 요청될 수도 있다.

무슨 모양이 전환하는가 ― 인식론의 중심적인 역할

앞서 살펴본 바와 같이, 전환학습과 같은 개념의 특별함을 지키려면 변화를 겪는 모양 (form)에 대한 이해를 보다 분명히 해야 한다. 모양이 없다면 전환도 없다. 그렇다면 실제로 모양을 구성하는 것은 무엇인가?

이 질문을 다루려면 Mezirow가 사용한 용어, 준거틀(frame of reference)이 유용하다. 이 개념의 영역은 불가피하게 인식론적이다. 우리의 준거틀은 열정적으로 매달리거나 혹은 우연히 붙잡을 수도 있어서, 그것은 분명히 정서적이거나 감정적인 색채를 띤다. 우리의 준거틀은 가족적 충성도나 혹은 부족적인 정체성을 표현하는 것일 수도 있어서, 그것은 분명 사회적 또는 인간관계적 색채를 띤다. 우리의 준거틀은 암묵적이거나 명시적인 윤리적 차원을 가질 수 있으므로 그것은 분명히 도덕적 색채를 띤다. 그러나 이런 모든 색채를 띠게 하는 현상 그 자체는 무엇인가? Mezirow는 준거틀은 사고습관(habit of mind)과 시각(point of view) 두 요소를 수반한다고 말한다. 이 두 요소가 시사하는 바는, 준거틀은 근본적으로 앎의 한 방식이라는 것이다.

'인식론(epistemology)'은 정확히 '우리가 아는 것?'이 아니라 '우리가 아는 방식'을 의미한다. 인식론에 관심을 기울이다 보면 어쩔 수 없이 두 종류의 과정에 관심을 두게 되는데, 두 과정 모두 전환학습과 같은 개념의 핵심이다. 첫 번째 과정은 우리의 내외부 경험의 원재료에서 일관성 있는 의미를 빚어내는 활동이며, 의미형성(meaning-forming) 과정이라고 부를 수 있다. 구성주의에서는 실재(reality)가 미리 형성된 것이 아니며, 우리가 단순히 그 상을 복사하도록 기다려 주는 것으로 보지 않는다. 우리의 지각은 생각 및 해석 활동을 동시에 수행한다. Kant는 '개념 없는 지각은 맹목적'이라 했고, Huxley는 "우리의 경험은 우리에게 일어난 일이라기보다는 우리에게 일어난 일을 우리가 만들어 내는 것이다."라고 했다.

인식론에 내재된 두 번째 과정은 의미형성의 재형성(reforming our meaning-forming)이라 부를 수 있다. 이 과정은 의미 구성에 영향을 미치는 하나의 초과정(metaprocess)을 말한다. 우리는 의미를 형성하고 변화시킬 뿐만 아니라, 의미를 형성하는 바로 그 모양(form)을 변화시킨다. 우리는 우리의 인식론을 변화시킨다.

사실 인식론에 내재된 이 두 과정은 상호 밀접한 관계를 맺어야 하는 두 사회과학적 사고 노선들의 중심에 있다. 교육적 사고 노선은 전환학습이며, 심리적 사고 노선은 구성적 발달주의(constructive developmentalism)다. 구성적 발달심리학(Belenky et al., 1986; Kegan, 1982, 1994; Kohlberg, 1984; Piaget, 1954)은 우리의 의미구성 모양에 대한 자연적 진화에 관심을 둔다[그래서 '구성적-발달(constructive-developmental)'이란 표현을 쓴다]. 전환학습에 관한 보다 명확한 표현은 학습자가 가지고 있는 앎의 모양(form of knowing)의 변화를 지원하는 의도적인 노력과 설계들에 주의를 기울이는 것이다. 전환학습을 지원하는 데 관심을 가진 성인교육자는 ① '전환하는 모양'의 역동적 구조, 즉 앎의 모양과 ② '앎 모양의 재형성'의 역동적 구조, 즉 우리의 앎에서의 심리적 전환 과정 등에 관한 아이디어의 원천으로서 구성적 발달이론을 생각해 볼 수 있다.

구성적 발달이론은 전환학습에 관심 있는 사람들에게 앎의 모양은 항상 자신의 앎에 있는 주체와 객체 사이의 관계 또는 일시적 균형으로 구성된다는 점을 고려하도록 한다. 주체-객체 관계는 인식론의 동류(cognate) 혹은 핵심을 형성한다. 우리가 바라볼 수 있고, 책임질 수 있으며, 비추어 볼 수 있고, 통제할 수 있으며, 다른 앎의 방식과 통합할 수 있는 것이 바로 '객체'이다. 우리는 '주체'인 것에 의해 운영되고, 동일시되며, 융합되고, 영향을 받는다. 우리는 주체가 되는 대상에는 책임을 지울 수 없다. 우리의 앎에서 '객체'는 우리가 말하고 소유한 사고들과 감정들을 나타낸다. 한편, '주체'는 우리를 소유한 사고와 느낌을 묘사한다. 우리는 객체를 '소유한다'. 우리는 주체로 '존재한다'.

구성적 발달이론은 우리의 앎에서 '주체'였던 것이 '객체'가 되어 가는 점진적 과정을 발달로 본다. 앎의 방식이 '우리가 붙잡힌 곳(had by it)'에서 '우리가 소유하는 곳(have it)', 그리고 관계를 맺을 수 있는 곳으로 이동하면 우리의 앎의 모양은 좀 더 복잡하고 확장되어 간다. 발달에 관한 이런 다소 형식적이고, 명백하게 인식론적인 표현은 전환학습이론에서 전환에 관한 실제의 의미에 가장 가깝다고 생각한다.

평생에 걸친 현상으로서의 전환학습

• • • • • • • • • • • • • • •

훌륭한 선생이라면 누구나 아는 것처럼, 모든 학생에게는 현재와 미래의 학습에 중요한 역할을 하는 '학습 과거(learning past)'를 가지고 있다. 특히 성인학습자들과 그들의 교사에게 있어 이러한 과거의 중요한 특징에는 당면한 주제와의 관계의 역사와 학습 그 자체에 대한 개인적 성향의 역사가 포함된다. 그러나 전환학습을 지원하는 데 관심이 있는 성인교육자에게, 학생들의 학습 과거에 대한 하나의 중요하고도 종종 간과되는 특징은 학생의 이전 전환의 역사다.

이 장에서 다루는 전환학습에 대한 보다 명확한 인식론적 정의는 전환에 대한 정의를 제한하기 위한 것이지만(그래서 비록 중요한 변화라 할지라도 모든 종류의 변화가 다 전환을 구성하지는 않는다), 그 덕분에 이 현상에 대한 탐구를 전 생애로 확장하기도 한다. 전환학습에 관한 많은 문헌은 실제로 구성적 발달이론과 연구가 확인한 것(일생을 통해 가능한 것으로 여겨지는, 사람의 앎에 있어서의 몇몇 점진적이고 획기적인 전환들 가운데 하나)에 대한 하나의 탐구를 다루고 있다. Peter와 Lynn이 직장에서 겪은, 유사한 곤경들에 대한 해석들 사이의 대비에 반영되어 있는, 이러한 특별한 전환은 경험적으로 우리가 성인기에 발견하는 가장 널리 퍼져 있는 점진적인 전환이며, 그리하여 성인교육자들이 그 부분에 초점을 맞추는 것은 전혀 놀랍지 않다. 그러나 구성적 발달이론은 ⓐ 그것이 성인기에 가능한 우리 앎의 모양에서의 유일한 전환이 아니며, ⓑ 이러한 전환조차도 그가 살아온 역사가 더 잘 존중되고 미래가 더 잘 평가된다면 더 잘 이해되고 촉진될 것이고, ⓒ 학습자들이 현재 가지고 있는 인식론뿐만 아니라 학습자가 삶에서 부딪히는 현재 학습의 도전들에 대한 인식론적 복잡성을 보다 잘 이해함으로써 전환학습에 대한 학습자들의 특별한 요구의 본질을 더 잘 포착할 것이란 점 등을 제시한다.

Peter가 Lynn과 같은 경험을 구성하려 할 때 겪게 될 전환은 '주변(가족, 친구들, 공동체, 문화)'의 가치와 기대를 무비판적으로 내면화하고 동일시하여 '만들어진' 것으로부터 벗어나, 자기 자신의 자기저작적(self-authored) 신념체계에 따라 이런 외부적 가치들과 기대들에 대해 선택할 수 있는 내적 권위를 발달시키는 방향으로 옮겨 가는 것이다. 심리학적으로 이는 사람이 사회화 압력에 의해 '쓰여지는(written by) 존재'로부터 '써 가는(writing on)' 존재로 옮겨 가는 것을 말한다. 구성적 발달이론의 용어로 말하자면, 사회화되는 것(socialized)으로부터 자기저작적(self-authorizing) 인식론으로의 전환이다.

이러한 점진적 전환은 강력하면서도 보편적인 현상이지만, 우리가 의미를 조직하기 위해 사용하는 심층적인 근본적 인식론(전환하는 모양)의 여러 전환(shifts) 중 하나에 불과하다. 개인이 어떤 인식론에 접근하는지를 식별하기 위한 신뢰할 만한 인터뷰 도구를 사용한 종단·횡단 분석 연구(Lahey et al., 1988)에서는 다섯 가지의 명확히 다른 인식론을 밝히고 있다(Kegan, 1994). 〈표 3-1〉에서 제시하는 바와 같이, 이들 각각은 무엇이 주체이고, 객체인지에 대해 기술하고 있으며, 각 전환(shift)은 이전의 인식론에서 주체였던 것이 새로운 인식론에서는 객체로 이동하는 것을 수반한다. 그리하여 여기에서 마음의 복잡화

(complexification of mind)에 대한 기본 원리는 새로운 능력을 단순히 추가하거나(aggregation model: 집적모델), 혹은 옛 능력을 새로운 능력으로 대체하는 것(replacement model: 대체모델)이 아니라 한때 지배적이던 능력들이 더 복잡한 능력들의 하위 영역으로 종속되는 것, 즉 다른 종류의 변화들로부터 전환을 다시 구분 짓는 진화모델(evolutionary model)이다.

<표 3-1>에 기술된 것처럼, 점점 더 복잡해지는 인식론의 배열은 사회화된 인식론에서 주로 경험을 수행하는 Peter와 같은 사람을 오직 그가 할 수 없는 것의 측면에서만 바라보는 것을 반대한다. 또한 자기저작적 인식론에서 대개의 경험을 수행하는 Lynn과 같은 사람을 오직 그가 할 수 있는 것의 측면에서만 바라보는 것에 대해서도 반대한다.

Peter에게 도움이 되고자 하는 어떤 교육자라도, 특히 전환학습을 촉진하고자 하는 교육자라면 틀림없이 그가 어디로 가야 가치가 있을 것인가 뿐만 아니라 어디에서 왔는지도 잘 이해하고 존중해 주어야 할 것이다. 전환학습에 관한 구성적 발달론적 관점은 평생에 걸친 이런 종류의 학습에 대하여 점점 더 정교해지는 다리들을 점진적으로 건너가는 것과 같은 하나의 이미지를 만들어 낸다. 이 이미지로부터 세 가지의 권고사항이 뒤따른다. 첫째, 우리가 어느 다리의 위에 있는지 알 필요가 있다. 둘째, 학습자가 어느 특정 다리를 건널 때 얼마나 걸릴지를 알 필요가 있다. 셋째, 그 다리가 안전하게 건널 수 있는 다리인지를 알 필요가 있다. 즉, 다리가 단지 끝 지점만이 아니라 양쪽에 탄탄히 고정되어 있어야 한다. 우리는 학습자가 있기를 원하는 곳(다리 저쪽)에만 지나치게 주의를 기울이면서 학습자가 어디에 있는지를 무시하면 안 된다. 만약 Peter가 사회화된 인식론으로부터 자기저작적 인식론으로 건너가는 다리의 바로 시작단계(다리 이쪽)에 있다면, 이는 그가 이전 다리의 먼 쪽에 있다는 것을 의미하기도 한다는 점을 생각하는 것이 중요할 수 있다. 그가 예전에 무엇을 획득했는지와 앞으로 나아가려는 경우 무엇을 잃을 수 있는지를 존중해야만 Peter가 여정을 지속하도록 도울 수 있을 것이다.

Peter가 '하지 않거나, 할 수 없는 것'으로 그를 정의하기는 쉽고 유혹적이지만(특히 Lynn과 비교할 때), 그의 사회화된 인식론이 다음과 같은 모든 능력을 발휘하도록 하는 것도 사실이다. 즉, Peter는 추상적 사고를 할 수 있고, 가치들과 이상들을 구성할 수 있으며, 내면을 통찰하고, 단기적 이해보다 좋은 인간관계를 선택할 수 있으며, 소속되고 싶은 사회집단과 인간관계의 기대치를 지향하고 동일시할 수 있다.

〈표 3-1〉 다섯 가지의 점점 복잡해지는 인식론

		주체	객체	근본 구조
-	-	지각들 상상 사회적 지각들/ 자극들	운동 감각	한 점/즉각적/원자적
-		구체물(concrete) 실제 데이터, 인과 시각 역할 개념 단순 상호성(맞대응) 지속적인 성향들 요구(needs), 선호, 자아개념	지각들 사회적 지각 자극들	영속성이 있는 범주
사회화된 마음	전통주의	추상 관념들(abstractions) 관념성(ideality) 추론, 일반화 가설, 명제 이상, 가치 상호성/인간관계주의 역할의식 상호 호혜성 내면 상태 주관성, 자의식	구체물 시각 지속적인 성향들 요구들, 선호들	교차 범주적 초범주적
자기저작적 마음	모더니즘	추상적 시스템 이데올로기 공식화, 권위 부여 추상 관념들 사이의 관계들 제도 관계를 규율하는 형식들 다중 역할 의식(multiple-role consciousness) 자기저작(self-authorship) 자기규율, 자기형성(self-formation) 정체성, 자율성, 개성화	추상 관념들 상호성 인간관계주의 내면 상태 주관성 자의식	시스템/복합체
자기전환적 마음	포스트모더니즘	변증법적 초이념적/탈이념적 공식화 테스팅, 역설 모순, 반대 입장 제도 간(inter-institutional) 모양(forms) 간의 관계 자타 상호 침투 자기전환(self-transformation) 자아들의 상호 침투 간(間) 개별화	추상적 시스템 이데올로기 제도관계를 규율하는 형식 자기저작 자기규율 자기형성	초시스템 초복합체

발달노선
K 인지적
E 인간관계적
Y 개인내적인

경험적 연구의 관점에서 볼 때, 우리는 이런 복잡한 능력들을 개발하는 데 통상 20년의 세월이 걸리고, 일부 사람들은 그때까지도 이런 능력을 개발하지 못한다는 것을 알고 있다(Kegan, 1982, 1994). 예를 들어, 많은 부모는 그들의 십대 자녀가 이러한 능력들을 개발한다면 매우 기뻐할 것이다. 자녀가 믿음직스러우면서 가족 내 합의사항을 준수하기를 희망하는 부모를 생각해 보자. '토요일 밤은 집에서 보내기'라는 규칙을 준수하기를 원한다고 치자. 이런 특정 행위("자정까지 집에 오거나 전화해라.")나 혹은 특정 지식의 획득("네가 말한 대로 행동하는 것이 우리에게는 중요하다는 것을 알아라.")을 요구하는 것처럼 보이는 것이 실제로는 좀 더 인식론적인 측면이 크다는 사실이다. 부모는 자녀가 토요일 밤 자정까지 집에 오기를 그냥 원하지는 않는다. 원하는 데에는 명확한 이유가 있다. 만일 그들의 자녀가 통행금지 규칙을 준수하는 이유가 단지 부모가 효과적인 감시망을 갖추고 있으며, 그 규칙을 어겼을 때 충분히 해로운 결과를 강제하기 때문이라면 자녀의 행실이 당장 올바르더라도 결국 부모는 실망할 것이다. 십대의 부모는 '부모 경찰'의 역할을 사임하고 싶어 한다. 그들은 그들의 자녀들이 그들의 계약을 지키기를 원한다. 단순히 부모가 겁을 주어서가 아니라, 자녀가 본질적으로 신뢰의 중요성을 우선시하기 시작했기 때문이다. 이는 자녀의 행실을 원하는 것처럼 보이지만, 사실은 마음을 원하는 것이다. 지식 내용의 단순한 획득("부모님한테는 내가 약속한 대로 행동하는 것이 중요해.")만으로는 자녀를 자정까지 집으로 데려오기에 충분하지 않다. 그렇게 행동하지 않는 십대 청소년들도 그들의 부모가 가치 있게 여기는 것을 정확하게 알고 있다. 다만 스스로 이러한 가치를 가지고 있지 않을 뿐이다! 그들은 이러한 가치를 외부적으로 가지고 있으며, 마치 그 가치를 자신들이 터지지 않도록 주의해야 하는 지뢰처럼 여기고, 그 주위를 회피하면서 폭발하지 않도록 조심하려고 한다.

부모가 십대 자녀에게 진정으로 바라는 것은 전환이다. 즉, 이기적이고 단기적이며, 타인을 보급품처럼 여기는 인식론으로부터 멀찍이 이동하는 것이다. 이러한 인식론은 통상 아동기 후기에 발달한다. 오히려 그들은 즉각적인 욕구 충족보다는 지속적인 참여, 즉 사회적 관계의 이해들에 더 높은 가치를 부여하기 위하여 자신들의 이해관계를 상대화시키거나 종속시킬 필요가 있다. 이런 인식론적 전환이 이루어지면 부모와의 굳건한 상호 신뢰관계를 유지하는 것이 동틀 때까지 파티를 즐기는 것보다 더 중요해진다.

사춘기 아이들이 이런 전환([그림 3-2]에서의 사회화된 마음)을 이루어 낼 때, 흥미롭게도 우리는 그 아이들이 책임감이 있다고 생각한다. 십대에게는 '쓰여지고(written upon)' '만들어지는지는(made up by)' 바로 그 능력 자체가 책임감을 구성한다. Peter의 불운은 완벽할 정도로 고상하고 복잡한 그의 인식론이 현대 성인기의 잠재적 교육과정보다는 청소년기의 그것과 더 잘 부합한다는 것이다. 현대 성인기의 잠재적 교육과정에 부합하는 인식론은 우리로 하여금 사회화 압력으로부터 어느 정도 거리를 두게 하며, 다른 사람의 가치나 기대를 무비판적으로 내면화하거나 동일시하는 사람들을 책임감이 부족한 것으로 본다. 예를 들어, 자녀에게 한계를 설정할 수 없거나, 그들을 반대할 수 없거나 혹은 아이들의 소망대로 되기 쉬운 부모들을 우리는 무책임하다고 본다. 이 '새로운 교육과정'을 터득하기 위해서 Peter는 하나의 새로운 인식론이 필요하다. 그러나 이것이 Peter가 이전에 (사회화된 인식론으로) 중요한 전환을 겪지 않았다는 것을 의미하지는 않으며, 잘 배우지 않았다거나 충분히 배우지 않았다는 것을 의미하지도 않는다. 사실, Peter는 누가 봐도 아주 훌륭한 학습자였다. 그가 현재 어려움을 겪고 있는 것은 그가 직면한 '삶 교육과정(life curriculum)'의 복잡성이 질적으로 더 어려워졌기 때문이다. Ronald Heifetz(1995)에 의하면, Peter가 직면하는 것은 기술적인 도전들(내가 '정보학습'이라고 부르는 것에 의해 다루어질 수 있는 종류)이 아니고, 적응적 도전, 즉 단지 많이 아는 게 아니라 다르게 아는 것을 요구하는 그러한 종류의 도전이다. 이러한 이유로 Peter는 전환학습에 대한 지원이 필요하다.

Peter가 시작하는 데 도움이 필요한 특정 인식론적 전환(자기저작적 준거틀로의 전환)은 성인학습에 관한 저작들에서 종종 무의식적으로 특권을 누리는 특별한 전환이다. Mezirow(2000)는 우리를 둘러싼 가정들과의 당연시되는 관계를 꿰뚫어야 할 필요성에 관해 이야기한다. 그는 "우리는 반드시 우리와 소통하는 사람의 가정을 비판적으로 성찰해야 한다."라고 말한다.

"우리는 우리의 건강을 진단해 주는 사람이 훈련된 의료인인지, 또는 직장에서 지시를 내리는 사람이 그럴 권한이 있는 사람인지를 알 필요가 있다." 본질적으로 Mezirow는 "전통적으로 내려오는 지혜나 특정한 종교적 세계관과 같이 당연시되는 것에 대하여 거기에 종속되기보다는 객체로 취급할 필요가 있다."라고 말한다. 이것은 단순히 인식론적 전환을 요구하는 것이 아니라, 사회화된 마음에서 자기저작적 마음으로의 이동, 즉 하나의 특정한 인식론적 전환을 요청한다. 이는 성인학습자가 이 특정 인식론적 다리의 입구에서 너무 멀리 떨어져 있지 않을 때만 (혹은 아직 건너가지 않은 경우에) 의미가 있는 요청이다.

비록 교육과정적으로 타당하다 하더라도, 학습자보다 너무 앞서 나가는 학습설계를 만들지 않도록 주의해야 한다. 예를 들어, Mezirow는 전환교육자들이 "단순히 다른 사람의 목적, 가치, 감정, 의미에 따라 행동하는 것이 아니라, 학습자 자신의 목적, 가치, 감정, 의미에 따라 행동하는" 학습자의 능력을 지원하기를 원한다고 말하면서, 그는 다시 자기저작적 단계로의 이동을 촉구하며, 당연하게도 이런 전환을 뒷받침할 교육모델을 제시한다. "일반적으로 받아들여지는 성인교육모델은 교육자로부터 학습자로의 권위의 전이를 수반한다." 그러나 이런 특정한 변화가 학습자들에게 적절한 전환의 다리일지라도, 성인교육자로서 우리 모두는 권위의 전환이 그 학습자에게 얼마나 신속하게 또는 점진적으로 일어나는 것이 최적인지를 분별하는 데 도움이 필요하다. 그리고 최적의 권위 전환은 학습자들이 다리의 어느 지점을 지나고 있는지에 따라 결정된다.

Mezirow가 언급하는 권위의 전환은 성인교육 저작에서 모든 성인학습자를 성인이라는 이유만으로 자기주도적 학습자로 간주하고 존중해야 한다는 익숙한 요청을 반영한다. Gerald Grow(1991)는 자기주도적 학습자를 다음과 같은 것들을 할 수 있는 사람으로 정의한다.

> 그들은 자신이 느끼는 것과 느껴야 하는 것, 소중히 여기는 것과 소중히 여겨야 하는 것, 원하는 것과 원해야 하는 것을 구분하는 방법을 이해하기 위해 그들 자신과 문화, 환경을 조사한다. 그들은 비판적 사고와 개인적 주도성 그리고 자신을 형성하는 문화의 공동 창조자로서의 의식을 키운다.

그러나 성인교육 전문가들이 우리에게 "학습자들이 그들이 느끼는 것과 느껴야 하는 것, 소중히 여기는 것과 소중히 여겨야 하는 것, 원하는 것과 원해야 하는 것을 구분하는 방법을 이해하기를 바란다."라고 말할 때, 그들은 사회화된 마음이 우리의 의미형성을 지배할 때, 우리가 느껴야 하는 것이 우리가 느끼는 것이고, 소중히 여겨야 하는 것이 소중히 여기는 것이고, 원해야 하는 것이 원하는 것일 가능성을 충분히 진지하게 받아들이는가?

따라서 성인교육 전문가들의 목표는 학습자들이 이미 존재하는 두 부분 사이의 차이를 규명하게 하거나 가치를 매기게 하는 일이 아니라, 실제 그 차이를 만드는 마음의 질적인 진화를 조장하는 일이다. 그들의 목표는 그 문화적 환경으로부터 자기(self)의 인간적 고통을 포착해 내지 못하는 냉정한 단어인 '차이'에 대한 인지적 행위 이상의 뭔가를 수반할 수 있다. 비록 이 목표가 성인이 현대사회의 문화 전반에 걸치는 보다 큰 '교육과정'을 충족하도록 돕는 데 완벽하게 적합하다 할지라도, 교육자들은 자신의 열망이 얼마나 야심 찬지, 그리고 이 프로젝트가 학습자들에게 얼마나 큰 비용이 들지 더 잘 이해해야 할 수도 있다.

성인학습자들은 단지 성인이라는 이유만으로 모두 자동으로 자기주도적이 되지는 않으며, 심지어는 그렇게 되도록 쉽게 훈련되지도 않는다. 성인학습자에게 자기주도성을 요구하는 교육자는 단순히 그들에게 새로운 기술을 받아들이라든지, 학습 스타일을 바꾸라든지, 혹은 자신감을 키우라고 요구하는 것이 아니다. 그들은 많은 학습자에게 자기 자신과 그들의 세계, 그리고 그 둘 사이의 관계에 대하여 그들이 이해하는 방식을 완전히 바꾸도록 요구하고 있다. 그들은 많은 학습자에게 그들의 삶의 토대를 형성해 온 충성심과 헌신을 위험에 빠뜨리라고 요구한다. 결국 우리는 공적 권위와의 관계를 상대화시킴으로써, 즉 근본적으로 변경시킴으로써 개인적 권위를 획득할 수 있다. 이것은 길고도 고통스러운 항해이며, 대부분의 시간이 단지 새로운 땅을 발견하기 위한 신나는 (그리고 자기갈등이 덜한) 장정이기보다는 폭동같이 느껴질지도 모른다.

Peter의 오랜 멘토가 Peter를 부지불식간에 자기주도학습 능력을 가진 사람으로 가정했을 때, 그가 바다에서 어떻게 길을 잃고 표류하게 되었는지 주목해 보자. Anderson은 의심할 바 없이 자신을 세심하며 지속적으로 권한을 이전시켜 주는 해방적이고 권한위임적인 성인교육자형 경영자라고 생각할 것이다. Anderson은 Peter에게 적절히 도움이 되어야만 할 때는 경영에 개입하고, Peter가 자신을 도와주었으면 하면서 안내지도와 목적지를 다시 한번 알려 달라는 은근한 요청은 거부함으로써 그의 독립적인 경영에 해를 끼치지 않도록 주의하였다고 생각한다. Anderson이 Peter의 자기주도성에 대한 능력의 증거로 여기는 것을 Peter는 외부에서 제공된 기대에 대한 당황스러운 공백이자 상사가 더는 Peter에게 일어나는 일에 대해 그다지 신경 쓰지 않는다는 간접적인 메시지로 여긴다. 나는 Anderson이 좋은 리더로서 비효과이고 Peter에게 한꺼번에 너무 많은 것을 요구한다

3 무슨 '모양(form)'이 전환하는가: 전환학습에 관한 구성적 · 발달론적 접근

는 불평을 수없이 들었지만, 우리가 성인교육자로서 우리 자신의 리더십을 살펴볼 기회를 갖는다면 [대부분의 해방적인(emancipatory) 의도를 가진 경우들에 있어서] 우리 대부분이 교실에서 Anderson과 같았을 거라는 결론을 피할 수 없을 것이다.

마지막으로, 〈표 3-1〉에 묘사된 것과 같은 일련의 인식론들은, 우리의 학습설계가 일부 학생들의 수준보다 훨씬 앞서 있어서 오히려 그들은 훨씬 뒤처져 보일 수도 있다는 사실을 상기시켜 준다. Peter가 할 수 없는 것만으로 우리가 그를 공정하게 평가할 수 없는 것처럼, 우리가 Lynn이 이미 개발한 능력들만으로 그녀의 학습기회들을 공정하게 평가하는 데 실패할 수도 있다. 자기저작적 마음(self-authoring mind)으로의 이동이 성인기의 유일한 근본적인 인식론적 전환은 아니다(전환학습에 대한 열망의 숨은 의도에도 불구하고 우리는 그것을 무의식적으로 가치 있게 여기고 있다). 또한 자기저작적 마음이 요청하는 학습과제만이 새로운 세기의 성인들이 직면하게 될 유일한 도전도 아니다.

자기저작적 마음은 본질적으로 모더니즘의 도전에 대응할 수 있는 능력을 갖추고 있다. 사람이 어떻게 살아야 하는지에 대한 상당히 동질적인 일련의 정의가 공동체나 부족의 응집력 있는 협정, 모델 및 코드에 의해 일관되게 공표되는 전통주의와는 달리, 모더니즘은 끊임없이 증식하는 다원주의, 다양성, 주어진 삶의 방식에 대한 충성심에 대한 경쟁을 특징으로 한다. 모더니즘은 우리에게 잘 사회화되는 것 이상의 것을 요구한다. 우리는 또한 사방에서 쏟아지는 기대와 주장에 대해 살펴보고 판단할 수 있는 내적 권위를 반드시 개발시켜야 한다. 하지만 현재와 미래의 성인학습자들은 모더니즘뿐만 아니라 포스트모더니즘의 도전에 직면하게 된다. 포스트모더니즘은 우리가 자신의 이론에 완전히 사로잡히지 않도록 내적 권위들로부터도 어느 정도 거리를 두도록 요청한다. 그리하여 우리는 자신의 불완전성을 인식할 수 있으며, 심지어는 동시에 모순되는 체계까지 포용할 수 있게 된다. 이러한 도전들(완전히 다른 '교육과정')은 우리의 (사람 사이) 갈등하는 관계와 같이 사적인 맥락에서 나타나는데, 이 맥락에서는 한쪽을 상대방에게 투영하기보다는 내부적으로 양측의 입장을 견지할 수도 그렇지 못할 수도 있다. 또한 이러한 도전들은 고등교육 자체와 같은 공적인 맥락에서도 나타나는데, 이 맥락에서는 지적인 학문 영역이 어느 정도는 불가피하게 실제 지식(real knowledge)으로 간주되는 것을 창출하고 검증하는 이념적인 절차임을 인식할 수도 있고 혹은 인식하지 못할 수도 있다. Lynn 역시 건너야 할 다리들이 더 있다. Lynn은 Peter와는 다를 수도 있는, 전환학습에 대한 자신만의 특정 요구들을 가지고 있다. Lynn은 교육자들에게 자신의 더 큰 성장을 지원하기 위해 또 다른 학습설계를 만들어 내도록 도전한다.

Hegel은 『정신의 현상학(Phenomenology of mind)』에서, "정신이란 결코 멈춰 서 있는 것이 아니라, 항상 새로운 모양(form)을 부여하기 위해 끊임없이 진보적인 방향으로 움직인다."라고 기술했다. 만일 우리가 모든 학생이 수업에 참여하기 전, 도중 그리고 후에 불안정하고 창의적인 발달 과정 자체를 이해한다면, 전환학습을 어떻게 다르게 이해할 수 있으며 교육자로서 우리의 기회는 어떻게 달라질까?

참고문헌

Belenky, M. F., Clinchy, B. McV., Goldberger, N. R., and Tarule, J. M. *Women's Ways of Knowing: The Development of Self, Voice, and Mind.* New York: Basic Books, 1986.

Grow, G. "Teaching Learners to Be Self-Directed." *Adult Education Quarterly,* 1991, 41(3), 125–49.

Heifetz, R. A. *Leadership Without Easy Answers.* Cambridge, MA: Harvard University Press, 1995.

Kegan, R. *The Evolving Self: Problem and Process in Human Development.* Cambridge, MA: Harvard University Press, 1982.

Kegan, R. *In Over Our Heads: The Mental Demands of Ordinary Life.* Cambridge, MA: Harvard University Press, 1994.

Kohlberg, L. *The Psychology of Moral Development: The Nature and Validity of Moral Stages.* New York: HarperCollins, 1984.

Lahey, L., and others. *A Guide to the Subject-Object Interview: Its Administration and Interpretation.* Cambridge, MA: Subject-Object Workshop, 1988.

Mezirow, J. "Learning to Think Like an Adult –Core Concepts of Transformation Theory." In J. Mezirow and Associates: *Learning as Transformation: Critical Perspectives on a Theory in Progress.* San Francisco: Jossey-Bass, 2000.

Piaget, J. *The Construction of Reality in the Child.* New York: Basic Books, 1954.

4

확장학습
활동이론의 재개념화를 위하여

Yrjö Engeström

Yrjö Engeström은 핀란드 헬싱키 대학교(University of Helsinki)의 활동이론 및 발달 과업연구센터 설립자이며 리더인 동시에 캘리포니아 대학교(University of California, San Diego)의 명예교수이다. 그는 1920년대와 1930년대에 소련의 Lev Vygotsky에 의해 처음 시작된 소위 학습과 정신적 발달에 관한 문화역사적 혹은 활동이론적 접근을 바탕으로 이론적 작업을 진행했다. 하지만 1987년의 '확장학습(expansive theory)'에 관한 박사학위 논문에서 그는 이러한 접근법을 이중구속(double-bind) 상황 및 학습수준에 관한 영국의 Gregory Bateson의 체계(system)이론과 결합하였고, Vygotsky의 프레임워크에는 없는 갈등 개념을 도입하였다. 여기에서 소개하는 글은 2001년에 발표된 글을 약간 요약한 것으로, Engeström은 활동이론의 역사적 발전과 현황을 요약하고 헬싱키에 있는 자신의 경계교차연구소(Boundary Crossing Laboratory)의 사례연구를 통해 이론의 잠재력을 드러내 보인다.

도입

· · · · ·

학습에 관한 어떤 이론이라도 최소한 다음의 네 가지의 핵심 질문에 반드시 답을 해야만 한다. ① 학습의 주체는 누구인가 — 그들은 어떻게 정의되고 자리매김되는가? ② 그들은 왜 학습하는가 — 무엇이 그들을 그렇게 하도록 하는가? ③ 그들이 학습하는 것은 무엇인가 — 학습의 내용과 결과는 무엇인가? ④ 그들은 어떻게 학습하는가 — 학습의 과정에서 핵심 행동들은 무엇인가? 이 장에서 나는 이 네 가지 질문을 이용하여 문화역사적 활동이론(cultural-historical activity theory)의 프레임워크 안에서 개발된 확장학습이론(Engeström, 1987)을 살펴볼 것이다.

나는 확장학습을 논의하기 전에 활동이론의 발전 과정과 다섯 가지의 핵심 아이디어를 간략하게 소개하고자 한다. 네 가지 질문과 다섯 가지의 원칙은 확장학습에 대한 나의 논의를 체계화하기 위한 하나의 매트릭스를 구성한다.

나는 우리가 핀란드 헬싱키에 있는 어린이 메디컬 케어(medical care) 시스템의 여러 기관과 함께 수행하고 있는 개입연구(intervention study)의 사례와 결과를 통해 이 장의 이론적 아이디어들을 구체화할 것이다. 나는 연구 수행 시 직면했던 환경과 학습과제들을 제시한 후, 확장학습이론이 제공하는 답을 강조하기 위해 프로젝트에서 선정한 자료들을 이용해서 차례로 네 가지 질문에 대하여 논의할 것이다.

나는 학습과 발달의 방향성에 대한 이해를 위하여 확장학습이론의 함의를 논의하면서 마무리하고자 한다.

활동이론의 세대와 원칙들

• • • • • • • • • • • • • • • •

　문화역사적 활동이론은 1920년대와 1930년대 초반에 Lev Vygotsky(1978)에 의해 처음 시작되었다. 이후 이 이론은 Vygotsky의 동료이자 제자인 Alexei Leont'ev(1978, 1981)에 의해 더욱 발전되었다. 내가 이해하기에 활동이론은 3세대에 걸쳐 발전해 왔다(Engeström, 1996). Vygotsky를 중심으로 한 제1세대는 **매개**(mediation)라는 아이디어를 만들어 냈다. 이 아이디어는 Vygotsky(1978, p. 40)의 유명한 삼각모델을 통해 구체화되었는데, 자극(S)과 반응(R) 사이의 조건화된 직접적 연계가 '복잡하고 매개된 행위(mediated act)'([그림 4-1(A)])에 의해 초월되었다. 행동의 문화적 매개에 대한 Vygotsky의 아이디어는 흔히 주체(subject)와 객체(object) 그리고 매개물(mediating artifact)로 구성된 삼각구조로 표현된다([그림 4-1(B)]).

　인간의 행동들 안으로 문화적 인공물을 끼워 넣은 것은 이제 분석의 기본 단위가 데카르트적인 개인(the Cartesian individual)과 감히 건드릴 수 없는 사회적 구조 사이의 분열을 극복했다는 점에서 혁명적이었다. 개인은 더 이상 문화적 수단 없이는 이해될 수 없으며, 사회 역시 인공물을 사용하고 만들어 내는 개인 없이는 더 이상 이해될 수 없다. 이는 객체들이 Piaget에게서처럼 주체의 논리적 연산 형성을 위한 단순한 원료가 아니라는 것을 의미했다. 객체는 문화적 실체(entity)가 되었고, 행동에 대한 객체지향성(the object-

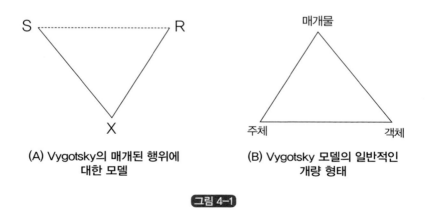

(A) Vygotsky의 매개된 행위에
대한 모델

(B) Vygotsky 모델의 일반적인
개량 형태

그림 4-1

　4 확장학습: 활동이론의 재개념화를 위하여

orientedness)은 인간의 정신을 이해하는 열쇠가 되었다.

제1세대의 한계는 분석의 단위가 개별적으로 집중되어 있다는 것이다. 이것은 Leont'ev를 중심으로 한 제2세대에 의해 극복되었다. '원시 집단 사냥'에 대한 유명한 사례(Leont'ev, 1981, pp. 210-213)에서 Leont'ev는 개인적 행동과 집단적 활동 사이의 중대한 차이를 설명했다. 그러나 Leont'ev는 도식적인 방법으로는 Vygotsky의 오리지널 모델을 집합적 활동체계(activity system)의 모델로 확장시키지는 않았다. 이러한 모델링이 [그림 4-2]에 묘사되어 있다.

[그림 4-2]의 제일 위에 위치하는 작은 삼각형은 하나의 집합적 활동체계 안에 내재되어 있는 개인 및 집단의 행동들을 나타낸다. 한편, 객체는 타원형으로 묘사되는데, 이는 객체지향적 행동들이 항상 명시적이든 암시적이든 애매모호함, 놀라움, 해석, 의미 창출 그리고 변화 가능성 등의 특징임을 나타낸다.

활동(activity)의 개념은 개별 주체와 공동체 사이의 복잡한 상호 관계에 초점을 맞췄다는 점에서 패러다임을 크게 발전시켰다. 소비에트 연방에서 활동이론가들이 구체적으로 연구한 사회활동체계는 대체로 어린이들 사이의 놀이와 학습에 국한되어 있었으며, 활동의 모순은 매우 민감한 이슈로 남아 있었다. 1970년대 이후 이 전통은 서구의 급진적 연구

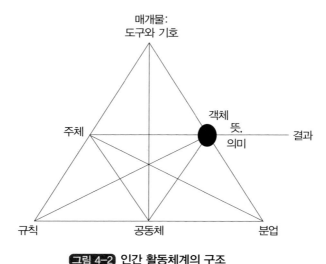

그림 4-2 인간 활동체계의 구조

출처: Engeström (1987), p. 78

자들에 의해 수용되고 재맥락화되었다. 구체적인 연구를 위해 일을 포함한 새로운 활동 영역들이 열렸다. 최근의 저서들(예: Chaiklin et al., 1999; Engeström et al., 1999; Engelsted et al., 1993)에서 볼 수 있듯이, 활동이론의 적용 범위가 매우 다양해졌다. 활동체계들 안에서의 변화와 발전의 원동력으로서의 내적 모순들에 대한 아이디어는 Il'enkov(1977)에 의해 매우 강력하게 개념화되었으며, 경험적 연구의 기본 원칙으로서 정당한 지위를 얻기 시작하였다.

Vygotsky의 기초적인 이론작업 이후, 문화역사적 접근은 '더 높은 심리학적 기능'을 향한 수직적 발전에 대한 담론에 가까웠다. Luria(1976)의 교차문화 연구는 하나의 고립된 시도로 남아 있었다. Michael Cole(1988)은 문화적 다양성에 관한 제2세대 활동이론의 뿌리 깊은 무감각을 처음으로 분명하게 지적한 인물 중 하나이다. 활동이론이 국제화되면서 다양성에 대한 문제와 서로 다른 전통이나 관점 간의 대화는 점차 심각한 도전이 되었다. 제3세대 활동이론이 반드시 다루어야만 하는 과제는 바로 이러한 문제들이다.

제3세대 활동이론은 대화, 다양한 관점 그리고 상호작용하는 활동체계의 네트워크들을 이해하기 위한 개념적 도구를 개발할 필요가 있다. Wertsch(1991)는 Vygotsky의 프레임워크를 확장시키는 방법으로서 Bakhtin(1981)의 대화성(dialogicality)에 관한 아이디어를 소개했다. Ritva Engeström(1995)은 Bakhtin의 아이디어와 Leont'ev의 활동에 대한 개념을 통합함으로써 한 걸음 더 나아갔으며, 그리고 다른 연구자들은 활동 네트워크의 개념을 발전시켰고, Latour의 행위자 네트워크 이론(actor-network theory)을 논의하였으며, 활동이론 내에서의 경계교차개념(the concept of boundary crossing)을 정교화하였다.

이런 노력들은 제3세대 활동이론의 형성을 위한 문이 열려져 있음을 나타낸다. 이 연구 모드에서는 기본 모델이 최소 두 개의 상호작용하는 활동체계들이 포함되도록 확장된다([그림 4-3]).

[그림 4-3]에서 객체는 상황에 따라 주어진 '원재료', 즉 적절한 판단을 내리기 전의 초기 상태(객체1: 예를 들어, 진료실에 들어가는 어느 특정 환자)로부터 활동체계에 의해 구성된 집합적으로 의미 있는 객체[객체2: 예를 들어, 하나의 생물학적 질병 범주의 견본(specimen)이자 질병/건강에 대한 일반적인 객체의 예시화(instantiation)로서 구성된 환자]로, 그리고 잠재적으로 공유하거나 함께 구성한 객체(객체3: 예를 들어, 환자의 삶의 상황과 치료 계획에 대한 집합적으로 구

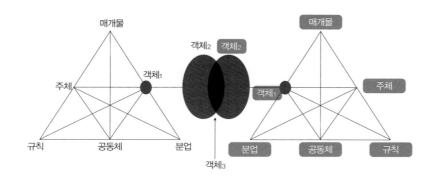

그림 4-3 제3세대 활동이론을 위한 최소 모델로서 두 개의 상호작용하는 활동체계들

성된 이해)로 이동한다. 활동의 객체는 의식적인 단기목표들로 환원될 수 없는 하나의 움직이는 과녁이다.

현재 활동이론은 다섯 가지 원칙의 도움을 통해 요약될 수 있다(Engeström, 1993, 1995, 1999a 참조).

첫 번째 원칙은 다른 활동체계와의 네트워크 관계에서 볼 수 있는 집합적이고, 인공물에 의해 매개된(artifact-mediated), 객체지향적인(object-oriented) 활동체계를 주요 분석단위로 간주한다는 것이다. 목표지향적 개인 및 그룹의 행동과 자동적인 작동(automatic operation)은 비교적 독립적이지만 종속된 분석단위이며, 결국 전체 활동체계들의 배경을 바탕으로 해석될 때에만 오직 이해될 수 있다. 활동체계는 행동과 작동(operations: 행동이 구현되는 방식)을 생성함으로써 스스로를 실현하고 재생산한다.

두 번째 원칙은 활동체계의 다양한 목소리다. 활동체계는 항상 다양한 관점, 전통, 그리고 관심사로 구성된 공동체다. 활동에서의 분업은 그 참여자들에 대해 서로 다른 포지션을 부여하고, 참여자들은 각자 다양한 이력을 가지고 오며, 그리고 활동체계 자체는 인공물, 규칙, 관례 속에 새겨진 여러 층과 가닥으로 이루어진 역사를 수반한다. 이러한 다양한 목소리는 상호작용하는 활동체계의 네트워크 속에서 크게 배가된다. 이는 번역과 협상의 행동들을 요하는 문제의 원천이자 혁신의 원천이다.

세 번째 원칙은 역사성이다. 활동체계들은 오랜 시간에 걸쳐 형태를 갖추고 변화한다. 그 문제점과 잠재력은 오직 그 자체의 역사에 비추어서만이 이해될 수 있다. 역사 자체는 활동과 그 객체에 대한 지역사로서, 그리고 그 활동을 형성하는 이론적인 아이디어와 도구에 대한 역사로서 연구될 필요가 있다. 그리하여 의료(medical work)는 지역 조직의 역사와 지역 활동(local activity) 속에서 채택되고 축적된 의학적 개념, 절차, 도구에 대한 보다 포괄적인 역사에 비추어 분석될 필요가 있다.

네 번째 원칙은 변화와 발전의 원천으로서의 모순의 핵심적인 역할이다. 모순은 문제나 갈등과 동일하지 않다. 모순은 활동체계 내와 사이에서 역사적으로 축적되는 구조적 긴장이다. 자본주의에서의 활동의 주된 모순은 상품의 사용가치와 교환가치 사이에 있다. 이러한 주요 모순은 우리 활동체계의 모든 요소에 스며들어 있다. 활동은 열려진 시스템이다. 활동체계가 외부로부터 새로운 요소를 받아들일 때(예: 하나의 새로운 기술이나 객체), 기존 요소(예: 규칙들 혹은 분업)가 새로운 요소와 충돌하는 이차 모순이 심화되는 경우가 많다. 이러한 모순은 혼란과 갈등을 야기하기도 하지만, 그 활동을 변화시키는 혁신적인 시도를 낳기도 한다.

다섯 번째 원칙은 활동체계에서 확장적 전환의 가능성을 보여 준다. 활동체계는 비교적 긴 사이클들의 질적 전환을 거친다. 활동체계의 모순이 심화되면 일부 개별 참가자는 기존 규범에 의문을 제기하고 이탈하기 시작한다. 경우에 따라 이는 공동의 구상(envisioning)과 의도적인 집단적인 변화의 노력으로 확대된다. 확장적 전환은 활동의 객체와 동기가 그 활동의 이전 모드보다도 훨씬 더 넓은 가능성의 지평을 포용하도록 재개념화될 때 이루어진다. 확장적 전환의 전체 사이클은 활동의 근접발달영역(zone of proximal development)을 통과하는 집단적 여정으로 이해될 수 있다.

> 이는 개인의 현재 일상적인 행동과 일상적인 행동에 잠재적으로 내재된 이중구속(double bind)에 대한 해결책으로, 집단적으로 생성될 수 있는 역사적으로 새로운 형태의 사회적 활동 사이의 거리이다.
>
> (Engeström, 1987, p. 174)

확장학습 ─ 새로운 접근 방식

학습에 관한 표준이론들은 주체(전통적으로 한 개인, 보다 최근에는 한 조직이 될 수도 있음)의 행동에 상응하고 상대적으로 지속적인 변화가 관찰될 수 있는 방식으로 특정한 지식이나 기술을 획득하는 과정에 초점을 맞춘다. 획득될 지식 혹은 기술이 그 자체로 안정적이고 합리적으로 잘 정의되어 있다는 것은 자명한 전제이다. 거기에는 무엇이 학습되어야 하는가를 아는 유능한 '교사'가 있다.

문제는 직장 조직(work organization)에서 가장 흥미로운 종류의 학습 중 상당수가 이러한 전제를 위반한다는 점이다. 사람과 조직은 안정적이지 않고, 심지어는 미리 정의되거나 이해되지도 않은 것을 내내 학습하고 있다. 개인적 삶과 조직 실천의 중요한 전환들 속에서 우리는 아직 존재하지 않는 새로운 형태의 활동을 반드시 학습해야만 한다. 그것들은 말 그대로 창조되는 과정에서 학습된다. 거기에는 유능한 교사가 없다. 표준학습이론은 이러한 과정을 이해하려는 경우 도움이 되지 않는다.

Gregory Bateson(1972)의 학습이론은 이러한 도전을 다루는 소수 연구 중 하나이다. Bateson은 학습을 세 가지 수준으로 구별하였다. 학습 I은 주어진 상황에서 정답으로 간주되는 반응을 조건화하여 습득하는 것을 말한다(예컨대, 교실에서 정답을 학습하는 것). Bateson은 우리가 학습 I을 관찰하는 곳이라면 어디에서나 학습 II 역시 일어나고 있음을 지적한다. 사람들은 그 상황 자체에 내재된 특유의 행동 규칙들과 패턴을 획득한다. 교사를 기쁘게 하는 방법, 시험에 합격하는 방법, 그룹에 속하는 방법 등 학생들은 교실에서 학생이 된다는 것이 무엇을 의미하는지에 관한 '잠재적 교육과정(hidden curriculum)'을 학습한다. 때때로 그 상황은 참가자들에게 모순된 요구로 공격을 가하기도 한다. 학습 II는 이중구속(double bind) 상황을 만들어 낸다. 그러한 압력은 한 개인 혹은 한 그룹이 근본적으로 그 맥락의 뜻과 의미에 대해 의문을 제기하고 더 폭넓은 대안적 맥락을 구성하기 시작하는 학습 III으로 이어질 수 있다. 학습 III은 본질적으로 집합적인 노력이다. Bateson이 지적하는 것처럼, 학습 III의 과정들은 드물며 위험하다.

수준 III을 시도하는 것조차도 위험할 수 있으며, 일부는 도중에 실패한다. 이들은 종종 정신과에서 정신병자로 분류되는데, 이들 중 상당수는 일인칭 대명사를 사용하는 데 어려움을 겪는다.

(Bateson, 1972, pp. 305-306)

Bateson의 학습 III에 대한 개념화는 하나의 정교한 이론이 아니라 도발적인 제안이었다. 확장학습의 이론은 Bateson의 아이디어를 하나의 체계적인 프레임워크로 발전시킨 것이다. 학습 III은 그 자신의 전형적인 행동들과 도구들을 가진 학습활동으로 여겨진다(이것들은 이 장의 뒤에서 논의된다). 확장학습활동(expansive learning activity)의 객체는 학습자들이 참여하는 전체 활동체계이다. 확장학습활동은 문화적으로 새로운 활동 패턴을 만들어 낸다.

헬싱키 아동건강센터의 학습과제

핀란드의 공공의료 서비스는 주로 세금에 의해 운영되기 때문에 환자들은 보통 병원 등 의료기관을 찾을 때 명목상의 진료비만을 지불한다. 헬싱키 지역의 중요한 구조적인 문제는 역사적으로 이 지역에 병원이 집중되어 있어 고급 병원 서비스를 과도하게 이용한다는 것이다. 어린이 메디컬 케어 부문에서는 '어린이 병원'이 최고급 병원이다. 이 병원은 환자를 독점하고 1차 의료기관(the primary care health center)의 서비스 이용을 적극적으로 권장하지 않는 것으로 유명하다. 하지만 이제는 점증하는 비용 때문에 1차 의료기관의 서비스 이용률을 높이기 위해 의료기관 간에 현재의 분업체계를 변화시키고자 하는 정치적 압력이 커지고 있다.

이 문제는 장기 질환을 앓고 있는 어린이, 특히 여러 질병 혹은 병의 원인이 불분명한 어린이 환자들 사이에서 가장 심각하다. 천식과 심한 알레르기를 가진 어린이 환자들이 전형적이고 급속히 증가하는 그룹이다. 이 어린이 환자들은 종종 그 치료 궤적에 대한 전반적인 책임과 개요를 가진 사람 없이 의료기관 사이를 떠돌아다니는 경우가 많다. 이러한 문제는 가족과 사회에 큰 부담으로 작용한다.

'어린이 병원'은 **경계교차실험**(Boundary Crossing Laboratory)이라는 이름의 해결 방법을 이용한 우리 연구그룹과의 공동의 재설계 노력을 착수하고 주최함으로써 그 압력들에 대응하기로 결정하였다. 헬싱키 지역의 어린이 건강관리를 담당하는 1차 의료기관 및 병원의 약 60명의 초대된 의사, 간호사, 직원, 경영진 대표가 10번의 3시간짜리 세션에서 회합하였으며, 그중 마지막 세션은 1998년 2월 중순에 열렸다. 참가자들은 연구진에 의해 촬영된 일련의 환자 사례들을 살펴보았고, 이에 대해 논의했다. 그 사례들은 해당 지역의 여러 의료기관 사이의 협조와 소통의 부족으로 인한 문제를 다양한 방식으로 보여 주었다. 나타난 문제들은 과도한 의료기관 방문, 불분명한 책임의 소재, 환자를 진료한 의사의 진단, 행동, 계획 등에 관한 정보를 다른 관련된 의료기관(환자의 가족 포함)에 제대로 알려 주지 않는 것들이었다.

이러한 문제 상황에서의 학습과제는 서로 다른 의료기관들로부터 온 부모들과 의사들이 아이의 치료에 관한 전반적 진행 과정에 대해 함께 책임을 지면서 아이의 치료 이력을 협력적으로 계획하고 추적 관찰할 수 있는 새로운 문제해결 방법을 획득하는 것이었다. 거기에는 문제를 바로잡을 손쉽게 이용할 수 있는 모델이 없었고, 어떤 현명한 선생도 정답을 가지고 있지 않았다.

학습의 주체는 누구이고 어디에 있는가

이러한 학습과제는 개개 의사와 부모에게 새로운 기술과 지식을 습득하도록 교육하는 것만으로는 해결할 수 없었다. 이 중대한 이슈는 따로 떨어진 개인들의 총합으로 해결할 수 없는 조직적인 문제였다.

거기에는 우리가 접근할 수 있고 그 전환의 책임을 떠맡도록 밀어붙일 수 있는 가공의 집합적인 주체가 없었다. 상의하달식 명령과 지침은 경영진이 그러한 지시의 내용이 무엇인지 모를 때는 거의 가치가 없다. 유능하고 경험이 풍부한 '어린이 병원'의 경영진은 이러한 상황에서 병원이 가지고 있는 한계를 인식하고 우리에게 도움을 청했다.

상황학습(Lave & Wenger, 1991; Wenger, 1998)과 분산인지(distributed cognition)(Hutchins, 1995)에 관한 최근 이론은 협력적 학습주체들이 되기 위해서 과업지향 팀 혹은 작업 단위와 같은 잘 묶인 **실천공동체** 혹은 **기능적 시스템**을 찾아보도록 이야기한다. 그러나 헬싱키의 어린이 의료 시스템의 다중조직 영역에서는 이들 간의 조정을 위한 센터 역할을 맡을수 있는 잘 조직된 작업 단위가 없다. 개별 환자 사례마다 그 환자의 치료 과정에 관여된기관, 전문영역 및 의사 간의 조합이 다르기 때문에 안정적인 통제 소재를 지정하는 것은거의 불가능하다..

Latour(1987)의 **행위자 네트워크 이론**(actor-network theory)은 인간과 비인간 행위자로 구성된 이질적인 네트워크 속에 학습을 위치시키도록 권고한다. 이것은 괜찮지만, Latour의일반화된 대칭(generalized symmetry) 원리는 모든 행위자를 인식 가능한 내적 체계의 속성과 모순 없이 블랙박스로 바꾼다. 만일 우리가 치료 과정에 관여된 다양한 행위자와 성공적으로 맞서기를 원한다면, 우리는 반드시 그들 각 기관의 맥락에 존재하는 내적 긴장과역학관계, 즉 그들의 진지한 학습노력에 활력을 불어넣을 수 있는 역학관계를 건드리고촉발할 수 있어야 한다.

우리의 사례에서 학습은 각 활동체계의 내부 모순에 의해 활성화되는 **상호 연결된 활동체계**의 변화하는 모자이크 안에서 일어날 필요가 있다. 본 활동체계의 최소 구성에는 '어린이 병원'의 활동체계, 1차 의료기관의 활동체계 그리고 어린이 가족의 활동체계를 포함한다. 각 특정 환자의 사례에서 이러한 세 가지 활동체계의 구체적인 예시화는 서로 다르다. 하지만 각 활동체계의 일반적인 구조적 특징과 네트워크 위치는 분석과 재설계를 가능하게 할 만큼 충분히 안정적이다.

경계교차실험에서는 병원 의사들이 회의실 한쪽 편에 앉고, 1차 의료기관 의사들은 그회의실의 다른 편에 앉도록 해서 세 가지 활동체계의 기본 구성을 구현하였다. 환자 가족들의 목소리는 회의실 앞쪽에서 나왔는데, 병원과 의료기관을 방문하는 환자들을 따라다니며 촬영한 동영상과 세션에 초대된 실제 부모들에게서 나왔다.

경계교차실험의 첫 번째 세션에서 우리는 천식 증상과 반복되는 호흡기 감염으로 고통받는 한 남자 미숙아의 사례를 발표하였다. 그 아이의 치료는 '어린이 병원'에서 8월에 처음 시작되었다. 1차 의료기관 소속의 그 환자의 주치의는 11월 중순까지 병원 치료가 언제 시작되었는지, 혹은 지속적인 치료 계획들이 어떠한지에 대한 아무런 정보도 받지 못했다. 세션에 그 주치의가 직접 참석할 수 없었기 때문에 우리는 촬영된 인터뷰를 참가자들에게 보여 주었다. 그 주치의가 간접화법(상상 속 병원 의사의 목소리를 빌려서)을 사용하여 한 진술은 특히 신랄했다.

발췌록 1 (경계교차실험, 세션 1)
면담자: 내 생각에 거기에 어떤 협상의 여지가 있는지 모르겠군요. 제 말은, 즉 언제나 편파적으로 한쪽만(병원)이 "이제 1차 의료기관으로 보낼 수 있는 단계가 되었어."라고 OK 결정을 내리는 것과 같은……. 이에 관한 어떤 논의가 있나요?
주치의: 아무도 저에게 "이 환자를 추적 관찰해 주시겠습니까?"라고 물어본 적이 없어요. 다시 말하지만, 저는 소아과 전문의가 아닙니다.

이 실험 세션에서 '어린이 병원'에서 온 의사들은 대체로 환자 정보가 1차 의료기관으로 전송되지 않는다는 사실을 부인하고, 그 서류가 1차 의료기관에서 분실된 것이 틀림없다고 주장하였다. 반면, 1차 의료기관에서 온 의사들은 '어린이 병원'이 환자들의 정보를 1차 의료기관에 보내지 않는 것이 사실상 일반적이라고 주장하였다. 다시 말하면, 이 시점에서의 상호작용적의 다양한 목소리는 서로 맞물리는 방어적인 입장의 모습으로 나타났다. 첫 번째 세션이 끝날 무렵 '어린이 병원'의 수석 의사는 그 방어적 교착상태에 첫 번째 균열을 열어 놓았다.

발췌록 2 (경계교차실험, 세션 1)
어린이 병원 수석 의사: 그리고 여기서 우리는 이제 꽤 분명한 이슈를 가지고 있다고 생각합니다. 우리는 단지 환자 기록이 실제로 1차 의료기관으로 전송되는지를 물어봐야 합니다.

확장학습이 세 가지의 주요 활동체계 내와 사이에 확고히 퍼져 있지만, 수석 의사가 취한 조치와 같은 행동은 개인 주체(individual agency)도 관여하고 있음을 보여 준다. 하지만 각기 다른 목소리를 내는 개인이 각기 다른 순간에 활동에서 주도적인 주체의 역할을 맡는다. 주도적인 주체(subject)의 역할과 주체(agency)는 고정되어 있는 것이 아니라 계속 변화한다.

그들은 왜 학습하며, 무엇이 그들을 그렇게 하도록 하는가

상황학습이론(Lave & Wenger, 1991)에 따르면, 학습 동기는 유용한 무언가가 생산되는 문화적으로 가치 있는 협력적 실천(collaborative practices)에 참여하는 것으로부터 나온다. 비교적 안정적인 실천에서 점차 어떤 역량을 쌓아 가는 초보자를 볼 때, 이것은 하나의 만족스러운 출발점으로 보인다. 하지만 활동체계의 주요 전환과 연계되어 있는 위험한 확장학습 과정에 대한 동기는 단순한 참여나 점진적인 숙달의 획득만으로는 잘 설명되지 않는다.

앞서 지적한 바와 같이, Bateson(1972)은 확장된 학습 III은 어떤 상황에 의해 참가자들에게 부과된 모순된 요구로 인해 발생하는 이중구속에 의해 촉발된다고 제안했다. 경계교차실험에서 우리는 동영상으로 촬영한 일련의 골칫거리 환자 사례들을 제시함으로써, 참가자들로 하여금 그들의 업무 활동에 내재되어 있는 모순적 요구들을 직시하고 분명히 표현하도록 하였다. 이들 사례 가운데 몇몇에서는 그 환자의 어머니도 출연하였다. 이것은 참가자들이 그 문제들에 대하여 환자 측을 탓하게 하는 것을 거의 불가능하게 만들었고, 이중구속의 긴급성을 크게 더했다.

압도적인 증거에도 불구하고 의사들은 모순을 인정하고 명확하게 표현하는 것을 매우 어려워했다. 경계교차실험의 세 번째 세션에서야 이 효과에 관한 첫 번째 진술들이 나오기 시작했다.

병원 간호사: 여러 질병을 앓고 있는 만성 질환 어린이 환자의 경우 딱히 담당 의사가 명확
하게 정해져 있는 것은 아닙니다. 치료는 파편화되어 있고요. 환자의 의료기록에 있
는 정보 역시 대단히 파편화되어 있어요. 예컨대, 다른 병원 방문에 대한 정보를 찾
는 것은 말할 것도 없고, 이전 방문에서 이 환자에게 어떤 치료가 이루어졌는지, 가
족에게 필요한 지침이나 상담활동이 무엇인지에 대한 결론을 내리기가 반드시 쉽지
만은 않아요. 그리고 현재 복용 중인 약물에 대한 정보 역시 발견하기 어려워요. 이
들 정보는 단지 부모의 기억 속에 있거나 아니면 차트 이곳저곳에 적혀 있을 뿐이지
요. 그래서 환자의 질병치료와 관련된 정보를 알아내는 것은 임상 상황이나 긴급치
료 상황과 비교해 보면 탐정 업무가 될 수 있어요.

그 상황에 대한 분석적인 이해를 위해서 우리는 관련된 활동체계들의 최근 **역사**를 들여
다볼 필요가 있다. 1980년대 후반부터 시립 1차 의료기관에서는 개인 주치의 원칙(personal
doctor principle)과 다중 전문 팀이 치료의 연속성을 효과적으로 증가시켜 의사의 업무활동
의 객체가 되는 격리된 방문을 장기적인 **치료연계**(care relationship)로 대체했다. 치료연계
에 대한 개념은 점차 의료기관에서의 (치료)계획과 기록을 위한 핵심적인 개념적 도구가
되었다.

핀란드 병원에서도 비슷한 발전이 이루어졌다. 전후 수십 년 동안 병원은 점차 커지고
더 복잡해졌다. 전문 분야별 세분화는 불만을 야기했고, 이는 병원 치료비용의 급격한 상
승에 부분적으로 책임이 있는 것으로 여겨졌다. 1980년대 후반, 병원들은 특정 질병 혹은
(병)진단 그룹에 대한 **최상경로**(critical paths/pathways)를 설계하고 구현하기 시작했다. 경계
교차실험 초기에 '어린이 병원'의 수석 의사는 참가자들에게 최상경로가 그 문제들에 대한
해결책임을 분명히 하였다.

어린이 병원 수석 의사: 왜 최상경로인가에 대해서는 확실하고 충분하게 설명이 되었으니,
이제 나는 봄에 이 활동을 시작했다는 것만 말씀드리겠습니다. 즉, 우시마 카운티의
어린이와 청소년을 위한 최상경로에 대한 계획입니다. 그리고 우리는 이 일을 위한
1차 의료기관 및 중앙 병원 레벨의 모든 부서에서 온 대표들, 즉 간호직 및 의사직
모두로 구성된 기본적인 실무그룹을 보유하고 있습니다.

이러한 개혁조치(치료연계와 최상경로)가 확산되고 뿌리를 내리고 있다면 조정과 협업에 대한 문제도 잘 관리되어야 하지 않았을까? 경계교차실험 세션에서 제시되고 논의된 증거들은 그렇지 않다는 결론을 도출해 냈다. 치료연계와 최상경로는 특정한 역사적 모순에 대응하여 창조된 해결책이었다. 그러나 이들 모순은 새롭고 보다 포괄적인 모순들로 급속히 대체되고 있다.

치료연계와 최상경로는 각 기관의 **내적** 모순에 대응한다. 치료연계는 1차 의료기관 내에 있는 환자와의 장기적인 상호작용을 개념화하고, 문서화하며, 계획하는 방법으로 여겨진다. 그것의 장점은 환자에 대한 장기간의 치료와 진료를 통해 이들에 대한 풍부한 정보를 보유할 수 있다는 점이다. 한편 그것의 한계점은 1차 의료기관에서 치료를 받던 환자가 다른 병원으로 가 버리면 그 환자에 대한 책임이 사실상 중단된다는 점이다. 이에 따라 최상경로는 특정 질병이나 진단에 대처하기 위한 규범적 절차의 순서를 제공하기 위해 구축된다. 그러나 이는 불분명하고 복합적인 질환을 앓고 있는 환자를 다루는 데는 도움이 되지 않으며, (환자가 가진 질병들을 전체적인 시각에서 보는 것이 아닌) 심지어는 특정 질병 중심의 세계관을 1차 의료기관의 의사들에게 강요하는 경향이 있다. 근본적으로 치료연계와 최상경로 모두 **직선적**이고 **한시적**인 객체의 구성들이다. 따라서 이들은 치료에 있어서 가장 중요한 행위자인 환자와 그 가족을 포함하여, 서로 다른 기관들에 위치해 있는 의료서비스 제공자들 간의 **수평적·사회공간적** 관계와 상호작용을 나타내고 안내하는 데 큰 어려움을 겪는다.

호흡기 문제가 반복되는 천식 및 알레르기 어린이 환자들이 여기에 딱 들어맞는 사례다. 이러한 어린이는 병실에 며칠간 입원한 것을 포함해서 병원을 12회 이상 방문해야 할 수 있으며, 1년에 1차 의료기관을 수도 없이 다녀갈지 모른다. 그중 몇 번은 심각한 비상 상황이고, 몇 번은 이보다는 약하지만 긴급한 감염 때문에, 그리고 몇 번은 검사와 치료, 후속 조치들 때문이다.

우리가 경계교차실험에서 발표했던 사례 중 하나는 세 살짜리 아이 시몬이었다. 1997년에 이 아이는 그가 사는 지역의 병원을 3차례 다녀갔고, 헬싱키 대학 중앙병원 귀 클리닉에 11차례, 지역 1차 의료기관의 담당의를 14차례 그리고 헬싱키 대학 중앙병원 어린이병원 외래환자 클리닉을 1차례 다녀갔다. 우리가 발표했던 다른 사례인 네 살짜리 아이 앤드류는 1997년에 헬싱키 대학 중앙병원에 피부 및 알레르기 질환으로 4차례, 그가 사는 지역 병원에 9차례, 1차 의료기관에 14차례 다녀갔다.

우리가 그와 같은 또 다른 사례를 경계교차실험에서 발표한 후, '어린이 병원'의 수석 의사는 알레르기 어린이의 최상경로를 설계할 책임이 있는 그 병원 의사에게 고개를 돌렸고, 그녀에게 최상경로의 시행이 이 아이의 문제를 어떻게 해결해 줄 수 있는지에 대해 설명해 달라고 요청했다. 그녀의 대답은 그 수석 의사에게 하나의 전환점이 되는 무엇이었다.

발췌록 5 (경계교차실험, 세션 7)

병원 의사 1: 무엇보다 먼저……, 천식 치료를 한 후에 음식 알레르기 치료가 이어집니다. 어느 어린이의 사례에서도 총체적인 치료계획이 제시될 수는 없어요, 이것이 어떻게 되는지…….

수석 의사: (격앙된 어조로) 하지만 알레르기가 있는 어린이들이 다른 질환을 가지고 있는 경우가 꽤 흔하지 않나요? 분명 그 어린이들은, 분명히 당신은 이 어린이들이 다수의 최상경로에 속하지 않도록 (총체적이고 통합된) 하나의 프로세스를 계획하고 있겠지요?

병원 의사 2: 아마, 불행히도 이 어린이들은 다수의 최상경로(분절된 치료 프로세스들)에 속

　활동체계들에서 이 영역에 있는 일단의 모순은 [그림 4-4]에 개략적으로 나와 있다. 병원과 1차 의료기관 모두에서 점점 더 중요해지는 **객체**인 병원과 1차 의료기관을 오가는 환자들과 양 기관 모두에서 구현되는 비용–효율성의 **규칙** 사이에 모순이 나타난다. 헬싱키의 1인당 의료비 지출은 전국 평균을 훨씬 상회하는데, 이는 주로 '어린이 병원'이 속한 헬싱키 대학 중앙병원의 과도한 이용과 높은 서비스 비용 때문이다. 그리하여 1차 의료기관과 그 대학병원 사이에는 긴장이 심화하고 있다. 헬싱키 지역의 1차 의료기관들은 그러한 고비용에 대해 대학병원을 탓하지만, 대학병원은 1차 의료기관의 과도한 대학병원 진료 의뢰와 대학병원 수준의 치료가 꼭 필요하지 않은 환자들을 돌보지 않는 것에 대해 비난한다.

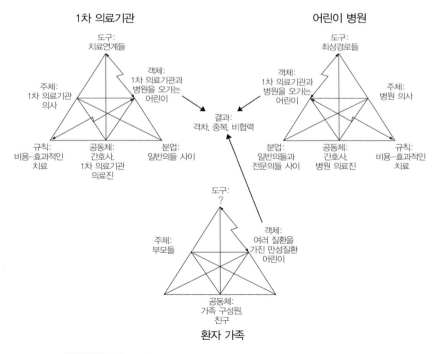

그림 4-4 헬싱키 지역 어린이 메디컬 케어 시스템에서의 모순

하나의 모순은 새로운 **객체**(병원과 1차 의료기관을 오가는 환자)와 최근에 확립된 **도구**, 즉 1차 의료기관의 치료연계와 병원의 최상경로 사이에서도 나온다. 이러한 **도구**는 선형적이고 시간적이며, 주로 기관 내부의 치료에만 초점을 맞추기 때문에, 여러 가지 질환을 동시에 가지고 있고 여러 의료기관에 접촉하는 환자를 처리하는 데는 부적합하다. 환자 가족의 활동체계에 있는 모순은 또한 다수의 질환을 가진 객체(어린이 환자)와 그 객체의 (완전한) 치료에 유용하지 않거나 알려지지 않은 도구 사이에 존재한다.

경계교차실험에서 이러한 모순의 다양한 측면이 명확하게 드러나면서 참가자들이 초기의 방어적인 자세에서 상황에 대해 무엇인가를 해 보겠다는 결심으로 변화하는 것을 관찰할 수 있었다. 그러한 결심은 처음에는 **어렴풋**했다. 그것은 마치 그 에너지가 방향성을 가질 수 있도록 하는 하나의 인식 가능한 객체 및 이에 상응하는 개념을 찾으려고 시도하는 초기의 상태처럼 말이다.

발췌록 6 (경계교차실험, 세션 5)

병원 의사 1: (이전 세션에 관한) 회의록을 쓰고 있을 때 정신이 번쩍 들었어요. ...... B(논의된 사례에서 제시된 환자의 이름)에 관해 내가 깨달은 것은 말하자면, 핵심은 (단편적인 치료가 아닌) 총체적이고 완전한 치료를 수행하는 것입니다. 어떻게 그것이 실현되고, 어떤 시스템들이 요구될까? 우리의 논의를 되돌아보니 이 문제를 해결하기 위한 분명한 시도들을 발견할 수 있어서 좋았어요. 그것은 우리가 모든 환자를 위해 반드시 세워야만 하는 일종의 토대와 같은 것이지요.

연구자: 그것은 그 문제를 공식화하기 위한 하나의 제안으로 보입니다. B의 사례는 무엇인가요? 아니면 그것을 어떻게 해결하고 싶으신가요? 말하자면 우리가 해결하고자 하는 것, 즉 환자에 대한 총체적이고 완전한 치료라는 것이 당신의 생각인가요?

병원 의사 1: 정확히 그래요. 말하자면, 제 말은 이러한 책임과 책임 분담, 실제적인 계획, 매듭 묶기 등 음...... 우리는 어떤 종류의 협정을 맺어야 한다는 뜻입니다. 이는 아픈 어린이와 그 가족 주변의 모든 이(의료 관계자)가 자신의 자리를 알게 하는 무언가를 말합니다.

그들이 학습하는 것은 무엇인가

• • • • • • • • • • • • • • • • • •

앞의 발췌록 6에서 '어린이 병원'의 한 의사는 '매듭 묶기'라는 표현을 사용했다. 이 의사는 연구자가 '매듭 엮기(knotworking)'라는 용어를 제안한 경계교차실험 세션에서 이루어졌던 한 논의에 대해 거론했다. 연구자는 이 용어를 의료기관의 경계를 넘어 다수의 질환을 가진 어린이의 협력적 치료를 이루는 데 요구되는 새로운 활동 패턴에 관한 아이디어를 포착하기 위하여 제안하였다. 의료진은 필요할 때, 서로 그리고 부모들과 신속하게 '현장'에서 연결하고, 조정할 수 있어야 하며, 또한 공유되고 상호 모니터링되는 장기 계획을 토대로 해야 한다. 매듭 엮기라는 개념은 확장된 활동 패턴을 정의하는 새로 출현한 개념 형성에 있어서 하나의 징검다리 역할을 하였다.

세션 4 후반에는 병원의 수석 간호사가 이끈 네 명의 의료진으로 구성된 TF팀이 '어린이 병원'과 1차 의료기관 간의 피드백 개선을 위한 제안을 발표하였다.

> **발췌록 7** (경계교차실험, 세션 4)
>
> 병원 수석 간호사: 글쎄요. '1월 한 달 동안의 실험기간에 대한 제안'이 제목이고요. 이 실험은 성공 여부와 개선할 점을 항상 평가해야 합니다. 그리고 이 시점에서 저는 이 실험이 부가적인 업무가 필요하다는 점을 미리 말씀드립니다. 우리는 외래환자 클리닉이 모든 환자의 방문에 대하여 치료의 지속 여부와 관계없이 문서로 된 피드백을 실험기간인 한 달 동안 보낼 것을 제안합니다. (관계자) 누구에게, 집에, 1차 의료기관 담당의에게, 진료의뢰서를 작성했던 의사에게 등…….

이 제안은 다양한 반대에 부딪혔는데, 주로 그 피드백 시스템이 가져올 과도한 업무량에 대한 우려 때문이었다. '어린이 병원' 수석 의사도 자신의 주장에 대한 근거로 최상경로라는 이용 가능한 개념을 사용하여 반대 대열에 합류했다.

발췌록 8 (경계교차실험, 세션 4)

병원 수석 의사: 우리는 최상경로를 위한 TF팀들을 적소에 보유하고 있습니다. 이 팀들 역시 그 문제에 대해 논의를 해 왔고요. 그런데 누구 하나 예외 없이 (환자의) 모든 방문에 대해서 그렇게 하는 것에 대해서는 찬성하지 않습니다. 나 역시 모든 환자의 방문에 피드백을 하는 것에 대해 우려가 있습니다. 너무 많은 서류 뭉치들로 정말 중요한 정보를 잃어버릴 수가 있거든요. 따라서 환자의 치료에 책임이 있는 곳에서 그들 스스로 그 피드백을 보낼 필요가 있는지를 판단해서 처리하는 게 좋겠습니다.

그 제안은 거부되었다. 경계교차실험의 다섯 번째 세션에서 그 TF팀은 새로운 제안을 들고 나왔다. 논의를 통해 이 새로운 제안은 치료책임협의(care responsibility negotiation)라는 말로 불렸다. '치료합의(care agreement)'라는 용어 역시 언급되었다. 이 제안은 환자 가족과 환자의 치료에 관여하는 서로 다른 의사들 간에 의사소통과 협의를 강조했다.

이 제안은 우호적인 반응을 이끌어 냈다. 이것은 여섯 번째 세션에서 좀 더 정교화되었다. 이 세션에서는 '치료합의'라는 새로운 핵심 개념이 탄생했다. 기존의 최상경로 개념은 여전히 치료합의라는 새로운 개념과 더불어 나란히 이용되었다.

발췌록 9 (경계교차실험, 세션 6)

병원 수석 간호사: 여기서 중요한 것은 우리가 논의해 온 치료책임의 분담인데 이것은 어려운 문제입니다. 이제 (각 의료기관들 사이의) 치료책임을 나누어 맡는 것에 대해 입장을 밝혀야 합니다. 종국에는 부모들이 그 계획을 받아들여야 한다는 것이 중요하고요. 그리고 피드백의 개념은 단순히 필요한 연락처를 포함하는 의료기록을 말합니다. 우리의 견해로는 만일 이것을 착수만 하면 이것은 물론 부가적인 업무를 의미할 수 있지만, 아주 간단하고 융통성이 있으며 실현 가능하다고 봅니다. 그리고 이것의 목표는 대화가 이루어지도록 하는 것입니다.

정보 보안 전문가: 이것에 대해 제 견해를 밝히자면, 이것은 정확히 최상경로를 개선하는 방법을 찾으면서 그 안에서 일이 이루어지도록 하는 대안의 최상경로모델을 구축하는 일입니다.

병원 의사 1: 치료를 위해 2회를 초과하여 병원을 방문했거나 아니면 표준 프로토콜을 넘어서는 경우에만 합의가 이루어지므로, 사실 우리는 대다수의 방문이 2회 혹은 그 프로토콜을 초과하지 않는 범위에 해당할 것으로 봅니다.

병원 의사 2: 이것이 새로울 수 있는 것은 두 번째 방문 혹은 외래환자 클리닉 의사가 치료의 지속을 위한 일종의 계획인 치료합의 제안을 할 때의 방문에서, 의사는 거기에 함께 앉아 있는 부모에게도 어느 정도 이 계획을 제시하는 겁니다. 부모는 환자인 자녀에 대한 치료의 지속이나 치료책임의 분배에 관여하게 되는 사람들입니다. 이는 아마도 그동안 부모들에게 그렇게 분명하게 이야기되지 않았던 부모의 역할과 책임의 경계를 분명하게 제시하는 것이지요. 그것이 바로 이것을 훌륭하게 만드는 것이지요.

정보 시스템 전문가: 제 견해로는 이것은 아주 대단한 시스템이에요. 외부인으로서 말씀드리자면, 충분한 실험기간을 거친 후 이 시스템을 다른 곳에도 적용해 볼 수 있도록 가능한 한 빨리 시행해 주시기를 바랍니다. 이것은 아주 훌륭한 시스템이에요.

치료합의라는 개념 아래에서 네 가지의 상호 연결된 해결책들이 도출되었다. 첫째, 환자의 주치의(1차 의료기관의 의사)를 **코디네이터**로 지정하여 의료기관 간 경계를 넘어 환자의 네트워크와 치료이력을 담당한다. 둘째, 어린이가 '어린이 병원'의 환자로 1회 이상 방문하게 되면 언제나 그 환자를 담당하는 병원의 의사와 간호사가 그 어린이의 치료에 기여하는 여러 의료기관 사이에서의 분업 계획을 포함하는 하나의 **치료합의**를 기안한다. 그 치료합의 초안은 철저한 검토를 위해 그 어린이의 가족과 1차 의료기관 주치의(그리고 적절한 때, 그 어린이를 담당한 다른 병원들의 의사들)에게 보내진다. 셋째, 만일 하나 혹은 그 이상의 치료 관련 당사자가 필요하다고 판단하면, 상호 받아들일 수 있는 치료합의를 만들어내기 위해 이메일이나 전화 혹은 직접 대면하여 **치료협의**(care negotiation)를 갖는다. 넷째, 환자의 의료기록 정보인 **치료피드백**(care feedback)은 계획에 없던 방문이나 진단 혹은 치료

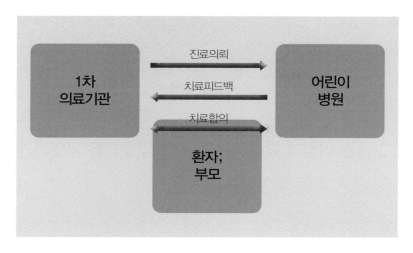

그림 4-5 치료합의의 실천에 대한 개념적 모델

계획에서의 변화가 있었을 때 자동으로, 그리고 지체 없이 다른 치료합의 당사자에게 보내진다. [그림 4-5]는 경계교차실험의 의사들이 만들고 이용한 치료합의에 대한 간소화한 모델을 보여 준다.

치료합의의 실천은 하나의 새로운 수단을 만들어 냄으로써 [그림 4-4]에서 묘사되었던 모순의 해결을 도모한다. 이 도구는 제도적 경계를 넘어 부모와 서로 다른 의료기관 의사가 공유할 때, 환자의 진화하는 치료 네트워크에서 수평적이고, 사회공간적인 상호작용의 차원을 열어 여러 의료기관 당사자로 하여금 환자의 삶에 필요한 여러 병렬적인 치료요구와 서비스의 조정에 대하여 이를 개념적으로 인지하게 하고, 실제적으로 책임을 지게 함으로써, 그들 업무의 객체를 확장하게 한다. 이것은 선형적이고 시간적인 치료의 차원을 대체하는 것이 아니라 보완하고 확장하는 것이다. 이 해결책은 또한 조정되지 않은 과도한 의료기관 방문과 검사를 없애고, 1차 의료기관 의사를 모든 당사자가 수용할 수 있는 공동치료 결정을 내리는 데 참여시킴으로써 비용-효과의 규칙으로부터 오는 압력과 '어린이 병원'과 1차 의료기관 사이의 긴장을 해소하는 것을 목표로 한다.

이 새로운 도구는 일종의 새로운 협력적 치료인 '매듭 엮기'를 위한 하나의 생식세포가 될 것이다. 여기에서는 누구도 영구적인 지배적 지위를 갖지 못하며, 또한 온전한 치료 이력에 대한 책임도 회피할 수 없다. 이 모델은 단일 질병 사건 혹은 병원 방문으로부터 장기적인 이력관리(시간적 확장)로, 환자와 단일 의사 간의 관계로부터 환자와 관련된 전체 의료네트워크의 공동 모니터링(사회공간적 확장)으로, 모든 당사자의 활동 객체가 급격히 확장됨을 의미한다.

그들은 어떻게 학습하는가 — 핵심 행동은 무엇인가

조직학습에 관한 이론들은 대체로 학습과정을 이끌어 내는 구체적인 과정들이나 행동들을 상세히 설명하는 데 약하다. 이 문제의 해결을 위한 보다 흥미로운 시도 중의 하나는 암묵지(tacit knowledge)와 형식지(explicit knowledge) 간의 전환에 기반을 둔 Nonaka와 Takeuchi(1995)의 순환적 지식 창출 프레임워크다. 이들의 모델은 지식 창출에 있어서 사회화(socialization), 외재화(externalization), 결합(combination), 내재화(internalization)라는 네 가지 기본 움직임을 가정한다.

Nonaka와 Takeuchi의 모델과 조직학습에 관한 다른 많은 모델이 가지고 있는 핵심적인 문제는 지식 창출을 위한 과제가 위로부터 그냥 주어진다고 가정하는 것이다. 다시 말해서, 창출 및 학습되어야 할 것은 국지적 과정(local process)의 경계 밖에 있는 경영상의 결정으로 묘사된다(Engeström, 1999b 참조). 이러한 가정은 첫 번째 단계가 Nonaka와 Takeuchi가 '공감 지식'의 창출이라고 부르는 매끄럽고 갈등이 없는 사회화로 구성된 모델로 이어진다.

이와는 대조적으로 우리가 분석해 온 다른 유사한 과정들과 마찬가지로, 이 장에서 논의된 확장학습 과정에서의 결정적인 촉발 행동은 기존의 표준 관행에 대한 갈등적 의문 품기다. 경계교차실험에서 이러한 의문 품기는 골칫거리 환자 사례에서 호출되어 몇 번이고 방어적으로 거부되었다. 의사들 역시 자신의 목소리로 **의문 품기** 행동을 시작했다. 이에 대한 작은 사례가 발췌록 2에 나와 있다. 최상경로(유용한 도구)와 여러 질환을 앓는 환자(새로운 객체) 사이의 갈등으로서 훨씬 나중에, 마침내는 최고점에 다다른 모순에 대한 분석은 발췌록 5에 잘 표현되어 있다. 의문 품기 및 분석 행동은 그 뒤에 숨어 있는 문제와 모순을 찾아내고 정의하는 것을 목표로 한다. 만약 경영진이 이런 종류의 과정에서 위로부터 하나의 고정된 학습과제를 내려 주고자 시도한다면 일반적으로 거부된다(Engeström, 1999b). 발췌록 6에서 본 것과 같이, 이러한 논의들로부터 하나의 새로운 방향이 나오기 시작했다.

확장학습에서의 세 번째 전략적 행동은 **모델링**이다. 모델링은 이미 그 프레임워크의 공식화와 모순 분석 결과에 관련되어 있으며, 새로운 해결책, 새로운 수단, 새로운 활동 패턴의 모델링에서 그 결실을 맺는다. 경계교차실험 세션 4에서 프로젝트 그룹의 첫 번째 제안은 이러한 모델링에 대한 첫 번째 시도였다(발췌록 7 참조). 이 제안에 대한 비판적 논의 및 거부(발췌록 8)는 새로운 모델을 시험하는 행동의 한 예이다. 세션 5에서 발표된 두 번째의 성공적인 제안은 모델링의 다른 사례이고, 다시 세션 6에서 이어진 정교화 작업(발췌록 9)은 **새로운 모델의 시험**을 나타낸다.

개발된 치료합의(care agreement) 모델은 1998년 5월부터 실제로 시행되었다. 다양한 **시행**으로 인해 기존의 실천과 새로운 실천 간의 긴장과 혼란에 대한 완전히 다른 이야기가 펼쳐지는데, 이 이야기는 방대하고 복잡해서 여기에서 다 다룰 수는 없었다. 확장 사이클

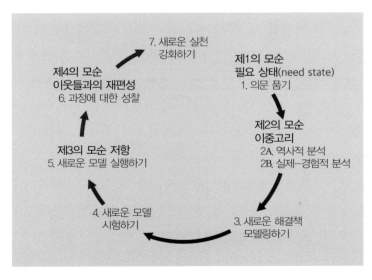

그림 4-6 확장학습 사이클에서의 전략적 학습행동들과 상응하는 모순들

([그림 4-6])은 아직 미완성이다. 우리 연구팀은 그 실행을 계속 지켜보며 문서화하고, 중간 결과를 지속적으로 의사들에게 피드백하고 있다.

결론: 학습발달의 방향성

우리는 습관적으로 학습과 개발을 인간을 더 높은 수준의 역량으로 끌어올리는 것을 목표로 하는 수직적 과정으로 묘사하는 경향이 있다. 나는 이러한 견해를 단순히 계몽사상의 낡은 유산이라고 맹렬히 비난하기보다는 상호 보완적인 관점, 즉 수평적 또는 측면적 관점에서 학습과 개발을 이해하는 관점을 구축할 것을 제안한다. 이 장에서 논의한 사례는 그러한 보완적 차원의 풍부한 시사점을 제공한다.

특히 경계교차실험 참가자들에 의해 (치료책임협의 및 매듭 엮기의 관련 개념과 함께) 치료합의라는 개념이 새로 만들어진 것은 발생적으로 중요한 수평적인 학습의 유용한 사례다. Vygotsky(1987)는 그의 저명한 개념 형성에 관한 글에서 그 과정을 기본적으로 위로 성장하는 일상적 개념(everyday concepts)과 아래로 성장하는 과학적 개념(scientific concepts) 사이의 창조적 만남으로 제시한 바 있다. 비록 이 견해는 학습에서 서로 다른 유형의 개념 사이에 존재하는 상호작용에 대하여 엄청나게 풍부한 탐구 영역을 열어 놓기는 하였지만, (학습의 방향성에 대한) 수직 이동의 기본 단일 방향성을 그대로 유지하고 재생산하였다. Nelson(1985, 1995)과 같은 서양 학자들과 러시아 최고의 학습 분석가인 Davydov(1990)의 글들은 Vygotsky의 아이디어들을 풍부하게 확장했지만, 학습의 방향성에 관한 문제는 그대로 유지되었다.

이 이미지는 경계교차실험에서의 확장학습에 관한 데이터와 어떻게 부합하는가? 그 실험 세션들에서의 개념 형성은 경영진이 제안한 '과학적 개념'인 **최상경로**로부터 출발하였다. 일상에서 흔히 볼 수 있는 개념이 아닌, 비디오로 촬영한 사례와 실제 부모를 만나 **여러 질병**을 앓고 있는 아이들과 **파편화된 치료**에 대해 이야기를 들었다. 회의는 노골적으로 대립적이지는 않았지만 불안했다.

뒤따른 것은 횡보였다. 최상경로의 '과학적 개념'과 환자의 일상적인 경험 사이의 도저히 양립할 수 없는 세계를 통합하려는 시도 대신에, 한 그룹의 의료진은 일련의 대안적인 개념화를 제시하였다. 이 옆으로의 움직임은 병원에서 1차 의료기관에 이르는 모든 환자의 방문에 대하여 (해당 기관이 관련자들에게) **자동피드백**을 제공한다는 빈약하게 표현된 아이디어로 출발하였다. 새롭고 의도적인 개념을 공식화하려는 이러한 시도는 과도한 서류작업에 대한 경험적 위험을 근거로 '아래로부터' 거부되었다.

그 새로운 아이디어를 제안한 사람들은 포기하지 않았다. 그들은 또 다른 횡보에 착수하여 **치료책임협의**(care responsibility negotiation)라는 새로운 개념을 제시하였다. 이 개념은 좀 더 호의적으로 받아들여졌다. 의료진은 **부모참여**의 필요성에 대한 경험(발췌록 9 참조)을 바탕으로 개념을 정교화, 개선 및 구체화했다. 이것은 거기에 또 다른 옆으로의 이동, 즉 치료합의라는 개념의 공식화였다. 1998년 봄부터 의사와 부모는 이 개념을 실제로 실천하는 행동들을 통해 또 다시 옆으로의 이동, 즉 이 개념에 이의를 제기하고 다른 것으로 전환하는 경험을 축적하고 있다.

이러한 경험은 우리를 개념 형성에 관한 새로운 이차원적인 관점으로 이끌었다([그림 4-7]).

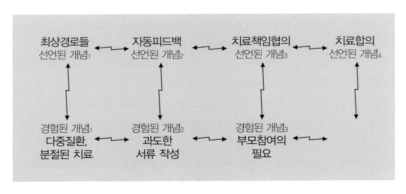

그림 4-7 개념 형성에 있어서의 방향성에 대한 확장된 시각

참고문헌

Bakhtin, M. M. (1981). *The dialogic imagination: Four essays*. M. Holquist (Ed.). Austin: University of Texas Press.

Bateson, G. (1972). *Steps to an ecology of mind: Collected essays in anthropology, psychiatry, evolution, and epistemology*. New York: Ballantine Books.

Chaiklin, S., Hedegaard, M. and Jensen, U. J. (Eds.) (1999). *Activity theory and social practice: Cultural–historical approaches*. Aarhus, Denmark: Aarhus University Press.

Cole, M. (1988). Cross–cultural research in the sociohistorical tradition. *Human Development, 31,* 137–51.

Davydov, V. V. (1990). *Types of generalization in instruction: Logical and psychological problems in the structuring of school curricula*. Reston, VA: National Council of Teachers of Mathematics.

Engelsted, N., Hedegaard, M., Karpatschof, B. and Mortensen, A. (Eds.) (1993). *The societal subject*. Aarhus, Denmark: Aarhus University Press.

Engeström, R. (1995). Voice as communicative action. *Mind, Culture, and Activity, 2,* 192–214.

Engeström, Y. (1987). *Learning by expanding: An activity–theoretical approach to developmental research*. Helsinki: Orienta–Konsultit.

Engeström, Y. (1993). Developmental studies on work as a testbench of activity theory. In S. Chaiklin and J. Lave (Eds.), *Understanding practice: Perspectives on activity and context*. Cambridge, UK: Cambridge University Press.

Engeström, Y. (1995). Objects, contradictions and collaboration in medical cognition: An activity–theoretical perspective. *Artificial Intelligence in Medicine, 7,* 395–412.

Engeström, Y. (1996). Developmental work research as educational research. *Nordisk Pedagogik: Journal of Nordic Educational Research, 16,* 131–143.

Engeström, Y. (1999a). Activity theory and individual and social transformation. In Y. Engestrom, R. Miettinen and R.–L. Punamaki (Eds.), *Perspectives on activity theory*. Cambridge, UK: Cambridge University Press.

Engeström, Y. (1999b). Innovative learning in work teams: Analyzing cycles of knowledge creation in practice. In Y. Engestrom, R. Miettinen and R.–L. Punamaki (Eds.), *Perspectives on activity theory*. Cambridge, UK: Cambridge University Press.

Engeström, Y., Miettinen, R. and Punamaki, R.–L. (Eds.) (1999). *Perspectives on activity theory*. Cambridge, UK: Cambridge University Press.

Hutchins, E. (1995). *Cognition in the wild*. Cambridge, MA: MIT Press.

Il'enkov, E. V. (1977). *Dialectical logic: Essays in its history and theory*. Moscow: Progress.

Latour, B. (1987). *Science in action: How to follow scientists and engineers through society*. Cambridge, MA: Harvard University Press.

Lave, J. and Wenger, E. (1991). *Situated learning: Legitimate peripheral participation*. Cambridge, UK: Cambridge University Press.

Leont'ev, A. N. (1978). *Activity, consciousness, and personality*. Englewood Cliffs, NJ: Prentice-Hall.

Leont'ev, A. N. (1981). *Problems of the development of the mind*. Moscow: Progress.

Luria, A. R. (1976). *Cognitive development: Its cultural and social foundations*. Cambridge, MA: Harvard University Press.

Nelson, K. (1985). *Making sense: The acquisition of shared meanings*. New York: Academic Press.

Nelson, K. (1995). From spontaneous to scientific concepts: continuities and discontinuities from childhood to adulthood. In L. M. W. Martin, K. Nealson and E. Tobach (Eds.), *Sociocultural psychology: Theory and practice of knowing and doing*. Cambridge, UK: Cambridge University Press.

Nonaka, I. and Takeuchi, H. (1995). *The knowledge-creating company: How Japanese companies create the dynamics of innovation*. New York: Oxford University Press.

Vygotsky, L. S. (1978). *Mind in society: The development of higher psychological processes*. Cambridge, MA: Harvard University Press.

Vygotsky, L. S. (1987). *Thinking and speech*. New York: Plenum.

Wenger, E. (1998). *Communities of practice: Learning, meaning, and identity*. Cambridge, UK: Cambridge University Press.

Wertsch, J. V. (1991). *Voices of the mind: A sociocultural approach to mediated action*. Cambridge, MA: Harvard University Press.

5

프래그머티즘
창의적인 상상력으로서의 학습

Bente Elkjaer

Bente Elkjaer는 덴마크 오르후스 대학교(University of Aarhus)에서 학습이론을 연구하는 교수다. 그녀는 또한『관리학습(Management Learning)』이라는 저널의 편집장이다. 그녀의 주요 초점은 직장생활학습(working life learning)이며, 그녀의 이론적 접근은 미국의 프래그머티스트 철학자이자 교육학자인 John Dewey의 저작들에서 영감을 받았다. 그녀는 2005년에『학습이 작동할 때: 프래그머티즘의 관점에서 직장생활학습 응시하기(When Learning Goes to Work: A Pragmatist Gaze at Working Life Learning)』라는 책을 덴마크어로 출간하였다. 여기에서 처음 발표되는 이 장에서, Elkjaer는 경험의 개념에 관한 Dewey의 특정한 관점에 기초하여 Dewey가 학습을 어떻게 이해하고 있는지를 설명하고 있다. 그녀는 학습에 관한 프래그머티스트의 관점이 Jean Lave와 Etienne Wenger의 저작에서 소개된 실천기반학습(practice-based learning)의 개념과 연결되어 어떻게 현대학습이론을 정교화할 수 있는지를 논의하고 있다.

도입

· · · · ·

　이 장에서 나는 '인간의 문제'를 통찰력 있는 방식으로 다루기 위해 명시적으로 지향하는 학습이론(Dewey, 1917 [1980], p. 46)으로 작업하도록 우리에게 다시 영감을 불어넣기 위해 프래그머티즘으로 눈을 돌릴 것을 제안한다. 다시 말해, 학교나 기업에서 교육과 학습을 다루는 데 있어 관련성과 상상력을 참조점으로 삼는다면, 전자보다는 후자가 나의 기반이 된다. 우리는 '합리성이 하나가 아니라 많이 있다는 것을 깨닫기 시작하는 시대'에 살고 있기 때문에 사려 깊고 창의적으로 대응을 준비하는 교육과 컨설팅에 대한 지침이 필요하다(Biesta, 2005, p. 55). 우리는 개인의 해방보다는 복잡한 사회와 기업에서 공동으로 대처할 수 있는 상상력이 필요하다.

　특히 실험적이고 도구적인 John Dewey의 프래그머티즘은 나의 '학습하기(doing learning)'(연구뿐만 아니라)에 영감을 준다(Dewey, 1925 [1984]). 이는 예를 들어 '모든 것'을 포괄하는 하나의 모델을 강요하는 것이 아니라, 오히려 질문을 하고 보는 방식이 당신의 관점에 따라 매우 다를 수 있음을 이해하는 것을 의미한다. 프래그머티스트 철학이나 다른 철학이 현재의 혼돈에서 세계를 구할 수 있다고 생각하는 것이 아니며, 100년 전의 Dewey도 마찬가지다.

> 그러나 복잡하고 비뚤어진 세계에서 비전, 상상력, 성찰이 없는 행동은 상황을 바로잡기보다는 혼란과 갈등을 가중시킬 가능성이 더 크다. (…) 철학은 철학자의 문제를 다루기 위한 장치가 아니라 인간의 문제를 다루는, 철학자에 의해 배양된 하나의 방법이 될 때 스스로 회복된다.
>
> (Dewey, 1917 [1980], p. 46, 나의 강조)

Dewey의 프래그머티즘은 실제로 문제를 다루는 방법이지만 인간의 본성과 지식에 대한 이해에 확고하게 의존하는 방법이다. Dewey의 프래그머티즘은 비이원론적 방식으로 세계에 있는 우리의 존재와 세계에 대한 우리의 지식을 연결한다. Dewey의 프래그머티즘은 세계에서의 우리의 행동과 우리의 사고를 연결하며, 그는 교육의 역할을 한층 더 '지적'으로 행동하기 위해 후자를 배양하는 방법으로 바라본다. Dewey의 프래그머티즘은 과거에 대한 회상보다는 현재를 이해하고 미래를 알리는 것 외에 변화, 기대, 결과에 열중한다. '프래그머티즘의 지능은 기계적으로 틀에 박힌 것이 아니라 창의적 지능이다.'(Dewey, 1917 [1980], p. 45)

실증적인 '경험의 개념'은 Dewey의 프래그머티즘을 이해하는 데 있어 가장 핵심적인 용어이다(Bernstein, 1966 [1967]; Dewey, 1917 [1980]; Hahn, 1980). 하지만 이 개념은 다루기가 만만치 않다. 20세기 초 Dewey는 경험의 개념에 관하여 자신의 주장을 명시적으로 밝히기가 쉽지 않았다. 왜냐하면 그것에 경험에 관한 '정통적' 관점이 내재되어 있었기 때문이다(Dewey, 1917 [1980], p. 6). 21세기 초에는 경험의 개념에 관한 많은 번역본이 있었기 때문에 그러한 일이 쉽지 않았다(예: Brandi & Elkjaer, 2016; Kolb, 1984; Miettinen, 2000 참조). 하지만 이 장에서 내가 하고자 하는 것은 후자이다.

대부분 일 및 조직과 관련하여 학습에 대해 다루고 있는 것(예: Elkjaer & Wahlgren, 2006)을 제외하고, 프래그머티즘에 관한 나의 관심은 원래 일부 학자가 나중에 '실천기반' 학습이론(예: Corradi, Gherardi, & Verzelloni, 2010)이라고 부르는 것에서 촉발되었다. 실천을 핵심으로 하는 학습이론은 Jean Lave와 Etienne Wenger의 저작과 '실천공동체에의 합법적이고 주변적인 참여'(Lave, 1993 [1996]; Lave & Wenger, 1991)에 기술되어 있다. 실천공동체에의 참여로 학습을 이해하는 것은 개인주의의 손아귀로부터 학습을 벗어나게 했다. 대신, Lave와 Wenger의 학습개념은 유능한 실천가가 되기 위한 목적으로 실천공동체에 참여할 수 있는 접근에 기반을 두고 있다. 실천의 사회적 구조, 파워 관계 및 합법성에 대한 조건은 학습의 가능성을 정의하며(Gherardi, Nicolini, & Odella, 1998), 핵심 쟁점은 제도적 질서와 참여자들의 경험 사이의 관계이다(Holland & Lave, 2001).

나는 학습에 관한 연구에서 개념과 사고의 의미뿐만 아니라 학습을 참여로 이해하는 헌신이나 열정의 중요성에 대해 물었다(Elkjaer, 2000). 또한 학습과 참여를, 사회화와 혁신을 어떻게 구별할지를 연구해 왔다. 다시 말해, 학습이 참여라면 새로움은 어디에서 오는가 (Fenwick, 2008 참조)? 그리고 Dewey의 프래그머티즘은 이러한 질문에 답하기 위해 등장하였는데, 그의 생각이 불확실한 상황에서 상상력 있게 행동하고, 언어, 아이디어, 이론 및 개념을 통찰력이 있는 '생각하는 데 도움을 주는 도구들(tools to think with)'로 활용하는 능력을 옹호하기 때문이다. 더 나아가 Dewey는 인간의 본성을 실험적이고 유희적인 방식으로 사람, '사물', 환경의 지속적인 거래로 형성되는 것으로 이해한다. 경험의 개념으로 추적될 수 있는 지식과 인간의 본성에 대한 이해의 명시적인 결합은 Dewey의 프래그머티즘을 21세기에도 일상생활과 일의 복잡성을 다루는 학습이론의 강력한 후보로 만든다.

다음에서 나는 Dewey의 프래그머티스트 철학의 핵심을 발견하는 것이 경험에 관한 더 복잡한 개념에 있다고 주장할 것이며, 이는 현대의 교사, 상담가 및 컨설턴트에게 영감의 원천을 가리키는 데 도움이 될 수 있다. 나는 먼저 프래그머티즘을 그것의 일상적이고 철학적인 의미 측면에서 간략하게 소개하고자 한다. 그런 다음 교육과 조직 연구에 중대한 영향을 끼친 David A. Kolb의 이론을 소개하고자 한다. 그의 이론에서 경험의 개념은 우리가 우리의 자연 및 사회적 환경과 상호작용하는 방식으로서가 아니라, Dewey가 단지 '지식 사건(knowledge-affair)'이라고 불렀던 용어로만 쓰였다. 셋째, 행동과 사고 사이의 관계뿐만 아니라 사람과 세계 사이의 거래에 기초한 Dewey의 경험에 관한 개념을 소개하고자 한다. 넷째는 경험에 관한 Dewey와 '정통적' 이해의 차이에 대해 다룬다. Dewey는 (말년에) 이론적인 용어로 경험을 사용하는 것이 많은 혼란을 초래한다는 것을 알았고, 그가 이를 미리 알았더라면 '문화'라는 용어를 사용했을 것이다(Dewey, 1949 [1981]). 하지만 문화라는 용어 역시 많은 정의를 가지고 있기 때문에 오늘날 아무런 도움도 되지 않았을 것이다. '실천(practice)'이라는 용어는 Dewey가 그의 '경험'에 대해 말하고 싶었던 것에 대한 현대의 이론적 용어의 후보가 될 수 있다. 하지만 실천이라는 전반적인 용어는 인간의 본성과 지식 모두를 함축하는 문제를 동반하고 있어 나는 경험이라는 용어를 선호한다. 결론 및 논의 부분에서 이 이슈를 되돌아간다.

마지막 부분에서 나는 행동과 사고 사이의 관계 그리고 '인간의 문제'를 다루는 학습이론이 어떻게 Dewey의 공헌이었는지에 대해 되돌아본다. 나는 경험에서 불확실한 상황에 대한 탐구가 상황의 해결과 개념의 개발을 통해 미래 문제를 해결하기 위한 새로운 가능한 방법 모두로 귀결될 수 있음을 보여 준다. 결론 및 논의 부분에서 나는 Dewey가 오늘날 교육과 일과 관련된 학습 및 교육을 다루는 조직 연구 부분에서 우리에게 어떻게 영감을 줄 수 있는지 요약한다. 나는 세계와 기업의 복잡한 문제를 다루는 창의적인 상상력의 필요성에 대해 논의한다.

프래그머티즘의 출현

미국의 프래그머티즘은 미국이 여전히 모험과 새로운 삶의 방식에 대한 약속으로 가득한 '신세계'였던 19세기 말에 철학적 운동으로 등장하였다(Menand, 2002). 이민자들은 그들이 두고 온 과거가 아니라 미래와 그 가능성을 바라보고 있었다. 유럽의 계급 사회는 전통과 가족 관계에 기반을 두었지만, 신세계에서는 적어도 수사학적 의미에서 선천적으로 주어지는 특권이 아니라 가치와 행동을 통해 자신의 가치를 증명해야 했다. 미국은 서구와의 경계가 여전히 개방적이고 매혹적인 나라이면서 동시에 산업화와 대량 생산이 사회발전에 급속히 영향을 미치고 있는 나라이기도 했다. 철학적으로 이 시기는 종교에 대한 과학, 낭만주의에 대한 실증주의, 경험주의에 대한 직관 그리고 귀족주의에 대한 계몽주의 시대의 민주적 이상을 설정하는 다양한 모순으로 특징지어진다. 이러한 맥락에서 프래그머티즘은 이러한 다양한 모순을 통합하려는 철학의 중재적 또는 합의적 방법으로 기능했다(Scheffler, 1974 [1986]).

John Dewey(1859~1952)는 프래그머티즘의 발전에 중요한 기여를 한 사람으로, 그의 철학적 관심은 심리학, 교육, 윤리학, 논리학, 정치학을 포함한 많은 분야에 걸쳐 있었다. 그는 철학이 순전히 지적인 노력이기보다는 사람들의 삶에 실질적으로 유용해야 한다고 주장했다. 그의 견해로는, 더 나은 세계에 대한 약속은 해결해야 할 어려운 상황에 대해 '지적인 방식으로' 대응하는 사람들의 능력에 달려 있다. Dewey는 탐구가 실제로 테스트 될 수 있는 결과에 따른 예기적 상상력을 통해 작업가설(working hypotheses)을 생성하는 방법이라고 주장했다. 변화를 다루는 이 실험적 방법은 예기적 상상력이 그 과정을 안내하기 때문에 시행착오를 통해서만 일어나는 것이 아니다(Dewey, 1933 [1986], 1938 [1986]). Dewey식으로 말하자면, 프래그머티즘은 예지력이 있고 창의적이며 미래지향적인(즉, 결과) 방식으로 생각하고 행동하는 방법이다(Dewey, 1925 [1981]).

일상적인 의미에서의 프래그머티스는 결과에 대한 이데올로기적 토대에 거의 관심을 두지 않지만, Dewey의 프래그머티즘은 다양한 아이디어와 가설, 개념 및 이론의 사용이 탐구의 결과와 질에 어떻게 영향을 미치는지 조사한다. 탐구는 문제를 정의하기 위해 개념과 이론을 사용하며, 그러한 개념과 이론 또한 해결책의 일부분이 된다. 사고(즉, 문제를 정의하고 해결하는 것 사이의 관계에 대한 비판적 기대와 성찰)는 그 용어의 철학적 정의로는 프래그머티즘의 일부이다. 사고에 대한 프래그머티스 철학적 관점은 경험에서 발생하는 불확실성을 정의하는 것을 돕는 것이다. 프래그머티스트 연구자는 현상을 이해하고자 할 때, 거대이론(마르크스주의, 정신분석학, 기타)의 일반적인 이론적 규칙과 격언에 의지할 수 없다. 어떤 개념과 이론이 주어진 문제의 분석에 유용한지를 상황이 결정한다. 실험 과정에서 종종 다양한 이론과 개념을 '도구'로 사용할 수 있으며, 그 목적은 불확실한 상황을 사람이 관리할 수 있고 편안한 상태로 만드는 것이다.

나는 일상적으로 이해되는 프래그머티스트와 철학적 프래그머티즘 간의 차이를 강조했는데, 그 이유는 교육적 사고에서 철학적 프래그머티즘은 종종 불충분한 (이론적) 배경과 연관되기 때문이다. 이에 대한 한 가지 예는 교육학자들이 프래그머티즘을 '실행을 통한 학습(learning by doing)' 또는 단순한 '시행착오'와 연관시킬 때이다. 이러한 견해는 행동과 사고를 분리하는데, Dewey에게는 박식한(또는 지적인) 방식의 학습을 방해한다. 학습이 더욱 지적으로 되기 위해서는 개념과 이론의 사용이 필요한데, 그것들은 행동하는 우리 스스로를 성찰하게 해 줄 뿐만 아니라 행동에 대해 (그리고 행동을) 생각하고 예상하며 성찰할 수 있게 해 주기 때문이다. 프래그머티즘에 대한 철학적 해석에서 인지는 행동과 밀접하게 연관되어 있으며, 추상적이고 일반적인 이론으로 이해되어서는 안 된다. 상상력으로서의 학습에 대한 이해는 사고와 행동 사이의 개방적이고 창조적인 관계에 기초를 두고 있다. 상상력으로서의 학습에 대한 이해는 예기적이고 성찰적인 사고와 행동 사이의 개방적이고 창의적인 관계에 기초를 두고 있다. 이것은 학습이 습관적(혹은 '재생산적')일 수 없다는 것을 의미하지는 않는다. 대부분의 행동은 종종 실제로 습관적이고 점진적인 조정만을 수반하기도 한다. 그러나 철학적 프래그머티즘은 학습을 변화에 대한 실험적 반응으로 이해하는 방법을 제공하여 창의적 행동과 사고를 촉진한다. 학습에 대한 이러한 이해의 핵심은 Dewey의 경험에 대한 개념이며, 이는 그의 탐구와 지식에 대한 개념과 밀접하게 연결되어 있다. 이러한 개념들을 더 자세하게 설명하기 전에 나는 경험이 Dewey의 구성적(constitutive)이고 역동적인 버전이 아닌 동기적인 용어('학생들의 경험에서 출발점을 취하시오')로 이해되는 경험 개념의 일반적인 사용을 소개한다.

지식 사건(knowledge-affair)으로서의 경험의 개념

David A. Kolb의 '경험학습' 개념은 Dewey의 경험 개념을 명시적으로 참조한다. 하지만 Kolb는 그 자신의 번역과 이해에서 출발점을 잡는다. Kolb의 경험에 대한 정의는 학습에 대한 그의 정의에 바탕을 두고 있다. "학습은 경험의 전환을 통해 지식이 창출되는 과정이다"(Kolb, 1984, p. 38). 따라서 Kolb에게 경험은 주로 지식의 창조를 위한 기초인 반면, Dewey의 경험에 대한 개념은 세계에서 존재하고 세계를 경험하는 방식이며, 지식은 단지 정서, 미학, 윤리와 함께 경험의 일부분일 뿐이다.

Kolb의 경험학습 모델은 종종 화살표로 연결된 네 개의 박스가 있는 원으로 표현된다 (Kolb, 1984, p. 21). 네 개의 박스는 '구체적인 경험'에 뒤이어 '관찰과 성찰'이라는 박스로 구성되며, 이어서 세 번째 박스인 '추상적 개념과 일반화의 형성'으로, 그리고 네 번째 박스인 '새로운 상황에서 개념의 함의 테스트하기'로 이어진다. Kolb는 그의 경험학습 주기의 두 가지 측면을 강조했는데, 첫째는 구체적인 경험은 학습과정을 타당화할 뿐만 아니라 학습에서 의미를 생성하는 데에도 가치가 있다는 것이다.

> 즉각적인 개인적 경험은 추상적 개념에 생명, 조직(texture), 주관적인 개인적 의미를 부여하는 동시에, 학습과정에서 생성된 아이디어의 의미와 타당성을 테스트하기 위한 구체적이고 공개적으로 공유된 참조점을 제공하는 학습의 초점이 된다.
>
> (Kolb, 1984, p. 21)

따라서 Kolb에게 경험학습은 '추상적인 개념에 주관적인 개인적 의미'를 더하는 것이고, 학습과정에서 '공유된 참조점'을 갖는 것이다. 나는 이것이 Dewey에게도 그러하듯이 삶의 기초라기보다는 학습 동기를 부여하는 방법으로 학생의 경험을 포함하는 것을 가리키는 것으로 이해한다(McDermott, 1973 [1981] 참조). 둘째, Kolb는 그의 모델의 각 단계가 현실에 대한 다양한 형태의 개인적 적응에 적합한 것으로 이해하며, 이는 다시 Kolb의 '학습 스타일 인벤토리(LSI)' 개발의 기초가 된 다양한 개별 학습 스타일을 반영한다.

Kolb의 경험학습이론은 매우 큰 영향력을 가지고 있고, 그의 이론은 다양한 방법으로 경험적으로 테스트되었을 뿐만 아니라 읽히고, 다시 읽히고, 토론되고, 비판되었다. 특히 Kolb는 학생들이 서로 다른 학습 스타일을 드러내는 이러한 테스트에서 목표로 삼은, 학습과정을 이해하고 개선시키기 위한 기본적인 '툴킷(tool-kit)'으로써 학생들의 학습 스타일을 강조한다(Brandi & Elkjaer, 2016 참조). 경험학습에 대한 Kolb의 개념은 다른 학자들로부터 명시적으로 비판을 받기도 한다. 여기에는 안드라고지와 이 개념에 수반되는 자율적 학습자의 관점(Knowles, 1973 [1990])에서 학생들의 경험을 좀 더 포괄적으로 다루어야 한다고 주장하는 Conklin(2012)이 포함된다. 비판적 목소리에는 Reynolds(2009)도 포함되어 있다. 그는 포스트 영웅적 리더십 개념에 비추어 경험학습에 대해 논의하고, 이러한 종류의 리더십을 개인 또는 관리 역할의 특성뿐만 아니라 관련된 사람들의 상호작용에 초점을 맞춘 사회적 및 정치적 프로세스인 관계적 실천(relational practices)으로 정의한다. 또한 Kolb는 사이클의 단계를 전체적으로 구획화한 것에 대해 비판받았으며(Miettinen, 2000), 정서와 미학을 배제한 것에도 의문이 제기되어 왔다(Vince, 1998).

Kolb가 많은 교육 및 조직 연구자의 실천과 연구에서 그토록 두드러진 지위를 차지한 것은 그가 직관적으로 옳다고 느끼는 것, 즉 학습자 자신의 '주관적' 경험을 기반으로 가르치는 것이 중요하다고 말하기 때문이라고 생각한다. 이는 학습자의 덜 명료한 경험에 호소함으로써 보다 추상적이고 일반적인 이론을 이해하기 위한 동기를 찾을 수 있다는 생각이다. Dewey는 그가 Kurt Lewin(의 이론)을 '유심론적으로만 접근'했다고 비판한 것처럼, 개인과 그들의 마음에만 초점을 맞춘 Kolb의 경험학습 모델을 당연히 비판했을 것이다 (Dewey & Bentley, 1949 [1991], p. 125, 각주 23).

Dewey의 '경험'에 관한 개념은 사람과 세계, 행동과 사고를 연결하는 반면, Kolb의 경험은 개인의 행동과 사고의 분리에 갇혀 있다. Kolb는 다양한 학습 스타일이 필요하다는 것을 보여 주기를 원했고, 그렇게 하기 위해 그는 학습을 하나의 닫힌 서클 안에 있는 별개의 시퀀스로 묘사한다. 이것은 행동과 사고의 통합뿐만 아니라 사람과 세계 사이의 상호 관계를 희생시키면서 발생한다. Kolb에게 경험은 지식의 문제이지, 그가 만들어 낸 일반적 학습 스타일이 반영된 환경에서 일하는 사람의 문제가 아니다. 다음에서 나는 우리가 경험을 단지 지식에 관한 질문으로만 보지 않는다면 학습이 훨씬 더 포괄적인 용어임을 알 수 있을 것이라는 제안을 하기 위해 Dewey의 포괄적이고 기본적인 경험에 관한 개념을 소개한다.

삶(lives)과 생활(living)로서의 경험의 개념

William James와 Dewey는 다음과 같이 썼다.

> 우리는 '경험'을 James가 이중으로 된 단어라고 불렀다는 점에 주목하면서 시작한다. 그것의 동족, 삶, 역사와 마찬가지로, 그것은 사람이 행하고 고통받는 것, 무엇을 위해 노력하는지, 사랑하고, 믿고, 인내하고, 또한 사람이 어떻게 행동하고 영향을 받는지, 그들이 행하고 고통받는 방식, 욕망하고, 즐기고, 보고, 믿고, 상상하는, 즉 경험하는 과정을 포함한다.
>
> (Dewey, 1925 [1981], p. 18, 원문에서 강조)

Dewey에 따르면 경험은 주로 지식이 아니라 인간의 삶과 생활과 관련이 있다. Dewey의 용어로, 생활은 사람과 그들의 자연적·사회적 환경 (혹은 세계) 간의 지속적인 상호작용 (뒤에 '거래'로 수정됨)이다. 이것들은 지식, 정서, 미학, 윤리 등이 모두 생생하게 존재하는 상황으로 경험되며, 지식이 되는 것은 경험의 일부에 불과하다.

경험은 사람과 세계 사이의 관계이자 경험을 가능하게 하는 것이다. 경험은 경험하는 과정이자 그 과정의 결과이다. 경험 속에서 어려움이 발생하며, 경험을 통해 문제는 탐구로 해결된다. 탐구(또는 비판적 및 성찰적 사고)는 행동뿐만 아니라 아이디어와 개념, 가설 및 이론을 재미있고 도구적인 방식으로 '생각할 수 있는 도구'로 사용하여 새로운 경험을 가능케 하는 실험적인 방법이다. 탐구는 결과와 관련이 있으며, 프래그머티즘은 사람을 과거지향적이기보다는 미래지향적인 존재로 간주한다. 이것은 사람이 선험적인 명제(if-then)에 기반한 인과적 사고보다는 유희적인 예기적 상상력(what-if)을 발휘한다는 것에서 명백하다. 미래를 향한 이러한 지향에 뒤따르는 것은 미래의 경험은 기존의 지식을 교정하는 역할을 하기 때문에 지식(Dewey의 용어로 '보증된 주장')은 잠정적이고 일시적이며 변하기 쉽다는 것이다.

　사람과 세계 사이의 관계, 실험적이고 도구적인 탐구, 지식이 틀릴 수 있다는 것을 포괄하는 경험에 관한 관점은 내가 프래그머티즘을 교육 및 교수(teaching)뿐만 아니라 상담 및 컨설팅을 위한 지침으로써 창의적 상상력이 작용하는 학습이론으로 보는 이유이다. 이것은 교육자와 학습자로 하여금 탐구 방법과 지식에 대한 개방적인 이해를 통해 도전에 대한 대응성을 기를 수 있도록 돕는 학습이론을 의미한다. 다시 말해, 나는 경험에 관한 Dewey의 개념을 자세히 들여다보는 것이 적어도 수사학적으로 현대 기업과 사회에서 요구되는 창의성과 혁신에 대한 외침에 답하는 학습이론을 만드는 데 도움이 될 수 있다고 믿는다.

기초는 반사궁(reflex arc)에 대한 비판이다

Dewey는 1896년 획기적인 논문을 통해 자신의 경험에 대한 개념의 토대를 마련했는데, 여기에서 그는 '반사궁'의 개념이 행동과 사고(즉, 존재와 앎) 사이의 관계를 해석하는 데 어떻게 쓰였는지를 비판했다(Dewey, 1896 [1972]). 이 논문에서 Dewey는 인간의 행동을 감각 자극, 아이디어, 행동의 순서로 이루어진 세 가지 별개 사건으로 구성된 기계적 시퀀스인 '반사궁'으로 분석하는 것이 가능하다는 관념에 반대했다. Dewey는 반사궁을 통합된 유기적 전체의 일부로 행동과 사고를 바라보는 것 대신에 연결 없이 기계적으로 병치된 별도의 부품으로 구성된 패치워크(patchwork)라고 불렀다(Elkjaer, 2000 참조). '유기체'는 사람이 항상 사회 및 자연 세계의 일부라는 사실을 말하며, 이러한 세계의 참여자로서 행동과 앎이 발생한다. 행동과 사고는 분리되고 명확하게 정의된 과정이 아니라 통합되고 연결되어 있다. 앎과 행동의 이러한 통합은 신체적으로나 언어적으로나 구체적인 행동에 반영된다. 따라서 Dewey는 자극, 아이디어 및 행동이 노동 분업의 기능적 요소이며 함께 맥락적 전체, 즉 상황을 구성한다고 주장했다. 행동과 사고는 다시 말해 반사궁보다는 '유기적 조응(organic coordination)'의 요소이다. 자극의 상황성에 대한 한 가지 예는 소리를 듣는 것이다.

> 책을 읽거나, 사냥을 하거나, 외로운 밤에 어두운 곳을 바라본다거나, 화학실험을 하고 있다거나 할 때, 각각의 경우에 소음은 매우 서로 다른 심적 가치를 지닌다. 그것은 서로 다른 경험이다. 어느 경우에서든지, '자극'에 선행하는 것은 총체적 행위, 즉 감각운동협응이다. 더욱 중요한 점은 이 협응(협응 매트릭스)으로부터 '자극'이 나온다는 말이다. 말하자면 이것은 그것으로부터의 탈출을 의미한다.
>
> (Dewey, 1896 [1972], p. 100)

따라서 소리는 어디에선가 마음속으로 들어와 다음 행위를 결정짓는 독립적인 자극이 아니다. 오히려 자극의 의미는 그것이 어떤 상황에 속하느냐에 따라 달라진다. 이로 미루어 본다면, 반응은 자극을 정의하는 일부분이기 때문에 반응 역시 그저 자극에 뒤따르는 독립적인 사건이 아니라는 이야기이다. 예를 들어, 소리는 적절한 반응이 수반되도록 특정 종류의 소리(동물 소리인지 혹은 난폭한 폭행으로 나는 소리인지)로 분류되어야 한다. 또한 이러한 분류는 그것을 유지하기 위해 반응 전체에 걸쳐 충분히 정확해야 한다. 동물을 쏘는 것을 목표로 하면서 동시에 공격으로부터 도망칠 수는 없다. 적어도 두 가지 행동 중 어느 것도 그다지 효율적이지 않을 것이고, 당신은 결국 죽임을 당할 수도 있다. 따라서 반응은 소리에 대한 반응이 아니라 소리 내에서의 반응이다. 둘 다 상황의 일부이며, 해법은 문제의 정의 속에 내재되어 있다. 이것이 Dewey가 행동과 사고(즉, 존재와 앎) 사이의 관계를 비유하는 데 있어 '반사궁'보다 '유기적 서클'이란 용어를 선호하는 이유다. Dewey의 유기적 서클 개념은 그의 경험 개념과 '상황' 개념을 정의하는 작업의 개요를 포함한다. 경험은 일련의 연결된 유기적 서클이고 거래이며, 사람과 세계 간의 지속적인 관계다. 경험은 사람을 상황의 일부로 이해하는 것이다. 그 누구도 관객의 입장에서 바깥에 나와 세계를 들여다보는 것은 불가능하다. 당신은 항상 참여자이며, 이 위치에서 세계를 바라본다. 당연하지만 당신은 사물을 보는 다른 방식을 상상할 수 있고, 그렇게 하는 자신을 바라볼 수도 있다(예: Follett, 1926 [2012] 참조).

Dewey의 정교한 경험 개념

Dewey가 반사궁에 관한 논문을 쓴 지 약 20년 후, 그는 경험에 대한 자신의 개념과 그가 경험에 대한 '정통적인' 이해라고 부르는 것을 비교했다(Dewey, 1917 [1980]). 여기서 그는 감각 경험주의자들과 합리주의자들을 모두 비판했다. 전자는 우리가 특질(예: 색이나 질감, 붉은 의자, 부드러운 쿠션)이 아니라 사물을 경험하기 때문에 언급된 것이고, 후자는 이성이 경험의 일부이지 그 위에 있는 것이 아니기 때문에 언급된 것이다(Dewey, 1939 [1988] 참조). Dewey는 경험에 대한 자신의 개념과 일반적인 의미로 쓰이는 경험 간에 다음과 같은 다섯 가지 차이를 구분하고 있다(Dewey, 1917 [1980]). 첫째, 경험은 전통적으로 행동에 대한 성찰을 통해 지식을 생산하고 획득하는 것을 목적으로 하는 '지식 사건'으로 이해된다. 이와 대조적으로 Dewey의 경험에 대한 개념은 사람과 세계 사이의 관계에 기반을 두고 있다. 지식에 대한 경험의 지향은 지식이 주된 내용이나 목적이 아닌 상황을 간과할 수 있고, 경험 또한 정서적이고 미학적이며 윤리적인 측면이 있다는 것을 놓칠 수 있음을 의미한다. 미학적 가치 때문에 그림을 즐기는 것과 미술평론가로서 그림을 공부하는 것 사이에는 차이가 있다(Bernstein, 1966 [1967] 참조). 어떤 형태의 지식이 없는 경험은 없지만, 모든 경험에 대한 패러다임이 의식적 사고의 이슈가 되면 경험 개념의 의미가 왜곡된다. 대부분의 인간의 삶은 지속적으로 행동하고, 즐기고, 고통받는 비인지적 경험으로 구성되는데, 이것이 바로 경험이다.

Dewey의 경험의 개념에서 미학적·정서적 경험의 가치를 인정하지 않고서는 그의 탐구의 개념에 대한 의미를 이해할 수 없다. 왜냐하면 탐구는 경험의 불확실성과의 '정서적' 조우에 대한 대답이기 때문이다. 탐구는 정서적으로 느끼는 어려움, 불확실한 상황에서 시작되며, 이러한 갈등을 해결하는 방법이다. '위장'으로 어떤 것을 경험하거나 어떤 상황에서 정서적 반응이 나타날 때, 탐구는 경험을 인지적 의미로 정의하고 의미를 재창조하는 데 도움을 주는 방법이다. 이를 위해서는 당면한 상황에 의미를 부여하는 가능한 다양한 방법을 실험함으로써 이전의 유사한 경험들을 활성화시키고, 이를 통해 정서적 경험을 인지적이고 의사소통적인 경험으로 이해될 수 있는 것으로 변화시킬 필요가 있다. 이것이 정서적 경험이 성찰적인 경험이 되는 방법이다. 그것은 학습 경험이 되고, 지식이 될 수도 있으며, 이는 다시 정서적 불확실성의 다음의 유사한 경험에서 유익한 경험의 일부가 될 수 있다.

둘째, 경험은 전통적으로 인간의 반응을 통해 변화를 겪는 인간 행동의 객관적 조건이라기보다는 내면의 정신적이고 주관적인 관계로 이해된다. 경험이 주관적인 것으로 해석된다면 경험은 개인의 행동과 사고의 프라이버시에 갇히게 된다. 사람이 경험하지 않는 경험은 없지만, 경험이 순전히 '주관적'이고 사적이라는 의미는 아니다. 경험은 개인의 경험 속으로 들어가 반응을 통해 수정되는 진정한 객관적 세계이다. 나는 이것을 탐구를 다룬 부분에서 자세히 설명한다. 여기에서는 Dewey가 실증적이고 과정적이며, 경험과 경험하는 것으로서 경험을 강조했다고만 말해 두겠다.

셋째, 경험은 전통적으로 실험적이고 미래지향적인 것이 아니라 과거 시제, 주어진 것으로 간주된다. 반대로 Dewey의 경험 개념은 실험적이고 미지의 것을 향해 나아가는 것이 특징이다. Dewey의 경험에 대한 이해에서 경험은 '우리는 앞으로 살아가기' 때문에 미래와 연결된다. 행동과 인지에 있어 회상보다는 예측적이고 미래지향적인 사고가 더 중요하다. 우리는 어떤 일이 일어나는지를 기다리는 수동적인 존재가 아니라 자연계와 사회계에서 강력하고 미래지향적인 참여자로서 존재한다.

넷째, 경험은 전통적으로 연속적이고 연결된 것이 아니라 고립되고 구체적인 것으로 간주된다. 그러나 Dewey에게 경험은 일련의 연결된 상황(유기적 서클)이며, 모든 상황이 다른 상황과 연결되어 있더라도 모든 상황은 그 나름의 독특한 성격을 가진다. 그럼에도 불구하고 경험은 밀접하게 연결되어 있어 경험을 지식의 기반으로 사용하고 (경험이) 미래의 행동을 안내하는 것이 가능하다.

마지막으로, 경험은 전통적으로 이성을 넘어선 것으로 여겨져 왔다. 그러나 Dewey는 이성적 추론(reasoning)이 없다면 의식적인 경험도 없다고 주장한다. 예기적 사고와 성찰은 항상 이론과 개념, 아이디어와 가설을 통해 의식적 경험에 존재한다. 후자는 경험에 대한 전통적인 해석과 가장 중요한 대조를 이룬다. 한편으로는 경험이 주로 지식과 관련이 없다고 강조하고, 다른 한편으로는 해석과 이성적 추론의 체계적인 과정이 경험의 한 형태라고 주장함으로써, Dewey는 어떻게 탐구만이 경험을 가질 수 있는 유일한 방법인지 보여 주고자 한다. 탐구는 불확실성에 의해 촉발되며, 탐구는 사고와 행동의 매개를 통해 불확실성을 변형시킬 수 있는 수단이다. 또한 경험과 탐구는 정신적이고 사적인 것에 국한되지 않는다. '객관적' 세계는 언제나 사적인 세계로 들어가며, 탐구를 통한 반응으로부터 변화되고 있다. 사람들은 객관적인 세계에서 살고, 행동하고, 반응하지만 이러한 거래는 자동적이거나 맹목적인 것이 아니다. 경험은 실험적이며 미래지향적이고, 개념과 이론은 그 과정을 안내하는 도구로 사용된다. Dewey는 교육과 교수를 탐구를 통해 경험의 방향을 지원하는 수단으로 보았다. 〈표 5-1〉은 경험에 관한 두 가지 정의를 보여 준다.

〈표 5-1〉 경험에 관한 '정통적' 개념과 Dewey의 개념 비교(Dewey, 1917 [1980], p. 6)

전통적인 경험의 개념	Dewey의 경험의 개념
지식으로서의 경험	살아 있는 존재와 물리적·사회적 환경과의 상호작용 (나중에: 거래)으로서의 경험
심리적이고 '주관적'인 것으로서의 경험	경험은 사람의 행동과 고통에 들어가 그들의 반응을 통해 수정되는 진정한 객관적인 세계임
'지금-여기'와 과거지향적인 것으로서의 경험	주어진 것을 변화시키려는 노력, 실험적인 것으로서의 경험; 미지의 세계로 나아가는 예측임, 미래와의 연결은 경험의 두드러진 특성임
개별주의에 의해 각인되고 의심쩍게 타당화된 것으로의 경험	앞에서 정의한 경험은 과거 및 미래와의 연결로 가득 차 있음
경험은 지난 과거의 주어진 것들을 되살리는 것 외의 사고는 반대하며, 안정된 사물과 다른 자기(self)의 세계로 가는 발판임	경험은 해석으로 가득 차 있음, 이성적 추론 없이는 의식적인 경험이 없으며, 사고는 지속적이고 부단함

다음에서 나는 특히 실천의 개념이 창의성과 혁신을 다룰 수 없다는 비판에 대해 Dewey 의 경험 개념이 어떻게 이를 반박하는지를 보여 주기 위해 실천기반 학습이론에 반영되어 있는 실천의 개념과 Dewey의 경험 개념을 비교한다.

실천 vs. 경험

분명 실천 개념과 Dewey의 경험 개념 사이에는, 특히 사람과 세계 사이의 관계에 대한 근본적인 이해와 어떻게 지식이 되는가에 관해서는 상당히 겹치는 부분이 있다. 이들 지지자 중 누구도 '지식 사건'에서 시작하지 않고 상호작용이나 참여에서 시작한다. 그것은 생각하는 두뇌라기보다는 움직이는 체화된 '전체(whole)' 사람의 문제이다. 또한 두 개념의 디딤돌은 그들의 상황성, 즉 대문자 'R'을 가진 하나의 커다란 실재(reality)로서의 세계에 대한 불신이며, 실천과 경험 모두 세계를 구체적인 것으로 이해하는 것 안에서 작동한다. 나는 경험이 환경을 형성하는 능력에 관해서는 프래그머티즘과 경험 개념이 더 명확하다고 믿지만, 동일한 수단을 통해 모든 문제를 해결할 가능성에 대해서는 불신한다. "실재라는 용어가 포괄적인 외연적 용어 이상이 될 수 있는 유일한 방법은 모든 다양성과 통성성(thatness, 동일 종류의 많은 개체에 두루 통하는)에서 특정 사건에 의지하는 것이다."(Dewey, 1917 [1980])

나는 Dewey의 경험 개념에 있는 다른 요소가 실천 개념의 정교화로 볼 수 있다고 생각한다. 프래그머티즘이 경험과 지식을 갖추는 방법을 의미한다는 생각은 실천기반 학습이론에서는 명시적이지 않다. 실험적인 아이디어인 'what-if(…이라면 어떨까?)' 게임은 우리에게 주어진 것을 넘어 다른 해결책이 가능하다는 것을 보여 준다. 또한 과거, 현재, 미래 사이의 연결성은 주변적인 것에서 덜 주변적인 것으로의 이동에 내재되어 있지만, 학습에 대한 실천기반 이해에서는 예기적 상상, 즉 미래에 대한 비전이 경시된다. 마지막으로, 나는 해석과 이성적 추론에 대한 강조가 실천기반 학습이론에서 보면 프래그머티즘의 장점이라고 믿는다. 이는 탐구 과정이 우리가 하는 일을 도울 수 있음을 말한다. 프래그머티즘의 온(whole) 규범적 아이디어는 실천기반 학습의 버전에서는 찾을 수 없다. 이제 나는 탐구에 관한 프래그머티즘의 개념을 정교화함으로써 이 후자에 관해 이야기하고자 한다.

지식의 통로로서의 탐구

상호작용의 개념 그리고 (나중에) 거래의 개념은 그들의 세계와 함께 일하는 사람들의 상호 창조와 형성을 가리킨다. 그러나 세계는 그들 자신의 삶을 살고 그들 자신의 관계에 종속되는데, 이는 우리가 인간으로서 경험하는 것이다.

> 경험은 자연 안에 있을 뿐만 아니라 자연의 것이다(역자 주: 인간의 모든 경험이 자연 또는 자연계에 뿌리를 두고 있음을 시사함). 경험되는 것은 경험이 아니라 돌, 식물, 동물, 질병, 온도, 전기 등과 같은 자연이다. 특정 방식으로 상호작용하는 것들이 경험이다. 그것들은 경험하는 대상 그 자체이다. 또 다른 자연물인 인간 유기체와 특정한 다른 방식으로 연결되어 있기 때문에, 그것들은 어떻게 사물이 경험되는지를 나타낸다. 즉, 인간 유기체를 통해 자연 대상들을 경험하는 것이다.
>
> (Dewey, 1925 [1981], pp. 12-13, 원문 강조)

경험은 과거와 미래를 연결하는 데 사용될 수 있기 때문에 경험에서 배우는 것이 가능하다. Dewey는 과거와 미래를 가리키는 경험에 대해 다음과 같이 쓴다.

> '경험에서 배운다'라는 것은 우리가 사물에 대해 행하는 것과 그 결과로 인해 우리가 즐기거나 고통받는 것 사이를 앞뒤로 연결하는 것이다. 그러한 조건하에서 무엇인가를 행하는 것은 시도가 되고, 그것이 어떤 것인지를 알아내기 위한 세상과의 실험이며, 무언가를 겪는 일은 가르침, 즉 무엇들(things) 간의 연결을 발

견하는 것이다. 교육에 중요한 두 가지 결론은 다음과 같다. ① 경험은 주로 능동-수동적인 문제이지, 인지적인 것이 아니다. 그러나 ② 경험에 대한 가치 측정은 경험이 이끄는 관계나 연속성에 대한 인식에 있다. 그것은 누적되거나 무언가에 도달하거나 의미를 갖는 정도의 인지를 포함한다.

(Dewey, 1916 [1980], p. 147)

앞의 인용문은 또한 사람들이 지식을 갖게 되는 탐구의 과정을 보여 준다. 탐구를 통해 경험을 쌓고 지식을 창출할 수 있다. 이 과정에서 아이디어와 가설, 개념과 이론이 한 몫을 한다. 다양한 가설을 세울 수 있고, 이전 경험에서 얻은 아이디어와 사고의 혼합이 활성화될 수 있다. 개념과 이론은 테스트될 수 있는 사고 행동('상상')과 신체 행동 모두에서 도구적이고 실험적으로 사용된다. 문제가 해결되면 통제감이 일정 기간 동안 불확실성을 대체할 수 있다. 다음은 Dewey의 탐구 개념을 보여 주는 개략적인 목록이다('How we think', Dewey, 1933 [1986], 1938 [1986]).

1. 어려움이 느껴지는 불확실한 상황 — '뭔가 잘못됐어….'
2. 문제의 제정(institution): 그것의 위치와 정의 — '문제는 …인 것 같다.'
3. 가능한 해결책에 대한 가설 — '아마 내가 해야 할 일은….'
4. 제안의 방향을 추론하는 것 — '그렇게 하는 것은 …을 의미할 것이다.'
5. 가설에 대한 능동적인 실험 혹은 관찰적 검증 — '이것을 해 보고 무슨 일이 일어나는지 보자 ….' (Hildebrand, 2008, pp. 53-56)

경험의 발달은 습관적인 행동과 가치가 불확실성과의 만남으로 인해 방해받을 때 발생한다. 이러한 혼란은 상황을 면밀히 조사하고 탐구하는 계기가 될 수 있으며, 따라서 새로운 경험을 할 수 있고 새로운 지식을 창출할 수 있다. 그러나 모든 경험이 지식으로 이어지는 것은 아니다. 어떤 경험은 결코 의식과 의사소통에 들어가지 않고 정서적인 것 및 잠재의식으로 남는다. Dewey는 심미적·정서적 경험에 대해 이야기하고, 또한 경험되는 행복과 슬픔에 대해서도 이야기한다. 지식 습득은 경험을 쌓는 하나의 방법에 불과하며, 다른 많은 종류의 경험이 있다.

사람과 세계의 상호 형성은 주어진 세계를 넘어서는데, 사람은 상황뿐만 아니라 자신을 탐구하고 바라볼 수 있으며, 재해석과 재행동을 통해 '무엇'과 '어떻게'를 모두 변화시킬 수 있기 때문이다. 산다는 것은 경험을 구성하는 거래에 참여하는 것이고, 경험은 지속적으로 변화하는 삶의 과정이며, 새로운 불확실성은 대응을 위한 초대이고, 탐구하며 비판적, 성찰적으로 새로운 경험을 생각하고 쌓도록 하는 유인책이 된다. 교육이란, 학문적 정의에서 보면, 특정 형태의 경험이다. 교육에서, 그 목적은 경험의 과정을 안내하고, 그 사람이 혼자 남겨졌을 때보다 더 보람 있게 만드는 것이다.

결론 및 논의

. . . .

나는 기업뿐만 아니라 현대사회에도 현재와 미래의 문제에 적절하고 창의적으로 대응할 수 있는 학습이론이 필요하다는 말로 이 장을 시작했다. 나는 Dewey의 경험에 대한 정의를 소개했는데, 이것은 사람과 세계 사이의 거래뿐만 아니라 사고와 행동 사이의 관계, 즉 존재와 앎 사이의 관계에 근거를 두고 있다. 경험은 습관적인 행동과 사고가 방해받고 탐구를 요구할 때 발생한다. 탐구는 정서에서 시작되지만, 언어(아이디어, 개념 및 이론)가 혼란을 정의하고 해결하기 위해 사용되면 새로운 경험과 지식으로 발전할 수 있다. 이 과정은 교육과 교수(teaching)에 의해 뒷받침될 수 있다. 탐구의 과정은 불확실성을 정의하고 해결하기 위한 다양한 방법의 결과에 관여한다. 탐구는 아이디어, 가설, 개념, 이론이 수단으로써 '생각하는 데 도움을 주는 도구들(tools to think with)'로 사용되는 실험적 과정이며, 유희적이고 창의적이며 잠재적으로 혁신적인 과정이다. 따라서 탐구의 결과인 새로운 경험 혹은 '보증된 주장(warranted assertibilities)'(지식)은 개방적(오류가 있을 수 있음)이며 새로운 경험에 비추어 다시 해석될 수 있다.

경험이라는 용어를 사용하는 데 있어 문제는 Kolb가 보여 주는 것처럼, 교육연구에서 여러 다른 의미를 내포하고 있다는 것이다. Dewey는 그것을 알고 있었고, 경험에 대한 보다 포괄적인 이해와 사용을 함의하기 위해 '문화'라는 용어를 제안했다. '실천'이라는 용어는 Dewey의 경험에 대한 정의의 내용을 함의하는 현시대의 후보일 수 있다. 이것은 학습을 참여로 본다는 것이 공동체로의 유도(즉, 적응과 사회화) 이상의 것으로 보기 어렵기 때문에 문제가 없지 않다. 이는 실천의 갱신, 즉 창의성과 혁신을 이해하는 것이 어렵다는 것을 의미한다. 다시 말해, 학습을 실천공동체에서의 합법적인 주변적 참여로 이해하는 것은 보수주의, 보호주의 그리고 지식에 대해 비판적으로 도전하고 그것을 확장하기보다는 재활용하려는 경향을 간과하는 측면이 있다. 더욱이 성장을 가로막는 근본적인 모순과 불평등은 탐구와 학습을 위한 전환점으로 제기되기보다는 숨겨져 있을 수 있다(Fenwick, 2001). 학습에서 잠재적으로 건설적인 양면성과 저항은 공동체의 개념이 강하게 강조되면 포착되지 않을 수 있다(Wenger, 1998).

또한 사고, 개념, 이론이 어떻게 학습의 일부가 될 수 있는지를 학습에 대한 실천기반 이해에서는 보기 어렵다. 행동은 Dewey의 학습개념의 핵심이며, 신체 행동으로 이해되는 행동뿐만 아니라 행동에 관한 아이디어(상상력, 사고 실험) 및 '말하는 행위'(언어 및 의사소통)도 Dewey의 학습 정의에서 중요한 행동이다. 개념과 이론은 과거에 대한 엄격한 탐구를 통해 새로운 경험과 새로운 지식의 형성을 안내할 수 있기 때문에 중요한 교육적 기능을 가지고 있다. 이 경험은 차례로 미래를 창의적으로 알리는 데 사용될 수 있다. Dewey의 말을 바꿔 말하자면, 과학적 마인드셋은 Dewey에 따르면 사람들의 삶의 일부이며, 또 그렇게 되어야 한다. 이러한 마인드셋은 훨씬 더 정보에 입각한 탐구와 비판적이고 성찰적인 사고를 발휘함으로써 입증된다. 그러나 학습은 행동의 전환 및 변화와 동일하지 않다. 왜냐하면 학습은 현상에 대한 더 나은 이해를 가져올 수도 있지만, 이는 반드시 변화된 행동으로 관찰될 수 있는 것은 아니기 때문이다.

요약하면, 무엇이 프래그머티스트 철학을 오늘날과 미래에 학습과 관련된 일을 하는 사람들에게 도움이 될 학습이론으로 만드는가? 첫째, 프래그머티즘은 경험에 근거를 둔 인간 본성에 대한 이해와 지식에 관한 이론에 기초한다. 사람은 경험의 결과이며 경험하는 것을 통해 경험이 풍부해진다(유식하게 됨). 지식은 인지 이상의 것, 즉 미학과 윤리, 열정과 정서뿐만 아니라 창의성을 포함한다. 학습은 항상 학습자, 일, 삶, 현재, 미래 예측에 대한 무언가를 의미하며, 이는 '무엇을 위해 사용될 수 있는가?'라고 묻는 것과는 다르다.

둘째, 프래그머티즘은 사람과 세계, 행동과 사고, 수단과 목적, 설명과 규범에 대한 비이원론적(non-dualist) 이해에 기초한다. 따라서 우리가 창의성을 결과로 원한다면 우리는 이것을 교육이나 직장 컨설팅에 포함시킬 필요가 있다. 게다가 프래그머티즘은 교사, 상담자 및 컨설턴트들이 무엇이 사실인지는 중요하지 않게 된 사회(post-factual society, 사실과 진실보다 개인적인 감정, 신념, 믿음 등이 더 중요하게 여겨지는 사회)에서도 행동할 수 있도록 도와주며, 교육이 결코 시장만을 위한 것이 아니라 삶을 위한 것임도 알게 도와준다. 셋째, 구체적인 것은 항상 맥락적 전체(상황)의 일부이며, 이는 주어진 것이 아니라 선험적으로 정의된 체계와는 달리 정의되어야 한다. 그리하여 분석의 단위는 상황이 된다. 그것은 실험적이고, 유희적이며, if-then(…라면 …이다.)보다는 what-if(…이라면 어떨까?)이고, 부과되기보다는 탐색된다. 교사와 다른 사람들은 호기심을 유도하고(전향적인 사람에게 말을 거는), 개념을 학습하는 도구로 활용할 필요가 있다. 항상 하나 이상의 해결책이 있으며, 대부분의 이슈는 '불가피한 것'이 아니며, 'what-if' 사고, 창의적인 수단 등을 적용한다. 이것은 학습에 대한 프래그머티즘적 영감이, 예를 들어 William H. Kilpatrick이 사용한 프로젝트 작업(project-work, 과업을 완수하는 데 주력함)이라는 용어의 의미로 축소될 수 없는 이유이다(Childs, 1956). 오히려 프래그머스트 학습이론은 상상력이 풍부한 학습과정과 결과를 지원하는 안내자로서 교사, 상담자 또는 컨설턴트의 훨씬 더 적극적이고 강력한 역할을 요구한다.

참고문헌

Bernstein, R. J. (1966 [1967]). *John Dewey*. New York: Washington Square Press, Inc.

Biesta, G. (2005). Against learning. Reclaiming a language for education in an age of learning. *Nordisk Pedagogik, 25*(1), 54–66.

Brandi, U. & Elkjaer, B. (2016). Management education in a pragmatist perspective after Dewey's experimentalism. In C. Steyaert, T. Beyes & M. Parker (Eds), *The Routledge Companion to Reinventing Management Education* (pp. 193–205). London and New York: Routledge.

Childs, J. L. (1956). *American Pragmatism and Education: An Interpretation and Criticism*. New

York: Henry Holt and Company.

Conklin, T. A. (2012). Making it personal: the importance of student experience in creating autonomy-supportive classrooms for millennial learners. *Journal of Management Education, 37*(4), 499–538.

Corradi, G., Gherardi, S. & Verzelloni, L. (2010). Through the practice lens: where is the bandwagon of practice-based studies heading? *Management Learning, 41*(3), 265–283.

Dewey, J. (1896 [1972]). The reflex arc concept in psychology. In J. A. Boydston (Ed.), *The Early Works of John Dewey, 1882–1898* (Vol. 5: 1895–1898, pp. 96–109). Carbondale and Edwardsville: Southern Illinois University Press.

Dewey, J. (1916 [1980]). Democracy and education. In J. A. Boydston (Ed.), *The Middle Works of John Dewey, 1899–1924* (Vol. 9: 1916, pp. 1–370). Carbondale and Edwardsville: Southern Illinois University Press.

Dewey, J. (1917 [1980]). The need for a recovery of philosophy. In J. A. Boydston (Ed.), *The Middle Works of John Dewey, 1899–1924* (Vol. 10: 1916–1917, pp. 3–48). Carbondale and Edwardsville: Southern Illinois University Press.

Dewey, J. (1925 [1981]). Experience and nature. In J. A. Boydston (Ed.), *The Later Works of John Dewey, 1925–1953* (Vol. 1: 1925, pp. 1–326). Carbondale and Edwardsville: Southern Illinois University Press.

Dewey, J. (1925 [1984]). The development of American pragmatism. In J. A. Boydston(Ed.), *The Later Works of John Dewey, 1925–1953* (Vol. 2: 1925–1927, pp. 3–21). Carbondale and Edwardsville: Southern Illinois University Press.

Dewey, J. (1933 [1986]). How we think: a restatement of the relation of reflective thinking to the educative process. In J. A. Boydston (Ed.), *The Later Works of John Dewey, 1925–1953* (Vol. 8: 1933, pp. 105–352). Carbondale and Edwardsville: Southern Illinois University Press.

Dewey, J. (1938 [1986]). Logic. The theory of inquiry. In J. A. Boydston (Ed.), *The Later Works of John Dewey, 1925–1953* (Vol. 12: 1938, pp. 1–539). Carbondale and Edwardsville: Southern Illinois University Press.

Dewey, J. (1939 [1988]). Experience, knowledge and value: a rejoinder. In J. A. Boydston(Ed.), *The Later Works of John Dewey, 1925–1953* (Vol. 14: 1939–1941, pp. 3–90). Carbondale and Edwardsville: Southern Illinois University Press.

Dewey, J. (1949 [1981]). The unfinished introduction for 'Experience and nature: a re-introduction'(Appendix 1). In J. A. Boydston (Ed.), *The Later Works of John Dewey, 1925–1953* (Vol. 1: 1925, pp. 329–364). Carbondale and Edwardsville: Southern Illinois University Press.

Dewey, J. & Bentley, A. F. (1949 [1991]). Knowing and the known. In J. A. Boydston(Ed.), *The Later Works of John Dewey, 1925–1953* (Vol. 16: 1949–1952, pp. 1–294). Carbondale and Edwardsville: Southern Illinois University Press.

Elkjaer, B. (2000). The continuity of action and thinking in learning: re–visiting John Dewey. *Outlines. Critical Social Studies, 2*, 85–101.

Elkjaer, B. & Wahlgren, B. (2006). Organizational learning and workplace learning – similarities and differences. In E. Antonacopoulou, P. Jarvis, V. Andersen, B. Elkjaer, & S. Høyrup (Eds), *Learning, Working and Living. Mapping the Terrain of Working Life Learning* (pp. 15–32). Basingstoke: Palgrave Macmillan.

Fenwick, T. (2001). Tides of change: new themes and questions in workplace learning. *New Directions for Adult and Continuing Education*, Winter(92), 3–17.

Fenwick, T. (2008). Workplace learning: emerging trends and new perspectives. *New Directions in Adult and Continuing Education*, Fall(119), 17–26.

Follett, M. P. (1926 [2012]). Constructive conflict. In M. Godwyn & J. H. Gittell (Eds), *Sociology of Organizations: Structures and Relationships* (pp. 417–426). London: Sage.

Gherardi, S., Nicolini, D. & Odella, F. (1998). Toward a social understanding of how people learn in organizations. The notion of situated curriculum. *Management Learning, 29*(3), 273–297.

Hahn, L. E. (1980). Introduction. In J. A. Boydston (Ed.), *Middle Works 10* (pp. ix–xxxix). Carbondale & Edwardsville: Southern Illinois University Press.

Hildebrand, D. (2008). *Dewey. A Beginner's Guide*. Oxford: Oneworld Publications.

Holland, D. C. & Lave, J. (2001). History in person: an introduction. In D. C. Holland & J. Lave (Eds), *History in Person. Enduring Struggles, Contentious Practice, Intimate Identities*(pp. 3–33). Santa Fe & Oxford: School of American Research Press & James Currey.

Knowles, M. (1973 [1990]). *The Adult Learner: A Neglected Species*. Houston: Gulf Publishing Company.

Kolb, D. A. (1984). *Experiential Learning: Experience as the Source of Learning and Development*. Englewood Cliffs: Prentice Hall.

Lave, J. (1993 [1996]). The practice of learning. In S. Chaiklin & J. Lave (Eds), *Understanding Practice: Perspectives on Activity and Context* (pp. 3–32). Cambridge: Cambridge University Press.

Lave, J. & Wenger, E. (1991). *Situated Learning: Legitimate Peripheral Participation*. Cambridge: Cambridge University Press.

McDermott, J. J. (1973 [1981]). *The Philosophy of John Dewey. Two Volumes in One: 1. The Structure of Experience; 2. The Lived Experience*. Chicago and London: The University of

Chicago Press.

Menand, L. (2002). *The Metaphysical Club: A Story of Ideas in America*. New York: Flamingo.

Miettinen, R. (2000). The concept of experiential learning and John Dewey's theory of reflective thought and action. *International Journal of Lifelong Education, 19*(1), 54–72.

Nicolini, D., Gherardi, S. & Yanow, D. (Eds). (2003). *Knowing in Organizations: A Practice–Based Approach*. Armonk, New York: M. E. Sharpe.

Reynolds, M. (2009). Wild frontiers – reflections on experiential learning. *Management Learning, 40*(4), 387–392.

Scheffler, I. (1974 [1986]). *Four Pragmatists: A Critical Introduction to Peirce, James, Mead, and Dewey*. London and New York: Routledge & Paul.

Vince, R. (1998). Behind and beyond Kolb's learning cycle. *Journal of Management Education, 22*(3), 304–319.

Wenger, E. (1998). *Communities of Practice. Learning, Meaning, and Identity*. Cambridge: Cambridge University Press.

6

성인학습이론
진화 및 미래 방향

Sharan B. Merriam

Sharan B. Merriam

Sharan B. Merriam은 미국 조지아주 아테네의 조지아 대학교 성인교육 및 질적연구 전공 명예교수다. Merriam의 연구 및 저술 활동은 성인 및 평생학습, 질적연구방법에 중점을 두고 있다. 그녀는 5년 동안 성인교육 분야의 주요 연구 및 이론 학술지인 『Adult Education Quarterly』의 공동 편집자이기도 했다. 또한 그녀는 33권의 책, 100편 이상의 논문 및 챕터를 출판했으며, 권위 있는 Cyril O. Houle 세계성인교육학상을 4회 수상했다. 그녀의 가장 최근 저서로는 Laura L. Bierema와 함께 쓴 『성인학습: 이론과 실습 연계(Adult Learning: Linking Theory and Practice)』(2014)와 Elizabeth J. Tisdell과 함께 쓴 『질적연구: 설계 및 구현 가이드(Qualitative Research: A Guide to Design and Implementation)』(2016)가 있다. 『PAACE Journal of Lifelong Learning』 Vol. 26, 2017에 소개된 다음의 글은 성인학습이론의 진화에 대한 그녀의 분석을 잘 보여 준다.

도입

• • • • •

성인이 평생에 걸쳐 학습한다는 것을 누구나 어느 정도는 이해하고 있지만, 학습이 "학교"의 정규 수업을 통해 이루어진다는 생각 때문에 성인들은 자신이 지속적으로 배우고 있다는 사실을 종종 인식하지 못하거나 인정하지 않는다. Jarvis가 언급하듯, 학습이란 "일상생활과 의식적 경험의 본질이며, 경험을 지식, 기술, 태도, 가치 및 신념으로 변화시키는 과정이다"(1992, p. 11). 20세기 초가 되어서야 성인기의 학습이 체계적으로 연구되기 시작했고, 그다음에는 기억, 지능, 정보처리, 특히 연령이 이러한 과정에 어떤 영향을 미치는지에 관심을 가진 행동 및 인지 과학자들에 의한 연구가 진행되었다. 이러한 초기 연구는 학습 및 성인학습에 대한 다양한 이론적 접근 방식을 낳았는데, 오늘날에도 여전히 성인학습에 관한 연구의 틀을 형성하고 있다.

1960년대 중반부터 성인교육자들은 성인학습자를 연구하기 시작했고, 그 결과 성인학습자를 아동과 어떻게 구분할 수 있는지 설명하는 여러 가지 모델, 이론 및 프레임워크가 만들어졌다. 이러한 공헌은 성인교육이 아동교육과는 다른 실천 분야로서의 정체성을 형성하는 데 기여하였다. 이제 우리는 성인학습자에 대해 맥락이 성인학습을 어떻게 형성하는지, 성인학습에서 비인지적 요인이 어떤 역할을 하는지에 대해 꽤 많이 알게 되었다. 이 글은 내가 세 가지 기초 성인학습이론이라고 부르는 앤드라고지(andragogy), 자기주도학습(self-directed learning), 전환학습(transformative learning)에 대한 검토로부터 시작한다. 이러한 각 이론은 개별 성인학습자에 초점을 맞추고 있다. 두 번째 섹션에서는 20세기 후반에 일어난, 오늘날 성인학습을 이해하는 데 중심이 되고 있는 성인학습의 맥락에 주목한다. 세 번째 섹션에서는 학습에서 감정(emotion), 신체(body), 정신(spirit)이 차지하는 중요성을 고려하는 성인학습이론 구축의 가장 최신 연구를 살펴본다. 또한 마지막 섹션에서는 학습에 대한 비서구 관점의 영향력 증가에 대해서도 논의한다.

성인학습에 관한 기초 이론들

성인도 학습할 수 있고, 학습하고 있다는 것에 대한 암묵적 이해는 항상 있었지만, 성인기의 학습에 관한 연구는 20세기에 이르러서야 관심을 받게 된다. 성인학습에 대한 최초의 연구는 20세기 초 수십 년간 행동심리학자들에 의해 수행되었다. 이러한 초기 연구는 주로 실험실 환경에서 이루어졌는데, 연령이 학습과정에 어떤 영향을 미치는지에 관한 것들이었다. 행동심리학에 기반한 학습은 관찰 가능한 행동의 변화로 간주되며, 비즈니스 및 산업, 군대, 교수공학, 독학 프로그램, 보건 및 의료 분야의 '증거기반 실천' 교육프로그램에 여전히 적용되고 있다.

그러나 20세기 중반까지 인본주의적 심리학의 관점에서 성인학습자에 대한 관심은 성인기 학습이 아동기 학습과 어떻게 구별될 수 있는지에 집중되었다. 학습에 대한 인본주의적 관점은 행동의 기계적인 변화보다는 개인의 성장과 발달을 강조한다. 그리고 성인학습에 대한 이러한 연구와 저술로 인해 성인교육은 자체적인 전문 협회, 학술지 및 학회를 통해 인정받는 실천 분야가 되었다. 이 시기에 등장한 3대 주요 '기초' 성인학습이론(앤드라고지, 자기주도학습, 전환학습)은 인본주의 학습이론으로 확고하게 자리를 잡았다. 각 이론 또는 프레임워크는 **성인의 학습 특징과 아동의 학습 특징이 무엇인지를 정의하려는 성인교육자와 관련이 있다. 각 이론은 탄탄한 연구 기반을 가지고 있으며, 대부분의 경우 시간의 테스트를 견뎌 냈다.

앤드라고지

앤드라고지(andragogy)는 1960년대 후반 Malcolm Knowles가 유럽에서 미국으로 가져온 개념이다(실제로 오늘날에도 중부 및 동부 여러 유럽 국가에는 앤드라고지 학과가 있다). 그는 앤드라고지를 아동학습 또는 페다고지(pedagogy)와는 구별되는 '새로운 라벨이자 새로운 기술'로 소개했다(1968, p. 351). Knowles는 성인학습자에 대해 다음과 같은 **가정**을 제안했다.

1. 사람은 성숙해짐에 따라 의존적인 성격에서 자기주도적인 인간으로 변화한다.
2. 성인은 학습을 위한 풍부한 자원인 경험의 저수지를 축적한다.
3. 성인의 학습준비도는 그 사람이 맡은 사회적 역할의 발달 과제와 밀접한 관련이 있다.
4. 사람이 성숙해짐에 따라 지식을 미래에 적용하는 것에서 즉각 적용하는 것으로 시간적 관점에 변화가 생긴다. 따라서 성인은 학습에 있어 주제중심적(subject centered)이기보다는 문제중심적(problem centered)이다(Knowles, 1980, pp. 44-45).
5. 성인은 대부분 외적 동기보다는 내적 동기에 의해 움직인다.
6. 성인은 무언가를 배울 때 그 이유를 알아야 한다(Knowles, 1984).

이러한 원칙이나 가정은 실제로 학습 자체의 본질보다는 성인학습자의 특성에 대해 더 많은 것을 알려 준다. 결국 Knowles는 앤드라고지를 성인학습의 '이론'이라고 부르는 것을 꺼리면서, 한쪽 끝에는 교사 주도의 페다고지와 다른 쪽 끝에는 학생주도학습(앤드라고지)에 이르는 연속체가 있으며, 상황에 따라 두 접근 방식 모두 성인에게도 어린이에게도 적합할 수 있다고 믿게 되었다. 성인학습자에 대한 이러한 가정을 바탕으로 Knowles(1980)의 프로그램 계획 모델은, 예를 들어 성인이 참여하는 교실을 신체적으로나 심리적으로 성인에게 적합한 장소로 만드는 데 주의를 기울인다. 또한 성인은 가족, 직장, 사회의 구성원으로서 자신의 삶을 주도하기 때문에 자신의 학습 또한 주도할 수 있다(그리고 종종 그러하기를 원한다).

자기주도학습

자기주도학습(Self-Directed Learning: SDL)은 두 번째 주요한 성인학습이론으로 Knowles가 앤드라고지를 소개하던 때와 거의 같은 시기에 등장하여 성인학습자와 아동학습자를 구분하는 데 많은 도움을 주었다. 사람이 성숙함에 따라 더 독립적이고 자기주도적이 된다는 앤드라고지의 첫 번째 가정은 사실 성인학습자의 자기주도적 성격을 말하는 것이다. SDL이 주요 이론으로 등장하게 된 원동력은 캐나다 성인학습자의 자기계획학습 프로젝트에 대한 Tough(1971)의 연구에서 비롯되었다. 그는 자신의 연구에 참여한 이들 가운데 90%가 직전 해에 스스로 계획한 학습프로젝트에 100시간 이상 참여했으며, 이러한 학습은 일상생활 깊숙이 스며들어 있다는 사실을 발견했다. 북미와 유럽에서는 45년 이상의 연구를 통해 성인 대부분이 자기주도학습 프로젝트에 참여하고 있으며, 이러한 학습은 일상생활의 일부로 이루어지고 체계적인 방식으로 수행되지만, 강사나 교실에 의존하지 않는다는 사실을 입증하였다.

SDL을 이해하는 데 있어 핵심은 SDL이 혼자 방에 앉아 무언가를 배우는 것을 의미하지 않는다는 점을 인식하는 것이다. 오히려 SDL은 학습자가 자신의 학습을 **통제**하는 것을 목표로 한다. 예를 들어, 무언가를 배우고자 하는 자기주도적 학습자는 수업을 듣거나, 멘토를 찾거나, 온라인 토론그룹에 참여하기로 결정할 수 있다. SDL은 직장이나 계속적 전문교육, 보건 및 의료 분야, 고등교육 등 성인의 삶이 이루어지는 모든 맥락에서 발견할 수 있으며, 더 성공적인 온라인 학습자가 더 자기주도적이라고 하는 연구결과는 온라인 맥락에서도 찾을 수 있다(Merriam & Bierema, 2014). 종종 고등교육 또는 계속적 전문교육과 같은 공식적인 교육 상황에서도 SDL 프로젝트를 수행하는 것이 교수의 구성 요소로 포함될 수 있다. SDL에 관한 방대한 문헌에는 SDL 수행모델, 학습자 계약 샘플, 학습자의 자기주도성 정도를 측정하는 평가 도구가 포함되어 있다. 올해로 30회차를 맞는 연례 자기주도학습 컨퍼런스와 SDL 전문 국제 저널도 있다(컨퍼런스와 저널에 대한 자세한 내용은 www.sdlglobal.com 참조).

전환학습

성인학습의 세 가지 기본 이론 가운데 전환학습은 가장 최근의 이론이며, 가장 많이 쓰여진 이론이다. 앤드라고지와 대부분의 자기주도학습이 성인학습자의 특성에 초점을 맞추는 것과는 달리 전환학습은 의미 만들기의 인지과정에 초점을 맞춘다. 이러한 유형의 학습은 성인학습이론으로 간주되는데, 이는 전환학습이 성인의 삶의 경험과 어린 시절보다 더 성숙한 수준의 인지 기능에 의존하기 때문이다. 대학에 복학한 여성의 경험을 연구한 Mezirow는 이 이론(1978)의 주요 설계자로 간주되지만, 그의 초기 기여 이후 다양한 연구의 틀, 정의, 이론이 제안되었다. 성인기의 학습은 단순히 정보를 추가하는 것 이상의 의미를 지니는 경우가 많다. 그것은 또한 우리의 경험을 이해하는 것이며 신념, 태도 또는 관점의 변화를 가져올 수 있다. 이러한 유형의 학습에는 관점의 전환이 핵심이다.

Mezirow(2000)의 10단계 전환학습 과정은 여전히 오늘날에도 많은 연구의 틀을 제공해 준다. 이 과정은 일반적으로 갑작스럽거나 극적인 경험(Mezirow에 따르면 '혼란스러운 딜레마')을 통해 시작되는데, 성인들은 과거에는 의미 만들기를 이끌었지만 더 이상 적합하지 않은 자신의 가정과 신념을 검토해야 하는 도전을 받게 된다. 학습자는 현재의 신념을 점검하면서 신념, 태도, 또는 전체 관점의 변화로 이어질 수 있는 딜레마를 다루는 새로운 방법을 모색한다. 새로운 관점은 이전에 가지고 있던 관점보다 더 포괄적이고 더 넓은 범위의 경험을 수용할 수 있다. Mezirow는 개인적·개별적 변화에 초점을 맞추었지만, 브라질의 교육자 Paulo Freire의 영향력을 기꺼이 인정했다. Freire(1970)는 억압을 해결하고 사회 변화를 가져올 수 있는 전환학습의 필요성에 대해 썼다.

현재 전환학습은 성인학습이론에서 아마도 가장 많은 연구가 이루어지고 있는 영역일 것이다.

> 여기에는 수백 개의 논문과 챕터, 수십 권의 책이 있으며, 가장 최근에는 600 페이지에 달하는 『전환학습 핸드북(The Handbook of Transformative Learning)』(2012)을 포함하여 『전환학습 전문저널(Journal of Transformative Education)』, 격년으로 진행되는 국제 콘퍼런스가 있다.
>
> (Merriam & Bierema, 2014, p. 83)

전환학습이론의 발전에 대한 최근의 논의 및 전환학습을 '전환이 일어나는 현상에 대한 전반적인 이해에 다양한 관점을 통합하는' 메타이론으로 간주하자는 제안에 대해서는 Hoggan(2016, p. 72)을 참조하기 바란다.

성인학습의 맥락기반 모델

●　●　●　●　●　●　●　●　●　●　●　●

　　앤드라고지, 자기주도학습, 전환학습은 모두 **개별** 성인이 학습하는 방법에 초점을 둔다. 각 이론은 성인학습에 대한 이해를 높이는 데 기여했지만, 학습이 이루어지는 사회적·정치적 맥락에 대한 관심이 부족하다는 비판을 받기도 한다. 억압적인 사회적 맥락에서는 얼마나 자기주도적으로 학습할 수 있을까? 이슈 혹은 문제에 대한 대안적인 사고방식에 노출되지 않아도 전환학습은 일어날 수 있을까? 20세기 후반에는 성인학습을 형성하는 맥락의 역할에 관한 관심이 두드러졌으며, 이는 오늘날에도 성인학습을 이해하는 데 중요한 요소로 남아 있다. 성인학습의 맥락에 주의를 기울이는 연구와 글에는 적어도 비판적 관점과 상황 인식 혹은 '맥락학습'이라는 두 가지 가닥이 있다.

비판적인 사회과학적 관점

　　비판적인 사회과학적 관점의 핵심은 학습자 개인에서 학습이 이루어지는 사회적 맥락으로 관심을 옮기는 것이다. 마르크스주의, 비판이론, 비판적 인종이론, 퀴어이론, 페미니스트이론, 다문화주의에 기반한 이 관점은 인종, 계급, 젠더가 사회구조에 어떤 영향을 미치는지, 누가 권력을 쥐고 있는지, 권력자가 자신의 지위를 강화하기 위해 사회를 어떻게 형성하는지에 대한 질문을 던진다.

　　Brookfield와 Holst(2014)는 비판적 관점에서 앤드라고지, 자기주도학습, 대부분의 전환학습의 개인 지향성에는 세 가지 문제가 있다고 지적한다. 첫째, "자기(self)는 자신이 유영하고 있는 사회적·문화적·정치적 흐름의 바깥에 서 있을 수 없다." 둘째, "분리성을 강조하는 학습의 한 형태로서의 자기주도성은 타인에 대한 이러한 추구가 가져올 결과와 관계없이 사적 목적을 추구하는 나르시즘과 이기심을 동일시하게 한다." 셋째, "사람을 개별 프로젝트에 몰두하는 독립적이고 의지적인 존재로 간주하는 학습관은 (사람이) 집단적이고 협력적이고자 하는 충동에 반하는 학습관이기도 하다"(p. 7).

　　비판이론 관점에서 가장 저명한 성인교육 저술가는 Brookfield(2005)이다. 그는 '성인이 일상적인 사고와 행동, 시민사회 제도에서 이데올로기의 우위를 인식하는 법'을 핵심으로 하는 성인학습이론을 제안했다(Brookfield, 2001, p. 21). 비판학습이론에는 7가지 '학습과제'가 포함되어 있다. (1) 이데올로기에 대한 도전. 이것은 "성인들이 일상의 현실을 꿰뚫어 그 밑에 도사리고 있는 불평등과 억압을 드러내는 법을 배우도록 돕는 기본적인 도구이다"(Brookfield, 2005, p. 42). (2) 헤게모니 경쟁. 헤게모니는 "사람들이 부당한 사회질서를 자연스럽고 최선의 이익으로 받아들이는 법을 배운다."(p. 43)는 개념이다. (3) 권력의 가면 벗기기. "성인이 된다는 말은 우리 삶에서 권력이 어떻게 작용하는지, 그리고 그것이 어떻게 사용되고 남용되는지를 인식하는 법을 배우는 것이다"(p. 47). (4) 소외 극복. "소외의 제거는 자유의 가능성 및 자신의 창의력이 누구의 간섭도 없이 행사될 가능성을 허용한다"(p. 50). (5) 해방 학습. 성인은 개인적으로나 집단적으로 지배적인 이데올로기로부터 자신을 해방시키는 법을 배워야 한다. (6) 이성 회복. "비판이론의 주요 관심사는 삶의 모든 영역에 적용될 수 있는 것으로서 이성을 되찾는 것이다"(p. 56). (7) 민주주의 실천. 성인은 "민주주의는 항상 부분적으로만 기능하는 이상이라는 것을 받아들이면서"(p. 65), 민주주의의 모순과 함께 살아가는 법을 배워야 한다.

Brookfield는 성인학습에 대한 비판이론 관점과 관련하여 주요 이론가이지만, 비판적 사회과학 관점은 오늘날 성인교육 및 인적자원개발 분야의 많은 연구자와 저술가가 매우 많이 수용하고 있다. 복잡한 언어와 개념으로 포장된 수많은 이론적 관점이 있지만, 이러한 관점의 기본 주제는 학습이 이루어지는 맥락이 중요하다는 것, 또한 학습맥락의 불평등에 끊임없이 도전하는 것이 중요하다는 것이다.

상황 인식/맥락학습

학습이 일어나는 맥락과 관련된 이론 구축의 두 번째 영역은 상황에 따른 인식 또는 맥락학습으로 불린다. 사회과학 철학이 아닌 교육심리학에서 비롯된 이 이론은 특정 학습이 발생할 때 나타나는 세 가지 맥락적 요소의 작용을 가정한다. 맥락에 있는 사람들, 사용 중인 도구(화이트보드와 같은 물건일 수도 있고, 언어 또는 기호와 같은 객체일 수도 있음) 및 특정 활동 자체가 이에 해당한다. 아마도 상황 인식의 가장 유명한 예는 이 이론의 주요 설계자로 간주되는 Lave의 연구에서 찾아볼 수 있다. 그녀는 성인들에게 식료품점에 있는 두 가지 제품 중 어떤 것을 고르는 것이 '최선의 구매(best buy)'인지 결정해 달라고 요청했다. 실제로 식료품점에 가서 그룹에 속한 사람들과 이야기를 나누고 물건을 직접 만져 보면서 크기와 모양을 비교한 참가자들은 98%의 수학문제를 맞혔다. 종이와 연필로 된 시험에서 동일한 수학문제를 받은 사람들은 59%만 정답을 맞혔다(Lave, 1988). 다른 나라, 혹은 심지어 우리나라 내에서도 낯선 곳을 방문하는 많은 사람은 교통 체계에 적응하고 식료품 및 기타 품목을 쇼핑하는 방법 등을 맥락을 통해 배운다. 우리는 아는 사람들에게 묻고, 기호와 상징을 사용하고, 활동 자체에 참여한다. 또 다른 예로, Kim과 Merriam(2010)은 한국의 노인들이 컴퓨터 사용법을 어떻게 배웠는지에 대해 조사했다. 교실의 물리적인 환경이나 컴퓨터 단말기, 화이트보드, 교사의 노트와 같은 '도구', 교사와 학생, 학생들 상호 간의 문화적 상호작용이 학습을 발생시켰다.

학습이 발생하는 맥락의 역할로서 학습을 이해하는 데 있어 주요 구성 요소는 거의 항상 다른 사람들과 관련되어 있기 때문에 학습공동체 또는 실천공동체의 개념은 학습에 대한 이러한 관점과 직결된다. 실천공동체는 공통의 관심사를 공유하고 그 공통의 관심 분야 안에서 함께 학습하는 사람들의 그룹이다. 우리 모두는 가족, 직장 동료, 전문협회, 이웃 그룹 또는 Facebook과 같은 소셜 웹 사이트 등 여러 실천공동체에 속해 있다. 어떤 공동체에서는 우리가 상당한 수준의 지식을 가지고 있어서 더욱 '핵심적인' 구성원일 수도 있고, 어떤 공동체에서는 보다 주변적인 구성원일 수도 있다. 실천공동체와 가장 자주 연관되는 Wenger(1998)는 학습이 우연히 발생하든 아니면 '사회적 인프라'(p. 225)에 설계되어 있든 간에 이러한 공동체의 핵심이라는 사실을 강조한다. 그의 이론에 따르면, 학습이 "공동체의 실천 역사에서 당연한 일일 뿐만 아니라 공동체 과업의 가장 핵심"(pp. 214-215)이 될 때 실천공동체는 학습공동체가 된다.

『Learning Communities Journal』과 같은 학술지를 포함하여 실천공동체와 학습공동체에 관한 문헌은 지속적으로 증가하고 있다. 실천공동체는 조직 환경에서, 학습공동체의 경우에는 교육 환경, 온라인 환경, 공동체 조직에서 가장 잘 쓰이지만, 이 용어는 다소 혼용되어 사용되고 있다. 정확한 용어의 사용보다는 상황적 혹은 맥락적 학습 그리고 비판적 사회과학 관점이 성인학습자의 특성 및 학습과 관련된 인지과정을 파악하는 것만큼이나 성인학습의 맥락을 강조하고 있다는 사실을 이해하는 것이 중요하다.

성인학습 분야의 최근 이론

. . . .

학습은 인지적 과정 그 이상이지만, 서양에서는 수 세기 동안 마음과 신체를 분리된 것으로 간주해 왔고, 학습이 정규 학교교육과 매우 밀접하게 연관되어 있기 때문에 거의 항상 이성적이고 인지적인 관점에서 활동이 이루어진다. 그러나 최근 서구의 연구와 다른 문화권에서 학습에 대해 어떻게 생각하는지에 대한 지식이 증가하면서 학습은 단지 우리의 뇌가 지배하는 경로를 통해서만 일어나는 것이 아니라 다른 경로를 통해서도 일어날 수 있다는 사실이 밝혀지고 있다. 우리의 몸, 감정, 정신(흔히 전인적 학습이라고도 함)도 학습 또는 지식 구축의 중요한 수단이다. 교육자, 심리학자, 신경과학자 등이 전인적 학습에 대한 연구를 진행하고 있다.

체화된 학습

체화된 학습(embodied 또는 somatic learning)은 신체를 통해 배우는 학습이다. 우리는 모두 체화된 앎을 경험했기 때문에 우리가 몸을 학습의 장으로 인정하는지 여부는 그다지 중요하지 않다. 뇌 자체는 우리 몸의 일부인 신체 기관이기 때문에 뇌와 신체를 분리하는 것은 의미가 없다. 실제로 우리 몸을 통해 들어오는 신호를 처리하는 것은 뇌다. 이러한 신호에는 우리가 '느끼는' 감정뿐만 아니라 직관적 혹은 암묵적인 지식이 포함된다. Mulvihill(2003, p. 322)은 이성적인 마음과 감정적인 몸 사이의 연관성에 대해 다음과 같이 쓰고 있다.

> 어떤 식으로든 감정의 영향을 받지 않는 행동이나 생각은 존재하지 않는다. '객관성'을 담보하는 신경전달물질은 없다. … 초기 처리와 다른 감각 정보와의 연결 과정에서 '객관적'이거나 개인적인 앎의 경험으로부터 '분리된' 생각, 기억 또는 지식은 존재하지 않는다는 것이 분명해지고 있다.

체화된 학습은 매우 직관적이다. 직관적이거나 암묵적인 지식은 우리 모두가 느꼈지만 명확하게는 잘 표현하기 어려운 지식이다. "우리가 경험하는 것이 생각하는 것보다 더 중요하다는 사실을 알아야 한다"(Merriam & Bierema, 2014, p. 130). 체화된 지식은 우리의 감각을 포함한다(이러한 감정의 원인을 알기도 전에 위협을 느끼거나, 긴장하거나, 혹은 흥분하는 등 우리 몸이 환경의 무언가에 대해 '아는' 방식으로 반응하는 경우를 생각해 보자). 이는 또한 직관적이다. 이것은 Dirkx(2008)가 성인학습과 관련하여 쓴 체화된 학습의 정서적 요소이다. "학습이란 그 자체가 상상력이 풍부하고 감정적인 행위이며, '진실, 권력, 정의, 사랑과 같은 거창한 단어나 개념'을 포함하는 정말 의미 있는 학습은 감정과 느낌 없이는 상상하기 어렵다"(Dirkx, 2001, p. 69).

몸은 암묵적이거나 직관적인 지식과 같은 의식적인 지각 아래에 있거나 학습에 대한 감정적 연결에서 나타나는 학습의 도구이다. 체화된 학습은 문해교육 프로그램, 직장, 지역사회 환경, 고등교육, 심지어는 온라인 환경을 포함한 다양한 성인교육 환경에서 탐구되었다(Dirkx, 2008; Lawrence, 2012). 체화된 학습은 사회사업, 심리치료, 간호 분야에서 상당한 관심을 받고 있다. 신체가 건강관리 분야에서 핵심인 것은 당연한 일이며, Wright와 Brajtman(2011)이 쓴 것처럼 "모든 사람을 체화된 존재로 인식하는 것은 윤리적 간호 실천의 근간이다"(p. 25).

17세기 철학자인 데카르트의 유명한 격언인 "나는 생각한다. 고로 나는 존재한다."로까지 거슬러 올라가는 몸과 마음에 대한 잘못된 이분법적 구분은 다행히도 사회과학 연구자와 뇌의 기능을 연구하는 뇌 과학 분야의 연구자들에 의해 도전을 받고 있다(Johnson & Taylor, 2006). 뇌, 신체, 감정이 어떻게 상호 연결되어 있는지를 이해하는 것은 학습이 어떻게 발생하는지에 관한 지식에 크게 기여하고 있다.

영성과 학습

학습에 대한 전체론적 접근에는 인간의 영적 차원을 인정하는 것도 포함된다. 영성이 종교와 같지는 않지만, 종종 종교적 신념 및 관행과 관련되어 있기 때문에 아마도 학습에서 영성이 가질 수 있는 역할을 받아들이는 것에 대해 좀 꺼린다. 그러나 많은 사람에게 영성은 '우리 자신보다 더 큰 무언가에 대한 인식'(English, 2005, p. 1171)이며, 다른 사람이나 지구 혹은 생명력 등 우리 자신 외부의 무언가와 연결되는 것을 의미한다. 영성은 의미 만들기를 통한 성인학습과 관련이 있다.

> 영성은 사람들이 지식과 의미를 구성하는 방식 중의 하나이다. 이는 정서적, 이성적 또는 인지적, 무의식적 및 상징적인 영역과 함께 작동한다. 영성을 무시하는 것은, 특히 그것이 개인과 사회의 변혁을 위한 가르침과 어떻게 관련되어 있는지에 있어서 인간 경험의 중요한 측면은 물론 학습 및 의미 만들기의 길까지 무시하는 것이다.
>
> (Tisdell, 2001, p. 3)

따라서 학습에 있어 영성의 역할을 이해하는 열쇠는 의미 만들기의 개념을 통해서이다. Tisdell(1999)은 영성, 의미 만들기, 성인학습이 어떻게 상호 연관되어 있는지를 설명한다. 첫째, 성인교육자로서 학습자의 삶에는 '다른 사람과의 관계 속에서 의미를 창출하는 방법과 관련된' 영적 차원이 있음을 인식하고 인정하는 것이 중요하다. "영적 차원은 우리의 삶과 사랑 속에 있다"(p. 93). 둘째, 성인은 비록 이런 식으로 명확하게 표현되지 않더라도 의미 만들기의 의제를 가지고 학습의 맥락에 들어온다. 셋째, 의미 만들기는 이미지와 상징(예를 들어 언어는 상징으로 구성됨)을 사용하는 지식 구성의 과정으로, "종종 우리 존재의 가장 깊은 핵심에서 나오고 예술, 음악 또는 다른 창의적인 작업을 통해 접근하고 표현될 수 있다"(p. 93).

초등교육부터 고등교육 및 성인교육에 이르기까지 영성에 관한 연구는 점점 더 많은 문헌에서 찾아볼 수 있다. 성인학습자와 관련하여 영성에 관한 연구는 성인의 발달 과정, 특히 정체성 발달(Tisdell, 2008), 사회정의 및 사회행동 이니셔티브(English, 2005) 그리고 직장과 관련하여 수행되었다. 다소 놀랍게도 영성과 학습에 관한 대부분의 연구는 직장에 기반을 둔 것으로 보인다. 성인은 삶의 상당 부분을 직장에서 보내며, 몸과 두뇌, 정신 등 우리 자신 전부를 직장에 투입한다.

> 지난 20년 동안 이 주제에 관하여 말 그대로 수십 권의 인기 있는 저서와 논문, 200건 이상의 연구가 있었다. 온라인 리소스 센터인 The Association for

Spirit at Work(www.spiritatwork.com)와 Routledge에서 발간하는 『Journal of Management, Spirituality and Religion』 학술지도 있다. Karakas(2010)는 이렇게 관심이 급증하는 이유로 직장을 바라보는 관점이 오로지 경제적인 것에 초점을 두는 통제된 환경에서 '수익, 삶의 질, 영성 및 사회적 책임의 균형'(p. 89)으로 패러다임이 전환되었기 때문일 수 있다고 추측한다.

(Merriam & Bierema, 2014, p. 140)

비서구적 관점의 학습

세상이 이렇게까지 상호 연결된 적은 없었다. 통신 기술 및 인터넷과 결합한, 지역과 국가의 경계를 넘어 상품, 서비스, 사람, 정보가 이동하는 세계화로 인해 다른 문화, 다른 사고방식, 다른 학습방식에 대한 인식이 높아지고 있다. 그리고 학습이 평생에 걸쳐 필수적이라는 사실에는 더 이상 의심의 여지가 없다. 이러한 상호 연결성의 또 다른 부산물은 사람들이 학습하는 방법과 내용이 그 사람의 역사와 문화에 의해 형성된다는 인식이 확산되고 있다는 점이다. 다른 앎과 학습 시스템을 인정하고 이해하면 성인교육자로서의 우리의 레퍼토리와 바라건대 유효성도 확장된다.

성인학습이론에 대한 최근의 기여를 다루는 이 섹션에서는 비서구 관점의 영향을 간략하게 검토하고자 한다. '서구'와 '비서구'라는 용어의 사용은 물론 문제가 있다(이분법을 설정하는 것 자체가 매우 서구적인 방식이다). 그러나 이러한 용어는 더 나은 범주가 없을 뿐만 아니라 앞에서 검토한 성인학습이론과 모델이 서구에서 발전하여 성인학습이론에 대한 사고, 연구 및 글쓰기를 지배하고 있다는 사실로 인해 일반적으로 사용되고 있다. 역사적으로 서구 지식 시스템의 공식화와 제도화는 서구의 토착 지식 시스템조차도 무시해 왔다. 그러나 이는 앞에서 언급한 힘으로 인해 변화하고 있다. 또한 여행, 유학, 자국 문화권 밖에서의 생활을 통해 상호 연결성이 높아지면서 우리는 다른 사고방식과 학습방식에 대한 이해를 넓히게 되었다.

지식과 학습에 대한 비서구적 관점은 토착 지식 시스템(여러 세대에 걸쳐 내려오는 정신적 가치, 전통, 관습을 포함하는 지역 또는 공동체 지식) 그리고 서구에서 주로 발견되는 것과는 다른 종교적·철학적·정신적 체계를 살펴보는 등 여러 렌즈를 통해 제시할 수 있다. 그러나 이러한 시스템의 대부분은 공통적으로 다음과 같은 주제를 가지고 있다. 학습은 공동체적 활동이고, 평생에 걸쳐 주로 무형식적으로 이루어지며, 본질적으로 전체론적이다(Merriam & Kim, 2011).

학습이 공동체적 활동이라는 첫 번째 주제는 개인의 발전과 이익보다 공동체의 이익을 우선시한다. 개인의 발전을 위해 학습에 집중하는 것은 미성숙한 것으로 간주되며, Nah(2000)가 한국의 자기주도학습 연구에서 발견한 바와 같이 "부모, 교사 또는 다른 사람으로부터 독립하는 것은 자신이 속한 공동체의 안정성을 위협하는 경향이 있다"(p. 18). "당신이 없으면 내가 없다."라는 아프리카 속담이나 "우리가 있기에 내가 있다."라는 아메리카 원주민 속담에서 볼 수 있듯이 개인의 정체성은 공동체적 정체성으로 간주된다(Merriam, Caffarella, & Baumgartner, 2007). 학습은 공동체의 이익을 위한 공동체 모든 구성원의 책임이다.

비서구적 시스템에서의 학습은 평생에 걸쳐 이루어지는 것이며 무형식적인 것, 즉 일상생활에 내재된 학습을 중시한다. Fasokun과 Katahoire 그리고 Oduaran(2005)이 지적한 것처럼, 아프리카 문화권에서의 평생학습은 형식교육(formal education) 환경에서의 학습보다는 삶의 경험을 통한 무형식적 학습에 중점을 둔다. 비서구 사회에서는 형식적 학습이 중시되고, 서구에서도 대부분의 성인학습이 무형식적으로 이루어진다는 것을 알고 있지만, 학습이 어떻게 이루어지는지, 무엇을 인정하고 보상하는지에 대한 인식은 비서구 사회에서는 무형식적 학습을, 서구에서는 형식적이고 제도에 기반한 학습을 선호한다. 마지막으로, 학습과 앎에 대한 비서구적 관점을 특징짓는 세 번째 주제는 학습이 전체론적이라는 점이다. 서구에서는 학습을 주로 뇌의 인지과정으로 보고 있는 반면,

> 비서구의 학습 및 앎의 시스템은 학습을 마음뿐만이 아니라 몸, 정신, 감정을 포함하는 개념으로 보는 공통점이 있다. 마음은 우리 존재의 나머지 부분과 분리되지 않는다.
>
> (Merriam & Kim 2011, p. 384)

학습의 전체론적 성격이 서구에서 (앞에서 언급한 것 참조) 점점 더 많은 관심을 받고 있지

만, 그러한 관점은 '도덕적인 사람, 선한 사람, 영적인 사람, 공동체의 일원이 됨으로써 전체를 고양시키는 사람을 키우는 것(p. 384)'이 마음을 개발하는 것과 동등하게 중요한 비서구 전통에 확고하게 자리 잡고 있다.

요약하자면 세계화와 통신 기술은 학습과 지식 구성의 본질에 대한 다양한 세계관에 모든 문화를 노출시키고 영향을 미쳤다. 성인학습이론과 관련하여 학습 및 앎에 대한 비서구적 관점에의 노출은 성인기 학습에 대한 이해를 넓히고 성인교육의 효과를 극대화하는 방법에 기여했다.

성인학습의 미래 이론 구축 및 실천에 대한 시사점

성인학습의 이론 구축에 대한 이러한 검토를 통해 성인학습에 대해 우리가 알고 있는 모든 범위를 포착할 수 있는 하나의 이론이나 일련의 원칙은 존재하지 않는다는 것이 분명해졌다. 오히려 우리가 가지고 있는 것은 어느 한 시점에서 성인학습에 대해 우리가 알고 있는 것을 함께 구성하는 이론, 모델, 원칙 및 통찰력의 확장된 모자이크이다. 성인학습에 대한 체계적인 연구는 20세기 초 서구에서 시작되었으며, 학습에 대한 행동 및 인지적 프레임워크가 지배적이었다. 이 시기의 많은 관심은 연령의 증가가 학습과제 및 지능지수에 어떤 영향을 미쳤는지에 집중되었다.

그러나 20세기 중반에 이르러 성인교육 분야를 아동교육과 차별화하는 방법으로 성인학습 연구로 관심이 옮겨졌다. 이 시기에 성인학습이론의 세 가지 주요 흐름, 즉 앤드라고지, 자기주도학습, 전환학습이 등장하였다. 이 세 가지 '기초' 이론은 개인의 성장과 발달에 초점을 맞춘 보다 인본주의 심리학적 관점을 반영한다. 이러한 관점은 특히 개인주의, 역량, 자기계발을 중시하는 서구의 성인교육 분야와 일치한다. 개인에 대한 이러한 초점은 성인학습이 이루어지는 맥락으로 관심이 옮겨 감에 따라 의문과 비판을 받기 시작했다. 특히 비판이론과 그 모든 변형(마르크스 이론, 페미니스트 이론, 비판적 인종 이론 등)은 개인이 실제로 얼마나 많은 자율성을 배우고 발달시켜야 하는지에 대해 의문을 제기했다.

이러한 관점의 저자들은 사회의 구조와 누가 학습의 구성과 학습에 대한 접근 권한을 결정할 수 있는지가 개인의 학습에 대한 능력과 접근성에 큰 영향을 미친다고 지적했다. 성인학습에 대한 이러한 관점은 여전히 성인학습에 관한 연구와 이론 구축에 있어 중요한 프레임워크를 제공한다.

또한 성인학습의 맥락으로의 관심의 전환과 관련하여 훨씬 다른 관점에서 보면, 상황인지 또는 맥락기반학습이라고 불리는 것에 대한 인지 및 교육심리학자들의 연구가 있다. 이러한 연구의 이면에 있는 아이디어는 학습이 발생하는 맥락의 역할에 관한 것이다. 맥락의 풍부함, 맥락 속의 '도구'와 사람들, 특정 학습활동 자체가 모두 모여 학습을 구성한다. 실천공동체와 학습공동체는 이러한 관점의 산물이다.

성인학습이론의 가장 최근의 연구는 학습에 대한 보다 전체론적인 개념에 중점을 둔다. 즉, 학습은 단순히 정보의 인지적 처리 이상의 것으로 간주된다. 학습은 또한 우리의 감정, 신체, 정신을 포함한다. 이러한 전체론적 개념은 학습과 앎의 비서구적 관점에 대한 우리의 이해가 높아지면서 잘 융합되고 있다. 학습에 관한 비서구적 관점은 학습의 공동체적 성격, 평생에 걸친 그리고 무형식적 성격, 학습이 단순한 인지적 과정 이상이며 신체, 정신, 감정을 포함한다는 사실을 강조한다.

성인이 어떻게 학습하는지에 대해 더 많이 알수록 우리는 학습을 촉진하는 활동을 더 잘 설계할 수 있고, 성인이 오늘날의 세계에서 완전하고 매력적인 삶을 살 수 있도록 더 잘 준비시킬 수 있다. 예를 들어, 정보 과부하가 일상이 된 급변하는 세상을 고려할 때, 우리는 자기주도적인 평생학습자를 장려할 필요가 있다. 상황학습에 대한 연구를 통해 인턴십이나 시뮬레이션과 같이 가능한 한 '실제' 상황에서 학습이 극대화된다는 사실을 알게 되었다. 우리는 또한 불평등과 권력구조의 연동 시스템이 어떻게 학습기회를 결정하고 그 기회가 누구에게 주어지는지를 살펴보기 위해 비판적 사고 기술을 개발해야 한다. 마지막으로, 학습과 앎에 대한 전체론적 관점과 비서구적 관점에 대해 학습하는 것은 무수히 많은 방식으로 성인학습을 구조화하고 촉진하기 위한 우리의 레퍼토리를 넓혀 준다.

참고문헌

Brookfield, S. (2001). Repositioning ideology critique in a critical theory of adult learning. *Adult Education Quarterly*, 51(1), 7–22.

Brookfield, S. (2005). *The power of critical theory: Liberating adult learning and teaching*. San Francisco: Jossey–Bass.

Brookfield, S. & Holst, J. (2014). A critical theory perspective on program development. In V.C.X. Wang & V.C. Bryan (Eds.), *Andragogical and pedagogical methods for curriculum and program development* (pp. 1–21). Hershey, PA: IGI–Global.

Dirkx, J.M. (2001). The power of feelings: Emotion, imagination, and the construction of meaning in adult learning. In S.B. Merriam (Ed.), *The new update on adult learning theory* (pp. 63–72). New Directions for Adult and Continuing Education, No. 89. San Francisco: Jossey–Bass.

Dirkx, J.M. (2008). *Adult learning and the emotional self*. New Directions for Adult and Continuing Education, No. 120. San Francisco: Jossey–Bass.

English, L.M. (2005). Historical and contemporary explorations of the social change and spiritual directions of adult education. *Teachers College Record*, 107(6), 1169–1192.

Fasokun, T.O., Katahoire, A. & Oduaran, A.B. (2005). *The psychology of adult learning in Africa*. Hamburg, Germany: UNESCO Institute for Education and Pearson Education, South Africa.

Freire, P. (1970). *Pedagogy of the oppressed*. New York: Continuum.

Hoggan, C.D. (2016). Transformative learning as a metatheory: Definition, criteria, and typology. *Adult Education Quarterly*, 66(1), 57–75.

Jarvis, P. (1992). *Paradoxes of learning: On becoming an individual in society*. San Francisco: Jossey–Bass.

Johnson, S. & Taylor, K. (2006). *The neuroscience of adult learning*. San Francisco: Jossey–Bass.

Karakas, F. (2010). Spirituality and performance in organizations: A literature review. *Journal of Business Ethics*, 94, 89–106.

Kim, Y.S. & Merriam, S.B. (2010). Situated learning and identity development in a Korean older adults' computer classroom. *Adult Education Quarterly*, 60(5), 438–455.

Knowles, M. (1968). Andragogy, not pedagogy. Adult Leadership, 16(10), 350–352, 386.

Knowles, M. (1980). *The modern practice of adult education: From pedagogy to andragogy*. 2nd edn. New York: Cambridge Books.

Knowles, M. (1984). *The adult learner: A neglected species*. 3rd edn. Houston: Gulf.

Lave, J. (1988). *Cognition in practice: Mind, mathematics, and culture in everyday life*. Cambridge,

UK: Cambridge University Press.

Lawrence, R.L. (2012). *Bodies of knowledge: Embodied learning in adult education*. New Directions for Adult and Continuing Education, No. 134. San Francisco: Jossey-Bass.

Merriam, S.B. & Bierema, L.L. (2014). *Adult learning: Linking theory and practice*. San Francisco: Jossey-Bass.

Merriam, S.B. & Kim, Y.S. (2011). Non-western perspectives on learning and knowing. In S. Merriam & A. Grace (Eds.), *The Jossey-Bass reader on contemporary issues in adult education* (pp. 378-389). San Francisco: Jossey-Bass.

Merriam, S.B., Caffarella, R.S. & Baumgartner, L. (2007). *Learning in adulthood*. San Francisco: Jossey-Bass.

Mezirow, J. (1978). *Education for perspective transformation: Women's re-entry programs in community colleges*. New York: Teachers College, Columbia University.

Mezirow, J. (2000). Learning to think like an adult: Core concepts of transformation theory. In J. Mezirow & Associates, *Learning as transformation: Critical perspectives on a theory in process* (pp. 3-33). San Francisco: Jossey-Bass.

Mulvihill, M.K. (2003). The Catholic Church in crisis: Will transformative learning lead to social change through the uncovering of emotion? In C.A. Wiessner, S.R. Meyer, N.L.Pfhal & P.G. Neaman (Eds.), *Proceedings of the Fifth International Conference on Transformative Learning* (pp. 320-325). New York: Teacher's College, Columbia University.

Nah, Y. (2000). Can a self-directed learner be independent, autonomous and interdependent? Implications for practice. *Adult Learning*, 18, 18-19, 25.

Tisdell, E.J. (1999). The spiritual dimension of adult development. In M.C. Clark & R.S.Caffarella (Eds.), *An update on adult development theory: New ways of thinking about the life course* (pp. 87-96). New Directions for Adult and Continuing Education, No. 84. San Francisco: Jossey-Bass.

Tisdell, E.J. (2001). *Spirituality in adult and higher education*. ERIC Digest. Columbus OH: ERIC Clearing House on Adult, Career and Vocational Education.

Tisdell, E.J. (2008). Spirituality and adult learning. In S.B. Merriam (Ed.) *Third Update on Adult Learning Theory* (pp. 27-36). New Directions for Adult and Continuing Education, No. 119. San Francisco: Jossey Bass.

Tough, A. (1971). *The adult's learning projects: A fresh approach to theory and practice in adult Learning*. Toronto: Ontario Institute for Studies in Education.

Wenger, E. (1998). *Communities of practice: Learning, meaning, and identity*. Cambridge, UK: Cambridge University Press.

Wright, D. & Brajtman, S. (2011). Relational and embodied knowing: Nursing ethics within the interprofessional team. *Nursing Ethics*, 18, 20–30.

7

학습모델
학습전략의 효과 최적화

John A. T. Hattie & Gregory M. Donoghue

John Hattie는 그의 유명한 저서인 『가시적 학습: 성취와 관련된 800개 이상의 메타분석 종합(Visible Learning: A Synthesis of over 800 Meta-analyses Relating to Achievement)』(2008)과 『교사를 위한 가시적 학습: 학습에 미치는 영향 극대화 (Visible Learning for Teachers: Maximizing Impact on Learning)』(2011) 등을 출간한 이래 최신 학습 및 교육 연구와 이론에서 중심적인 위치를 차지하고 있다. 그는 2011 년부터 오스트레일리아 멜버른 대학교 교육학과 교수로 재직하고 있다. Gregory Donoghue는 같은 연구소의 연구자이자 강의자다. 다음 장은 『Nature: Science and Learning』(No. 1, 2016)에 발표된 그들의 공동저작인 '학습전략: 종합 및 개념적 모델(Learning strategies: A synthesis and conceptual model)'의 축약본이다.

도입

· · · · ·

현재는 21세기 기술의 발전과 측정에 초점이 맞추어져 있다. 이러한 탐색은 적어도 소크라테스, 플라톤, 아리스토텔레스 이래로 수천 년 동안 수행되어 왔다. 우리는 여전히 소크라테스식 질문, 탐구 질문, 증거 찾기, 추론과 가정을 면밀히 조사하고, 함축적 의미를 추적하고, 의도하지 않은 결과를 찾고, 논리적 일관성에 호소하는 방식을 사용하고 있다. 요즘처럼 '가짜 뉴스'가 난무하는 시대에 소크라테스는 합리적이고 논리적인 믿음과 우리의 믿음을 정당화할 증거와 합리적인 근거가 없는 믿음을 신중하게 구별하는 모범이 될 수 있다. 플라톤은 그의 문하생들이 '눈에 보이는 것'과 표면 아래에 있는 '실제로 있는 것'을 구별할 줄 알고, 동굴에서 나와 반론에 대응하기를 바랐다. 많은 사람이 21세기의 특징이라고 주장하는 비판적 사고, 회복탄력성, 문제해결 능력이 사실은 BC 5세기의 기술인 것이다.

유사하게, 많은 학교가 비판적이고, 창의적이며, 학습전략을 구사하는 방식으로 수업을 운영하고 있다. 여러 국가는 협력적 문제해결 과정을 교육 커리큘럼에 담고 있으며, 수많은 웹사이트는 소위 '두뇌훈련'를 주장한다. 신경과학이 학습에 미치는 영향에 대한 많은 오해가 있으며, 많은 경우 이러한 오해는 잡초를 심는 것과 비슷하다. 학습전략을 가르치는 내용과 분리하여 효과적으로 가르칠 수 있는지, 그리고 이러한 전략 중 어떤 것이 학습자의 학습 및 성취 결과를 변화시키는 데 더 효과적인지는 경험적으로 의문이다. 이 장에서 살펴본 바와 같이, 앱, 웹 사이트, 인터랙티브 게임 산업은 학습에 대한 오랜 연구를 무시하는 경우가 많다.

또한 많은 교사교육 프로그램에서 '학습'에 대한 교육은 거의 소멸에 가까울 정도로 줄어들었다는 것도 우리가 관찰한 사실이다. 기껏해야 Vygotsky의 근접발달영역(zone of proximal development)에 대한 언급이 있는 정도이지만, 이 구성주의의 사용은 일반적으로 학습이론이라기보다는 교수방법으로 제시된다(Bereiter & Scardamalia, 2014 참조). 학습진도의 발달(성인이 일반적으로 추구해야 할 범위와 순서를 규정하지만, 이는 종종 학생의 실제 진도와는 무관하다) 그리고 학습내용을 가르치는 방법에만 지나치게 치중하고, 이 학습내용을 학습하는 방법에는 덜 치중한다. 교사들에게 학습이론을 두 가지 이상 말해 보라고 하면, 가장 일반적인 응답은 피아제와 구성주의다. 더 나쁜 것은 학습 스타일, 뇌를 근육처럼 훈련하는 방법, 학생에게 학습에 대한 통제권을 부여하는 방법 등 실패한 것으로 방법들을 언급하는 경우가 많다는 것이다(이러한 통제권을 갖는 방법을 가르치고 '통제'가 무엇을 의미하는지 이해하기보다는). 우리는, 예를 들어 일부 교사가 학생들에게 학습방법을 가르치는 방법을 설명하기 위해 1,000시간이 넘는 수업 기록을 검토했지만, 학생들에게 어떻게 그 답을 얻었는지에 대해 질문하는 것 외에는 어떤 단서도 찾지 못했다.

워크숍에서 우리는 교사와 학생들에게 '어떻게 생각하느냐'고 물어보면 대부분 대답을 어려워한다. 요점은 21세기의 주장과 학습에 대한 풍부한 지식과 이론에도 불구하고 우리는 풍부한 사고의 언어를 가지고 있지 않다는 것이다. 흔히 '나는 이런 식으로 학습한다'고 말하지만, 이 장에서 볼 수 있듯이 성공적인 학습자의 속성은 최적의 시기에 최적의 전략을 적용할 수 있는 유연성이다. 그 밖에도 다양한 학습방법을 아는 것, 전략을 사용할 때와 사용하지 않을 때를 아는 것, 무엇을 해야 할지 모를 때 무엇을 해야 하는지를 아는 것 등에 관한 적응력이 학습자의 속성을 정의한다. '학습'에 대한 이해로의 복귀가 필요하며, 최근 '학습과학'의 발전과 신경과학, 인지심리학 및 교육과 관련된 관심은 가치 있는 미래를 약속한다. 어떤 학습전략이 효과가 있고 없는지를 아는 것이 학습의 과학이며, 개별 학습자에게 언제, 어디서, 어떤 조합으로 사용할지 아는 것이 바로 교수의 기예(the art of teaching)이다.

실제로 학습전략에 관한 풍부한 문헌과 400개 이상의 검색 결과를 찾을 수 있다. 일부는 다른 문헌의 제목만 바꾼 것이었고, 일부는 다른 문헌을 약간 수정한 것이었다. 실제로 분류 체계를 만드는 것은 다양한 연구자의 귀중한 공헌이었다. 예를 들어, Boekaerts (1997)는 학습전략의 세 가지 유형, 즉 (1) 연구 영역에 대한 이해를 심화하기 위한 정교화와 같은 인지 전략, (2) 학습과정을 조절하기 위한 계획과 같은 초인지 전략, (3) 학습에 참여하도록 동기를 부여하는 자기효능감과 같은 동기부여 전략을 주장하였다. Dignath 등 (2008)은 네 번째 범주로 자료 찾기, 탐색, 평가와 같은 관리 전략을 추가했다. 우리의 목표는 이러한 전략의 효과에 대한 증거를 찾고, 어떤 중재자가 가장 중요한지 평가하고, 학습 전략의 상대적 비교를 하는 것이었다. 아마도 상위 10개의 학습전략이 있을 수 있지만 (Dunlosky et al., 2013 참조), 우리의 견해로는 전략 자체를 확인하는 것과 더불어 중재자와 매개자를 식별하는 것이 중요하다고 생각한다. 따라서 이것은 우리의 조사에서 기본 주제였다.

경험적·이론적 긴장에 대한 통상적인 반복적 고려가 있었고, 메타 종합 과정에서 우리는 경험적 주장을 이해하는 데 도움이 될 만한 모델을 구축했다. 다른 모든 모델과 마찬가지로, 이 모델은 일련의 추측을 토대로 하고 있으며 설명력을 제공하는 것을 목표로 한다. 또한 경험적 발견을 설명하고 미래의 연구 질문을 생성하는 데 도움이 될 것이다. 이 모델에는 제안된 일련의 설명, 관계 및 인과적 방향을 포함하고 있으며, 이것들 모두는 시험, 확증 정도 평가, 함의와 추측에 대한 조사, 궁극적으로 경험적 및 논리적 반증 가능성에 대한 일반적인 엄격한 테스트의 대상이 된다. Popper(1968, p. 280)는 다음과 같이 주장했다.

> 대담한 아이디어, 정당하지 않은 예기, 사변적 사고는 자연을 해석하는 우리의 유일한 수단이다. … 우리가 상을 받기 위해서는 그것들을 위험에 빠뜨려야 한다. 우리 가운데 자신의 아이디어를 논박의 위험에 노출하는 것을 꺼리는 사람들은 과학적 게임에 참여하지 않는다.

우리의 모델도 마찬가지다.

학습모델

- - - - - - - -

이 모델은 학습자 입력(learner inputs), 학습 에이전트(learning agents) 및 학습결과 (learning outcomes)의 세 가지 구성 요소로 이루어져 있으며, [그림 7-1]에 설명되어 있다. 학생은 개인적 자질, 능력, 지식 및 이력을 이미 가지고 주어진 학습 경험에 도달하며, 이 모든 것이 이후 학습에 영향을 미칠 수 있다. 우리는 이러한 입력에 이름을 붙이고 기술 (skill, 지식과 능력), 의지(will, 학습에 영향을 미치는 학습자의 성향), 스릴(thrill, 학습에 대한 동기, 감정 및 즐거움) 중 하나로 분류한다. 이 세 가지 범주는 또한 학습과정의 결과를 설명하며, 입력과 결과를 매개하는 것은 학습 에이전트(직접적, 교육적, 의도적 또는 기타 방식으로 학습을 촉진하는 현상)로 성공 기준, 환경 및 학습전략 등이 여기에 포함된다. 이 모델에서 우리는

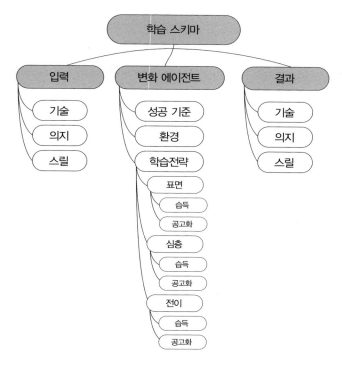

그림 7-1 학습 스키마

이러한 학습 에이전트가 사실적 내용(표면) 수준, 통합 및 관계적인 (심층) 수준 그리고 학습이 새로운 상황(전이)으로 확장될 때 학습에 영향을 미칠 수 있다고 제안한다. 마지막으로, 이러한 각 수준에서의 학습은 학생이 새로운 학습을 처음 접하거나 습득하는지 여부에 따라, 그리고 학생이 학습을 표면 및 심층 단계에서 공고화하는지 여부에 따라 더 구분할 수 있다.

이 모델은 학생들의 사전 지식, 학습 성향, 학습 동기(여기에는 성공의 기준에 대한 학생들의 인식 정도 포함)에 따라 다양한 학습전략이 차등적으로 효과적이라고 제안한다. 이러한 전략은 학습이 아이디어 및 표면적인 수준의 지식과 관련이 있는지, 관계 및 더 깊은 이해와 관련이 있는지, 그리고 알고 있는 지식과 이해를 근거리 및 원거리 이전 과제로 전이하는 전략에 따라 차별적인 효과를 보인다. 마지막으로, 표면 및 심층적인 단계 내에서 전략은 학생이 이해를 습득하고 있는지 또는 공고화하는지에 따라 다르게 영향을 미친다.

이 모델은 228개의 메타분석에서 소개된 18,956개의 연구를 기반으로 한 메타 종합을 통해 제시된다. 이 메타분석 중 125개 메타분석에서만 샘플 크기(N=11,006,839)를 보고했지만, 누락된 샘플 크기에 대해 평균(한 메타분석의 이상치 700만 제외)을 사용하는 경우 샘플 크기의 최적 추정치는 1,300만 명에서 2,000만 명의 학생이다. 평균 효과는 0.53이지만 상당한 편차가 있다. 모델의 모든 단계와 결과에 대한 자세한 내용은 Hattie와 Donoghue (2016; Donoghue & Hattie 연구 참조)의 연구에 제시되어 있다.

입력과 결과

. . . .

[그림 7-2]에서는 앞서 설명한 학습의 유형과 단계를 포함하여 제안된 모델을 제안된 시퀀스와 함께 보여 준다. 하지만 현실에서 학습은 반복적이고 비선형적으로 이루어지며, 단계 사이에 많은 중복이 있기 때문에 이 시퀀스가 단방향이 아니라는 점에 유의해야 한다.

이 모델은 세 가지 주요 입력 소스인 기술, 의지 그리고 스릴로 시작한다. '기술'은 학생

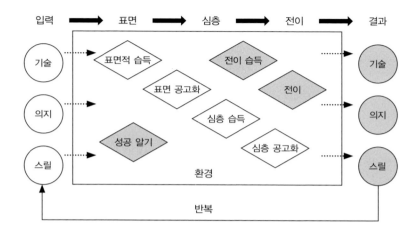

그림 7-2 학습모델

이 이미 가지고 있던 성취 혹은 학습 이후의 성취이고, '의지'는 학습에 대한 학생의 다양한 성향과 관련이 있으며, '스킬'은 학생이 가지고 있는 동기를 의미한다. 우리의 모델에서 이러한 입력은 학습의 주요 결과이기도 하다. 즉, 성취(기술)에서 결과를 개발하는 것은 학습에 대한 성향(의지)을 향상시키는 것만큼이나 중요하며, 학생들이 학습 숙달(스킬 또는 동기)에 대해 더 많은 재투자를 하도록 유도하는 것만큼이나 가치가 있다. 이러한 각각의 입력과 더 분명한 결과는 그 자체로 바람직한 학습의 결과이며, 의도적이든 비의도적이든 직간접적으로 교수(teaching)의 영향을 받을 수 있다.

스킬

첫 번째 구성 요소는 학생이 학습과제에 가져온 사전 성취를 설명한다(d=.77). Illeris (2007)는 '개별 습득 과정의 결과는 항상 이전에 습득한 것에 의존한다'(p. 1)고 주장했다. 학생들이 학습에 가져오는 기술과 관련된 다른 영향으로는 작업(학습) 기억, 신념, 격려 및 학생의 문화적 배경과 가정으로부터의 기대 등이 있다.

의지

이와 대조적으로 의지는 성향이나 마음의 습관, 또는 특정한 방식으로 상황에 대처하는 경향으로, 소위 21세기 기술이라고 불리는 많은 것이 여기에 속한다. 그릿, 마음챙김, 성장 대 고정 마인드셋은 낮은 효과를 보였다(d=.19). 이는 많은 학생이 높은 성취도, 능력 집단, 또래 비교와 같은 고정된 개념이 지배하는 학교 환경에서 배워 왔기 때문에 성장 마인드셋으로 전환하는 것이 얼마나 어려운지를 보여 준다. 또한 Dweck(2012)은 역경, 무력감, 실수, 실패의 위험이 있는 상황에서 성장 마인드셋을 갖는 것이 최선이라는 점을 주의 깊게 지적했다. 그녀는 또한 '성장 마인드셋'이라는 일반적인 상태가 반드시 있는 것이 아니라 상황에 따라 더 구체적인 상태가 있다는 점을 반복적으로 언급했다. 실제로 성장 마인드셋은 고정된 개념일 수 있다! Schwartz 등(2016)은 또한 이러한 성향이 학업성취도가 낮을 가능성이 가장 높은 학생들에게 가치가 있는 것으로 지적했다. Yaeger 등(2016)의 연구도 개입은 하위 5분의 1의 학생들에게만 영향을 미쳤다고 언급했다. Credé 등(2016)은 종종 성장 마인드셋의 핵심으로 여겨지는 '그릿'의 핵심 개념이 성실성이며, 이러한 성격 성향을 바꾸는 것이 얼마나 어려운지를 잘 설명하고 있다.

스릴

학습에는 스릴이 있을 수 있지만, 많은 학생에게 일부 영역의 학습은 단조롭고 흥미롭지 않으며 지루할 수 있다. 학습의 다양한 동기부여 측면에 관한 방대한 문헌과 보다 효과적인 동기부여 측면을 가르칠 수 있는 방법에 대한 소규모 문헌도 있다. 일반적인 경계는 숙달과 수행 지향이다. 숙달 목표는 지적 발달, 지식과 새로운 기술의 습득, 더 큰 노력에 대한 투자, 고차원 인지전략 및 학습결과와 관련이 있는 것으로 간주된다. 반면에, 수행 목표는 경쟁적인 면에 초점이 있다. 다른 사람을 능가하거나 다른 사람을 기쁘게 하려고 과제를 완료하는 것이다. 그러나 성취와 숙달 및 수행 목표와의 상관관계는 많은 사람이 주장하는 것만큼 높지 않다(Carpenter, 2007; Hulleman et al., 2010).

동기부여에 대한 대부분의 현대 이론은 학생이 완전히 숙달하기를 원하거나 동료와 경쟁하는 것과 같이 '당기거나 밀어야' 한다고 가정한다. 동기부여에 대한 대안적이고 보다 타당한 기초는 '노력'이라는 개념이다. 삶은 정지되어 있지 않으며, 학습자는 어떤 경우에도 '앞으로 나아갈 것'이라는 점을 인식하면 중요한 동기부여 질문은 '내가 이 일을 할 것인가, 아니면 저 일을 할 것인가?'가 된다(Hoddis et al., 2016; Peters, 1958). 이러한 노력 동기부여 이론은 학생들이 하나의 활동이나 대안적 활동(예: 과제 수행 중 또는 과제 수행 후)에 참여하는 이유를 설명할 가능성이 더 크다. 예를 들어, Higgins(2011)는 우리가 가치, 통제, 진실의 효과를 위해 노력하며, 이를 촉진 또는 예방적 노력을 통해 수행한다고 주장했다. 즉, 우리는 자신에 대한 현재의 신념(나는 유능한 학생이다, 혹은 실패한 학생이다)을 확인하기 위한 증거를 찾거나 현재의 신념을 부정하는 증거를 찾아 학습자로서 자신의 믿음에 대한 진실 효과를 증명하려 한다(나는 열심히 노력해서 이 과제를 통과했으니 괜찮은 학생이다; Swann, 2011 참조). 이는 여러 면에서 Popper(1968)가 확증과 불확증을 구분하는 것과 유사하며, 우리가 왜 한 가지 일을 다른 일보다 계속하는지를 설명하는 데 도움이 된다.

이러한 노력을 실행하기 위해 Biggs(1993)는 동기부여 노력(학생이 과제를 공부하고자 하는 이유)과 관련 전략(학생이 과제에 접근하는 방법)을 결부시켰다. 그는 학습에 대한 세 가지 일반적인 접근 방식인 심층, 표면, 성취적 접근 방식을 설명했다. 학생이 심층 전략을 취할 때, 그들은 그들이 배우고 있는 것을 이해하고, 의미를 만들고, 아이디어를 그들만의 것으로 만드는 것을 목표로 한다. 즉, 학습하는 내용의 의미에 집중하고, 자신의 이해를 발전시키고, 아이디어를 서로 연관시키고, 이전 경험과 연결하고, 학습내용에 대해 스스로 질문하고, 자신의 아이디어를 다른 사람과 토론하고, 다양한 관점을 비교하는 것을 목표로 한다. 표면적 전략을 취하는 학생은 정보를 재생하고, 사실과 아이디어를 학습하는 것을 목표로 하며, 이러한 사실과 아이디어 사이의 관계나 연결성을 보는 데에는 거의 관심을 두지 않는다. 성취 전략을 취하는 학생은 시험에 합격하고, 지침을 준수하고, 원하는 성적을 달성하기 위해 전략적 운영 측면에서 최소한의 노력으로 최대한의 결과를 얻는 '최소 최대' 개념을 사용한다. 학교 성과와 가장 관련이 있어 보이는 것은 이 성취 전략이다.

학습 에이전트

성공 기준
학습전략 자체에 대한 탐구만큼이나 중요한 것은 이러한 전략의 매개체에 대한 연구다.

주요 매개체는 학습자가 학습의 성공 기준을 인식하는 정도와 이러한 성공 기준을 달성하는 데 부여하는 가치이다. 일부 학생은 대부분의 활동에 참여할 때 별생각이 없이 참여하게 되는데, 실제로 교사들은 이러한 순응적인 학생을 중요하게 생각한다. 그러나 많은 학생은 특히 초등학교 고학년으로 올라갈수록 바람직하지 않거나 알 수 없는 결과를 얻기위해 에너지를 투자하는 목적, 진정성, 가치 등에 의문을 갖기 시작한다. 규제를 맹목적으로 따르는 시간은 끝났다. 학생들은 외부적으로 정의한 성공 기준보다 통제, 지식, 이해를 더 중요하게 생각한다. 학생들의 행동은 과제를 수행하기 전에 성공하는 것이 무엇을 의미하는지 알 때 더 목표지향적으로 된다. 이러한 성공 기준을 명확히 표현할 수 있거나 이러한 성공 기준을 배운 학생은 학습전략을 전략적으로 선택할 가능성이 높고, 학습 성공의 스릴을 즐길 가능성이 높으며, 성공 기준을 달성하는 데 재투자할 가능성이 높다.

메타분석을 통해 얻은 증거에 따르면, 스릴의 핵심 구성 요소는 학생이 심층 전략(d=.63)과 동기(d=.75)를 가지고 있다면, 언제 심층적이고 언제 표면적인 학습을 해야 하는지 알 수 있는 인지적 유연성(d=.70)을 가지고 있다는 것이다. 숙달(d=.19) 또는 수행(d=.11)목표는 거의 중요하지 않다. 학생이 일련의 교육과정 초기에 성공 기준을 함께 구성하도록 하거나 그 기준에 노출될 때 스릴은 증가한다(d=1.13). 이는 학생들에게 개념 지도를 개발하는 방법을 가르치고(d=.62), 성공 기준과 관련하여 자신의 학업을 스스로 판단할 수 있는 표준을 개발하며(d=.62), '너무 어렵지도, 너무 지루하지도 않게'(d=.57; Lomas et al., 2017 참조)라는 골디락스(Goldilocks) 원칙을 사용하여 달성할 수 있다.

학습환경

본 모델의 모든 구성 요소는 학생이 공부하는 환경과 관련이 있다. 학습 기술에 관한 많은 책과 인터넷 사이트에서는 조용한 방, 음악이나 텔레비전이 없는 환경, 높은 수준의 사회적 지원, 학생들이 자신의 학습을 통제하도록 하는 것, 학생들이 선호하는 시간에 공부할 수 있도록 하는 것, 충분한 수면과 운동을 보장하는 것이 중요하다고 주장한다.

효과적인 학습을 위한 전제 조건으로 환경을 조성하는 데 특히 학부모의 관심이 높지만, 이러한 효과는 일반적으로 상대적으로 작다. 배경음악의 유무(d=-.04), 학생이 학습을 통제할 수 있는지 여부(d=.02), 하루 중 공부 시간(d=.12), 사회적 지지의 정도(d=.12), 운동의 활용(d=.26) 등도 별 차이가 없는 것으로 보인다. 대부분의 학생이 충분한 수면과 운동을 한다는 점을 감안할 때, 이러한 효과가 낮다는 것은 놀라운 일이 아니다. 물론 극심한 수면 부족이나 음식 부족은 학습에 현저한 영향을 미칠 수 있다. 마지막으로, 이러한 데이터는 음악, 운동, 자율성과 같은 것들이 그 자체로 바람직한 학습 현상인지에 대한 질문에는 침묵하고 있다는 점에 유의해야 한다.

학습전략

. . . .

학습의 세 단계: 표면, 심층, 전이

이 모델은 표면학습과 심층학습 모두의 중요성을 강조하면서, 어느 한쪽에 특권을 부여하지 않고 모두 다 중요하다고 주장한다. 이 모델은 순서를 암시하는 것처럼 보이지만, 이는 모호한 구분이다(표면학습과 심층학습을 동시에 수행할 수 있음). 다만 가장 효과적인 학습전략을 식별하기 위해 이들을 구분하는 것이 유용하다. 종종 학생은 심층학습으로 넘어가기 전에 충분한 표면 지식을 가지고 있어야 하며, 그다음에는 이러한 이해의 전이로 넘어가야 한다. Entwistle(1976)이 언급했듯이, '학습하다'라는 동사는 대격을 취한다. 즉, 주제 또는 내용 영역, 학습이 지향하는 특정 작업, 학습이 발생하는 맥락과 관련하여 학습을 분석하는 것이 타당하다. 따라서 학습이 학생의 성향, 특히 학생의 학습동기 및 학습에 재투자하려는 의지에 직접적인 영향을 미치기 때문에, 학습이 학생에게 의미 있는 내용인지가 핵심적인 논쟁거리이다.

표면학습의 습득

표면학습에는 주제 어휘, 수업내용과 훨씬 더 많은 것을 아는 것이 포함된다. 성공적인 전략에는 새로운 아이디어를 사전 지식과 통합하기(d=.93), 개요 작성 및 변환하기(d=.85), 요약 및 정리하기(d=.63) 등이 포함된다. 이 단계에서 암기는 매우 낮은 효과를 보였다(d=.06). 왕겨에서 밀을 걸러 내는 방법을 배우고, 그 단계에서 가장 중요한 다양한 정보를 걸러 내어 정리하는 방법을 배우는 것이 바로 이 기술이다. 이 단계에서 중요한 것은 교사가 사전에 준비한 개요나 요약을 단순히 가르치는 것보다는 학생들 스스로 개요와 요약하는 기술을 습득하도록 하는 것이다.

표면학습의 공고화

일단 학생이 표면 지식을 개발하기 시작하면 이후 적절한 순간에 검색할 수 있도록 부호화하는 것이 중요하다. 이런 부호화에는 두 가지 학습전략이 포함된다. 첫 번째는 저장력(기억이 지속적으로 확립되거나 '잘 학습된' 정도)을 개발하고, 두 번째는 인출력(주어진 시점에 기억에 접근할 수 있는 정도; Bjork & Bjork, 1992)을 개발하는 전략이다. 부호화 전략은 두 가지 모두를 개발하는 것을 목표로 하지만, 인출력 개발에 특히 중점을 둔다. 두 가지 전략 그룹 모두 학습에 대한 투자를 불러일으키며, 여기에는 노력이 요구되는 인지 활동을 위한 기회를 찾고, 참여하고, 즐기고, 지속적으로 추구하는 경향이 포함된다(von Stumm et al., 2011). 어떤 사람들은 이 단계를 '즐기지' 않을 수 있지만, 기꺼이 연습하고, 호기심을 갖고, 다시 탐구하려는 의지와 모호성과 불확실성을 기꺼이 감내하려는 의지도 포함된다. 이를 위해서는 충분한 메타인지와 원하는 학습결과에 대한 조정된 진전 감각이 필요하다. 전략에는 의도적인 연습 테스트($d=.77$), 피드백을 받고 활용하는 기술($d=.71$), 간격화된 연습 대 집중 연습($d=.60$), 리허설 및 암기($d=.73$)가 포함된다. 덧붙여서, 이 공고화 단계(0.73)에서 암기의 효과는 표면 습득 단계($d=.06$)보다 현저히 높다는 점에 주목할 필요가 있으며, 이는 모델에 묘사된 학습단계와 유형에 따라 학습전략의 효과가 달라진다는 것을 보여 준다.

심층학습의 습득

다양한 전략에 대한 높은 수준의 인식, 통제 또는 전략적 선택을 하는 학생을 종종 '자기조절'이 잘되는 혹은 높은 수준의 메타인지를 가진 학생이라고 한다. Hattie(2009)는 이러한 자기조절형 학생은 현재 전략이 효과가 없을 때 적용할 수 있는 전략 레퍼토리를 가지고 있고, 성공이 어떤 것인지에 대한 명확한 개념을 가지고 있기 때문에 '교사처럼 되는' 학생으로 묘사한다. Pintrich(2000, p. 547)는 자기조절을 '학습자들이 학습목표를 설정한 다음 목표와 환경의 맥락적 특성에 따라 자신의 인지, 동기, 행동을 모니터링, 조절 및 통제하려고 시도하는 능동적이고 건설적인 과정'으로 설명했다. 이런 학생들은 무엇을, 어디서, 누가, 언제, 왜 어떤 학습전략을 사용해야 하는지 알고 있으며, 무엇을 해야 할지 모를 때 무엇을 해야 하는지를 안다. 성공적인 자기조절 전략에는 정교화 및 조직화(d=.75), 전략 모니터링(d=.71), 정교한 질문('왜' 질문하기, d=.42)이 포함된다.

심층학습의 공고화

학생이 표면 및 심층학습을 습득하고, 그것이 기술 및 전략 레퍼토리의 일부가 될 정도에 이르면 '자동화(automatization)'가 가능하다. 여러 가지 의미에서 이러한 자동화는 '아이디어'가 되며, 따라서 표면적 아이디어에서 심층적 지식으로, 다시 표면적 아이디어로 이어지는 순환이 계속된다. 이 공고화 단계에서 다른 사람들과 협력하는 힘이 가장 분명히 드러나며, 학생들이 '자신의 사고 과정을 목소리로 표현(think aloud)'할 수 있도록 하는 높은 수준의 신뢰가 요구된다. 학생과 교사는 학습에 대한 이러한 경청과 말하기를 통해 자신이 무엇을 깊이 알고 있는지, 무엇을 모르는지, 관계와 확장을 찾기 위해 어떤 어려움을 겪고 있는지 깨닫게 된다. 성공적인 전략에는 동료에게 도움 구하기(d=.83), 교실 토론(d=.82), 평가 및 반성(d=.75), 자신이 얻은 결과에 대해 다른 사람과 논의하기(d=.70), 다른 사람과 문제기반학습하기(d=.68), 자기 언어화 및 자기 질문(d=.64), 동료 튜터 및 다른 사람 가르치는 법 배우기(d=.54), 자기 설명(d=.50), 자기 모니터링(d=.45), 문제의 단계를 자기 말로 표현하기(d=.41) 등이 포함된다.

전이

한 상황에서 새로운 상황으로 지식과 이해를 전이시키는 데는 기술이 필요하다. 실제로 일부는 성공적인 전이가 학습과 동의어로 간주될 수 있다고 여긴다(Perkins & Salomon, 2012). 근거리 전이와 원거리 전이, 저수준 전이와 고수준 전이, 새로운 상황으로의 전이와 문제해결 전이, 긍정적 전이와 부정적 전이 등 전이와 관련된 다양한 구분이 있다(Bereiter & Scardamalia, 2014). Marton(2006)은 학습자가 특정 상황에서 적용되는 전략을 학습하여 두 번째 상황이 첫 번째 상황과 유사하거나 (혹은 유사하다는 것을 인지했을 때) 다른 상황에서 동일한 작업을 수행할 수 있게 될 때 전이가 발생한다고 주장했다. 그는 동일성, 유사성 또는 정체성뿐만 아니라 작은 차이도 상황을 서로 연결할 수 있다고 주장했다. 이러한 차이를 감지하는 방법을 배우는 것은 학습의 전이에 있어 매우 중요하다. 헤라클레이토스가 말했듯이 동일한 경험은 없으며, 같은 강물에 두 번 발을 담글 수도 없다. 실제로 현재 문제와 새로운 문제 사이의 유사점과 차이점을 탐지하는 효과는 높으며(d=1.32), 기존 상황과 새로운 상황 사이의 패턴을 찾는 것도 마찬가지이다(d=1.14).

하나의 문제를 풀고 서둘러 다음 문제를 해결하기보다는 학생이 잠시 멈춰서 각 문제를 비교하고 대조해 보는 것이 좋은데, 사실 이것이 전이 과정의 핵심이라고 할 수 있다. 모델([그림 7-2] 참조)은 전이도 다른 기술과 마찬가지로 가르칠 수 있는 기술이라고 제안한다. 결과적으로, 이 모델은 전이 학습이 습득 및 통합 단계를 가질 수 있고, 이러한 단계 중 어느 단계에 해당하는지에 따라 전이 학습의 전략이 차별적으로 효과적일 수 있다는 반증 가능한 가설을 제시하고 있다. 이 개념을 지지하거나 반대하는 증거는 없지만, 이 아이디어는 원래 모델을 설명하는 과정에서 직접 도출되었다는 점에 주목할 필요가 있다(Hattie & Donoghue, 2016). 이는 개념적 모델의 중요한 유용성 중 하나를 보여 주는데, 조사할 가치가 있는 반증 가능한 가설을 생성하는 능력이다.

논의와 결론

• • • • • • • • •

최적의 학습전략에 대한 많은 논쟁이 있으며, 실제로 이러한 전략을 설명하는 데 사용되는 400개 이상의 용어들이 있다. 우리의 초기 목표는 다양한 전략을 효과 측면에서 순위를 매기는 것이었지만 곧 포기하였다. 대부분의 전략은 학습과정에서 언제 사용되었는지에 따라 그 효과에 있어 너무 큰 차이가 있었기 때문에, 우리는 최적의 학습전략과 그 중재자에 대한 예측을 설명하고 생성하기 위한 학습 모델을 개발하였다. 이후 연구에서는 다양한 전략을 평가하고 학생들의 지식 향상 및 전략의 적응적 사용과 관련된 최적의 교수 방법을 식별하는 방법을 조사한다. 모든 모델과 마찬가지로 [그림 7-2]는 추측이며, 많은 내용을 담으려 하였고, 반증의 여지가 있다. 여기에는 10가지 주요한 시사점이 있다.

첫째, 이 모델은 학습이 반드시 어떤 콘텐츠(알 만한 가치가 있는 것)에 내재되어 있어야 한다고 가정하므로, 21세기형 기술 자체를 개발해야 한다는 현재의 주장은 대부분 오해의 소지가 있다. 이러한 기술은 종종 콘텐츠와 독립적으로 개발될 수 있는 것으로 홍보된다(예: 비판적 사고, 학습 기술, 회복력, 성장 마인드셋). 그러나 우리의 모델은 이러한 기술은 일부 콘텐츠와 관련하여 가장 잘 개발될 가능성이 있음을 시사한다. 학습전략 과정을 개발하거나 학습내용의 맥락을 벗어난 별도의 전략을 가르칠 필요는 없다. 대신, 전략은 교수 및 학습과정의 필수적인 부분이어야 하며, 이 과정 내에서 가르칠 수 있다.

둘째, 이 모델은 세 가지 주요 입력과 결과를 포함한다. 이것은 학생들이 학습 상황에 가져오는 것(기술), 학습에 대한 그들의 성향(의지) 그리고 과제에 대한 동기(스릴)와 관련이 있다. 선행지식과의 연결, 자신감 부여, 불안감 감소, 학습 초기에 성공 기준을 노출하는 것이 가장 큰 차이를 만든다. 최적의 상황은 학생들이 현재 자신이 알고 있는 것, 할 수 있는 것 그리고 그들이 관심을 두는 것에서 성공의 기준에 이르기까지 투명한 진행 상황을 인식하고 있을 때이다. 학습에는 스릴이 있어야 하는데, 훈련 및 기술 모델, 지배적인 '말하고 연습하는' 교육 모델, 수많은 커리큘럼 문서에서 규정하는 '많은 것을 아는 것'의 과포화 등은 이러한 학습의 스릴을 약화시킬 수 있다. 많은 비디오 게임을 하는 것처럼 학생 대부분을 흥분시키는 것은 학습의 스릴이지 과제의 완료가 아니다. 중요한 것은 골든 티켓을 획득하거나, 과제를 완료하여 제출하거나, 최종 레벨에 도달하는 것이 아니라 게임하는 방법을 배우는 스릴이다. 학생들은 학습 요구사항이 달성 가능하고(연습과 피드백을 통해) 지루하지 않다고 생각되면 매우 도전적인 과제에 참여하게 되는데, 이것은 바로 '너무 어렵지도 않으면서 그렇다고 너무 지루하지도 않은' 골디락스의 원칙을 따르는 것이다(Lomas et al., 2017).

셋째, 이 모델은 효과적인 학습전략이란 학생이 학습내용을 처음 습득할 때와 학생이 학습을 내재화하거나 공고화할 때 등 학습의 각 단계에 따라 달라진다고 제안한다. 즉, 학습의도가 표면학습(내용)인지, 심층학습(내용 간의 관계)인지, 아니면 새로운 상황이나 과제로의 기술 전이인지에 따라 효과적인 전략은 서로 다르다는 것이다. 이러한 구분은 여러 면에서 임의적이지만(변덕스러운 것은 아님), 이러한 추측을 탐구하기 위해서는 더 많은 실험적 연구가 필요하다. 이 모델은 선형적인 것으로 표현되었지만 다양한 단계에서 많은 부분이 중복될 수 있다. 예를 들어, 어떤 주제(표면)를 깊이 학습(즉, 기억에 부호화하는 것)하려면 그 의미를 탐구하고 이해해야 하며, 성공 기준은 표면과 심층이 혼합되어 있을 수 있고, 심지어 다른(실제) 상황으로의 전이를 보여 줄 수도 있다. 그리고 종종 심층 수준의 학습이라도 특정 어휘와 이해를 얻기 표면 수준으로 되돌아갈 필요도 있다. 학습은 반복적이고 비선형적이기 때문에 어떤 경우에는 여러 프로세스가 겹치는 경우도 있다.

넷째, 학습전략의 성공적인 사용의 본질은 전략의 타이밍과 적응적 선택과 관련이 있다. 가장 효과가 좋은 10개의 학습전략을 선정하는 것도 가능하겠지만, 더 중요한 결론은 학생이 학습주기의 어느 단계에 있는지에 따라 최적의 전략이 달라진다는 것이다. 적시에 전략을 사용하는 이 전략적 기술은 케니 로저스의 노래에 나오는 메시지와 유사하다. '언제 잡아야 하는지, 언제 접어야 하는지를 알아야 한다'라는 말이다. 예를 들어, 일련의 교육을 시작할 때 가장 중요한 점은 학생들이 성공 기준을 달성할 합리적인 가능성에 자신감을 갖고, 수업에서 가치를 보고, 선행학습 및 향후 원하는 기술과 연관시킬 수 있으며, 습득해야 할 기술에 대해 지나치게 불안하지 않도록 하는 것이다. 수업에서 성공적인 학습이 어떤 모습일지에 대한 개요를 조기에 제공하면(성공 기준을 알면) 불안을 줄이고, 동기를 높이며, 표면적 이해와 심층적 이해를 구축하는 데 도움이 된다.

표면학습을 습득하려면 학습을 요약하고, 개요를 작성하며, 이를 이전 성취와 연관시키는 방법을 알아야 한다. 그런 다음 의도적인 연습에 참여하고, 시간을 들여 반복 학습하며, 이러한 노력을 수정하기 위해 피드백을 찾거나 받는 방법을 학습하여 이러한 학습을 공고화하는 것이 좋다. 심층 이해를 위해서는 계획 및 평가전략, 학습전략의 사용을 모니터링하는 학습이 필요하다. 그런 다음, 이를 공고화하려면 자기대화, 자가평가, 자기질문, 동료로부터 도움 구하기 등이 필요하다. 이러한 공고화를 위해서는 학습자가 자신의 사고과정을 목소리로 표현하고, '사고의 언어'를 배우고, 도움을 구하는 방법을 알고, 스스로 질문하고, 학습의 다음 단계가 가져올 결과를 통해 작업하는 방법을 알아야 한다. 학습을 새로운 상황으로 전이하려면 기존 문제와 새로운 문제 또는 상황 간의 유사점과 차이점을 감지하는 방법을 알아야 한다. 일반적인 작업기억 기술, 비판적 또는 창의적 사고 수업을 개발하는 독립형 학습전략은 전이와 관련하여 효과가 미미하다. 이러한 수업은 영향을 미칠 수는 있지만, 학생들이 새로운 콘텐츠 영역으로 전이하는 데 도움을 준다는 증거는 거의 없다. 예를 들어, 작업기억은 참신한 정보를 추론하는 능력과 밀접한 관련이 있으므로 해당 정보의 맥락에서 개발되어야 한다는 주장이 있다.

다섯째, 전략들은 조기 노출(습득) 혹은 견고화와 강화(공고화) 등의 학습단계에 따라 차별적으로 효과적이다. 이러한 구분은 전혀 새로운 것은 아니다. 예를 들어, Shuell(1990)은 학습의 시작, 중간 및 최종 단계를 구분했다. 초기 단계에서 학생들은 '개념적으로 다소 고립된 수많은 사실과 정보 조각을 접할 수 있다. … 이해와 숙달을 향한 여정에서 여행자를 안내할 랜드마크가 거의 없는 황무지에 지나지 않는 것처럼 보인다.' 학생들은 이 새로운 정보를 이해하기 위해 기존의 스키마를 사용하거나 보다 적절한 스키마를 갖도록 안내받을 수 있다(따라서 개념 학습의 초기 단계와 아이디어 간의 관계, 즉 심층학습을 경험한다). 그렇지 않으면 정보가 고립된 사실로 남아 있거나 이전의 이해와 잘못 연결될 수 있다. 중간 단계에서 학습자는 개념적으로 고립된 것처럼 보이는 정보 조각들 사이에서 유사점과 관계를 보기 시작한다. 안개가 계속 걷히고는 있지만, 아직 완전히 걷히지 않았다. 마지막 단계에서는 지식 구조가 잘 통합되고, 보다 자율적, 무의식적, 자동적으로 작동되며, 강조되는 것은 주로 성과나 학습결과를 보여 주는 것이다.

여섯 번째 주장은 표면학습, 심층학습 그리고 학습의 전이 간의 구별과 관련이 있다. 이 모델은 '표면학습이 나쁘다'거나 '심층학습이 좋다'라는 가정을 하지 않으며, 두 가지 중 하나를 우선시하지도 않는다. 대신, 이 모델은 두 가지 모두가 중요하다고 가정한다. 표면은 심층으로, 심층은 전이로 이어지거나 심지어 다시 표면학습으로 이어질 수 있다. 이는 강조의 문제이며, 언제, 어떤 목적으로 하느냐에 따라 달라진다. Illeris(2007)가 지적했듯이, 모든 학습에는 세 가지 차원이 포함된다. '지식, 이해, 기술, 능력, 작업 방법, 가치 등의 내용 차원, 감정, 느낌, 동기, 의지 등의 인센티브 차원 그리고 상호작용, 의사소통, 협력 등의 사회적 차원'이다(p. 1). 확실히 가장 효과적인 것으로 밝혀진 전략은 지식과 이해만큼이나 정서적·사회적·문화적 차원과 관련이 있다. 단순히 노화나 발달 과정으로 인한 것이 아니라, '능력 변화'의 숙련도를 구축하는 것은 우리 교육기관의 주요 책임이며, 자신과 타인을 존중하는 역량과 함께 표면, 심층, 전이적 역량을 향상시키고 팀으로 일하며 자신이 아는 것을 다른 사람에게 전달하는 것이 이제 훨씬 중요해졌다. 표면학습과 심층학습 중 어느 것이 더 중요한가보다 적절한 시기에, 적절한 효과가 발생할 수 있도록 적절한 이유로, 표면과 심층을 적절한 비율로 활용하는 것이다. 이 모델은 '학습이란 무엇인가?'에 대한 방향을 제시한다. 즉, 학습은 표면에서 심층으로, 심층에서 전이로 이동한 결과이다. 그래야만 학생들은 주어진 정보를 넘어 인생에서 몇 안 되는 기쁨 중 하나인 '무엇인가를 알아내는 것'을 할 수 있게 된다(Bruner, 1996). 학습을 통해 얻을 수 있는 가장 큰 성과 중 하나는 Perkins(2014)가 특정 주제에 대해 '자신의 방식을 아는 것' 혹은 역사, 수학, 과학, 무엇이든지 간에 '전체 게임을 플레이하는 것'이라고 부르는 것이다. 이는 많은 것을 알고, 그 지식을 관계 탐색에 사용하여 다른 아이디어로 확장하고, 무엇을 해야 할지 모를 때 어떻게 해야 하는지 알 수 있는 기능(전이 행위)이다.

일곱째, 전이 전략을 이해하고 가르칠 수 있다. 학생들이 새로운 문제를 풀기 전에 이전 과제와 새로운 과제 사이의 유사점과 차이점을 잠시 멈추어 감지하게 하고, 이전 문제와 새로운 문제의 유사점을 비교 및 대조하도록 가르치는 것이 매우 중요하다. 너무 많은(특히 어려움을 겪는) 학생이 몇 가지 학습전략(예: 복사 및 강조 표시)을 과도하게 반복하고 새로운 과제의 요구와 상관없이 새로운 상황에 적용하고 있다. 확실히 긍정적인 전이의 기본 기술은 문제를 다루기 전에 잠시 멈추고 이전 작업과 새 작업의 차이점과 유사점에 대해 질문하는 것이다. 콘텐츠의 유사점과 차이점을 알아차리는 능력은 초심자와 전문가가 상당히 다르며, 우리는 단순히 경험에서 배우는 것이 아니라 경험을 통해서도 배운다(Marton et al., 2005; Bransford et al., 1999). 미래 학습을 위한 준비에는 다양한 맥락에서 우리의 직감을 시도해 보고, 피드백을 받고, 생산적인 실패에 참여하고, 피드백을 기반으로 우리의 지식을 수정하는 방법을 배우는 기회가 포함된다. 목표는 문제를 보다 효율적으로 해결하고 보다 정교한 이해에 비추어 이전에 습득한 지식을 '놓아 주는' 것이다. 이는 정서적 결과를 초래할 수 있다. '새로운 상황에서 전략을 변경하지 못하는 것은 성공의 폭정으로 묘사되어 왔다'(Robinson et al., 1997, p. 84). 학생들이 지난번에 효과가 있었던 것과 같은 것을 시도하는 것이 항상 생산적인 것은 아니다. 따라서 지식을 전달하는 것보다 지식을 쌓는 것에 중점을 두어야 하며, 어떤 결과를 찾기 위한 과정을 단순히 따르기보다는 이론 구축과 반증에 기반한 체계적인 탐구가 필요할 수 있다.

여덟째, 이 모델은 '심층학습'에 기반한 대부분의 프로그램과 같이 일부 인기 있는 교육 방법이 성공률이 낮은 이유를 설명하는 데 도움이 될 수 있다. 예를 들어, 509개 연구를 기반으로 한 11개의 메타분석 결과, 문제기반학습은 평균적으로 작은 효과(d=.15)를 보였다. 문제기반 학습이 결과에 미치는 영향이 적다는 것을 확인하기 위해 또 다른 문제기반 프로그램(특히 네 건의 메타분석이 완료된 의대 1학년의 경우)을 실행할 필요는 거의 없어 보인다. 현재 모델은 이 비정상적으로 보이는 연구결과를 설명하는 데 도움이 된다. 문제기반학습은 학생들이 문제를 해결할 수 있는 충분한 표면적 지식을 갖추기 전에 도입되는 경우가 너무 많다. 충분한 표면적 지식을 개발한 후 문제기반학습을 도입하면(예: 의대 본과), 그 효과는 증가한다(Albanese & Mitchell, 1993; Walker & Leary, 2009).

아홉째, 다양한 교수전략을 모델의 단계에 매핑하는 것이 좋다. 우리는 Marzano(2016)에 요약된 300개 이상의 교수전략을 검토하여 모델의 각 단계와 가장 관련이 높은 전략을 결정했다. 표면 습득을 위한 가장 최적의 교수전략에는 노트 복습, 그림 메모, 요약하기가 있다. 표면 공고화를 위해서는 과제 수정, 빈번한 구조화된 연습, 생각 기록, 2열 노트(two-column notes), 5가지 기본 프로세스를 사용한 지식 수정이 있다. 심층 습득에는 정교한 질문, 주장에 대한 근거 검토, 한정어 생성, 공격 오류 식별, 잘못된 논리 오류 식별, 주장과 그 주장을 뒷받침하는 근거를 포함한 형식적 구조 및 실제로 작동되는 예시를 제시하는 것 등이 있다. 심층 공고화를 위해서는 능동적 처리, 내외부 서클, 동료 피드백, 동료 응답 그룹, 동료 튜터링, 학생 토너먼트, 생각 공유(think-pair-share), 누적 검토를 위한 그룹핑을 사용한다. 그리고 전이에는 분류 차트, 이분법 키(dichotomous keys), 정렬, 매칭, 범주화 및 학생이 생성한 분류 패턴 등이 있다. 다양한 단계를 가로지르는 것으로 보이는 유일한 전략은 직소(Jigsaw) 방법이며, 이 방법은 전체 효과 크기가 매우 높다(Batdi, 2014, d=1.20).

열 번째, 요약하자면, 정확한 세부 사항을 기억하는 것이 성공 기준이라면(표면학습), 낮은 수준의 학습전략이 높은 수준의 전략보다 더 효과적일 것이다. 그러나 학생들이 새로운 맥락에 적용(전이)할 수 있도록 맥락을 이해(심층학습)하도록 돕는 것이 목적이라면 더 높은 수준의 전략도 필요하다. 상위 수준의 사고를 효과적으로 수행하려면 하위 수준의 표면 지식이 충분해야 한다는 명시적인 가정이 있다. 즉, 충분한 수준의 콘텐츠 지식이 뒷받침되지 않으면 더 높은 수준의 사고(예: 문제해결 및 창의적 사고)로 바로 이동할 수 없다. 학습주기의 다양한 부분을 극대화하는 학습전략이 있다. 학생들은 자신만의 학습전략 세트를 만들고, 주어진 학습경험에 맞는 전략을 메타인지적으로 선택할 수 있어야 하며, 해당 전략의 효과를 평가할 수 있어야 하고, 마지막으로 그러한 전략이 효과적이지 않은 것으로 판명되면 다른 전략으로 변경할 수 있는 인지적 유연성을 발휘해야 한다. 학습을 복잡하고 비선형적이며 시간에 민감한 현상으로 인식하는 이러한 기본적인 기술 세트를 가르칠 수 있고 가르쳐야만 한다.

감사의 말씀

• • • • • • • •

이 글은 Special Research Initiative of the Australian Research Council의 The Science of Learning Research Centre 연구에 기반하고 있다(Project Number SR120300015).

참고문헌

Albanese, M. A., & Mitchell, S. (1993). Problem-based learning: A review of literature on its outcomes and implementation issues. *Academic Medicine, 68*(1), 52–81.

Batdi, V. (2014). Jigsaw tekniginin ogrencilerin akademik basarilarina etkisinin metaanaliz yontemiyle incelenmesi. *Ekev Akademi Dergisi, 18*, 699–715.

Bereiter, C., & Scardamalia, M. (2014). Knowledge building and knowledge creation: One concept, two hills to climb. In S. C. Tan, H. J. So, & J. Yeo (Eds.), *Knowledge creation in education* (pp. 35–52). Singapore: Springer.

Biggs, J. B. (1993). What do inventories of students' learning processes really measure? A theoretical review and clarification. *British Journal of Educational Psychology, 63*(1), 3–19.

Bjork, R. A., & Bjork, E. L. (1992). A new theory of disuse and an old theory of stimulus fluctuation. In A. Healy, S. Kosslyn, & R. Shiffrin (Eds.), *Learning processes to cognitive processes: Essays in honor of William K. Estes* (Vol. 2, pp. 35–67). Hillsdale, NJ: Erlbaum.

Boekaerts, M. (1997). Self-regulated learning: A new concept embraced by researchers, policy makers, educators, teachers, and students. *Learning and Instruction, 7*(2), 161–186.

Bransford, J. D., Brown, A. L., & Cocking, R. R. (1999). *How people learn: Brain, mind, experience, and school.* Washington, DC: National Academy Press.

Bruner, J. S. (1996). *The culture of education.* Cambridge, MA: Harvard University Press.

Carpenter, S. L. (2007). *A comparison of the relationships of students' self–efficacy, goal orientation, and achievement across grade levels: a meta–analysis* (Unpublished doctoral dissertation). Faculty of Education, Simon Fraser University, British Columbia, Canada).

Credé, M., Tynan, M. C., & Harms, P. D. (2016). Much ado about grit: A meta–analytic synthesis of the grit literature. *Journal of Personality and Social Psychology.* Advance online publication. http://dx.doi.org/10.1037/pspp0000102

Dignath, C., Buettner, G., & Langfeldt, H.P. (2008). How can primary school students learn self–regulated learning strategies most effectively? A meta–analysis on self–regulation training programmes. *Educational Research Review, 3*(2), 101–129.

Donoghue, G., & Hattie, J. A. C. (under review). *A meta–analysis of learning strategies based on Dunlosky et al.* Unpublished paper, Science of Learning Research Centre, Melbourne, Australia.

Dunlosky, J., Rawson, K.A., Marsh, E.J., Nathan, M.J., & Willingham, D.T. (2013). Improving students' learning with effective learning techniques: Promising directions from cognitive and educational psychology. *Psychological Science in the Public Interest, 14*(1), 4–58.

Dweck, C. (2012). *Mindset: How you can fulfil your potential.* UK: Hachette.

Entwistle, N. J. (1976). The verb 'to learn' takes the accusative. *British Journal of Educational Psychology, 46*(1), 1–3.

Hattie, J. A. C. (2009). *Visible learning: A synthesis of over 800 meta–analyses relating to achievement.* London: Routledge.

Hattie, J.A.C., & Donoghue, G. (2016). Learning strategies: A synthesis and conceptual model. *Nature: Science of Learning.* 1. doi:10.1038/npjscilearn.2016.13.

Higgins, E. T. (2011). *Beyond pleasure and pain: How motivation works.* Oxford: Oxford University Press.

Hodis, F., Hattie, J.A.C., & Hodis, G. (2016). Measuring promotion and preventing orientations of secondary school students: It is more than meets the eye. *Measurement and Evaluation in Counseling and Development, 49*(3), 194–206.

Hulleman, C. S., Schrager, S. M., Bodmann, S. M., & Harackiewicz, J. M. (2010). A metaanalytic review of achievement goal measures: Different labels for the same constructs or different constructs with similar labels? *Psychological Bulletin, 136*(3), 422.

Illeris, K. (2007). *How we learn: Learning and non-learning in school and beyond*. London; New York: Routledge.

Lomas, J.D., Koedinger, K., Patel, N., Shodhan, S., Poonwala, N., & Forlizzi, J. (2017). *Is difficulty overrated? The effects of choice, novelty and suspense and intrinsic motivation in educational games*. Conference paper downloaded from www.researchgate.net/publication/313477156_Is_Difficulty_Overrated_The_Effects_of_Choice_Novelty_and_Suspense_on_Intrinsic_Motivation_in_Educational_Games

Marton, F. (2006). Sameness and difference in transfer. *The Journal of the Learning Sciences, 15*(4), 499–535.

Marton, F., Wen, Q., & Wong, K. C. (2005). 'Read a hundred times and the meaning will appear … '. Changes in Chinese university students' views of the temporal structure of learning. *Higher Education, 49*(3), 291–318.

Marzano, R. (2016). *The Marzano Compendium of Instructional Strategies*. www.marzanoresearch.com/online–compendium–product

Perkins, D. (2014). *Future wise: Educating our children for a changing world*. San Francisco, CA: John Wiley & Sons.

Perkins, D. N., & Salomon, G. (2012). Knowledge to go: A motivational and dispositional view of transfer. *Educational Psychologist, 47*(3), 248–258.

Peters, R. S. (2015). *The concept of motivation*. UK: Routledge.

Pintrich, P. R. (2000). Multiple goals, multiple pathways: The role of goal orientation in learning and achievement. *Journal of Educational Psychology, 92*(3), 544–555.

Popper, K. R. (1968). *The logic of scientific discovery* (3rd edn). London: Hutchinson.

Robinson, A. G., Stern, S., & Stern, S. (1997). *Corporate creativity: How innovation and improvement actually happen*. Oakland, CA: Berrett–Koehler Publishers.

Schwartz, D. L., Cheng, K. M., Salehi, S., & Wieman, C. (2016). The half empty question for socio-cognitive interventions. *Journal of Educational Psychology, 108*(3), 397.

Shuell, T. J. (1990). Teaching and learning as problem solving. *Theory into Practice* (special issue: *Metaphors We Learn By*), *29*(2), 102–108.

Swann Jr., W. B. (2011). Self–verification theory. *Handbook of Theories of Social Psychology, 2*, 23–42.

von Stumm, S., Chamorro–Premuzic, T., & Ackerman, P. L. (2011). Re–visiting intelligence-personality associations: Vindicating intellectual investment. In T. Chamorr–Premuzic, S. von Sturm, & A. Furnham (Eds.), *Wiley–Blackwell handbook of individual differences* (pp. 217–241). Chichester, UK: Wiley–Blackwell.

Walker, A., & Leary, H. M. (2009). A problem based learning meta-analysis: Differences across problem types, implementation types, disciplines, and assessment levels. *Interdisciplinary Journal of Problem Based Learning*, 3(1), 12–43.

Yeager, D. S., Romero, C., Paunesku, D., Hulleman, C. S., Schneider, B., Hinojosa, C., Lee, H.Y., O'Brien, J., Flint, K., Roberts, A., Trott, J., Greene, D., Walton, G.M., & Dweck, D. (2016). Using design thinking to improve psychological interventions: The case of the growth mindset during the transition to high school. *Journal of Educational Psychology*, *108*(3), 374.

8

전환학습이론

Jack Mezirow

Jack Mezirow

전환학습(transformative learning)이라는 개념은 1978년 뉴욕 컬럼비아 대학교 티처스 칼리지의 성인교육학과 교수인 Jack Mezirow에 의해 처음 시작되었다. 그는 브라질의 Paulo Freire와 독일의 Jürgen Habermas 등의 영향을 받아 수년 동안 여러 개발도상국에서 성인교육 컨설턴트로 활동해 왔다. 그러나 Mezirow는 미국의 여성 성인교육과 관련하여 정체성의 변화에 이르는 광범위한 종류의 학습을 발견했다. 뒤에 Mezirow는 여러 저술에서 전환학습의 개념을 다듬었고, 특히 잘 알려진 'AEGIS(Adult Education Guided Independent Study)' 박사과정 프로그램에서 이를 실제로 활용했다. 그는 2014년 사망하기 직전까지 전문적으로 활동했다. 이 장은 2006년 Peter Sutherland와 Jim Crowther가 공동 편집한 『평생학습: 개념과 맥락(Lifelong Learning: Concepts and Contexts)』의 일부로 처음 출간되었는데, 여기에서 Mezirow는 전환학습의 역사와 개념의 주요 특징을 개괄하고, 수년에 걸쳐 제시된 다양한 비판과 확장을 위한 제안들에 대하여 논의한다.

도입

· · · · ·

전환학습(transformative learning)이라는 개념은 1978년 미국 『성인교육계간지(Adult Education Quarterly)』에 「관점 전환」이라는 제목으로 게재했던 논문을 통해 처음 성인교육 분야에 소개되었다. 이 논문은 우리의 사고, 감정, 행동의 틀을 만들어 주는 가정과 기대의 구조를 인식하고 재평가할 수 있는 성인기 학습의 중요한 차원을 인식할 것을 촉구했다. 이러한 의미의 구조들은 '의미관점(meaning perspective)' 혹은 '준거틀(frame of reference)'을 구성한다.

전환학습 개념의 발달에는 Freire의 '의식화', Kuhn의 '패러다임', 여성운동에서의 '의식 고양(consciousness raising)'의 개념, 정신과 의사인 Roger Gould의 저작 및 의료 활동, 철학 자인 Jürgen Habermas, Harvey Siegal, Herbert Fingerette 그리고 나이 들어 뉴욕의 Sarah Lawrence 대학에 다시 등록하여 학사학위를 취득한 내 아내 Edee의 전환적 경험에 대한 관찰 등이 영향을 주었다.

전환학습 개념에 관한 연구의 기초는 미국의 커뮤니티 칼리지에 복학하는 여성들에 대한 광범위한 국가적 차원의 연구로부터 발전되었다(Mezirow, 1978). 이 연구는 12개의 다양한 대학 프로그램에 참여하고 있는 학생들에 관한 집약적인 현장 연구를 시행하기 위해 근거이론 방법론을 사용하였고, 추가로 24개 프로그램에 대한 포괄적인 분석 작업을 실시하였으며, 다른 314명 대상의 우편을 이용한 설문조사도 실시하였다.

이후 북미 성인교육 분야에서 전환학습 운동이 크게 일었는데, 여기에는 성인교육, 보건 및 사회복지 분야의 전환학습에 관한 다섯 번의 국제 학술대회가 개최, 300편 이상의 논문 발표, 수많은 논문 출판, 12권 이상의 저서, 약 150여 편의 박사학위 논문을 포함한다.

기초

. . . . . .

Habermas(1981)는 도구적 학습(instrumental learning)과 의사소통적 학습(communicative learning)의 차이를 분명하게 구분하였다. 도구적 학습은 업무 수행능력과 예측능력을 향상시키기 위해 환경을 통제하거나 조작하는 학습방법이다. 우리는 어떤 주장(어떤 것이 주장된 대로 그렇다는 것인지)이 진실인지에 대해 상반되는 의견들을 경험적으로 검증함으로써 이를 타당화한다. 도구적 학습은 자동차 설계, 교량 건설, 질병 진단, 치아 치료, 일기예보, 회계, 과학 및 수학 분야의 학습에 관여한다. 이러한 도구적 학습의 발달논리는 가설-연역법적(hypothetical-deductive)이다.

한편, 의사소통적 학습이란 대화에서 혹은 책, 시, 예술작품 및 춤 등을 통해 상대방이 전달하고자 하는 의미를 이해하는 것과 관련되어 있다. 의사소통적 학습에서 이해되었다는 것을 검증하려면 내용의 정확성이나 진실뿐만 아니라, 의사소통하는 사람의 의도, 자격, 진실성 및 진정성 등에 대해서도 평가해야만 한다. 당신이 누군가에게 사랑한다고 말하는 것은 여러 가지 의미를 가질 수 있다. 우리에게 약을 처방하는 사람이 의사나 약사 면허를 가지고 있을 때 우리는 더 안전하다고 느낀다.

의사소통적 담론의 목적은 최적의 판단에 이르기 위함이지, 도구적 학습에서와 같이 어떤 주장에 대한 사실관계를 평가하기 위함이 아니다. 이를 위해서는 타인의 준거를 지적이면서도 공감할 수 있는 방식으로 평가하고 이해해야 할 뿐만 아니라, 가능한 한 폭넓은 범위의 관련 경험과 시각(point of view)을 통해 공통점을 찾아야 한다. 우리의 노력은 가능하다면, 학식 있는 성인들이 의사소통을 통하여 합의점에 이르도록 해야 하지만, 적어도 동의하지 않는 사람들의 가정에 대한 맥락을 명확히 이해하는 것이 중요하다. 이러한 의사소통적 학습의 발달논리는 유추-귀추법적(analogical-abductive)이다.

Habermas는 하나의 합의로 이끄는 담론은 어떤 신념에 대한 타당성을 확보할 수 있다고 본다. 그렇기 때문에 우리의 결론은 항상 잠정적이다. 우리는 항상 새로운 증거, 주장 및 관점을 가진 다른 사람들을 만날 수 있다. 따라서 다양한 경험과 포용은 우리의 이해에 필수적이다. 경험의 의미를 이해하기 위한 변증법적 탐구방법의 유일한 대안은 전통, 즉 권위나 힘에 의존하는 것임을 인식하는 것이 중요하다.

　Habermas는 인간 담론의 구체적이고 이상적인 조건을 제시하면서 성인학습 및 교육의 최적 조건을 정의하는 인식론적 기초를 제공했다. 또한 이러한 조건은 성인교육자들이 이상을 실현하는 사회를 만들기 위해 노력해야 한다는 사회적 헌신의 토대를 제공한다. 학습자가 담론에 자유롭고 온전히 참여하려면,

- 정확하고 완전한 정보를 가지고 있어야 한다.
- 강압, 왜곡된 자기기만이나 극도의 불안으로부터 자유로워야 한다.
- 대안적 시각에 열린 자세를 취해야 한다. – 타인의 생각과 감정을 존중하고 공감하며 판단을 보류한다.
- 이해하고, 증거를 중시하며, 주장을 객관적으로 평가할 수 있어야 한다.
- 아이디어의 맥락을 파악할 수 있고, 자기 자신을 포함하여 가정에 대해 비판적으로 성찰할 수 있어야 한다.
- 담론의 다양한 역할에 참여할 동등한 기회를 가져야 한다.
- 새로운 관점, 증거 또는 주장이 담론을 통해 더 나은 판단을 내릴 수 있는 것으로 입증될 때까지 타당성 테스트를 거쳐야 한다.

전환학습이론

　전환학습이란 문제가 있는 준거틀(frame of reference: 사고방식, 사고습관, 의미관점)을 가정과 기대의 세트로 바꾸어 보다 포괄적이고, 식별력을 갖추며, 개방적이고, 성찰적이며, 정서적으로 변화할 수 있도록 만드는 과정으로 정의된다. 이러한 과정을 통해 변화된 틀은 이전보다 나은데, 이는 행동을 유도하는 보다 진실되고 정당한 신념과 의견을 만들어 낼 가능성이 커지기 때문이다.

　준거틀은 우리의 경험에 일관성과 중요성을 부여하여 의미를 해석하는 문화와 언어의

구조이다. 이러한 준거틀은 사전에 우리의 의도, 신념, 기대 및 목적 등에 개입함으로써 우리의 지각, 인지 및 감정을 선택적으로 형성하거나 제한한다. 이러한 선입견이 우리의 '행동 노선'을 설정한다. 일단 이런 행동 노선이 프로그래밍되면 우리는 특정 정신적 또는 행동적 활동에서 자동으로 다른 활동으로 옮겨 가며, 우리의 선입견에 맞지 않는 아이디어들을 강하게 거부하는 경향을 보인다.

준거틀은 인지적·능동적·정서적인 요소들을 망라하며, 의식의 안팎에서 작동하고, 사고습관(habit of mind)과 그 결과로 생기는 시각(point of view)의 두 가지 차원으로 구성된다. 사고습관은 광범위하고 추상적이며, 지향점이 있고, 사고, 감정, 행동의 습관적인 방식이며, 일단의 코드 세트를 구성하는 가정들에 영향을 받는다. 이러한 코드 혹은 규범은 문화, 사회, 언어, 교육, 경제, 정치, 심리, 종교, 미학 등일 수 있다. 사고습관은 어떤 특정 해석을 만들어 내는 신념, 기억, 가치 판단, 태도, 감정 등의 집합체인 어떤 특정 시각으로 명확하게 드러난다. 시각은 의식이나 타인들로부터의 피드백에 좀 더 쉽게 접근할 수 있다. 사고습관의 한 좋은 예가 자민족중심주의인데, 이는 자신이 속해 있는 집단의 외부 세력들을 열등하게 보며, 불신하고 수용하지 않으려는 성향을 말한다. 자민족중심주의로 인해 생기는 시각은 우리와 다른 특징을 가지고 있는 특정 개인 및 집단에 대해 가질 수 있는 부정적인 감정, 신념, 판단 및 태도의 집합체라고 할 수 있다. 만일 어떤 외부집단에 대하여 호의적인 경험을 갖게 되면 그 집단에 대한 자민족중심주의적 시각은 변할 수 있지만, 다른 집단에 대한 자민족중심주의적 사고습관까지 변한다고는 볼 수 없다.

전환학습은 도구적 학습에서 발생할 수도 있는데, 이는 주로 과업지향학습(task-oriented learning)을 수반한다. 자민족중심주의 예에서와 같이, 의사소통적 학습에서 전환학습은 보통 비판적 자기성찰을 수반한다. 하지만 과업지향학습과 비판적 자기성찰의 요소들은 두 가지 유형의 학습 모두에서 나타날 수 있다. 사고습관은 개인이 자신의 경험, 신념, 사람, 사건 및 자기 자신 등을 범주화하는 방식을 수반한다. 사고습관에는 우리의 사고와 감정 및 행동의 기초가 되는 구조, 규칙, 준거, 코드, 스키마, 기준, 가치, 성격적 특성이나 성향 등을 포함할 수 있다.

의미관점 혹은 사고습관에는 다음과 같은 것들이 포함되어 있다.

- **사회언어학적**: 문화적 규준, 사회적 규범, 관습, 이데올로기, 패러다임, 언어적 프레임, 언어 게임, 정치적 성향, 2차 사회화(교사, 의사, 정치인 혹은 행정가처럼 사고하기), 직업 혹은 조직 문화에서의 사고습관
- **도덕적-윤리적**: 양심, 도덕적 기준과 가치
- **학습 스타일**: 감각적 선호, 전체 혹은 부분, 구체적 혹은 추상적인 것에 초점 두기, 혼자 혹은 함께 학습할 것인가 등
- **종교적**: 교리에 대한 헌신, 영적 혹은 초월적 세계관
- **심리적**: 이론, 스키마, 스크립트, 자아개념, 성격적 특성 혹은 유형, 억압된 부모 금지, 정서적 반응 패턴, 기질
- **건강**: 건강 문제, 요양, 임사체험의 경험을 해석하는 방법
- **미학적**: 숭고함, 추함, 비극, 유머, 단조로움 등과 같은 미에 대한 가치, 취향, 태도, 기준, 판단 그리고 심미적 표현에 대한 통찰력과 신뢰성

전환학습이론은 내가 해석해 온 바와 같이, 증거에 근거한(도구적) 그리고 대화식(의사소통적) 추론에 대한 하나의 메타인지적인 인식론(metacognitive epistemology)이다. 추론은 하나의 신념을 발전시키고 평가하는 과정으로 이해된다. 전환학습은 의미 구조의 검증과 재구성을 포함하는 성인의 이성적 판단의 한 차원이다.

전환학습의 과정에는 다음이 포함된다.

- 우리 자신 및 타인들이 가지고 있는 관련 가정들의 근원과 성격 그리고 결과에 대해 비판적으로 성찰하기
- 도구적 학습에서는 경험적 연구방법을 이용하여 무엇이 진실인지를 판단하는 것
- 의사소통적 학습에서는 박식하고 지속적인 담론에 자유롭고 온전히 참여함으로써 좀 더 정당한 신념에 도달하는 것
- 우리의 전환된 관점에서 행동 취하기 ─ 우리는 우리가 믿어 온 것에 대하여 문제시하고 재평가를 요구하는 새로운 증거, 주장 혹은 관점을 맞닥뜨리기 전

까지는 그간 믿어 온 것을 바탕으로 결정하고 살아간다.
- 자신만의 성향을 형성하기 — 당연하다고 믿었던 우리 자신의 가정들에 대해 보다 비판적인 사고를 하게 되고, 담론에 보다 자유롭고 온전히 참여함으로써 우리의 전환된 통찰력에 대한 검증을 추구하며, 전환된 통찰력에 따라 행동하기로 한 결정을 끝까지 따르려는 것 등

전환학습은 인생의 중요한 사건과 관련하여 갑작스럽게 사고습관을 바꾸게 하는 **획기적인** 성격을 갖기도 하고, 한편으로는 **누적적일** 수도 있는데, 점진적으로 이어지는 일련의 통찰력이 시각의 변화를 가져오고 사고습관의 전환으로 이어질 수 있다. 대부분의 전환학습은 우리의 인식 영역 밖에서 일어나는데, 직관은 가정에 대한 비판적 성찰을 대체한다. 교육자는 학습자들이 이러한 전환학습의 과정을 인식하도록, 그리고 전환학습의 능력과 이를 수행할 의지를 향상시키도록 돕는다.

대학에 복학한 여성들을 대상으로 한 우리의 연구에서 전환은 종종 다음과 같은 의미 국면들을 따르며 점차 명확해진다.

- 혼란스러운 딜레마
- 두려움, 분노, 죄책감 혹은 수치심을 동반한 자기성찰
- 기존의 가정들에 대한 비판적 평가
- 자신의 불만과 전환의 과정이 공유된다는 인식
- 새로운 역할, 관계 및 행동에 대한 옵션 탐색
- 일련의 행동 계획
- 자신의 계획을 실행에 옮기기 위한 지식과 기술의 습득
- 임시로 새로운 역할을 시도
- 새로운 역할 및 관계에 대해 역량과 자신감 구축
- 새롭게 형성된 관점이 지시하는 조건에 기초하여 자신의 삶으로의 재통합

전환학습에서 두 가지 중요한 요소를 꼽으면 다음과 같다. 첫째, 기존의 가정들에 대한 비판

적 성찰 또는 비판적 자기성찰(사고습관의 근원, 본질과 결과에 대한 비판적 평가)이다. 둘째, 최선의 성찰적 판단을 검증하기 위해 변증법적 담론에 온전하고 자유롭게 참여하는 것이다. 최선의 성찰적 판단은 King과 Kitchener(1994)가 '문제의 인식론적 성격과 대안 해결책의 진실 가치를 모니터링하기 위해 개인이 환기하는 과정'(p. 12)을 포함하는 판단으로 정의한 바 있다.

이슈

• • • • •

감정, 직관, 상상력

전환학습이론과 관련하여 성인교육자들은 중요한 질문을 제기하였다. 하나는 전환의 과정에서 감정, 직관, 상상력의 역할에 대해 더 명확히 하고 강조할 필요가 있다는 것이다. 이 이론에 대한 이러한 비판은 정당하다. 우리가 암묵적으로 우리의 신념을 해석하는 과정에는 당연한 가치, 고정관념, 고도의 선택적 주의, 제한된 이해, 투사, 합리화, 최소화 혹은 부정이 포함될 수 있다. 그렇기 때문에 우리는 자신의 신념과 기대, 그리고 다른 사람들의 신념과 기대를 뒷받침하는 가정을 비판적으로 평가하고 검증할 수 있어야 한다.

사람, 사물, 사건 등에 대한 우리의 경험은 우리가 그것들을 유형화할 때 비로소 실체가 된다. 이러한 과정은 우리가 어떻게 그 경험을 정당화, 타당화 및 설득력 있고, 진정한 자기에 대한 개인적 요구와 결부시킬 것인가와 많은 관련이 있다. 기대는 사건에 대한 또는 사건에 대한 우리 자신의 무의식적인 반응과 관련된 믿음일 수 있다. 우리의 기대는 경험을 해석하는 방식에 강력한 영향을 미치며, 자기충족적 예언(self-fulfilling prophecy)이 되는 경향이 있다. 우리는 범주적 판단(categorical judgement)을 하는 경향이 있다.

상황이 어떻게 다르게 될 수 있는지에 대한 상상은 전환적 과정이 일어나는 데 아주 중요한 역할을 한다. 전환의 과정은 때로는 어렵고 매우 감정적인 과정이기 때문에, 상상력의 역할에 대한 보다 깊은 통찰력이 필요하며, 이에 대한 인식이 많이 부족하다. 많은 전환적 경험이 인식의 영역 밖에서 일어나기 때문에 나는 이런 상황에서는 직관이 비판적 자기성찰의 역할을 대체한다고 제안했다. 이것은 추가적인 개념적 발전이 필요한 또 다른 판단이다.

　나는 기능의 차이가 전환적 경험에 의해 생기는 불안의 정도와 관련이 있다고 제안함으로써 전환에 대처하려는 학습자를 돕는 성인교육자의 역할과 심리치료사의 역할을 구별하려고 시도했다. 인식의 영역 밖에서 일어나는 전환학습의 과정에 대한 보다 깊은 통찰력이 필요하다고 하겠다.

탈맥락화된 학습

　또 다른 주요 비판은 '탈맥락화된' 학습 관점으로 이어지는, 몰역사적이고 보편적인 모델로 간주되는 합리성의 개념에 대한 나의 강조를 인용한다. 이는 이데올로기, 문화, 파워 및 인종, 계급, 성 차이 등 맥락에 대한 고려와 질문을 직접적으로 다루지 못하는 모델이다.

　실증적이고 논증적인 합리성의 인식론은 판단을 내리는 이유를 발전시키고 평가하는 추론을 수반한다. 이 과정의 핵심은 가정에 대한 비판적 자기성찰과 비판적-변증법적 담론이다. 물론 이 과정에서 파워, 이데올로기, 인종, 계급, 성 차이 및 다른 이해관계와 같은 영향은 종종 관여되어 있으며, 이는 중요한 요소이다. 하지만 이러한 영향은 정당할 때 합리적으로 평가될 수 있으며 필요한 경우 적절하게 사회적 행동(social action)을 취할 수 있다.

　Siegal(1988)은 합리성은 진화하는 전통 속에서 구현된다고 말한다. 전통이 정체되어 있지 않고 진화해 갈 때, 이유를 정의하고 평가하는 원칙도 진화하기 마련이다. 이유를 정의하고 그 힘을 결정하는 원칙은 변할 수 있지만, 이유에 따른 판단과 행동이라는 합리성은 변하지 않는다. 비판적으로 사고하는 사람은 이유에 의해 적절하게 움직이는 사람이다. 분명히 이는 익숙하지 않은 방향이다. 오히려 교육(실제로 학습의 본질이며, 합리성 그 자체인)이 항상 특정 이데올로기, 종교, 심리학 이론, 파워 및 영향력의 체계, 사회적 행동, 문화, 정부 형태나 경제체제 등의 시녀이거나 시녀여야 한다고 큰 확신을 갖고 주장하는 사람들이 있다.

　이런 친숙한 사고습관은 학습, 성인교육, 합리성이 당연히 앞에서 언급한 주인들에게 종속되어야 한다고 주장한다. 그러나 성인학습에 대한 합리적 인식론은 성인교육이 종교,

편견, 정치처럼 기득권을 합리화하여 대의명분을 부여하는 도구로 전락하는 것을 막을 수 있는 가능성을 제시한다. 전환학습은 본질적으로 문제가 있는 의미관점을 지지하는 **이유를 재평가하는** 메타인지적 과정이다.

사회적 행동

내가 개념화한 전환이론에 대하여 비평가들이 강조하는 것 중의 하나는 전환이론이 사회적 행동을 중요시하지 않는다는 것이다. 성인교육은 사회변화에 영향을 미치는 것이 중요한 목표라고 주장한다. 전환이론 또한 성인교육이 사회 변화에 영향을 미치고, 억압적인 관행, 규범, 제도, 사회경제적 구조를 수정하여 모든 사람이 성찰적 담론에 보다 완전하고 자유롭게 참여할 수 있도록 하고, 비판적 성향과 성찰적 판단을 습득하는 데 전념해야 한다고 주장한다. 전환학습은 민주주의에서 효과적인 사회적 행동을 취하는 방법을 배우는 데 필수적인 통찰력과 이해의 토대를 만드는 데 중점을 둔다.

Dana Villa가 『소크라테스적 시민성(Socratic Citizenship)』(2001)이라는 책에서 밝힌 바와 같이, 우리의 습관적 준거틀 중의 하나는 대의에 기반하거나, 집단과 관련되어 있거나 혹은 서비스 지향적인 것에 대해서는 '훌륭한 시민성'의 핵심 요소로 간주하려 하지만, 단순히 반대하거나 '아니요'라고 말하는 것은 거의 무가치한 것으로 보는 경향이 있다. 소크라테스의 독창적인 공헌은 비판적 자기성찰과 개인주의를 민주주의에서 정의와 시민의 의무에 대한 필수적인 기준으로서 도입했다는 것이다. 소크라테스는 정의와 미덕이 요구하는 것과 관련하여 동료 시민들이 당연시하는 사고습관을 무너뜨렸다. 그는 독단적인 정치적 판단과 행동이 불러오는 각종 제약으로부터 거리 두기식 사고와 도덕적 성찰을 하려고 애썼다. 그는 이와 같은 과정을 통해 기존의 가정에 대한 비판적 성찰과 공공생활의 조건으로서의 시민 자신의 도덕적 자기형성에 대한 성향으로 나아가고자 하였다.

Habermas(1981)는 전환학습의 핵심 차원인 기존의 가정에 대한 비판적 성찰과 성찰적 판단에 근거한 비판적 담론이야말로 가장 품격 있는 성인도덕의 특징이라고 말했다.

이데올로기 비평

성인교육자인 Stephen Brookfield(1991)는 내가 개념화해 온 전환학습의 범위에 대해

이의를 제기해 왔다. 그는 다음과 같이 기술하고 있다.

> 어떤 것이 비판적 학습, 비판적 분석 혹은 비판적 성찰의 사례로 간주되려면, 나는
> 관련자들이 학습이 일어나는 상황 혹은 맥락에 대하여 일종의 파워 분석에 관여해
> 야 한다고 믿는다. 그들은 또한 실제로 자신의 행복감을 파괴하고 다른 사람들의
> 이익에 기여하는, 그들이 소중히 여기는 가정들, 즉 헤게모니적 가정을 식별하려
> 고 노력해야 한다.
>
> (1991, p. 126)

Brookfield에 의하면, 이데올로기는 '증명할 필요 없이 스스로가 진리이며, 도덕적으로 바람직하다고 생각하는 가치, 신념, 신화, 설명 및 정당화 등의 집합'을 경멸하는 개념이다 (1991, p. 129).

Brookfield는 성인교육에서 전환이론의 관점인 모든 관련 이데올로기에 대해 비판하는 것은 아니다. 그는 이데올로기 비판으로서의 비판적 성찰이 '자본주의가 어떻게 경제적 및 정치적 불평등을 정당화하고 고착화시키는 신념체계와 가정들(즉, 이데올로기)을 만들어 내는지를 사람들이 인식하도록 하는 데 초점을 두고 있다는 점'을 명확히 하고 있다. 여기에서 제기된 이슈들은 비판적 교육학(critical pedagogy)과 맥을 같이한다.

비판적 교육학

비판적 교육학[남미에서는 대중교육(popular education)으로 일컬어짐]은 Paulo Freire의 촌락기반 문맹퇴치사업으로부터 발전한 성인교육 프로그램이다. 비판적 교육학은 이데올로기, 파워 및 영향력이 비문해 학습자의 삶에 구체적으로 어떻게 영향을 미치고 불이익을 주는지 분석하는 데 우선순위를 두고 있다. 교육자는 비문해 학습자들이 변화를 일으키기 위한 집합적인 사회적 행동을 계획하고 적극적으로 참여하는 과정에서 읽는 법을 배우도록 지원한다. 거기에는 전환적 연구와 행동의 프랙시스(praxis)가 있다.

비판적 교육학에서 전형적인 비문해의 시골 소작농인 비판적 학습자는 자신이 처한 불평등을 깨달을 뿐만 아니라, 그러한 인식에 기초하여 그것을 변화시키는 데 필요한 특정 정치적·사회적

행동에 적극적으로 참여한 것으로 기대된다. 하지만 제대로 작동되는 민주주의 시스템에서 정보에 입각한 집합적 정치적 행동을 취하는 것과 관련된 과정과 문제는 비판적 교육학의 문헌에서는 거의 언급되지 않고 있다.

Burbules와 Burk(1999)는 비판적 교육학에서는 비판적 교육학 그 자체의 전제와 범주를 제외하고는 모든 것이 비판적 성찰에 열려 있으며, 또한 거기에는 "'비판적' 이해라는 것이 어떤 모습이어야 하는지에 관한 자체의 제약이 될 듯한 위험이 존재한다."(p. 54)고 말한다. '비판적 사고의 관점에서 보면, 비판적 교육학은 비판적으로 가르치는 것과 세뇌 사이의 문턱을 넘나드는 것이다'(p. 55). 반면, 성인교육에서의 전환이론은 관점들을 지지하고 있는 자신의 가정들에 대하여 비판적으로 사고하고, 신념, 가치, 감정, 자기개념에 관한 담론에서 성찰적 판단을 개발하는 방법을 포함한다. 전환이론은 정치적으로 사고하는 것이 주가 아니다. 이데올로기 비평과 비판적 교육학에서 이는 잘못된 가정이다.

우주론

우주론(cosmology)은 합리적이고 질서 있는 체계로서의 우주에 관하여 연구하는 학문이다. 토론토 대학 온타리오 교육연구소의 Edmund O'Sullivan과 그의 동료들은 『전환학습의 경계 확장(Expanding the Boundaries of Transformative Learning)』(2002)이라는 책에서 자본주의의 정치적·사회적 차원에 대한 비판적 교육학의 유일한 관심사를 넘어 환경, 영적 및 자기개념 이슈를 그들이 '완전한 전환학습'이라고 부르는 것에 포함시켰다.

> 전환학습은 사고, 감정 및 행동의 기본 전제들에서 하나의 깊은 구조적 변화 경험을 수반한다. 이는 세계 속에서 우리의 존재를 드라마틱하면서도 영속적으로 바꾸는 의식의 전환인 것이다. 그러한 변화는 우리 자신과 자기위치(self-location)에 대한 이해, 다른 사람들 및 자연계와의 관계, 계급, 인종, 성(性)의 서로 맞물린 구조들에서의 권력 관계에 대한 이해, 우리의 신체에 대한 인식, 삶에 대한 대안적 접근 방법의 비전, 사회정의와 평화 그리고 개인적 기쁨의 가능성에 대한 감각을 포함한다.
>
> (2002, p. 11)

이러한 관점으로부터 개념화된 '전환적 비판'은 지배적 문화의 '형성적 적절성(formative appropriateness)'에 대한 비판을 제기하고, 대안적 문화 형태에 대한 비전과 부적절한 요소를 버리고 보다 적절한 새로운 문화의 형태를 만들어 내는 구체적인 지침을 제공한다. 그들은 이러한 요소들이 새로운 유형의 완전한 교육을 형성해야 한다고 제안한다.

O'Sullivan 등은 전환학습을 새로운 우주론이라는 대담한 개념의 구현을 향한 움직임과 동일시함으로써 비판적 교육학의 정치적 초점을 잘 넘어서고 있다. 그러나 우주론 또한 자신의 핵심 가정과 범주에 대해서는 비판적인 평가를 제시하거나 받아들이지 않는다는 동일한 한계를 가지고 있다. 이러한 평가는 전환에 대한 그들의 정의에 명시된 다섯 가지 요소 각각의 정의와 타당성, 그들이 구상하는 광범위한 다차원적 전환에 영향을 미치는 주요 수단으로서 교육과 성인교육의 역할에 대한 가정들, 그리고 우리가 어떻게 성인기 전환학습의 인식론을 이해해야 하는지, 특히 합리성의 역할, 인식론적 가정에 관한 비판적 성찰, 그리고 이 이론의 맥락에서 담론을 어떻게 이해해야 하는지 등을 고려해야 한다.

전환학습에 관한 관점

구성주의 발달

구성주의 발달심리학자들은 발달이라는 것이 예측 가능한 일련의 '형식'(준거틀 혹은 의미체계)을 통해 진행되며, 성인 능력의 발달로 이어지고, 일부 성인학습자의 경우 담론을 통해 비판적 자기성찰과 성찰적 판단이라는 전환적 과정에 참여할 수 있는 능력과 자질을 가지게 된다고 믿는다.

Robert Kegan(2000)은 일생을 통한 다섯 가지 형식의 의미 만들기(meaning-making)를 식별하였다. 이러한 마음의 형식들은 지각적/충동적(perceptual/impulsive), 구체적/의견적(concrete/opinionated), 사회화된(socialised), 자기저작적(self-authoring) 그리고 자기성찰 능력을 포함하는 자기전환적(self-transforming) 마음이다. 그는 성인기의 능력들에 대해서도 묘사하였다. 우선 추상적인 사고가 가능하고, 가치와 이상을 구성할 수 있으며, 내성

(introspect)할 수 있고, 관계의 행복을 위해 단기적 이익을 경시할 수 있으며, 자신이 소속감을 느끼고 싶은 집단 및 개인 관계에 대한 기대를 지향하고 식별할 수 있는 능력이다. 통상적으로 이와 같은 능력을 개발하는 데 20년 정도가 소요되지만, 어떤 이에게는 더 오래 걸린다.

Mary Belenky 등(1986)은 앎의 여섯 가지 형식을 확인했다. 침묵적·수용적·주관적·분리적·연결적·구성적인 형식이 바로 그것이다. 연결적 학습능력을 지닌 사람은 다른 사람의 관점으로 들어가 그의 시각으로 세상을 볼 수 있게 된다. 이것이 바로 전환학습의 필수적인 차원이다.

King과 Kitchener(1994)는 오직 성인기에 이르러서야 인식론적 가정을 통해 7단계의 진정한 성찰적 사고를 할 수 있다는 주장을 뒷받침하는 상당한 증거를 제시한다. 7단계는 시스템으로서 지식의 추상적 개념을 이해하는 단계이다. 지식은 정보에 입각한 이해를 구축하기 위한 합리적인 탐구과정의 결과다. 이 단계는 전환이론의 담론에 효과적으로 참여할 수 있는 성인의 능력과 유사하다.

정신적 왜곡

정신과 의사인 Roger Gould(1978)는 성인발달에 관한 후성설(epigenetic) 이론을 제시하였다. 그에 따르면, 유년기의 외상성 사건은 성인기에도 무의식 속에 깊이 잠재하고 있어, 그것을 위반할 위험이 있을 때 행동을 억제하는 불안감을 계속 만들어 낸다. 이 불안감 때문에 성인은 또 다시 상처를 입을 수 있는 일을 행하는 데 주저하게 된다는 것이다. 그 결과 만일 한 사람이 온전한 성인이 되기 위해서는 반드시 회복해야 할 기능들인 위험을 감수하거나, 성적 쾌락을 느끼거나, 일을 마무리하는 능력 등의 기능을 상실할 수도 있다. 가장 중요한 성인학습은 삶의 전환(transition)과 관련되어 발생한다. 성인기는 상실된 기능을 회복하는 시기이기 때문에, 학습자는 행동을 결정할 때 차단된 특정 행동과 스트레스의 근원과 성격이 무엇인지 확인할 수 있도록 도움을 받아야 한다. 학습자들은 도움을 받아 어린 시절의 상처 때문에 발생하는 불안과 자신이 당면한 성인기 삶의 상황으로 인한 불안을 구분할 수 있게 된다.

Gould는 통상적인 실존적 심리왜곡에 대처하는 법을 배우는 것은 지식이 풍부한 성인

교육자와 성인카운슬러 그리고 심리치료사가 도울 수 있다고 생각한다. 그는 생의 전환에 대처하는 성인학습자를 위한 안내된 상호작용적인 컴퓨터 프로그램화된 자기학습법을 개발했다. 교육자와 카운슬러는 정서적 지원을 제공하고 프로그램에서 제시하는 선택지를 통해 학습자가 사고할 수 있도록 돕는다.

스키마 치료법

Bennett-Goleman(2001)이 언급한 바와 같이, 스키마 치료법은 부적응적 정서적 습관, 가혹한 완벽주의, 정서적 박탈감 등과 같이 손상된 정서적 준거틀을 치료하는 데 초점을 두고 있는 인지적 심리치료법이라 할 수 있다. Bennett-Goleman은 불교의 개념인 마음챙김(mindfulness)을 명상적 깨어 있음(meditative awareness)이라고 세련되게 정의하여 인지 신경과학의 통찰력과 결합시켰다. 마음챙김은 개인이 워크숍에서 자신의 정서적 반응 패턴을 이해하기 위해 적용할 수 있다. 주요 스키마는 다음을 포함한다.

> ⋯ 사랑을 못 받을 것 같음, 사람들이 나를 진정으로 안다면 나를 거부할 것이라는 두려움, 불신, 가까운 사람이 나를 배신할 것이라는 끊임없는 의심, 사회적인 배제, 어디에도 속해 있지 않다는 느낌, 실패, 자신이 하는 일에 성공하지 못하리라는 느낌, 종속, 다른 사람의 바람과 요구에 항상 굴복하는 것, 특권의식, 자신이 어떻게든 특별해서 통상의 규칙과 한계를 넘어선다는 느낌.
>
> (2001, p. 11)

> 마음챙김은 사람으로 하여금 특정 경험에 대한 정신적 및 정서적 반응의 포장으로부터 그 특정 경험을 분리할 수 있도록 한다. 그 안에는 우리가 왜곡된 가정, 근거 없는 믿음, 혹은 비뚤어진 자각을 품고 있는지 여부를 검사하는 공간이 있다. 우리는 우리의 사고와 느낌이 오가는 동안 그것들이 우리를 정의하는 방식을 바라볼 수 있다. 우리는 우리의 습관적 렌즈 그 자체를 볼 수 있다.
>
> (2001, p. 53)

준거틀로서 스키마는 정신이 특정 과업을 조직하고 유지하며, 그것에 따라 행동하는 방식이다. 하지만 스키마는 우리가 주의를 기울일 것과 그렇지 않은 것을 선별적으로 결정하기도 한다. 정서가 개입하면 스키마는 인식할 수 있는 대상을 결정할 수 있고, 그 인식된 사항들에 대한 행동 계획을 제공해 줄 수 있다. 스키마는 경험에 대한 정신적 모델이다.

Bennett-Goleman(2001)은 스키마 사고에 도전하고 변화시키는 것에 관여하는 과정을 다음과 같이 기술한다.

- 스키마와 연관된 느낌이나 전형적인 사고들에 유념하기. 스키마가 활성화되는 원인인 자신의 사고, 정서, 신체 감각 모두에 집중하기. 자신이 과잉반응을 하는지 테스트하기
- 자신의 스키마 사고 그 자체 및 그것들이 왜곡된 것일 수도 있음을 인식하기
- 그러한 사고들에 도전하기. 그 사고들이 거짓 가정을 구현하는 것을 비판적인 자기성찰을 통해 어떻게 배웠는지 인식하기. 해당 주제에 관하여 좀 더 현실적인 이해를 지닌 사람과의 담론에 참여하여 자신의 전환적 통찰력을 검증하기
- 공감적 재구성(empathic reframing)을 사용하여 스키마의 현실을 인정하는 동시에 사물에 대한 보다 정확한 그림을 말로 표현하기

개성화 — Jung의 심리학

Patricia Cranton(1994)은 Jung의 심리적 유형에 관한 이론을 해석하여 그의 개념을 성인교육의 전환학습이론 개념과 통합한다. 학습자의 심리적 성향은 일종의 사고습관을 형성한다. 이것은 두 가지의 서로 관련된 과정을 수반한다. 자신의 본성을 더 잘 인식하고 이해하는 동시에, 자신이 누구인지를 알아 가면서 나머지 인류로부터 자신을 개성화하는 과정이다.

Jung은 세계와 관계를 맺고 판단을 내리는 두 가지 방식, 즉 내향성과 외향성을 구분할 수 있는 하나의 연속체를 설명한다. 우리는 문제를 평가하고 대안을 검토하여 결정을 내리기 위해 논리적 또는 분석적으로 판단을 하거나, 논리가 개입되지 않는 수용 또는 거부

라는 심층적인 반응에 의존하기도 한다. 이러한 지각과 판단의 구분은 전환이론에서 직관을 통한 인식 영역 밖에서의 학습과 가정에 대한 비판적 성찰을 통한 인식 영역 안에서의 학습을 구별하는 것과 비슷하다. 심리적 선호(사고와 느낌 혹은 감각과 직관)는 사고습관이다.

John Dirkx(1997)는 Jung의 개성화(individuation) 개념의 도입 목적을 개인의 성격 발달로 파악하고 있다. 이러한 발달에는 에고 의식(ego consciousness)과 무의식의 내용 사이의 대화를 수반한다. 전환은 정신의 무의식적 측면과의 대화를 수반한다. 이를 통해 우리의 준거틀을 형성하고 왜곡시킬 수 있는 강박관념, 충동 및 콤플렉스 등으로부터 자유로워질 수 있다. 개성화의 상징적 과정은 이미지의 형태로 표현된다. 상징과 이미지를 매개로 의식과 무의식 사이의 대화를 통해 학습자는 의식적인 인식 영역 밖에 있지만, 자신의 해석과 행동은 물론 자의식(sense of the self)에도 영향을 미치는 자신의 여러 측면에 대한 통찰력을 얻는다. 이러한 상징과 이미지는 학습과정에서 발생하는 정서와 느낌들을 나타낸다. '모든 정서 너머에는 이미지가 자리 잡고 있다'(Dirkx, 1997, p. 249).

형식적 학습의 내용 혹은 과정은 대화를 통해 구현된 이미지를 환기시킨다. 이런 상호작용 속에서 내용과 우리 자신 모두는 잠재적으로 전환 과정을 거친다. 개성화는 하나의 지속적인 정신적 과정이다. 의식적으로나 또는 상상력을 동원해 들어가면 자기(self)에 대한 인식이 깊어지고, 의식이 확장되며, 영혼의 발현을 도모할 수 있다. 우리는 우리가 누구인지 더 온전하게 알게 되고, 인간 공동체 속으로 한층 더 충분히 들어갈 수 있다. Jung의 말을 빌리자면, '이것이 바로 전환이며, 자기(self)의 출현이다(Dirkx, 1997, p. 251)'.

Dean Elias(1997)는 무의식을 명시적으로 포함하기 위하여 전환학습의 정의를 확장했다. 전환학습은 기본적인 세계관 및 자기의 특정 능력의 전환을 통한 의식의 확장이다. 전환학습은 바른 안목으로 무의식의 상징적 내용에 접근하고 받아들이며 기본 전제를 비판적으로 분석하는 것과 같은 의식적으로 방향 지워진 과정들을 통하여 촉진된다.

성인학습 맥락에서 전환학습에 관한 Jung의 해석에 대해 좀 더 알고자 한다면 Robert Boyd(1991)를 참조하라.

대학원 성인교육에서 전환학습 촉진하기

··

전환학습의 개념을 조성하고 촉진하기 위해 계획된 성인교육 분야의 첫 대학원 프로그램이 20년 전 뉴욕의 컬럼비아 대학교 티처스 칼리지에 개설되었다. 매우 높은 수준의 박사과정 프로그램인 AEGIS(Adult Education Guided Independent Study)는 최소 5년 이상의 현장 경험을 가지고 있는 전문가들을 대상으로 설계되었다. 학생들은 한 달에 한 번 주말에 캠퍼스에 왔고 3주간의 집중적인 여름 코스에 참여하여 2년간의 과정 요건을 충족했다. 의견 교환은 인터넷을 통해 지속되었다. 담론의 과정을 연습하고 분석하기 위해 학생들은 6명으로 구성된 테이블에 둘러앉아 동료들과 대부분의 문제에 대해 협업했다. 협력적 탐구를 위한 효과적인 학습공동체를 만드는 데 중점을 두었다.

지원자들은 현장의 문제를 설명하고, 양측의 주장을 제시하고, 각 주장의 시각을 기술하며, 자신의 시각을 설명하고 자신들이 가지고 있는 가정을 분석하는 논문을 작성해야 했다. 교수진은 누락된 가정을 추가로 파악하는 데 중점을 두고 지원자들이 작성한 논문을 면밀히 검토했다. 광범위한 수정이 요청되었다. 수정본은 추가로 누락된 가정에 대한 교수진의 분석과 함께 지원자에게 반환되는 경우가 많았으며, 두 번, 세 번 수정이 필요한 경우도 많았다. 이러한 교환은 지원자가 당연하게 여기는 사고방식에 대한 자신의 습관을 비판적으로 검토하고 그 학생들에게 가정 분석을 소개하기 위해 계획되었다. 학점 부여는 합격 또는 불합격으로 제한되었다. 학업 기준은 매우 높아 세 번 불합격을 받은 학생은 프로그램을 떠나야 했다.

이 과정에는 성인교육자들의 글을 포함하는 가정 분석, 공통의 경험을 해석하는 데 있어 대안이 있다는 것을 알려 주기 위해 계획된 세 명이 한 조를 이루어 자신들의 삶에서의 주요 전환점을 비교분석하는 생애사 과목이 있다. 또한 이데올로기, 미디어 분석, Paulo Freire의 저작 및 예술과 문학을 통한 전환들을 다루는 과목들도 포함되었다. 수년에 걸쳐 추가된 다른 과정들은 성인학습, 연구방법, 성인문해, 지역사회개발 및 조직개발 등에 중점을 두었다.

가정 및 담론에 대한 비판적인 자기성찰을 기르는 데 유용한 것으로 밝혀진 방법들은

Mezirow 등(1990)에 기술된 바와 같이, 중요 사건, 생애사, 일기 쓰기, 미디어 분석, 레퍼토리 그리드(repertory grid), 메타포 분석, 컨셉 매핑, 액션 러닝, 협력 학습 및 John Peters 의 행동-이유-주제 기법(action-reason-thematic technique) 등이다.

성인의 앎에 대한 보편적 차원

Brookfield와 비판적 교육학의 추종자들, 다른 후기 마르크스주의 이론가 및 많은 포스트모던 비평가가 제기하는 것처럼, 학습이론이 반드시 맥락적 관심사에 의해서만 결정되어야 하는지에 대한 논쟁이 현재 진행 중이다.

내가 개념화한 전환학습이론에 따르면, 문화는 인간의 공통 관심사, 즉 성인이 공통 학습능력을 실현하는 방식을 가능하게 하거나 저해하기도 한다. 누가 무엇을 배우고, 언제, 어디서, 어떻게 교육을 받는지는 분명히 문화의 기능이다. 전환학습은 이데올로기, 종교, 정치, 계급, 인종, 성 등과 같은 맥락적 문화 요소를 포함하여 문제가 되는 의미관점 혹은 준거틀을 지지하는 이유를 재평가하는 합리적·메타인지적 과정이다. 이는 성인이 전환학습의 과정을 통해 기존에 당연한 것으로 여겼던 가정을 그냥 받아들이기보다는 스스로 비판적으로 사고하는 방법을 익히는 과정이다.

문화적 혹은 맥락적 영향이 미치는 (그리고 왜곡할 수도 있는) 것에 관한 합리성 및 성인 이해의 보편적인 차원들은 다음과 같다.

성인

- 성인은 자신의 경험에 대한 의미(현세적이든 초월적이든)를 추구한다.
- 성인은 사려 깊고 책임감 있는 행동을 할 수 있는 주체로서 자신과 타인에 대한 인식을 가지고 있다.
- 성인은 학습을 위해 사려 깊게 노력한다.
- 성인은 이유를 발전시키고 평가함으로써 합리적으로 사고하는 방법을 학습

한다.

- 성인은 획득한 준거틀을 통하여 의식 안팎의 경험에 대하여 의미를 부여한다(준거틀은 자신의 이해를 형성하고, 제한하며 때때로 왜곡하기도 하는 인지적·정서적·능동적 차원들을 지닌 일단의 지향적 가정과 기대의 세트다).
- 성인은 진실되거나 혹은 옳은 것으로 입증될 수 있는 자신의 경험에 대한 해석을 가진 주체로서 다른 이를 받아들인다.
- 성인은 다른 신념과 이해에 근거한 해석과 의견보다는 더 진실되거나 옳은 것으로 입증될 수 있는 해석과 의견을 만들어 내는 신념과 이해에 의존한다.
- 성인은 잠정적인 최선의 판단에 도달할 수 있도록 신념을 뒷받침하는 이유와 가정을 평가하기 위해 성찰적 담론에 참여한다(이는 판단을 검증하기 위해 전통적인 권위나 힘에 의지하는 것에 대한 대안 혹은 보완재이다).
- 성인은 의사소통하는 사람의 가정(의도, 진실성, 자격)은 물론 전달되는 내용의 진실, 정당성, 적합성, 그리고 진정성을 고려하여 전달되는 내용의 의미를 이해한다.
- 성인은 사안이 어떻게 달라질 수 있는지 상상한다.
- 성인은 가정에 대한 비판적 성찰, 가정에 대한 자기성찰, 자신이 만들어 낸 신념 및 이해가 문제가 될 때 변증법적 추론을 통해 자신의 준거틀을 전환하는 법을 학습한다.

이상은 성인교육의 과정을 통하여 의도적으로 혹은 무의식적으로 향상되거나 억제될 수 있는 성인의 이해(앎)에 관한 일반적인 차원들이다. 즉각적인 맥락적 문제에만 성인교육을 집중함으로써 성인학습의 이러한 질적인 차원의 발전을 제한하는 것은 자멸적이다. '하루 끼니를 위해 한 마리의 생선을 주기보다는 평생 끼니 해결을 위해 고기 잡는 방법을 가르치라'는 오래된 중국 속담이 떠오른다.

참고문헌

Belenky, M.F., Clinchy, B.M., Goldberger, N.R. and Tarule, J.M. (1986) *Women's Ways of Knowing: The Development of Self, Voice, and Mind,* New York: Basic Books.

Bennett–Goleman, T. (2001) *Emotional Alchemy: How the Mind Can Heal the Heart,* New York: Three Rivers Press.

Boyd, R. (1991) *Personal Transformations in Small Groups: A Jungian Perspective,* London: Routledge.

Brookfield, S. (1991) 'Transformative learning as ideology critique', in J. Mezirow (ed.) *Transformative Dimensions of Adult Learning*, San Francisco: Jossey–Bass.

Burbules, N. and Burk R. (1999) Critical thinking and critical pedagogy: relations, differences, and limits', in T. Popkewitz and L. Fendler (eds) *Critical Theories in Education: Changing Terrains of Knowledge and Politics*, New York: Routledge.

Cranton, P. (1994) *Understanding and Promoting Transformative Learning: A Guide for Educators of Adults,* San Francisco: Jossey–Bass.

Dirkx, J. (1997) 'Nurturing soul in adult learning', in P. Cranton (ed.) *Transformative Learning in Action: Insight from Practice,* San Francisco: Jossey–Bass.

Elias, D. (1997) 'It's time to change our minds', *ReVision,* 20(1), 1: 3–5.

Gould, R. (1978) *Transformations: Growth and Change in Adult Life,* New York: Simon & Schuster.

Habermas, J. (1981) *The Theory of Communicative Action,* vol. 1, Thomas McCarthy(trans.), Boston: Beacon Press.

Kegan, R. (2000) 'What "form" transforms?' in J. Mezirow and Associates, *Learning as Transformation: Critical Perspectives on a Theory in Progress,* San Francisco: Jossey–Bass.

King, P. and Kitchener, K. (1994) *Developing Reflective Judgment,* San Francisco: Jossey–Bass.

Mezirow, J. (1978) *Education for Perspective Transformation: Women's Re-entry Programs in Community Colleges,* New York: Teachers College, Columbia University (available through ERIC system).

Mezirow, J. and Associates (1990) *Fostering Critical Reflection in Adulthood: A Guide to Transformative and Emancipatory Learning*, San Francisco: Jossey–Bass.

O'Sullivan, E., Morrell, A. and O'Connor, M. (2002) *Expanding the Boundaries of Transformative Learning: Essays on Theory and Praxis*, New York: Palgrave.

Siegal, H. (1988) *Educating Reason: Rationality, Critical Thinking, and Education,* New York: Routledge.

Villa, D. (2001) *Socratic Citizenship,* Princeton, NJ: Princeton University Press.

9

이해를 위한
다양한 접근 방식

Howard Gardner

하버드 대학교의 교수인 Howard Gardner는 '다중지능'에 관한 그의 영향력 있는 이론으로 전 세계적으로 알려져 있다. 이 이론은 1983년에 처음 제시되었고 나중에 여러 저작을 통해 정교화되고 확장되었다. 지능은 다양한 연결 내에서 학습할 수 있는 능력 또는 잠재력으로 이해될 수 있으므로 Gardner의 이론도 학습이론에 중요한 이바지를 했다. Gardner가 주로 학습이론가로 간주되지는 않지만, 이러한 이유로 그의 이론을 이 책에서 다루었다. 다음 본문은 C. M. Reigeluth가 편집한 『교수설계 이론과 모델: 교수이론의 새로운 패러다임(Instructional Design Theories and Models: A New Paradigm of Instructional Theory)』 제2권(pp. 69-89)에 실렸으며, Lawrence Erlbaum Associates의 허가를 받아 여기에 싣게 되었다. Gardner는 다중지능에 관한 자신의 연구의 연장선에서 학습과 교육에 대한 자신의 관점과 이해를 다루고 있기 때문에 이 책을 위해 이 글을 선정해 주었다.

도입

· · · · ·

내가 수용하는 교육적 접근법에 대한 핵심적인 아이디어를 소개하고자 한다. 비록 나 자신도 특정한 규범에 묶여 있지는 않지만, 모든 사람이 교육과정 자료와 접근법에 대한 중요한 본체를 잘 이해할 필요가 있다고 생각한다. 이 글을 위하여 나는 진화와 홀로코스트(유대인 대학살)를 예시로 선택했다. 비록 이 부분에 대한 논란이 없는 것은 아니지만, 이 것을 선택한 이유는 해당 예시들이 교육받은 사람이라면 누구나 맞닥뜨려야 하고, 씨름해 보고 숙달해야만 하는 주제들이기 때문이다. [나의 저서 『The Disciplined Mind』(1999)에서는 참된 '진화'와 악 '홀로코스트'에 아름다운 '모차르트 음악'을 예시로 추가하였다.] 나는 이러한 주제들이 한 가지 방식으로만 가르쳐지고 평가되어야 한다는 가정에 입각한 기존의 전통적 교육자들 및 심리학자들과는 다른 견해를 가지고 있다.

학생들은 학교에 입학할 때 각자의 생물학적 및 문화적 배경, 개인사 그리고 특유한 경험들로 인하여 백지상태로 오는 것이 아니다. 또한 지적 성취의 단일 축을 따라서 1차원적으로 정렬될 수 있는 개인도 아니다. 학생들은 그들만의 강점, 관심사, 정보를 처리하는 방식을 가진 다양한 종류의 마음을 가지고 있다. 이러한 다양성(진화의 산물!)은 처음에는 교사의 업무를 복잡하게 만들지만, 궁극적으로는 효과적인 교수를 위한 협력자가 될 수 있다. 만약 교사가 다양한 교육적 접근법을 사용할 수 있다면, 더 많은 학생에게 더 효과적인 방법으로 다가갈 수 있기 때문이다.

학생들 간의 차이는 수많은 방법으로 설명될 수 있고, 어떤 것을 우선시하는 것은 단순화된 접근이다. 나의 목적을 위해 여기서는 학생들을 서로 다른 지능을 강조하는 존재로 언급할 것이다. 하지만 이 주장을 따르기 위해 나의 특정 지능이론에 찬성할 필요는 없다.

지적 성향이나 잠재력에서의 차이를 인식하고, 어떻게든 라벨을 붙이거나 식별할 수 있는 접근 방식이라면 충분하다.

우리의 교육목표가 진화론과 홀로코스트라 불리는 사건에 관한 이해의 수준을 높이는 것을 포함하고 있다고 가정하자. 이 주제들은 각각 생물학과 역사학에서 가져온 것이다. 특히 학생들이 유전자형의 무작위 돌연변이 과정인 진화가 역사적으로나 동시대적으로 존재해 온 다양한 종의 배후에 숨은 원동력이라는 점을 이해하길 바란다. 유전적 변이의 산물인 다양한 형질형은 특정 생태적 환경에서 차별적으로 살아남을 수 있는 유기체를 만들어 낸다. 그렇게 살아남아 풍부하게 번식하는 개체는 어떤 이유로든 주어진 생태적 틈새에 적절히 적응하지 못한 다른 개체들에 비해 경쟁적인 우위를 가진다. 만약 이런 추세가 오래 지속된다면, 생존경쟁에서 성공할 수 없는 종들이 멸종의 길을 걷는 동안 성공적으로 살아남은 종들은 계속해서 번성할 것이다. 화석 기록은 역사적으로 다양한 종의 변화과정과 운명을 기록하고 있다. 다양한 종의 점진적인 증가뿐만 아니라 특정한 혈통의 증가하는 복잡성을 볼 수 있다. 다양한 균주의 초파리 배양에서부터 유전자의 기원에 대한 실험조사에 이르기까지 관련 연구를 통해 동일한 과정을 동시에 연구하는 것이 가능하다.

홀로코스트의 주제로 되돌아가 보자. 우리는 학생들이 1933년부터 1945년까지 나치 제3제국 시대에 유대인들과 비난을 받았던 몇몇 소수민족들 그리고 정치적 견해가 달랐던 사람들에게 어떤 일이 있었는지 정확히 이해하길 원한다. 유대인을 비난하고 고립시키려는 노력은 단순한 언어적 공격과 배척법(law of exclusion)으로 시작해서 점차 더 폭력적인 학대로 발전했으며, 궁극적으로는 유럽에 살고 있는 유대인의 멸종을 명백한 목표로 삼은 수용소의 고안에서 절정을 이루었다. 반유대주의의 윤곽은 히틀러의 초기 연설과 저술에 들어 있었다. 그러나 계획에서 실행에 이르기까지는 수년이 걸렸고, 다양한 역량을 가진 수십만 명의 개인이 참여했다. 집단학살, 즉 한 민족을 통째로 제거하려는 노력은 거슬러 올라가 보면 성서 시대에도 있었던 것으로서 새로운 현상은 아니다. 그러나 소위 문명화된 현대 국가가 600만 명의 유대인을 조직적으로 학살한 것은 전례가 없는 일이다.

간단하게 말하면 이러한 이해는 강의나 단원의 합리적인 목표가 될 수 있다. 물론 이들 문단을 단순히 암기하거나 충실하게 다른 말로 바꾸는 것은 이해에 포함되지 않는다. 오히려 앞에서 언급한 것처럼, 학생들은 특정 분석이나 해석, 비교 그리고 비평을 수행하기 위해 이러한 일련의 아이디어들을 유연하고 적절하게 불러올 수 있는 정도까지 이해를 나타낸다. 이런 이해에 대한 '시금석'은 새로운 자료, 아마도 오늘날의 신문처럼 새로운 자료에 대해 자신의 이해를 발휘할 수 있는 능력이다.

이러한 어려운 주제에 어떻게 접근할 것인가? 다중지능의 관점에서 나는 점점 더 집중되는 세 가지 공략선을 제안한다.

A. 진입지점

일단 학생들을 사로잡고 그 주제의 중심에 들어갈 수 있게 하는 방법을 찾는 것으로부터 시작한다. 나는 특정 지능과 대략 일치할 수 있는 최소 여섯 개의 개별 진입지점을 확인했다. 각각의 경우에 그 진입지점을 정의하고, 두 가지 주제인 진화 및 홀로코스트와 관련지어 이를 설명한다.

① 내러티브 진입지점

내러티브적 진입지점은 이야기를 통해 주제에 대한 학습을 즐기는 학생들을 대상으로 한다. 그 수단은 언어적 또는 영상적인 것들로서 주인공, 갈등, 해결해야 할 문제, 성취해야 할 목표, 긴장을 불러일으키고 종종 완화하는 내용이 포함된다. 진화는 다윈의 항해 이야기(성서와는 대조되는 기원에 관한 이야기)로 시작하거나 특정한 종의 '진화과정'에 관한 이야기로 시작한다. 홀로코스트는 특정 인물에 관한 서사적 설명이나 나치 독일 시대에 있었던 사건을 연대기 순으로 나열해 소개할 수 있다.

② 양적/수적 진입지점

양적인 진입지점은 숫자, 숫자가 만들어 내는 패턴, 실행될 수 있는 다양한 연산 그리고 크기, 비율, 변화에 대한 통찰에 호기심을 느끼는 학생에게 말을 건다. 진화론적 관점에서 본다면, 다양한 생태적 틈새에서 다양한 개체 또는 종의 발생 정도와 시간의 경과에 따라 그들이 어떻게 변화하는지 등을 살펴볼 수 있다. 홀로코스트에 대해서는 다양한 수용소로의 개인들의 이동, 각 수용소에서의 생존율, 도시별, 나라별로 유대인과 다른 희생자 그룹과의 운명을 비교해 볼 수 있다.

③ 근본적/실존적 진입지점

이 진입지점은 근본적인 '결론'에 대한 질문에 매료되는 학생들에게 적합하다. 거의 모든 청소년이 주로 신화나 예술을 통해 그러한 질문을 제기한다. 철학적 성향이 짙은 학생들일수록 언어로 이 문제를 제기하고 논쟁한다. 진화는 우리가 누구이며, 어디에서 왔는지, 그리고 모든 생명체는 어디에서 왔는지에 대한 질문을 다룬다. 홀로코스트는 인간이란 어떤 존재인지, 그리고 우리 인간이 가능한 미덕과 악덕은 무엇인지 등의 질문을 다룬다.

④ 심미적 진입지점

어떤 사람들은 균형, 조화, 섬세하게 디자인된 구성이 특징인 예술 작품이나 재료로부터 영감을 얻는다. 많은 가지와 틈새가 있는 진화의 나무는 그러한 사람들을 매료시킬 수 있으며, 다윈 자신도 자연 생태계의 '복잡하게 뒤얽힌 강둑'이라는 은유적 표현에 매료되었다. 홀로코스트를 예술, 문학, 영화 그리고 음악 작품에서 묘사하기 위해 희생자뿐만 아니라 그 공포를 담으려 했던 생존자와 관찰자 모두 큰 노력을 기울였다.

⑤ 직접 해 보기 진입지점

많은 사람들, 특히 청소년들은 무언가를 만들고, 재료를 조작하며, 실험을 수행하는 등 적극적으로 참여하는 활동을 통해 어떤 주제에 접근하는 것이 가장 쉽다는 것을 알게 된다. 초파리를 여러 세대에 걸쳐 사육할 수 있는 기회는 유전적 돌연변이의 발생과 운명을 관찰할 수 있는 경험을 제공한다. 홀로코스트 참상에 관한 전시는 이 사건에 대한 참혹한 소개를 제공할 수 있다. 학생들이 홀로코스트 전시장에 입장할 때, 다른 '정체성'을 부여받고 나중에 홀로코스트 과정에서 이 사람에게 무슨 일이 일어났는지를 확인하게 되면 개인적 정체성은 매우 강력해질 수 있다. 명령을 따르는 인간의 성향을 연구하는 심리실험의 피실험자가 되는 것도 충격적인 경험이 될 수 있다.

⑥ 사회적 진입지점

지금까지 설명한 진입지점들은 오직 한 사람으로서의 개인을 다루고 있다. 하지만 많은 개인은 다양한 역할을 맡고, 다른 사람의 관점을 관찰하며, 정기적으로 상호 교류하고, 서로를 보완할 기회를 가질 수 있는 집단 환경에서 더 효과적으로 학습할 수 있다. 학생들에게 해결해야 할 문제를 주는 것도 가능하다. 예를 들어, '극적인 기후 변화를 겪었을 때 주어진 환경에서 다양한 생물 종에게는 어떤 일이 일어날까?' 혹은 '만약 연합군이 강제수용소로 가는 철로를 폭파했다면 독일군은 어떤 반응을 보였을까?' 등에 대해 생각해 보게 할 수 있다. 또는 변화하는 생태계의 다양한 종이나 포위된 유대인 강제 거주 구역에서 반란에 참여하는 인물에 대한 역할을 맡도록 요구할 수도 있다.

B. 비유 말하기

'진입지점' 관점은 학생을 직접적으로 학문적 주제의 중심에 세우고, 학생의 관심을 불러일으키며, 더 심도 있는 탐색을 위해 인지적으로 몰입하게 해 준다. 하지만 진입지점이 반드시 이해의 특정한 형식이나 양식을 심어 주는 것은 아니다.

여기서 교사(혹은 학생)는 이미 이해한 자료를 바탕으로 덜 친숙한 주제의 중요한 측면을 전달할 수 있는 교육적인 비유를 생각해 내야 한다. 예를 들어, 진화의 경우, 비유는 역사나 예술에서 끌어올 수 있다. 사회는 시간이 지남에 따라 점진적으로, 때로는 종말론적으로 변화한다. 인간 사회의 변화과정은 종 간 혹은 종 내의 생물학적 변화과정과 비교될 수 있다. 예술 작품에서도 진화를 관찰할 수 있다. 등장인물은 한 권의 책 안에서, 때로는 여러 권에 걸쳐 변화한다. 푸가(fugue) 안에 포함된 주제들은 특정한 방식으로 진화하고 발전하며, 일반적으로 다른 방식으로는 진화하지 않는다.

홀로코스트에 대한 비유를 찾아볼 수도 있다. 한 민족을 말살시키려는 노력은 사건의 흔적이나 심지어는 문명 전체를 없애려는 노력에 비유할 수 있다. 범죄자가 범죄의 모든 증거를 숨기고자 할 때와 같이 이러한 근절 노력이 의도적인 경우도 있다. 때때로 이러한 노력은 고대도시의 흔적이 사실상 파괴되는 것처럼, 시간의 경과로 인한 결과로 나타날 수도 있다(관련된 역사 기록이 없다면, 자연재해나 복수심에 불타는 적의 공격으로 흔적 없이 사라진 도시에 대해서는 물론 알 수 없다).

비유는 매우 강력할 수 있지만, 또한 오도될 수도 있다. 비유는 어떤 주제에 대해 익숙하지 않은 개인들에게 그 주제의 중요한 측면을 전달할 수 있는 뛰어난 방식이다. 하지만 각 비유는 성립하지 않는 비유를 시사할 수도 있다. 예를 들어, 푸가의 주제를 구성하는 데 유익한 지능은 생물학적 진화의 무작위적인 본성과는 다르다. 또한 고립되어 활동하는 살인자는 은밀하지만 협동하여 일하는 사회의 큰 부분과는 다르다. 따라서 교사는 각 비유를 적절하게 검증하고, 잘못된 비유로 인해 학생들의 궁극적인 이해가 왜곡되거나 손상되지 않도록 확실히 해야 할 의무가 있다.

C. 핵심에 접근하기

진입지점은 대화의 장을 열어 준다. 비유를 말하는 것은 특정 주제나 개념에 대해 중요한 부분을 전달한다. 그러나 핵심적인 이해를 전달해야 하는 과제는 여전히 남아 있다.

우리는 분석에서 가장 성가신 부분에 도달했다. 전통적으로 교육자들은 상반되는 것처럼 보이는 두 가지 정반대되는 접근 방식에 의지해 왔다. 명확한 지침을 제공하거나(보통 교훈적인 내용), 교육내용의 언어적 숙달 측면에서 학생의 이해도를 평가하는 것이다("진화란 ……이다." 또는 "홀로코스트에 관한 다섯 가지 중요한 핵심은 ……이다."). 또는 그들은 학생들에게 풍부한 정보를 제공하고 어떻게든 학생이 그것들을 종합하기를 원한다("당신이 읽은 책, 박물관 견학 그리고 그동안 교실에서 했던 다양한 활동에 근거하여, 만약 다음과 같은 경우에 너라면 어떻게 하겠니?"). 일부 교사는 이 두 가지 접근 방식을 동시에 또는 연속적으로 추구한다.

여기에서 우리는 중요한 교육적 질문에 직면하게 된다. 강점과 표현 양식에서의 개인차에 관한 지식을 활용하여 주제의 가장 중요한 '핵심 개념'을 신뢰할 수 있고, 철저한 방식으로 전달할 수 있는 교육적 접근법을 만들 수 있을까?

먼저, 공식적인 접근 방식이 존재할 수 없음을 인정해야 한다. 모든 교실 상황이 다르듯이 모든 주제가 다르므로 각 주제는 그 주제에 맞는 특정 개념, 개념의 네트워크, 이슈들, 문제들 그리고 오해 소지와 함께 고려되어야 한다.

두 번째 단계는 주제는 고립되어 존재하는 것이 아니라는 것을 인식하는 것이다. 그것들은 현존하는 학문과 새로 생겨나는 학문의 앙상블에서 비롯되며, 어느 정도는 그러한 학문 분야들에 의해 정의되고 있다. 그리하여 진화에 관한 연구는 생물학의 영역 안에서, 더 일반적으로는 과학적 설명의 영역 안에서 이루어진다. 이와 같이, 진화에 관한 연구는 일반적인 원리와 모든 종류의 환경에서 모든 유기체에 적용될 수 있는 모델을 찾는 연구를 포함한다(비록 일부 관념론적 성향의 과학자들은 공룡의 멸종과 같은 특정 사건을 설명하려고 하지만). 이와는 대조적으로 홀로코스트에 관한 연구는 역사학 안에서 이루어지며, 때로는 이 역사적 사건을 표현하기 위한 문학적 또는 예술적 노력 안에서도 이루어진다. 홀로코스트는 부분적으로 다른 역사적 사건과 비슷할지 모르지만, 역사학에 관한 기본 개념은 특정 맥락에서 발생한 특정 사건에 대한 설명을 제공한다. 일반적인 원리가 출현하거나 검증할 수 있는 모델을 구축할 것이라고 기대할 수 없다(비록 일부 과학적 지향의 역사학자들이 그러한 모델을 만들고 검증하려고 시도한 적은 있지만).

세 번째 단계는 어떤 개념을 기술하거나 설명할 때 흔히 사용되는 방법을 인정하는 것이다. 그리하여 진화는 일반적으로 특정 예시를 사용하여 설명하는 반면(예: 진화의 나뭇가지인 네안데르탈인의 소멸), 홀로코스트는 일반적으로 특정 주요 사건과 문서의 형태로 제시된다(예: 히틀러의 『나의 투쟁(Mein Kampf)』, 1942년 1월 반제 회의에서의 최종 해결책의 공식화, 아우슈비츠에 보관된 기록물, 수용소를 해방한 최초의 연합군 병사들의 보고서, 생존자들의 소름 끼치는 사진). 이런 익숙한 예시는 아무렇게나 선택되는 것이 아니다. 오히려 그 예시들은 과거에 학자들이 이러한 주제를 정의하는 데 도움을 주었으며, 적어도 상당한 비율의 학생에게 교육적으로 효과적인 것으로 판명된 것들이다.

하지만 이러한 예시에는 나름의 이유가 있겠지만, 우리는 그러한 예시가 오직 하나뿐이라거나 영구적인 특권이라고 추론해서는 안 된다. 이러한 예시는 이해를 보장하지 않으면서도 충분히 소개할 수 있으며, 마찬가지로 다른 예시나 자료 혹은 다르게 표현된 인과적 설명을 이용하여 진화나 홀로코스트에 대한 이해를 높이는 것도 확실히 가능하다. 새로운 역사적·과학적 발견과 효과적인 것으로 판명된 새로운 교육적 접근 방식이 있기 때문에 이러한 앙상블이 변화한다는 것을 알고 있다(예: 컴퓨터 프로그램상에서 진화의 과정을 시뮬레이션하거나, 가상현실을 만들 수 있는 기회는 한두 세대 전에는 예상할 수 없었던 교육적인 경험을 낳는다).

핵심에 접근하는 중요한 단계는 개인이 한 가지 이상의 방식으로, 실제로는 여러 가지 방식으로 핵심을 표현할 수 있을 때만 개념을 잘 이해할 수 있고 설득력 있는 이해의 성과를 낼 수 있다는 점을 인식하는 것이다. 또한 여러 가지 표현 방식의 다양한 상징체계, 지능, 스키마, 프레임워크를 활용하는 것이 바람직하다. 비유를 넘어서서 실제로는 반대 방향으로 나아가는 표현은 가능한 한 정확하고 포괄적인 것을 추구한다.

이러한 주장에는 몇 가지 함의가 따른다. 우선, 한 주제에 상당한 시간을 쏟을 필요가 있다. 둘째, 그 주제의 복잡성을 설명하고 반드시 다양한 학생의 앙상블에 도달하기 위해 여러 가지 방식으로 그 주제를 묘사하는 것이 필요하다. 셋째, 다양한 접근 방식이 지능, 기술, 관심사의 범위를 명시적으로 요구한다면 매우 바람직하다.

내가 단순히 교육에 대해 '뷔페식' 접근 방식을 요구하고 있는 것처럼 보일 수 있다. 학생들에게 다양한 지식을 충분히 제공하면 그중 어떤 것은 학생들의 머릿속에 남을 것이라고 기대하는 접근 방식이다. 이러한 접근 방식이 장점이 없다고 생각하지도 않는다. 하지만 다중지능이론은, 말하자면 단순한 변화나 선택을 초월할 수 있는 기회를 제공한다. 어떤 주제를 자세히 검토하여 어떤 지능이나 비유, 어떤 예시가 해당 주제의 중요한 측면을 가장 잘 포착하고 많은 학생에게 전달될 가능성이 가장 높은지를 결정하는 것이 가능하다. 우리는 여기에서 교육의 가내 수공업적 측면, 즉 교육에는 현재나 앞으로도 알고리즘적 접근 방식으로 대체될 수 없는 수공예적 특성이 있음을 인정해야만 한다는 말이다. 이는 또한 가르치는 것에서의 즐거운 부분, 즉 주제를 지속적으로 재검토하고 핵심 요소를 전달하는 새로운 방법을 생각해 볼 수 있는 기회를 구성할 수도 있다.

교육자들과 학자들은 여전히 한 주제의 핵심을 표현하는 최적의 양식이 존재한다고 믿을 수 있다. 이에 대한 나의 대답은 다음과 같다. 학문적 진보의 역사를 보면, 전문가들은 생물학에서는 유전적 돌연변이와 생태적 틈새, 역사학의 경우에는 인간의 의도, 전 세계적인 인구 및 생태적 힘 등 특권적인 고려사항의 관점에서 주제를 생각할 수밖에 없다. 이러한 합의된 묘사는 타당하다. 하지만 우리는 진화가 생물학에서 일어난 것이 아니며, 홀로코스트가 역사학에서 발생하지 않았다는 사실을 결코 잊어서는 안 된다. 그것들은 관찰자와 학자들이 최선을 다해 기술하고, 해석하고, 설명할 수 있게 된 과정과 사건이다. 새로운 발견과 새로운 학문적 경향은 오늘날의 정설을 점차 약화시킨다. 내일의 학자가 우리의 이해를 새롭게 바꾸어 놓을 수 있을 것이다. 다윈이 라마르크의 진화론을 다시 쓴 것처럼, 단속평형설 신봉자들(punctuated equilibrium believers)은 다윈의 점진주의 타도를 목표로 한다(Gould, 1993). 마찬가지로 Daniel Goldhagen의 『히틀러의 자발적 사형집행인들(Hitler's Willing Executioners)』(1996)에서는 이전 수십 년 동안의 역사가들보다 홀로코스트를 훨씬 더 '평범한 게르만인'의 시각에서 바라보고 있다.

접근 방식의 일반화

비록 내가 두 가지 까다로운 교육 주제에 대하여 가장 잘 접근하는 방식을 제안하는 데 어느 정도 성공을 거두었지만, 대부분의 교육과정을 손대지 않은 것은 분명하다. 나의 초점은 고등학교 또는 아마도 대학에서 다룰 수 있는 주제들에 집중했다. 나는 수학, 음악, 기상학보다는 생물학과 유럽 역사에서 영감을 받았다. 그리고 특정 화학반응, 계량분석, 기하학적 증명보다는 주제나 이슈에 집중했다.

여기에서 설명한 접근 방식이 강의계획서의 모든 주제에 똑같이 적용될 수 있다는 것을 암시한다면 나의 불찰이다. 실제로 나는 의도적으로 비교적 풍부하고 다면적이며 여러 관점에서 쉽게 고려할 수 있는 두 가지 주제를 선택했다. 전달해야 할 모든 주제와 기술에 대해 똑같이 효과적인 교육적 접근 방식은 없다고 생각한다. 프랑스어 동사나 인상주의 화가의 기법을 가르치는 것은 러시아 혁명을 다루거나 뉴턴의 역학법칙을 설명하는 것과는 비교할 수 없다.

그럼에도 불구하고 여기서 스케치한 접근 방식은 광범위한 유용성을 가질 수 있다. 우선, 특정 주제를 가르치는 **이유**와 학생들이 어떤 내용을 기억하길 바라는지에 대한 질문을 던진다. 우리가 가르치는 것의 대부분은 습관을 통해 반복된다. 따라서 더 적은 수의 주제를 더 심도 있게 가르치는 것이 이치에 맞다. 이러한 접근 방식은 자료를 생물학에서의 진화나 역사학에서의 홀로코스트(또는 물리학에서의 에너지, 문학에서의 등장인물)와 같은 소수의 중심 주제와 연관시킬 수 있게 하고, 일부 강력한 주제나 줄거리와 합당하게 연결될 수 없는 주제는 제외할 수 있다. 어쨌든 우리는 모든 주제를 다 다룰 수는 없으므로, 일관성 있고 포괄적인 내용을 다루기 위해 노력하는 것이 좋다.

지속적인 관심이 필요한 주제를 결정한 다음에는 다양한 교육적 접근 방식을 이용할 수 있다. 요약하자면, 다양한 학생의 흥미와 관심을 끌 수 있는 진입지점을 생각해 보는 것에서부터 시작해야 한다. 그런 다음 어떤 종류의 예시와 비유, 은유가 해당 주제의 중요한 부분을 강력하면서도 오해되지 않는 방식으로 전달할 수 있는지 검토한다. 마지막으로, 해당 주제에 대한 풍부하고 차별화된 표현을 제공할 수 있는 문자 그대로의 적절한 표현의 집합을 찾는다. 이러한 앙상블은 학생들에게 전문가가 되는 것이 어떤 것인지를 전달한다. 그리고 이 표현들의 모음이 다양한 상징과 교육체계(scheme)를 포함한다면 학생들에게 훨씬 강력하고 유용할 것이다.

자료를 제시하고 다양한 표현을 촉진하는 것은 효과적인 교수의 한 요소이다. 보완적인 요소는 학생과 관심 있는 관찰자에게 자료가 어느 정도 숙달되었는지를 보여 줄 수 있는 많은 수행 기회를 제공하는 것이다. 이해의 성취를 드러내도록 자극할 때 교사는 상상력이 풍부하고 다원적이어야 한다. 기존에 시행해 온 단답형 시험이나 에세이 형식에 의존하는 것은 쉬운 일이지만, 반드시 그렇게 해야만 할 필요는 없다. 성취는 주제의 다양한 측면과 학생들의 다양한 기술 집합만큼이나 다양할 수 있다. 다양한 형태의 승인된 성취는 학생들이 이해한 내용을 보여 줄 수 있는 기회를 더 많이 제공할 뿐만 아니라, 어떤 주제에 대한 하나의 '특정 방식'이 학생(혹은 출제자)의 이해에 부적절한 헤게모니를 행사하지 않도록 보장한다.

따라서 우리가 현재 사용하고 있는 예시에 대하여 나는 교사들에게 홀로코스트의 원인이나 라마르크주의의 이점에 관해 학생들끼리 토론시켜 보길 권한다. 또한 진화과정의 다른 측면들을 탐구하는 실험을 수행하거나, 홀로코스트 또는 우리 시대의 다양한 글로벌 분쟁에서 살아남은 생존자들을 인터뷰하거나, 저항운동의 영웅들을 기념하는 예술 작품을 창작하거나, 매우 독성이 강한 환경에서 살아남을 수 있는 생물을 설계해 보도록 요청할 수 있다. 아마도 가장 도전적인 문제는 학생들에게 호모사피엔스라는 종의 행동 진화에 대해 우리가 알고 있는 지식을 바탕으로 홀로코스트를 용인한 요인에 관해 토론하도록 하는 일일 수 있다. 따라서 마침내 이 지점에서 우리의 두 주제는 서로 만나게 된다. 교육과정 가이드를 참조하고 다른 교사들과의 대화를 통해 다른 교육과정에 대한 다양한 성취에 관하여 상상력을 자극해야 한다.

이것은 E. D. Hirsch(1996)가 비난한 진보주의 운동의 죄악인 프로젝트에 대한 또 다른 요청인가? 정반대이다. 학생들의 프로젝트는 두 가지 관점에서 비판적으로 고려되어야 한다. 즉, ① 장르의 예시로서의 적절성(일관성이 있는 에세이인가? 효과적인 기념물인가? 인과적 설명에 적합한가?) 그리고 ② 학생 자신의 이해를 성취하기 위한 기회로서의 적절성(토론자가 합의된 사실에 충실한지 아니면 알려진 사실을 왜곡하는지? 새롭게 설계된 종의 수명은 자손을 번식하고 양육할 수 있는 수준인가?) 등이다. 이러한 프로젝트나 수행은 표면적인 이해의 얕은 측정방식이 아니며, 학생들에게 높은 기준을 요구한다. 이는 학생이 프로젝트나 수행을 통해 이해한 개념의 중요한 부분들은 문화적으로 적절하고 타당한 방식으로 표현되어야 함을 의미한다.

나는 지금까지 책, 연필, 종이, 몇 가지 미술용품 또는 간단한 생화학 실험실과 같은 가장 단순한 형태의 테크놀로지에만 국한해 왔다. 교육목표와 수단에 대한 근본적인 논의가 최신 기술의 발전에 의존해서는 안 된다는 점에서 이는 적절하다. 하지만 여기에서 간략히 언급된 접근 방식은 현재와 미래의 테크놀로지를 통해 크게 향상될 것이다. 교사가 총 100명이 넘는 고등학교 학급은 말할 것도 없고, 한 반에 30명이나 되는 초등학교 학급에 개별화된 맞춤형 교육과정과 교수법을 제공하는 것은 결코 쉬운 일이 아니다. 마찬가지로 학생들에게 다양한 수행을 하도록 하고, 그것에 대해 의미 있는 피드백을 제공하기도 쉽지 않다.

다행히도 오늘날 우리는 학생과 교사 모두에게 개별화된 서비스 제공에 큰 도약을 가능케 하는 테크놀로지를 가지고 있다. 이미 다양한 지능을 고려하는 소프트웨어를 만드는 것이 가능하다. 이러한 소프트웨어는 다양한 진입지점을 제공해 주고, 학생들이 언어, 숫자, 음악, 그래픽 등의 상징체계로 자신의 이해를 표현할 수 있게 해 준다. 또한 교사가 학생의 과제를 유연하고 신속하게 검토할 수 있도록 도와준다. 학생들의 작업은 이메일, 화상회의 등을 통해 원격으로 검토될 수도 있다. 학생의 과제를 평가하고 적절한 피드백을 제공할 수 있는 '인공지능 컴퓨터 시스템'의 개발은 더는 공상과학 소설에 나오는 이야기가 아니다.

과거에는 개별화된 교수법이 비록 바람직하기는 하지만 가능한 일이 아니라고 주장할 수 있었을 것이다. 이제 더는 그런 주장이 통하지 않는다. 앞으로의 꺼림은 다른 근거로 정당화되어야 할 것이다. 나의 강력한 직감은 그러한 저항이 '일반적인 방식'으로 성공을 경험하지 못하고 다른 전달 수단을 통해 혜택을 받을 수 있는 학생과 학부모를 설득하지 못할 것이며, 자료를 개념화하는 새로운 방식을 찾은 학자나 다양한 교수법 및 평가에 전념하는 교사도 만족시키지 못할 것이라는 점이다.

교육자들은 항상 유망한 기술을 실험해 왔으며, 교육의 역사 대부분은 종이, 책, 강의실, 영화관, 텔레비전, 컴퓨터 및 기타 인간의 인공물들의 다양한 운명을 기록하고 있다. 현재의 테크놀로지는 내가 여기에서 지지한 '다중지능(MI) 접근'을 실현하도록 돕기 위해 맞춤 제작된 것처럼 보인다. 하지만 여기에는 보장된 것이 없다. 많은 테크놀로지가 사라지고, 다른 많은 기술은 얕고 생산적이지 않게 사용됐다. 그리고 우리는 인간 역사의 몇몇 끔찍한 사건들(예: 홀로코스트)은 현존하는 테크놀로지를 악용한 결과임을 잊어서는 안 된다.

그러므로 교육에 관한 고려는 단순히 도구적인 측면에서만 머물러서는 안 된다. 단순히 컴퓨터가 아니라 무엇을 위한 컴퓨터인지 물어야 한다. 더 넓게는 무엇을 위한 교육인지를 물어야 한다. 나는 여기에서 강력한 입장을 취하고자 한다. 즉, 교육은 궁극적으로 인간의 이해를 증진시키는 측면에서 스스로를 정당화해야 한다고 본다. 그러나 그 이해 자체는 논란의 여지가 있다. 결국 우리는 물리학 지식을 이용해 다리나 폭탄을 만들 수도 있고, 인간에 관한 지식을 이용해 인간을 돕거나 노예로 만들 수도 있다.

나는 내 아이들이 세상을 이해하기를 원하지만, 단순히 세상이 매력적이거나 인간의 마음이 호기심이 많아서가 아니다. 나는 내 아이들이 세상을 이해하여 더 좋은 곳으로 만들 수 있기를 바란다. 지식은 도덕성과는 다르지만, 과거의 실수를 피하고 생산적인 방향으로 나아가기 위해서는 이해가 필요하다.

이러한 이해의 중요한 부분은 우리가 누구이며, 무엇을 할 수 있는지를 아는 것이다. 그 답의 일부는 우리 종의 기원과 제약 조건인 생물학에 있고, 그중 일부는 과거에 사람들이 무엇을 했고 앞으로 무엇을 할 수 있는지에 관한 우리의 역사에 있다. 많은 주제가 중요하지만, 나는 진화와 홀로코스트가 특히 중요하다고 주장하고 싶다. 이들은 우리 종의 가능성(선이든 악이든)과 관련되어 있기 때문이다. 학생이 이 주제들에 대해 알아야 하는 이유는 시험에 나올 수 있기 때문이 아니라, 인간의 가능성을 이해하는 데 도움이 되기 때문이다. 궁극적으로 우리는 스스로 우리의 이해를 종합해야 한다. 진정으로 중요한 이해의 성취는 우리가 불완전하지만 선한 방향으로도 나쁜 방향으로도 영향을 미칠 수 있는 세상에서 우리가 인간 존재로서 우리의 이해를 행동으로 옮기는 것이다.

참고문헌

Gardner, Howard (1999): *The Disciplined Mind: What All Students Should Understand.* New York: Simon & Schuster.

Goldhagen, Daniel J. (1996): *Hitler's Willing Executioners: Ordinary Germans and the Holocaust.* New York: Alfred A. Knopf.

Gould, Stephen Jay (1993): *Wonderful Life: The Burgess Shale and the Nature of History.* New York: Norton.

Hirsch, E.D. (1996): *The Schools We Need and Why We Don't Have Them.* New York: Doubleday.

Reigeluth, Charles M. (ed.) (1999): *Instructional–Design Theories and Models: A New Paradigm of Instructional Theory,* Vol. 2. Mahwah, NJ: Lawrence Erlbaum.

10

학습의 정서적 차원

Carolyn Jackson

Carolyn Jackson

Carolyn Jackson은 영국 랭커스터 대학교의 젠더 및 교육학과 교수이다. 그녀의 연구는 주로 젠더와 교육에 초점을 맞추고 있으며, 특히 실패에 대한 두려움, '라디쉬(laddish)'한 남성성과 여성성의 구성과 수행, '노력하지 않아도 되는' 성취, 단일 성별 및 혼성 학습환경에 관심이 있다. 그녀는 이러한 분야에서의 연구를 통해 학습의 정서적 차원에 대한 일반적인 관심을 갖게 되었고, 최근 몇 년 동안 이 분야에 특별한 관심을 기울인 몇 안 되는 연구자 중 한 명이다. 정서(affect)는 교육 연구에서 종종 무시되거나 주변적인 것으로 여겨져 왔지만, 모든 학습과정에서 필수적이고 중요한 측면이다. 이 장은 2015년 『SAGE 학습 핸드북』에 처음 수록된 Carolyn Jackson의 글로, 그녀는 이 매우 중요한 주제를 탐구한다.

도입

· · · · ·

교실에는 모두가 무시하려고 하는 감정적(emotional) 코끼리가 앉아 있다.

(Newton, 2014, x)

정서(affect)와 감정(emotion)은 교육에 있어 중요한 역할을 하며, 실제로 Pekrun과 Linnenbrink-Garcia(2014, ix)는 '감정은 현재 교육 연구에서 가장 주목받는 주제 가운데 하나로 부상했다'라고 주장한다. 이는 전혀 놀라운 일이 아니다. 학교 교육을 경험한 사람이라면 누구나 두려움, 당혹감, 희망, 자부심, 수치심, 지루함, 즐거움, 실망과 같은 감정이 학교 현장에 가득하다는 사실을 알고 있을 것이다. 성인이 된 후에도 학창 시절을 떠올리면 강한 감정을 불러일으키는 경향이 있다. 학교는 의심의 여지 없이 감정적인 장소이다. 실제로 Hascher(2010, p. 13)가 우리에게 상기시켜 주듯이, '감정이 없는 학습과정이란 거의 없다'라고 할 수 있다. 이러한 점을 고려하면 교육 감정 연구 분야가 지난 10~15년 동안 '정서적 전환'(Pekrun & Linnenbrink-Garcia, 2014)이라 불리는 분야에서 발전한 초기 분야라는 사실은 놀라운 일이 아닐 수 없다. 교육 분야는 심리학, 생물학, 사회학, 인류학 등 '정서적 삶'에 대한 연구가 더 오랜 역사를 가진 다른 분야에 비해 뒤처져 있다(Greco & Stenner, 2008). 1990년대 이전 대부분의 교육 연구자들은 주로 학교 교육의 인지적 성과에 초점을 맞춰 감정은 소홀히 했다(Hascher, 2010). 오늘날 교육에서 표준화된 담론의 우위는 정책적 관심사가 학교 교육의 경험보다는 성취에 초점을 맞추고 있다는 것이다(Jackson et al., 2010). 그러나 정서는 학생들이 학습에 접근(또는 회피)하는 방식, 참여 수준, 동료 및 교사와의 상호작용, 시험 성적, 피드백에 대한 해석 및 반응 등등 전반에 영향을 미친다. 정서는 학습에 있어 핵심적이지만 무시되는 측면이다.

이 장에서 나는 교육 연구자와 교사들이 학습 및 학교 교육의 정서적 측면에 더 많은 주의를 기울여야 한다고 주장한다. 또한 나는 연구자들이 정량적이고 심리학적 정보 기반의 연구가 압도적으로 우세한 이 분야에서, 이미 수행되고 있는 제한된 연구에 기반하되 한편으로는 이를 뛰어넘어야 한다고 제안한다. 교육에서 정서적 실천(역자 주: 정서와 관련된 행동, 상호작용, 의사소통, 기타)을 보다 온전히 이해하기 위해서는 그것들이 다양한 수준(예: 개인, 교실, 학교 및 국가)에서 구성되고 유지되는 방식, 서로 교차하는 방식 및 그 영향에 대해 고려해야 한다. 먼저 나는 정서와 감정이 어떻게 일반적으로 개념화되는지 간략히 설명하고, 이어서 교육 연구에서 특히 어떻게 개념화되는지 살펴보면서, 경쟁 용어가 많은 분야를 탐색하는 데 어려움이 있음을 표시한다. 정서에 관한 연구를 수행해야 하는 몇 가지 이유를 들기 위해 나는 두려움과 학교 교육에 초점을 맞추어 보고 간단한 결론으로 마무리하고자 한다.

정서와 감정의 개념화

. . . .

정서(affect), 감정(emotion) 및 기타 관련 용어를 개념화하고 정의하는 것은 간단한 문제가 아니다. 이러한 개념화는 학문 간 및 학문 내에서도 다양하며, 이를 조명하는 이론적 및 방법론적 시각도 서로 다르다(Linnenbrink, 2006). 일부 저자와 연구자들은 **정서와 감정**이라는 용어를 같은 의미로 사용하는 반면, 다른 연구자들은 두 용어를 구별 없이 사용하는 것에 대하여 심각한 문제로 간주하기도 한다(Greco & Stenner, 2008). 두 용어의 구별이 항상 일관된 것은 아니며 Greco와 Stenner(2008, p. 11)가 지적하듯이, 이러한 구별에 영향을 미치는 '이론적 자원들'은 다양하다. 예를 들어, 정서는 정신분석이론이나 들뢰즈 철학과 연결될 수 있다. Greco와 Stenner(2008, p. 12)의 입장은 과도하게 용어의 구별을 주장하는 것이 본질적으로 도움이 되지 않는다는 것이다. 그들은 '용어가 먼저 특정 다른 사람들과 자신들의 접근을 구별하려는 지적인 그룹들을 위한 차별화의 표식으로 기능하지만,

공유된 용어가 꼭 공유된 이론적 입장을 의미하지 않을 수 있다'라고 주장한다.

일반적으로 감정은 특히 생물학, 심리학, 신경과학 연구와 관련이 있다. Wetherell(2012, p. 2)이 제안하는 것처럼 그러한 분야의 '정서 과학자(affective scientists)'는 다음과 같은 일을 한다.

> 정서 과학자들은 감정 상태와 그것이 몸과 마음에 일으키는 독특한 동요를 조사
> 한다. 때때로 '정서'는 감정의 모든 측면을 포함하며, 때로는 '느낌(feelings)'이나
> 보다 정교한 주관적 경험과는 달리 물리적 장애와 신체 활동(안면홍조, 흐느낌, 으
> 르렁거림, 깔깔거림, 각성 수준 및 신경 활동 패턴)만을 가리키기도 한다.

Wetherell(2014)은 **감정**을 '사건에 대한 평가, 일어나고 있는 일에 대한 입장 및 투자를 기록'하는 '분노, 기쁨, 슬픔, 혐오, 수치심, 놀라움과 같은 정서에 대한 기존의 문화적 패킷이나 프로토타입'으로 개념화한다. 그녀는 **정서**가 '보다 넓고 일반적인 용어이며, 정서에는 범주화하기 어렵거나 기존 범주로 정리되지 않을 수 있는 반응이 포함된다'고 보았다. 그녀는 정서와 감정 모두 일반적으로 행동지향적이며, 즉 '무언가를 하도록 우리를 밀어붙인다'고 주장한다(Wethell, 2014).

놀랄 것도 없이 교육 연구에서도 정의와 개념화에 대해 논란이 되고 있다. 예를 들어, Pekrun과 Linnenbrink-Garcia(2014, pp. 2-3)는 광범위한 교육 문헌에서 정서는 감정을 포함한 다양한 비인지적 구성(constructs)을 나타내는 데 자주 사용되지만, 자기개념, 신념 및 동기를 나타내는 데도 사용된다고 말한다. 이와는 대조적으로, 감정 연구에서 정서는 감정과 기분을 더 구체적으로 나타낸다. Shuman과 Scherer(2014, p. 16)는 '정서와 감정이라는 단어는 때때로 느낌의 구성 요소와 동의어로 사용되지만, 더 일반적으로 정서는 감정과 기분을 포함하는 더 큰 범주로 간주되며, 감정은 다중 구성 요소로서, 다른 것들 가운데서도 느낌 구성 요소를 포함한다'라고 언급한다. 예컨대, 기분과 같은 논쟁의 여지가 있는 다른 개념도 이 범주에 포함된다. 일부 교육 연구자들은 기분과 감정을 별개의 것으로 간주하는 한편, 다른 연구자들은 이들을 연속선상에 있는 것으로 간주한다(Linnenbrink, 2006). 이에 대한 합의는 없지만 일반적으로 감정은 구체적인 것으로 간주되고, 기분은 더욱 분산되어 특정한 대상이 없는 것으로 여겨진다. 또한 기분은 일반적으로 감정보다 오

래 지속되는 것으로 알려져 있다(Shuman & Scherer, 2014). Fiedler와 Beier(2014, p. 37)는 다음과 같이 설명한다.

> 감정은 특정 유발 자극과 연계되어 있으며 구체적인 상황을 평가하는 기능적 특성이 있다. 예를 들어, 당혹감은 실패 경험이나 사적인 비밀이 폭로될 때 유발되는 감정이지만 좌절 혹은 도발적인 상황에는 적합하지 않다. 결과적으로 감정은 특정 자극 상황과 연계되어 있기 때문에 다른 자극 상황으로 이어질 가능성은 작다. 이와 대조적으로, 기분은 구체적이지 않고 일반적으로 상당히 오래 지속되는 정서적 상태로, 종종 그 기원이 불분명한 경우가 많다. 사람들이 기분이 들떠 있거나 우울한 상태에 있을 때, 그 원인이나 유발 경험을 알 수 없는 경우가 많으며 잘못된 원인에 기인할 수도 있다.

Tina Hascher(2010, p. 14)는 학습과 감정(정서 포함)에 관한 연구 개요에서 감정은 일반적으로 생리적·심리적·행동적 측면을 포함하는 것으로 생각된다고 주장한다. 그녀는 일반적으로 감정에는 다섯 가지 구성 요소가 있는 것으로 보인다고 말한다. 첫째, **정서적** 요소는 주관적인 경험으로, 예를 들어 시험 전에 긴장감을 느끼는 것과 같은 것이다. 둘째, **인지적** 요소는 그 감정과 관련된 생각, 예를 들어 시험에 실패한 원인과 의미에 대한 생각을 나타낸다. 셋째, **표현적** 요소는 두려움이나 기쁨과 같은 감정의 표현을 포함한다. 넷째, **동기적** 요소는 감정에 의해 자극되거나 억제되는 행동 충동과 관련된 것으로, 예를 들어 어떤 일이 즐겁기 때문에 열심히 일하는 것과 관련이 있다. 다섯 번째는 시험 중 불안으로 인한 심장 박동 증가나 땀이 나는 현상과 같은 **생리적** 요소이다. Hascher(2010, p. 14)는 감정의 질을 분석하는 데 사용되는 8가지 지표를 나열한다.

1. 감정가(valence) (유쾌함=긍정적, 불쾌함=부정적, 양가성)
2. 각성 수준(arousal level) (비활성화-활성화)
3. 강도(intensity) (약함-강함)
4. 지속 시간(duration) (짧음-긺)

5. 빈도(frequency) (드물게-빈번하게)

6. 시간 차원(time dimension) (과거적인 것으로서의 안도, 현재적인 것으로서의 즐거움, 미래지
   향적인 것으로서의 희망)

7. 기준점(point of reference) (자신과 관련된 것으로서의 자부심, 다른 사람에게 향하는 것으로
   서의 동정심, 지루함과 같은 활동을 의미함)

8. 맥락(context) (학습 중, 성취 상황, 교육 중, 사회적 상호작용 등)

또 다른 구분은 특성(trait)과 상태(state) 사이에서 나타난다. 특성과 같은(trait-like) 정서
는 사람마다 다르지만, 시간이 지나도 비교적 안정적인 일반적인 반응 방식으로 간주된
다. 상태와 같은(state-like) 정서는 변화하는 환경에 대한 반응을 반영하기 때문에 시간이
지남에 따라 덜 안정적이다(Linnenbrink, 2006).

학습과 감정 연구에 대한 Hascher의 연구 개요는 심리학적 연구가 압도적으로 지배하
고 있는 모습을 보여 준다. Wetherell(2012)은 이러한 유형의 연구가 너무 협소하다고 주장
한다. Wetherell은 이 영역에서 사용되는 기본적인 감정 용어들(예: 슬픔, 분노, 두려움, 행복
등)이 가능한 정서적 수행, 장면, 사건의 범위를 충분히 반영하지 못한다고 주장한다. 그녀
는 정서가 훨씬 더 일반적인 영향, 움직임, 변화의 방식과 관련될 수 있다고 주장한다.

> 예를 들어, 우리는 어떤 사건에 '영향을 받는다'라고 이야기할 수 있다. 이때 영
> 향이 무엇인지 명확하지 않더라도 말이다. 이러한 의미에서 영향은 인간이나 심
> 지어 살아 있는 생명체에 국한될 필요는 없다(태양은 달에 영향을 미치고, 자석은 철
> 제 파일에 영향을 미치며, 파도의 움직임은 해안선의 모양에 영향을 미친다). … 이제 영
> 향은 힘이나 능동적인 관계와 같은 것을 의미한다. 이 용어는 인간의 감정에 관
> 한 연구에서 원래의 의미를 벗어나며 가장 포괄적인 의미에서 (감정/정서) 장애와
> 영향을 지칭하는 의미로 확장되었다.
>
> (Wetherell, 2012, p. 2)

Wetherell(2014)은 우리에게 그러한 '정서적 실천'을 연구하도록 유도하지만, 이를 어떻

게 수행해야 하는지는 간단하지 않으며, Wetherell도 이와 관련한 지침을 거의 제공하지 않는다. 정서적 실천을 고려해야 하는 몇 가지 이유를 설명하기 위해 나는 학교 교육에서의 두려움과 불안에 초점을 맞추고, 특히 (중간/기말)시험과 (단원)테스트에 대한 두려움에 집중하고자 한다. 이는 Wetherell(2014)이 요구하는 작업 중 매우 작고 집중적인 측면에 불과하지만, 이 연구조차도 여러 면에서 도전적이다.

두려움, 불안 그리고 학교 교육

'단일 감정'으로 간주할 수 있는 두려움(fear)/불안(anxiety)과 같은 감정조차도, 우리는 감정, 정서, 기분 등과 같은 더 큰 개념과 관련된 많은 문제에 직면하게 된다. 즉, 두려움과 불안을 정의하고 개념화하는 방식에 따라 이를 이해하고 탐구하는 방식에도 차이가 있다. 예를 들어, 두려움과 불안을 같은 의미로 사용하는 저자(예: Bourke, 2005; Bauman, 2006; Gill, 2007)가 있지만, 그렇지 않은 저자(예: Ahmed, 2004; Salecl, 2004)도 있다. Rachman(1998, pp. 25-26)은 두려움과 불안을 다음과 같이 구분하려고 시도한다.

> 불안은 가장 두드러지고 널리 퍼져 있는 감정 중 하나이다. 불안은 불편한 긴장감, 위협적이지만 막연한 사건에 대한 긴장된 기대감이다. 두려움과 불안은 몇 가지 공통된 특징을 공유하지만, 두려움은 일반적으로 식별할 수 있는 구체적인 초점을 가지고 있으며 더 강렬하고 일시적인 경향이 있다.

다른 말로 하면, Ahmed(2004, p. 64)가 지적한 바와 같이, 이 모델에서 '두려움에는 대상이 있지만'(원문 강조), 불안은 그렇지 않다. 이와 대조적으로, Bauman(2006, p. 2)은 두려움은 대상이 없을 때 더욱 강렬하다고 주장한다.

> 두려움은 확산되고, 흩어져 있고, 불분명하며, 안착되어 있지 않고, 고정되어 있

지 않은 채로 명확한 주소나 원인 없이 자유롭게 떠돌아다니며, 우리가 두려워해야 할 위협이 사방에서 엿보이지만 어디에도 보이지 않을 때 가장 무서운 존재이다. '두려움'은 불확실성, 즉 위협에 대한 무지와 무엇을 해야 할지에 대한 무지에 우리가 부여하는 이름이다.

(원문 강조)

따라서 두려움에 대한 개념은 상당히 다양하며, 두려움과 불안을 구분하려는 많은 연구자(예: Rachman, 1998)조차도 그 구분이 모호하다는 것을 인식하고 있고, 그 결과 두 용어가 자주 혼용되어 쓰이고 있다. 이 장에서 나는 두 가지 주요 이유로 두려움과 불안을 혼용하여 쓰고자 한다. 첫째, 개념적으로 두려움과 불안은 모두는 아니지만 일부는 구별되는 것으로 간주할 수 있지만, 경험적으로 그 두 개념을 구분하기는 어렵다. 둘째, 두 용어가 같은 의미로 사용되는 문헌의 빈도를 볼 때 두 용어를 분리하려는 시도가 매우 어렵고 다소 자의적일 수 있다.

교육 분야에서의 두려움/불안 연구

• • • • • • • • • • • • • • • •

일반적으로 연구에 따르면, 학교에 두려움과 불안이 만연해 있다. 실제로 불안은 교육 분야에서 가장 자주 보고되는 감정이다. 예를 들어, 고등학생과 대학생을 대상으로 한 일련의 인터뷰 및 설문조사에서 가장 많이 보고된 감정은 불안이었으며, 이는 수업 출석, 공부, 시험과 같은 다양한 학업 상황에서 경험하는 모든 감정적 에피소드 가운데 27%를 차지했다(Pekrun & Perry, 2014, p. 122). 또한 이는 교육적 맥락에서 가장 많이 연구된 감정이기도 하다. 일반적으로 학습과 정서에 관한 연구와 마찬가지로, 교육에서 두려움에 대한 대부분의 연구는 심리학자들에 의해 수행되었는데 이들은 대개 자기보고식 측정을 사용하여 두려움의 수준을 측정하고 개인과 그들의 수행에 대한 생물심리학적(bio-psychological) 영향을 탐구하고자 시도한다(Gower, 2005; Putwain, 2007). 가장 많은 관심이 테스트 또는 시험불안에 집중되었다. 심리학자들은 일반적으로 시험불안을 인지(예: 걱정, 시험과 무관한 생각), 정서(예: 감정, 생리적 반응), 행동(예: 공부 회피) 등의 세 가지 측면으로 구성된 다차원적 구조로 간주한다(Soysa & Weiss, 2014, p. 2). 일반적으로 연구결과에 따르면 시험불안은 '학업 기술 영역에서의 시험 성적과 지식 습득 장애와 관련이 있으며', 학생들은 부담이 큰 시험일수록 더 큰 시험불안을 보였고(Segool et al., 2013, p. 495), 압박감은 성취도와 반비례한다(Samdall et al., 2004). 따라서 두려움이 학습 동기를 부여하는 데 도움이 된다는 많은 상식적인 믿음과는 달리, 문헌에서의 매우 강력한 페턴은 높은 수준의 시험 관련 불안은 일반적으로 성취도를 떨어뜨리는 데 영향을 미치며(Zeidner, 2007), 학습 몰입도 저하로 이어질 수 있음을 보여 준다.

시험불안에 대해 많은 관심을 기울여 왔지만, 특히 미국 이외의 지역에서는 이에 대한 광범위한 연구를 찾기 어렵다. 실제로 Putwain(2007)은 영국에서는 시험불안이 비교적 최근까지 거의 무시되어 왔다고 지적한다. 또한 심리학자들의 연구는 그 가치에도 불구하고 거의 전적으로 양적 접근법을 사용한다는 점 그리고 개인에게만 초점을 맞춘다는 점에서 한계가 있다. 따라서 학생들이 가지고 있는 두려움의 근원, 두려움이 어떻게 재생산되고 지속되는지, 또는 두려움의 영향에 대한 학생들의 경험을 심층적으로 탐구하지 않는 경향이 있다. 또한 개인, 학교, 지역사회, 국가 및 그 너머 수준에서의 두려움과 같이 다양한 척도와 이들이 어떻게 교차하는지에 대한 질문이나 특정 시기에 어떤 두려움이 누구에 의해 생성되는지, 누가 가장 이익을 얻고 누가 가장 손해를 보는지 등 두려움의 정치에 대한 질문은 다루어지지 않는다(Jackson, 2010 참조).

이러한 질문은 일반적으로 교육사회학자나 교육정치 및 교육철학에 관심이 있는 사람들이 다룰 수 있는 유형의 질문이지만, 교육적 맥락에서의 두려움과 불안은 일반적으로 이러한 학자나 교육 연구자들에 의해 무시되어 왔다(Zembylas, 2009; Jackson, 2013; Hargreaves, 2015). 나는 교육사회학자들이 두려움에 전혀 관심을 두지 않았다고 말하는 것이 아니다. 실제로 다수의 연구에서 두려움이 등장했지만, 대부분의 경우 두려움은 연구의 초점이 아닌 부산물에 지나지 않는다(예: Reay et al., 2007; Williams et al., 2008). 교육의 불안에 초점을 맞춘 사회학적인 질적 연구(예: Denscombe, 2000; Hargreaves, 2015; Jackson, 2006, 2010, 2013)는 상대적으로 적기 때문에 불가피하게 답보다는 더 많은 질문을 제기한다. 그럼에도 불구하고 이는 두려움이 작용하고 교차하는 복잡한 방식 중 일부에 빛을 발하기 시작하였으며, 이 분야에 대한 더 많은 연구의 필요성을 강조한다. 이는 또한 교사가 교육 환경에서 두려움 및 기타 정서적 실천의 영향과 교사가 그것들에 영향을 미치는 방식과 교사 자신이 영향을 받는 방식에 더 잘 적응해야 할 필요성을 강조한다(Newton, 2014 참조). 여기에는 몇 가지 예시만 제시할 공간이 있다. 이 사례들은 주로 나 자신의 질적 연구에서 얻은 것으로 간략하게 개요를 제시하고자 한다.

경제사회연구위원회(ESRC)의 지원을 받은 나의 프로젝트는 무엇보다 중등학교에서의 실패(학업 및 사회적 '실패')에 대한 두려움을 다루고 있다. 이 프로젝트에서 생성된 데이터는 약 800명의 학생 설문 데이터, 9학년(13~14세) 학생 153명과 교사 30명의 인터뷰를 포함한다. 이 연구 프로젝트에는 영국 잉글랜드 북부에 있는 중등학교 6개가 참여했다. 남녀공학 4개교(Beechwood, Elmwood, Firtrees, Oakfield), 여학교 1개(Hollydale), 남학교 1개(Ashgrove)다. 처음에는 영국 교육표준청(Ofsted)의 보고서 데이터를 기반으로 하되, 각 학교의 정보를 보완하여 학교를 선택했다. 학교 선택 기준은 사회계층과 민족성, 전체 시험 결과 및 입학 성별(남/여 학교 및 남녀공학) 측면에서 다양한 학생을 확보하는 것이었다. 자세한 내용은 Jackson(2006)의 연구를 참조하라. 나는 이 연구를 통해 교실 맥락에서 두려움이 어떻게 순환되고 교차하는지, 그리고 두려움을 생성, 악화 및 감소시키는 몇 가지 요인을 보여 주기 시작했다(Jackson, 2006, 2010, 2013; Hargreaves, 2015 참조).

내 연구에 따르면 남녀 학생 대다수가 (다른 무엇보다) 학업 '실패'에 대해 불안해하고 있으며, 이러한 두려움은 특히 Standard Assessment Tasks(SAT)[1]와 같이 학교의 순위를 공개적으로 평가하는 데 활용되는 테스트와 시험에서 두드러진다. 전체적으로 인터뷰 대상자의 68%가 SAT에 대해 불안하다고 답했다. 이들 중 많은 학생이 실패에 대한 두려움의 관점에서 자신의 불안을 설명했으며, 일부는 이를 생생하게 전달했다.

---

1 SAT는 영국에서 7세와 11세(2008년까지는 14세) 학생을 대상으로 실시하는 평가이다. 7세의 평가는 주로 교사평가(때로는 비공식 테스트 사용)에 의해 이루어진다. 11세 평가는 영어, 수학, 과학에 대한 국가 차원 및 교사평가로 이루어진다. 성취도는 수준으로 표시되며 교육부가 설정한 예상 성취 수준이 있다.

CJ: SAT에 대해 미리 걱정했나요?

Jenny (Firtrees): 네, 죽을 것 같이 무서웠어요! 시험을 도저히 못 볼 것 같았고, 중간에 막혀서 어떤 질문에도 답할 수 없을 것 같았어요.

CJ: SAT에 대해 긴장했나요?

Steph (Hollydale): 네, 긴장했어요. 들어가면서 너무 부담을 받아 몸이 떨렸어요. 마치 다른 사람들이 내가 잘해 주기를 바라는 것 같았어요. 내면에서는 내가 잘할 수 있을지 모르겠다는 생각이 들었지만, 네, 나는 꽤나 긴장했어요.

앞에서 언급한 바와 같이, 교육심리학자들은 높은 수준의 시험 불안이 다양한 이유로 학생의 학업성취도에 부정적인 영향을 미칠 수 있음을 보여 주었다. 일부 학생의 경우 학업 실패에 대한 두려움이 학습 실패 또는 이탈로 이어질 수 있는 다양한 방어 전략을 촉발시킨다(Martin & Marsh, 2003). 이러한 방어 전략은 주로 두 가지 요인이 복합적으로 작용하여 유발된다. 첫째, 학위증명서가 능력과 가치의 핵심 지표로 여겨지는 사회에서 학력 '무능력'을 보여 주는 것은 매우 문제가 된다. 둘째, 학교는 능력을 자주 테스트하고 노출하는 곳이다. 이러한 맥락에서 능력과 가치가 부족한 것으로 간주되는 것을 피하기 위한 두 가지 핵심 방법이 있다. 하나는 실패를 피하는 것인데, 학교 교육은 모두가 '승자'가 될 수 없는 경쟁 시스템으로 운영되기 때문에 항상 가능한 것은 아니다. 두 번째는 실패의 부정적인 영향(즉, 능력 부족)을 피하는 것이다. 방어전략(defensive strategies)은 후자와 관련이 있다. 학생들은 방어전략을 통해 일반적으로 거짓이지만 그럴듯한 설명을 만들어서 (잠재적 혹은 실제로) 학업성취도가 낮은 상황을 정당화하거나 변명할 수 있다(Covington, 1998). 일반적으로, 그러한 변명을 통해 개인은 학업 '실패'의 원인을 능력 부족이 아닌 다른 요인으로 돌릴 수 있으며, 따라서 자신이 능력이 부족하고 그리하여 가치도 없다는 저주의 암시로부터 자신을 보호하기 위해 행동을 한다. 방어전략은 다양하다. 한 가지 예로 '실패'와 능력 부족 사이의 관계를 흐리게 만드는 파괴적인 행동이다.

학생들이 파괴적인 행동을 보이는 경우, 실패는 능력 그 자체의 부족보다는 수업 시간에 부주의하기 때문일 수 있으며, 이러한 행동은 나쁜 학업 성적에 대한 관심을 피하고 대신 자신의 행동에 주의를 돌리는 역할을 할 수 있다(Khoo & Oakes, 2003). 그러나 방어전략은 단기적으로는 친구처럼 느껴질 수 있지만 장기적으로는 실패의 가능성을 높일 수 있다. 따라서 개인의 두려움은 그 두려움이 현실이 될 가능성을 높이는 방식으로 반응하도록 유도할 수 있다. McGregor와 Elliot(2005, p. 229)의 연구는 이를 깔끔하게 요약하고 있다.

> 실패에 대한 두려움이 높은 개인이 성취 상황에서 실패를 피하고자 노력하는 것은 놀랍지 않다. 실제로 가능한 경우, 이러한 개인은 성취 상황 자체를 애초에 피하고자 한다. 역설적이게도, 그리고 안타깝게도, 실패에 대한 두려움이 큰 사람들은 많은 성취동기 이론가가 능력 개발의 핵심으로 여기는 실수와 실패로부터 스스로를 보호한다. … 본질적으로 실수와 실패에 대한 회피는 실패에 대한 두려움이 높은 사람의 성장과 성숙을 방해하며, 시간이 지남에 따라 더 큰 실수와 실패로 이어질 뿐이다. 이와 같이 실패를 회피하는 과정 자체가 실패를 회피하려는 경향을 유지하고 악화시키는 역할을 할 가능성이 높다는 점에서 실패 회피는 자기영속적인 과정이 될 가능성이 높다.

따라서 동기부여를 위해 두려움을 사용하는 것은 장기적으로 성공 가능성이 낮아 보인다. 그러나 많은 교사가 두려움과 그에 따른 당혹감, 수치심을 통해 동기를 부여하려고 시도한다. 내 연구에도 이와 같은 사례가 많이 발견되었으며, 이러한 전략은 학업 실패에 대한 학생들의 두려움을 더욱 악화시키는 경향이 있었다. 교사들은 학업 '실패'의 직접적인 결과가 학생의 미래 커리어와 인생의 기회에 어떤 영향을 미칠 수 있는지 강조하는 것뿐만 아니라, 학업 결과가 '기준에 미치지 못할 경우' 학교에 부정적인 영향을 미칠 수 있다는 점을 분명하게 표현하는 등 다양한 방식으로 두려움을 부추겼다.

지면 관계상 여기에서는 교사가 두려움이나 수치심을 통해 동기부여를 시도했던 사례한 가지만을 살펴본다. 따라서 나는 상대적으로 일반적인 전술, 즉 학생의 성적을 읽어 주는 등 학급 전체에 알리는 것에 초점을 맞추기로 했다. 내가 연구한 모든 학교에서 이러한 관행이 있었지만, 일부 학교에서는 다른 학교보다 더 널리 사용되었다. 모든 학교의 학생들은 이와 같은 관행을 불안과 잠재적 당혹감을 유발시키는 상당한 압박으로 인식하고 있었다. 예를 들어, Firtrees의 Clare는 성적을 공개적으로 보고하면 공개적으로 창피를 당할까 봐 시험에 대한 스트레스가 훨씬 커진다고 말한다.

Clare: 시험 자체는 큰 걱정이 아니에요. 하지만 선생님이 공개적으로 성적을 크게 외쳐요. 그냥 성적을 각자에게 알려 주는 것이라면 괜찮아요. 그런데 시험을 치르면 선생님이 모두의 성적을 공개해 버리니까 더 좋은 성적을 받으려고 최선을 다하게 돼요.

CJ: 그렇다면 선생님이 성적을 공개하는 것이 왜 특히 중요한가요? 공개적이기 때문인가요? 그것이 왜 그렇게 중요한지 조금 더 말씀해 주시겠습니까?

Clare: 왜냐하면 선생님이 성적이 나쁠 때 내 성적을 공개하면 친구들이 나를 쳐다보면서 '괜찮아. 성적이 나쁘지만 다음번에는 더 잘할 수 있어'라는 식으로 생각할 텐데, 그런 것이 좀 당황스러워요.

Elmwood의 Richard도 시험 결과가 공개되는 것을 싫어했다. Clare와 같이 '바보'처럼 보이지 않기를 간절히 바랐고, 낮은 점수를 받으면 창피하게 느꼈다.

CJ: 어떤 학생들이 그러는데 일부 수업에서 선생님들이 시험 결과를 모두 앞에서 공개하기도 한다는군요.

Richard: 예, 저는 그게 정말 싫어요. 왜냐하면 형편없는 점수를 받으면… 친구들이 비웃기도 하거든요.

CJ: 선생님들이 자주 그렇게 하시나요?

Richard: 예, 거의 항상 그렇게 하세요. 그렇지 않은 선생님들도 있는데 왜냐하면 성적을 공개할 때 어떤 학생들은 너무 당황하고 불쾌해하는 걸 아시기 때문이에요.

CJ: 선생님들이 그렇게 하시는 이유가 뭘까요?

Richard: 창피를 당한다면, 그걸 보고 노력을 좀 더 하게 해서 다음번에는 창
        피를 당하지 않게 하려고요.

내 연구에는 교사가 (상대적으로) 성적이 낮은 학생을 강조하고 수치심을 주려고 시도하는 방식에 대한 훨씬 놀라운 사례가 있다. 예를 들어, Lawrence(Ashgrove)는 상위권 수학 수업에서 상대적 능력에 따라 학생들을 앉히는데, '똑똑한 학생'은 교실 뒤편에, '똑똑하지 않은' 학생은 앞에 앉힌다고 설명했다.

Lawrence: 교실에는 약간의 경쟁이 있어요……. 덜 똑똑한 학생들은 중간이나
          앞쪽에 앉는 것인데, 그렇게 하면 더 잘 들을 수 있어서 좋아요. 그
          리고 똑똑한 학생들은 뒤쪽에 앉아요…….
CJ: 그렇다면 그것은 학급에서 학생들의 순위를 매기는 아주 노골적인
          방법인가요?
Lawrence: 음, 첫 수학 수업 때 저는 가장 앞에 앉았는데 시작이었기 때문에 그
          렇게 염려하지는 않았어요. 그런데 그게 도움이 되어서 바로 다음 시
          험에서 조금 뒷자리를 앉게 되었어요. 그건 압박을 많이 받아서 그렇
          게 된 건 아니고, 앞자리에 앉으니까 선생님이 하시는 말씀을 잘 들
          을 수 있었고 앞에 앉아서 더 집중할 수 있었기 때문이었어요. 제 생
          각에는 그게 주된 목적이었지 망신을 주려고 한 건 아닌 것 같아요.

교사가 능력에 따라 학생들을 앉히는 방법은 성과를 가시화하는 데 중점을 둔다는 점에서 눈에 띈다. 개인(성적)의 성과에 따라 학급을 순위화하는 이보다 더 노골적이고 시각적인 방법을 상상하기는 어렵다. Lawrence는 이러한 공간 구성 방식에서 '덜 똑똑한' 학생들이 교사를 더 잘 보고 들을 수 있으며, 주의가 산만해질 가능성이 적다는 등의 긍정적인 측면을 찾으려고 노력한다. 그러나 이러한 반응의 기저에는 일부 학생들이 명백하게 하위권으로 분류되어 당혹스럽다는 인식도 깔려 있다(비슷한 예로 Wilkins, 2011 참조). 이러한 전략은 상대적 능력 비교를 지나치게 강조하고 학습(역량 개발)보다는 성과(역량 입증)를 강조하

는 교실 분위기를 조장하며 학업 실패, 당혹감 및 수치심에 대한 두려움을 조장할 가능성이 크다.

교사가 시험 결과를 발표하는 이유에 대하여 Richard는 다음과 같이 통찰력 있는 분석을 하였다. 이러한 교사들은 그러한 관행이 학생들에게 동기를 부여하고, 학생들이 수치심을 느껴 더 열심히 노력하여 하위권이 되지 않도록 할 수 있다고 믿을 가능성이 크다. 그러나 앞서 논의한 바와 같이 이러한 전술은 비생산적일 가능성이 크며, 많은 학생에게 학습에 도움이 되기보다는 방어적인 행동을 유발할 수 있다. 따라서 교사는 정서적 관행과 과정을 훨씬 더 완전하게 이해하고 자신의 관행이 학생들에게 영향을 미치는지 고려해야 한다(Newton, 2014 참조). 그렇다고 내가 단순히 '교사를 비난하는' 접근 방식을 취하자고 하는 것은 아니다. 교사 자신도 성과에 대한 압박을 받고 있으며, 많은 경우 두려움은 일상생활에서 큰 역할을 한다. 예를 들어, 교사 역시 좋은 결과를 내야 한다는 상당한 압박을 받고 있으며, 많은 교사가 학생만큼이나 학생의 '실패'로 인한 결과를 두려워한다 (Denscombe, 2000; Hall et al., 2004). 이는 교사에게 '실패'의 결과가 상당할 수 있기 때문에 수긍이 가는 부분이다.

> 우리가 20% [GCSE 성적 A*-C등급] 내에 들지 못하면 정부는 지원을 중단할 것입니다. 교장을 통해 들은 내용입니다. 분명히 모든 부서가 지금 생각하고 있을 텐데, 8월이 되면 모두 신경이 날카로워져서 결과가 나올 때까지 밤잠을 설치게 될 것입니다. 20%에 미치지 못하면 기분이 어떻겠습니까? 더 이상 뭘 할 수 있을까요? ⋯ 그럼에도 불구하고 우리는 그것을 얻기 위해 할 수 있는 모든 걸 다했다고 생각합니다. 정부가 우리 앞에서 이걸 쥐고 흔들면서 말하는 거예요, 애들을 볼 게 아니다, 들어오는 애들이 중요한 게 아니다, 우리가 훨씬 위에 있다, 그렇게요. ⋯ 아니요, 20%는 마법의 수치입니다. 그래서 우리가 얻을 수 있을지 모르겠어요. 그래서 우리는 이번에 이를 달성하기 위해 정말 열심히 노력했습니다. 이렇게 모든 직원이 실패에 대한 압박을 받고 있고, 부서 성과가 썩 좋지 않으면 그다음엔 어떤 일이 일어날까요?
>
> (Ms Brian, Beechwood)

일부 교사들이 교실에서 학생의 이름을 부르고 창피를 주는 방식은 학교, 지역사회, 국가 및 그 이상의 수준 등 다양한 규모에서 반영되고 재생산된다. 예를 들어, 영국은 국제 교육 무대에서 상대적으로 저조한 성과를 거두는 것에 대한 두려움으로 교육 성취 기준을 점차 더 강조하고 있고, 이에 따라 영국 내 학교들은 국제 경쟁자보다 이상적으로 더 나은 성과를 내도록 정부로부터 점점 더 큰 압박을 받고 있다.

따라서 지난 20여 년 동안 학교의 성과를 모니터링하고, 공개하며, 많은 경우 '수치심'을 유발하는 다양한 메커니즘의 도입과 함께 학교의 성취 기준을 높이라는 압력이 커지는 것을 목격할 수 있었다. 잉글랜드에서 가장 주목할 만한 메커니즘은 다음과 같다. SAT, 교육 표준청(Ofsted)의 감사, 학교 순위를 열거한 배치표, '실패'한 학교에 대한 공개적인 '이름 공개와 창피 주기' 등이다. 학교 '이름 공개 및 창피 주기'는 의심할 여지 없이 학교의 성과를 향상시키기 위한 동기(마치 학생의 이름을 공개하고 수치심을 유발하여 학생의 성과를 향상시키려는 교사의 동기처럼)로 이루어지지만, '실패'와 수치심에 대한 두려움은 종종 학교 수준에서 '시험을 잘 치르도록 하는 방법'과 같은 전략을 촉진한다. 이러한 전략은 학생들의 질 높은 학습 경험에 역효과를 가져온다.

따라서 교육 연구자들은 개인 수준, 교실 수준 및 학교 수준에서 두려움이 어떻게 만들어지고 악화되는지뿐만 아니라 국내, 국제적으로 그것이 어떻게 생성되는지 탐구할 필요가 있다. Shirlow와 Pain(2003)이 주장하는 것처럼, 우리는 두려움을 다양한 수준에서 이해하고 그것이 어떻게 작동되는지 고려해야 한다. 또한 이러한 두려움은 사회적으로 구성되기 때문에 누가 이러한 두려움을 만들어 내는지 그리고 그 결과로 누가 가장 많은 이득을 얻고 누가 가장 손해를 보는지에 대해 질문할 필요가 있다. 다시 말해, 우리는 교육과 관련된 두려움의 정치에 대해 더 많이 생각해야 한다. 이에 대해 논의하는 것은 이 장의 범위를 벗어나지만 보다 자세한 논의는 Jackson(2010)을 참고하라.

결론

• • • • •

    학습의 정서적 차원이 널리 퍼져 있고 중요하다는 것은 지금보다 훨씬 더 교육 연구자들로부터 관심을 받을 만한 가치가 있다는 것을 의미한다. 한 걸음 더 나아가 정서적 관행이 작동하고 교차하는 복잡한 방식을 더 깊이 이해하기 위해서는 이 영역에서 수행되어온 연구의 유형을 상당히 확장할 필요가 있다. 중요한 것은 다양한 수준에서 정서를 고려하고, 교육과 관련된 정서의 정치에 관한 질문에 참여해야 한다는 것이다. 그러나 그 과정이 쉽지는 않을 것이다. 이 영역의 연구는 개념화 및 연구방법의 어려움 등 여러 가지 요인으로 인해 복잡하다. 이 장에서는 정서 연구의 방법론적 어려움을 고려할 여지가 없었지만, 이에는 많은 어려움이 존재한다. 그러나 이러한 어려움에도 불구하고 이제는 교실에 자리 잡고 있는 감정의 코끼리를 무시하는 것을 멈출 때가 되었다.

참고문헌

Ahmed, S. (2004) *The Cultural Politics of Emotion,* Edinburgh: Edinburgh University Press.

Bauman, Z. (2006) *Liquid Fear,* Cambridge: Polity Press.

Bourke, J. (2005) *Fear: A Cultural History,* London: Virago.

Covington, M.V. (1998) *The Will to Learn: A Guide for Motivating Young People,* Cambridge: Cambridge University Press.

Denscombe, M. (2000) 'Social conditions for stress: young people's experience of doing GCSEs', *British Educational Research Journal,* 26, 3: 259–74.

Fiedler, K. and Beier, S. (2014) 'Affect and cognitive processes in educational contexts', in R. Pekrun and L. Linnenbrink–Garcia (eds), *International Handbook of Emotions in Education,* London: Routledge, pp. 36–55.

Gill, T. (2007) *No Fear: Growing Up in a Risk Averse Society,* London: Calouste Gulbenkian Foundation.

Gower, P.L. (ed.) (2005) *New Research on the Psychology of Fear,* New York: Nova Science

Publishers.

Greco, M. and Stenner, P. (2008) 'Introduction: emotion and social science', in M. Greco and P. Stenner (eds), *Emotions: A Social Science Reader*, London: Routledge, pp. 1–21.

Hall, K., Collins, J., Benjamin, S., Nind, M. and Sheehy, K. (2004) 'SATurated models of pupildom: assessment and inclusion/exclusion', *British Educational Research Journal*, 30, 6: 801–17.

Hargreaves, E. (2015, forthcoming) ' "I think it helps you better when you're not scared": fear and learning in the primary classroom'.

Hascher, T. (2010) 'Learning and emotion: perspectives for theory and research', *European Educational Research Journal*, 9, 1: 13–28.

Jackson, C. (2006) *Lads and Ladettes in School: Gender and a Fear of Failure*, Maidenhead: Open University Press.

Jackson, C. (2010) 'Fear in education', *Educational Review*, 62, 1: 39–52.

Jackson, C. (2013) 'Fear in and about education', in R. Brooks, M. McCormack and K. Bhopal (eds) *Contemporary Debates in the Sociology of Education*, Basingstoke: Palgrave Macmillan, pp. 185–201.

Jackson, C, Paechter, C. and Renold, E. (2010) 'Introduction', in C. Jackson, C. Paechter and E. Renold (eds) (2010) *Girls and Education 3–16: Continuing Concerns, New Agendas.* Maidenhead: Open University Press, pp. 1–18.

Khoo, A.C.E. and Oakes, P.J. (2003) 'School misbehaviour as a coping strategy for negative social comparison and academic failure', *Social Psychology of Education*, 6: 255–81.

Linnenbrink, E.A. (2006) 'Emotion research in education: theoretical and methodological perspectives on the integration of affect, motivation, and cognition', *Educational Psychology Review*, 18: 307–14.

Martin, A.I. and Marsh, H.W. (2003) 'Fear of failure: friend or foe?', *Australian Psychologist*, 38, 1: 31–8.

McGregor, H.A. and Elliot, A.J. (2005) 'The shame of failure: examining the link between fear of failure and shame', *Personality and Social Psychology Bulletin*, 31:218–31.

Newton, D.P. (2014) *Thinking with Feeling: Fostering Productive Thought in the Classroom*, London: Routledge.

Pekrun, R. and Linnenbrink–Garcia, L. (eds) (2014) *International Handbook of Emotions in Education*, London: Routledge.

Pekrun, R. and Perry, R.P (2014) 'Control–value theory of achievement emotions', in R. Pekrun and L. Linnenbrink–Garcia (eds) *International Handbook of Emotions in Education*, London: Routledge, pp. 120–41.

Putwain, D. (2007) 'Test anxiety in UK schoolchildren: prevalence and demographic patterns', *British Journal of Educational Psychology, 17*, 3: 579–93.

Rachman, S. (1998) *Anxiety,* Hove: Psychology Press Ltd.

Reay, D., Hollingworth, S., Williams, K., Crozier, G.f Jamieson, F., James, D. and Beedell P.(2007) " 'A darker shade of pale?" Whiteness, the middle classes and multi–ethnic innercity schooling', *Sociology,* 41, 6: 1041–60.

Salecl, R. (2004) *On Anxiety,* London: Routledge.

Samdall, O., Dur, W. and Freeman, J. (2004) 'Life circumstances of young people: school', in C. Currie et al. (eds), (2004) *Young People's Health in Context: International Report from the HBSC 2001/02 Survey* (Health Policy for Children and Adolescents, No. 4), WHO: Regional Office for Europe, Copenhagen.

Segool, N.K., Carlson, J.S., Goforth, A.N., Von der Embse, N. and Barterian, J.A. (2013) 'Heightened test anxiety among young children: elementary school students' anxious responses to high–stakes testing', *Psychology in Schools,* 50, 5: 489–99.

Shirlow, P. and Pain, R. (2003) 'The geographies and politics of fear', *Capital and Class,* 80: 15–26.

Shuman, V. and Scherer, K.R. (2014) 'Concepts and structures of emotions', in R. Pekrun and L. Linnenbrink–Garcia (eds), *International Handbook of Emotions in Education,* London: Routledge, pp. 13–35.

Soysa, C.K. and Weiss, A. (2014) 'Mediating perceived parenting styles–test anxiety relationships: academic procrastination and maladaptive perfectionism', *Learning and Individual Differences,* 34: 77–85.

Wetherell, M.S. (2012) *Affect and Emotion: A New Social Science Understanding,* London: SAGE.

Wetherell, M.S. (2014) 'The turn to affect', paper presented at Taking 'Turns': Material, Affective and Sensory 'Turns' in the Academy, University of Manchester, 3 July.

Wilkins, A. (2011): 'Push and pull in the classroom: competition, gender and the neoliberal subject', *Gender and Education,* 24, 7: 765–81.

Williams, K., Jamieson, F. and Hollingworth, S. (2008) 'He was a bit of a delicate thing': white middle–class boys, gender, school choice and parental anxiety, *Gender and Education,* 20, 4: 399–408.

Zeidner, M. (2007) 'Test anxiety in educational contexts', in P.A. Schutz and R. Pekrun(eds) *Emotion in Education,* Burlington, MA: Elsevier, pp. 165–84.

Zembylas, M. (2009), 'Global economies of fear: affect, politics and pedagogical implications', *Critical Studies in Education,* 50, 2: 187–99.

11

전기학습
– 평생학습 담론 안에서

Peter Alheit

전기 연구는 개인적 주체성과 사회적 조건들 사이에서 일어나는 상호작용을 통해 사람의 생애과정이 어떻게 발달하는지를 연구하는 것이다. 학습은 이러한 상호작용에서 중요한 부분이며, 따라서 전기 연구에는 반드시 학습의 개념이 포함된다. 역으로, 중요한 학습은 학습자의 전기와 관련해서만 맥락적으로 이해할 수 있다. 괴팅겐 대학교(University of Göttingen) 교수이자 독일의 사회학자인 Peter Alheit는 오랫동안 유럽의 전기적 연구와 이론의 발달에 핵심적인 역할을 해 왔으며, 특히 전환기에 있는 사회에서 그의 '전기성' 개념이 흥미를 끌면서 이후 동아시아 및 남미 국가에서도 많은 주목을 받았다. 이 장은 이전 논문을 더욱 정교하게 다듬은 것으로서 전기적 관점에서 학습에 대한 이론적 이해를 도모한다.

도입

. . . . . .

지난 30년 동안, 특히 최근 10년 동안의 교육 논쟁에서 평생학습의 개념은 전략적으로나 기능적으로 더욱 다듬어져 왔다. 어떤 의미에서 평생학습은 후기 근대사회에서 교육과제를 구체화하는 새로운 방식을 의미한다. 유럽위원회(European Commission)는 교육정책에 대한 계획적이고 매우 영향력 있는 문서인 '평생학습에 대한 제안서'에서 '평생학습은 더 이상 교육과 훈련의 한 측면이 아니라, 학습 맥락 전체에 걸친 지원과 참여를 위한 지침 원칙이 되어야 한다.'라고 명시했다(Commission of the European Communities, 2000, p. 3). 이렇게 평가하는 데는 두 가지 결정적인 이유가 있다.

① 유럽은 지식 기반 사회 및 경제로 이행하고 있다. 그 어느 때보다도 최신 정보와 지식에 대한 접근성과 함께 이러한 자원을 개인과 공동체 전체를 위하여 현명하게 사용할 동기와 기술이 유럽의 경쟁력을 강화하고 노동인구의 고용 가능성과 적응력을 향상시키는 열쇠가 되고 있다.

② 오늘날 유럽인들은 정치 및 사회적으로 복잡한 세계에 살고 있다. 그 어느 때보다도 개인은 자신의 삶을 스스로 계획하고, 사회에 적극적으로 기여할 것으로 기대되며, 문화적·민족적·언어적 다양성을 가지고 긍정적으로 사는 법을 배워야 한다. 가장 넓은 의미에서 교육은 이러한 도전에 대처하는 방법을 배우고 이해하는 열쇠가 된다(Commission, 2000, p. 5).

앞의 두 가지 이유는 기능주의적인 방식에 있어서는 평생학습 개념의 범주를 축소시켜 왔지만, 다른 한편으로는 개념 정의의 명확성을 높여 준다. 이 제안서에는 평생학습이 다음과 같은 모든 유의미한 학습활동과 관련된다고 명시되어 있다(Commission, 2000, p. 8).

- **형식**(formal) 학습과정: 공인된 학위와 자격증을 주며 전통적인 교육훈련 기관에서 이루어진다.
- **비형식**(non-formal) 학습과정: 보통 교육 및 훈련의 주류 시스템과 병행하여 이루어지며, 직장, 동호회 및 협회, 시민사회 이니셔티브 및 활동, 스포츠 혹은 음악적 관심사를 추구할 때 발생한다.
- **무형식**(informal) 학습과정: 반드시 의도적일 필요는 없으며, 일상생활에 자연스럽게 수반되는 과정을 의미한다.

'학습'이라는 용어에 대한 이러한 새로운 이해의 목적은 이러한 다양한 형태의 학습을 시너지 효과를 내는 방식으로 네트워킹하는 것이다. 학습은 '생애 전반에 걸쳐(lifespan)' 체계적으로 확장되어야 할 뿐 아니라, '삶의 전 영역에 걸쳐(lifewide)' 확장되어야 한다. 즉, 다양한 형태의 학습이 유기적으로 상호 보완될 수 있는 학습환경이 조성되어야 한다. '"삶의 전 영역" 차원은 형식·비형식·무형식 학습의 상호 보완성을 더욱 강조한다'(Commission, 2000, p. 9).

평생에 걸친 '네트워크화'된 학습은 이제 경제적, 사회적으로 필수적인 요소가 되는 것 같다. 평생학습의 '새로운' 개념은 John Field가 '새로운 교육질서'(Field, 2000, p. 133ff.)로 명명한 야망을 드러낸다. 학습은 사회 전체, 교육 및 훈련기관, 개인에게 새로운 의미를 획득한다. 그러나 이러한 함축적 의미의 전환은 이 새로운 학습이 처음에는 정치 및 경제적 지침에 의해 틀이 갖추어졌다는 점에서 내적 모순을 드러낸다. 새로운 학습의 목표는 경쟁력, 고용 및 노동력의 적응 역량을 강화하는 것이다. 그러나 또 다른 의도는 개인의 생애 계획과 사회 참여의 자유를 강화하는 데 있다. 평생학습은 '도구화'와 '해방'을 동시에 실현하게 한다.

다음 분석에서는 이 두 가지 관점 사이의 흥미로운 긴장 관계에 초점을 맞출 것이다. 첫 번째 부분에서는 **거시적 관점**에서 평생학습에 대한 사회적 프레임워크를 살펴본다. 다음에서는 **미시적 관점**에서 '생애 전반에 걸친 교육'에 관한 특별한 이론적 관점인 '전기학습

(biographical learning)'의 개념을 제시할 것이다. 간략한 마지막 세션에서는 이러한 문제와 관련하여 인문학의 발전을 강화할 수 있도록 관련 연구 문제의 측면에서 연구결과에 집중하고자 한다.

거시적 관점: 교육시스템 재편으로서 평생학습

일단 시작에 앞서 설명해야 할 놀라운 사실은 20세기가 끝날 무렵 세계적으로 평생학습의 개념에 대한 정치적 동의가 이루어졌다는 점이다(Field, 2000, pp. 3ff.). 이러한 교육 및 훈련 프로그램에 있어서의 전 세계적인 패러다임 전환을 촉발한 요인은 서구 산업화 이후 사회의 네 가지 트렌드다. 이 트렌드는 상호 중복되는데, John Field의 표현을 빌리자면 20세기가 가까워지면서 '조용한 폭발'(Field, 2000, pp. 35ff.)로 이어졌다. 그 내용을 보면 '일'의 의미 변화, 지식의 새롭고 총체적인 변화된 기능, 주류 교육 및 훈련기관들의 역기능 증가 경험, 특히 '개인화'와 '성찰적 근대화'(Beck, 1992; Giddens, 1991)라는 이름으로 대략 특징지어지는 사회적 행위자 자신이 직면한 도전들이다.

후기 근대사회에서 변화하는 '일'의 성격

20세기는 고용의 의미와 중요성을 크게 변화시켰다. 대부분의 사람은 중조부모 세대보다 일생 동안 직장에서 보내는 시간이 훨씬 줄어들었다. 1906년까지만 해도 영국의 평균 노동시간은 연 2,900시간이었다. 1946년에는 2,440시간, 1988년에는 단 1,800시간으로 감소했다(Hall, 1999, p. 427 참조). 일의 '내부 구조'에도 변화가 일어났다. 공업 부문에서 서비스 부문으로 일자리가 대규모 이동한 것은 변화의 표면적인 증상일 뿐이다. 더 중요한 측면은 일관된 '직장 생활'이라는 개념이 마침내 과거의 일이 되었다는 점이며, 심지어 여성들이 전통적으로 일에서 배제되었다는 사실도 인정한다. 보통의 고용이란 더 이상 한 가지 직업을 생애의 상당 기간 수행한다는 것을 의미하지 않으며, 이제는 일과 추가 훈련의 교대, 자발적 또는 비자발적 직업의 단절, 혁신적 커리어 전환 전략 및 심지어는 취업과 가족 중심 국면 간의 자발적 전환까지를 포함한다(Alheit, 1992 참조).

이러한 추세는 전통적인 생애과정 체제(Kohli, 1985)에 관한 사람들의 기대에 도전하고, 개인의 인생 계획을 훨씬 더 위험한 사업으로 만들었을 뿐만 아니라, '생애과정의 구조화 주체'로 기능하던 관련 기관들에 대해서도 새로운 문제를 야기했다. 이러한 기관들은 고용 시스템과 노동시장 관련 기관, 사회보장 및 연금보험 기관 그리고 무엇보다도 교육시스템 관련 기관이다. 이 기관들이야말로 노동시장의 규제 완화와 유연성으로 인한 결과에 대하여 보상하고, 예상하기 어렵고 위험한 지위로의 이동 및 '현대화된' 생애과정으로의 전환을 지원하며, 한편으로는 개인 행위자들이 가진 선택권과 다른 한편으로는 기관적 '중간 수준'의 기능적 명령 사이에서 새로운 균형을 맞춰야 한다. 필수적인 '생활 정치'를 관리하기 위한 혁신적 도구로써 평생학습은 분명한 해답이다.

지식의 새로운 기능

생활 정치를 관리한다는 이 아이디어는 그 주제가 확산되면 될수록 더욱 필요해 보인다. 산업화 이후 정보사회가 낳은 기술 혁신의 여파로 **지식**이 미래의 핵심 자원이 되었다는 사소하고도 절대적인 합의는 이 지식의 실제 기능과 성격에 대한 당혹감을 감추고 있다. 분명한 것은, 핵심적인 문제는 단순히 한정된 지식을 최대한 효율적으로 보급하고 분배하는 것도 아니고, 삶의 모든 영역이 점차 과학화된다는 사실도 아니며(Stehr, 2002), 오히려 지식이 어떤 용도로 쓰이느냐에 따라 계속 확장되고, 어느 정도 시간이 지나면 다시 평가 절하되는 현상이다. Bourdieu에 따르면, 지식은 더 이상 사회구조를 결정하고 끊임없는 반복 재생산을 통해 놀라운 지속성을 보여 주는 '문화자본'이 아니다(Bourdieu, 1984). 지식은 새로운 가상 경제를 생성하는 일종의 '회색자본(grey capital)'이다. 2000년 **신경제**의 주식시장 붕괴는 '새로운 지식'이라는 거의 무형적인 특성의 어두운 한 단면일 뿐이다.

전통적인 산업생산 영역과 고전적인 서비스 및 행정의 성격을 오랫동안 확장하고 수정해 온 정보통신(IT) 시대의 커뮤니케이션 및 상호작용 네트워크는 과거의 전통적인 지식 형태보다도 더욱 개인 사용자에 의존적이다. 새로운 가상 시장에서의 개인의 선택, 즉 인터넷에서의 인맥, 생산적 투입물, 소비 습관이 미래 지식의 형태를 만들어 낸다. 정보사회의 지식은 **실천적 지식**으로서 순전히 직업 영역을 넘어 사회의 구조를 결정하고, 점점 짧아지는 주기에 역동성을 부여하는 일종의 생활양식이다.

이러한 '새로운 지식'의 특성은 이제 유연한 피드백 절차, 복잡한 자체관리 점검, 영구적인 품질관리를 필요로 한다. 이 과정에서 교육과 학습의 성격은 극적으로 변화하고 있다 (Stehr, 2002). 교육과 학습은 더 이상 고정된 지식이나 가치, 기술의 소통과 확산을 수반하지 않으며, 개인의 지식 생산과 조직화된 지식 관리 사이에 영구적이고 지속적인 교환을 보장하기 위한 일종의 '지식의 삼투(knowledge osmosis)'를 수반한다. 평생학습, 특히 자기관리학습이라는 아이디어는 적어도 프레임워크 개념으로서 이 과정에 매우 적합해 보인다.

기존 교육기관의 역기능

지식사회가 만들어 낸 이러한 조건은 전통적인 교수-학습 환경을 문제시한다. 특히 1970년대 초 평생학습이라는 이름으로 처음 등장한 **인적자본론**을 문제로 삼는다. 인적자본론은 풀타임 학업 기간을 기준으로 교육과 훈련에 투입한 자본을 측정하면서, 학업 기간을 연장하면 평생학습에 참여하려는 의지에 긍정적인 영향을 미칠 것으로 가정한다(이에 대한 비판은 Field, 2000, p. 135; Schuller, 1998 참조). 최근의 많은 실증 연구, 특히 영국에서 수행된 연구(예: Tavistock Institute, 1999; Schuller & Field, 1999)는 정반대의 증거를 제시한다. 조건부 프레임워크(conditional framework)와 학습과정의 질을 극적으로 변화시키지 않는 이상, 단순히 기초교육 기간의 연장은 대부분 동기 상실을 유발했을 뿐 아니라 추후 삶의 국면에서 지속적 자기관리학습에는 전혀 도움이 되지 못하고, 오히려 억압하는 태도를 낳았다(Schuller & Field, 1999).

현재의 평생학습은 학습조직에서 일종의 **패러다임 전환**을 요구하는데, 성인기에서가 아니라 바로 학교교육이라는 첫 번째 형태에서 패러다임 전환을 요구한다. 지향하는 목표는 더 이상 효율적인 학습, 효과적인 교수전략, 일관된 공식적인 교육과정이 아니라, 오히려 **학습자**의 상황과 전제조건에 중점을 두는 것이다(Bentley, 1998). 이것은 또한 학습을 위한 비형식 및 무형식 선택지를 다루는 것을 의미한다. 핵심적인 교육적 질문은 더 이상 특정 내용을 어떻게 하면 최대한 성공적으로 가르칠 수 있는지가 아니라, 어떤 학습환경이 자기결정학습(self-determined learning)을 가장 잘 자극할 수 있는지, 즉 학습 자체를 어떻게 학습할 수 있는지에 대한 것이다(Simons, 1992; Smith, 1992).

물론 이러한 관점에는 읽기, 쓰기, 셈하기 또는 컴퓨터 활용능력과 같은 기본 자격요건을 전달하는 것을 포함해야 하지만, 이러한 기본 기술조차도 실제 경험과 연결되어야 하며, 인지적으로 습득한 기술을 소유한 사람은 이를 사회적 및 정서적 역량과 결합할 수 있어야 한다. 이러한 옵션을 가능하게 하려면 교육 및 훈련기관이 전통적인 형태로 존재하는 것에 대하여 높은 수준의 제도적 '자기성찰'이 전제되어야 한다. 이들 기관 역시 '학습조직'이 되어야 한다는 사실을 받아들여야 한다. 그들의 고객을 평생에 걸쳐 자기결정적인 학습을 하도록 준비시켜야 한다는 것은 삶의 전 영역에 걸친 학습 혹은 '전인적 학습(holistic learning)'의 개념을 함축하고 있다.

학교는 학교가 속한 지역사회, 해당 지역에서 활동하는 기업, 협회, 교회, 단체 그리고 재학생의 가족과 네트워크를 형성해야 한다. 학교는 새로운 학습장소를 발견하고 다른 학습환경을 만들어 낼 수 있어야 한다. 최근의 학교 개발 개념, 특히 개별 기관에 상당한 자율성을 부여하는 개념은 확실히 확장된 개념을 제공하고 있다. 학교에서 적용되는 것은 물론 대학, 성인 교육시설, 공공행정 교육기관 등에서도 동일하게 적용된다. John Field가 정확히 지적했듯이, 평생학습은 교육의 '조용한 혁명', 즉 '새로운 교육질서'를 필요로 한다(Field, 2000, pp. 133ff.).

개별화와 성찰적 근대화

이러한 요구는 점증하는 사회 구성원이 직면하게 되는 상황을 살펴보면 터무니없다거나 비현실적인 것도 아니다. 개인들을 겨냥한 그 요구들은 20세기 후반기에 크게 달라졌다. 경제적 요인만이 아니라 사회적·문화적 변화 역시 중요한 역할을 한다. 사회적 불평등이 지속되고 있음에도 불구하고, 사회적 환경과 전통적 사고방식 간의 유대는 보다 더 느슨해졌다(Beck, 1992). 사람들의 지향 패턴은 더욱 국지화되고 있으며, 이제는 세대나 성별에 기반한 경험, 자기 자신의 민족성에 대한 지각, 심지어는 특정 생활양식에 대한 선호 등과 더 많이 연관되는 경향이 있다(Alheit, 1999). 제공되는 정보와 소비재 범위의 폭발적 변화로 인해 사회 구성원들이 선택할 수 있는 옵션의 가짓수는 비약적으로 증가했다(Beck, 1992; Giddens, 1991). 따라서 삶의 과정은 과거보다 훨씬 예측하기 힘들게 되었다. 더군다

나 지속적으로 의사결정을 내려야 하고, 끊임없이 방향을 바꿔야 한다는 강박이 점점 더 명확하게 개인에게 전가되고 있다.

Ulrich Beck이나 Anthony Giddens의 저명한 논문에서 볼 수 있듯이, 생애과정 체제의 개별화 경향과 이에 수반되는 자신의 행동에 대한 지속적인 '성찰'에 대한 압력은 또 다른 성찰적 근대성으로 이끌었다. 하지만 이러한 다른 근대성(Beck, 1992)에 대처하기 위해 개인은 오직 평생학습 과정 내에서만 확립되고 개발될 수 있는 완전히 새롭고 유연한 역량 구조를 필요로 한다(Field, 2000, pp. 58ff. 참조). 그리고 이는 교육시스템 전반에 걸친 근본적인 변화를 요구한다.

새로운 교육경제의 윤곽은?

우리가 살고 있는 시대에 대한 이러한 그럴듯하고 보완적인 분석에 대한 놀라운 합의는 전통적인 비즈니스 커뮤니티의 대표부터 신경제의 주창자, 현대화된 좌파 교육전문가에 이르기까지 광범위하게 퍼져 있다. 이러한 합의가 문제가 되는 것은 그러한 교육정책이 거리두기 없이 시행될 경우 초래될 사회적 결과에 대하여 그 누구도 개의치 않는 것이다. 평생학습 사회에 대한 망상은 '낡은' 교육시스템의 선택 및 배제 메커니즘을 근절하는 데 전혀 도움이 되지 않는다. 실제로는 오히려 그러한 메커니즘을 숨기고 악화시킬 수 있다 (Field, 2000, pp. 103ff. 참조).

낮은 수준의 기술을 요구하는 노동시장 부문이 만성적으로 쇠퇴하고 있다는 것은 현재까지의 경험적 증거로도 이미 알 수 있다(OECD, 1997a). 달리 말하면, '지식사회'에 대한 기대는 개인이 고용되기 전에 특정 기술 및 지식 표준을 충족해야 한다는 압력을 높이고 있다. 이러한 기준을 충족시키지 못하는 사람들에 대한 배제의 위험은 지난 산업사회에서보다 훨씬 더 가혹하다. 물론 배제의 논리 그 자체는 결코 새로운 것이 아니며, 계층과 성별이 여전히 결정적 지표로 남아 있다(Field, 2000, pp. 115ff.). 예상할 수 있듯이, 나이가 점점 더 중요한 역할을 하고 있다(Tuckett & Sargant, 1999). 학습하는 방법을 배울 기회가 전혀 없었던 사람은 인생 후반기에 새로운 기술을 습득하기 위해 노력하지 않을 것이다.

경제적 가치평가의 조잡한 메커니즘은 학습사회에 대한 어떠한 미래의 시나리오도 회의적인 시각을 불러일으킨다. 학습하도록 종신형을 받은 소수의 주류 '승자들'은 계속해서 새로운 지식을 습득하고 시장에 내놓아야 하는 '평생학습'의 구속을 받을 것이며, 이러한 구속을 받지 않았거나 의도적으로 자유롭게 빠져나온 점점 늘어나는 비주류 '패배자들'은 사회에서 배제될 수 있다. OECD의 예상은 다음에 묘사한 시나리오에 충분히 근접해 있다.

> 성공적인 교육경험이 있고 스스로를 유능한 학습자라고 생각하는 사람들에게는 평생학습은 풍요로운 경험이며, 이를 통해 자신의 삶과 사회에 대한 통제감을 높일 수 있다. 그러나 이 과정에서 배제되거나 참여하지 않기로 한 사람들에게 평생학습의 일반화는 '지식이 풍부한 자'의 세계로부터의 고립을 증가시키는 효과만 가져올 수 있다. 그 결과 경제적인 측면에서는 인적 역량의 미활용과 복지 지출의 증가로, 사회적 측면에서는 소외와 사회적 인프라의 붕괴로 이어진다.
>
> (OECD, 1997b, p. 1)

따라서 대안이 필요하다.

합리적 결과는 평생학습을 단순히 경제적 이익을 얻기 위한 단기적 투자로만 생각해서는 안 됨을 깨닫는 것이다. 오히려 이것은 우리 주변의 사람들, 가족, 이웃, 동료, 다른 클럽 회원, 시민 단체에서 만나는 사람들과 같은 사회적 자본에도 동등한 가치의 투자여야 한다(Field, 2000, pp. 145ff. 참조). 이 삶의 현장에서 우리는 모두 평생학습자다. 누구도 처음부터 배제되지 않는다. 모두가 전문가이다. 이러한 유형의 자본의 축소, 즉 신뢰의 감소, Robert D. Putnam이 수년 전 미국 사회뿐만 아니라 다른 곳에서도 확인한 연대의 일시 중지(Putnam, 1995)는 중기적으로도 경제적인 역효과를 낳는다. 반면에, 이 두 가지 다루기 힘든 유형의 자본 사이의 균형은 새로운 종류의 '교육경제'로 이어질 수 있다. 조금 더 정확하게는 아마도 현대의 혹은 현대화된 사회에서의 **학습의 사회생태학**으로 이어질 수 있다. 하지만 이러한 균형의 전제는 학습하는 개인을 더 진지하게 고려하는 것이며, 이는 **분석적 관점의 전환**을 수반하게 된다.

미시적 관점: 전기학습의 현상학적 측면

∙ ∙

지금까지 우리는 특정 관점, 즉 **구조적 관점**에서 현대의 전기에 영향을 미치는 사회적 변화에 대해 이야기해 왔다. 그리고 그럴만한 이유는, 우리의 삶은 구조 안에 내재되어 있으며 임의로 추출할 수 없기 때문이다. 그럼에도 불구하고, 이 한 가지 관점으로만 삶과 학습을 설명하는 것은 이론적으로 어리석은 일이다. 우리가 일반적으로 직면하는 문제를 다른 관점에서 바라보면 그것의 '구조'는 완전히 달라질 수 있다.

우리 자신의 삶을 이끄는 '숨겨진 능력'

전기적 주체로서 우리는 실제로 우리 인생과정의 '조직자'라는 느낌을 가지고 있다. 우리가 바라거나 예상한 대로 일이 진행되지 않을 때도 우리는 개인적 자율성을 가지고 있다는 생각에 따라 인생 계획을 수정한다. 다시 말해, 우리의 전기에 대한 의식적인 성향은 **의도적인 행동 계획**으로 이해될 수 있다. 우리가 자신의 전기에 대해 가지고 있는 지배적인 태도는 계획의 하나다. 여기에서 말하는 계획이란 이상적인 직장, 정치적 경력, 집짓기, 좋은 배우자 찾기 등 인생에 대한 '거창한 계획'뿐만 아니라, 주말이나 다음 날 오후에 할 일, 또는 TV에서 보고 싶은 프로그램도 포함한다. 예를 들어, 우리는 10파운드를 감량하거나 담배를 끊기로 결심하고, 심지어 그렇게 하는 데 성공하기도 한다. 이 모든 것은 우리가 삶의 주인이며, 우리가 전기의 주체라는 인상을 우리에게 전달한다. 그러나 이러한 인상은 이례적으로 문제가 될 수 있는데, 이는 운명이 우리에게 언제든 타격을 줄 수 있고, 우리를 회복할 수 없는 병에 걸리게 하거나 실직하게 만들 수도 있고, 사랑하는 사람이나 우리가 가진 모든 것을 잃게 만들 수도 있기 때문만은 아니다. 요점은 오히려 우리가 가정하는 행동의 자율성과 자율적인 계획이 우리가 아주 미미한 정도로만 영향을 미칠 수 있는 우리 전기의 '과정적 구조(processual structure)'에 종속된다는 것이다. 이러한 구조는 학교나 직업훈련과 같은 제도적 절차, 실업이나 마약중독과 같은 경로 그리고 동성애자로서 늦게 커밍아웃하는 것과 같은 무의식적 욕구 같은 것들이다.

중요한 것은 우리의 기본적인 느낌, 즉 우리가 우리 자신의 전기에 대해 비교적 독립적으로 행동할 수 있다는 것이 우리의 전기 활동의 대부분이 상당한 정도로 고정되어 있거나 그것들을 시작하기 위해 다양한 '지지자'가 필요하다는 사실과 반드시 상충되지 않는다는 사실이다. 따라서 이 느낌은 실제로 의도적인 행동 계획이나 의식적으로 원하는 전기적 계획이 아니라, 우리 삶 과정(course)의 과정적 구조 뒤에 숨겨진 '의미'일 가능성이 있어 보인다. 우리 삶에서는 여러 가지 모순이 존재하지만, 이러한 모순에도 불구하고 우리는 여전히 **우리의 삶**을 잘 다루고 있다는 직관이 있다. 이 직관은 보편적으로 존재하지만, 항상 전략적으로 활용될 수 있는 것은 아니다. 우리는 사회적·민족적 기원, 성별 그리고 우리가 살고 있는 시대가 부과한 구조적 한계에도 불구하고, 아니 정확히는 바로 그 때문에 우리 자신에 대한 이러한 독특한 '배경 아이디어'를 즐긴다. 여기에서 구조와 주체성은 중요한 조합을 이루며, 이 조합의 와해는 위기로 이어질 수 있다. 이러한 위기는 분명히 우리 자신과 우리의 능력보다 더 큰 영향을 미친다. 또한 구조에 따라 달라지기도 한다. '삶의 구성(construction)'은 구조와 주체성이라는 양극 사이에서 생성되며, 이러한 구성이 기저 구조에 역행적인 영향을 미치는 경우에만 실제로 현실의 요소를 포함한다. 이것은 전기학습의 개념이 넓은 의미의 교육이론에 미치는 결과와 관련된 최종적이고 가장 중요한 개념으로 우리를 이끈다.

전이(transition) 내의 학습과정들

삶의 구성은 우리가 삶에 대해 이야기하는 것 이상으로 확대된다. 그것은 우리에게 부과된 구조적 조건에 대한 숨겨진 참조이다. Bourdieu(1984)는 자신의 '아비투스(habitus)'라는 개념을 이용하여 이 사실에 대한 설득력 있는 증거를 제시했다. 그의 '아비투스' 개념은 우리가 자신을 표현하는 숨겨진 방식, 즉 말하고, 생각하고, 먹고, 걷고, 입는 방식을 말한다. 우리의 아비투스는 사회적 기원의 한계를 보여 준다. 하지만 삶의 구성에는 또 다른 측면이 있다. 우리 삶의 과정에서, 우리는 자기(self)에 대한 성찰적이고 전기적인 관심의 관점에서 우리가 실제로 가질 수 있는 것보다 더 많은 의미를 우리 자신과 사회적 구조와 관련하여 생산한다. 우리는 우리가 움직이는 사회적 공간을 최대한 채우고 활용할 수 있는 전기적 배경 지식을 가지고 있다. 우리 중 누구도 상상할 수 있는 모든 가능성을 가지고 있지는 않다. 그러나 제한된 수정 가능성의 틀 안에서 우리는 우리가 실행할 수 있는 것보다 많은 기회를 가지고 있다. 따라서 우리의 전기에는 '살아 보지 못한 삶(unlived life)'의 잠재력이 상당 부분 포함되어 있다(Weizsäcker, 1956). 그것에 관한 직관적 지식은 우리의 '실천적 의식'(Giddens, 1984)의 일부분이다. 이것은 단순한 성찰적 기반으로는 접근할 수 없지만, 이중적인 의미에서 교육과정을 위한 하나의 매우 특이한 자원을 나타낸다.

- 우리와 함께하지만 아직 구현하지 않았거나 적어도 아직 구현하지 않은 우리 삶의 구성에 대한 우리의 처방적 지식은 성찰적으로 이용 가능한 자기에 대한 참조를 근본적으로 열어 두고 이 '숨겨진' 의미를 수정할 필요 없이 우리가 우리 자신에 대해 다른 태도를 취할 수 있는 전제조건을 만들어 낸다. 우리 삶 과정(course)의 과정적 구조, 즉 그것들이 표면에서 나타나는 역학은 자율적인 전기적 행동의 확장 혹은 제약을 시사한다. 그것들에 대한 의식적인 '비준'은 우리 자신의 전기의 주체로서 우리의 책무이다. Luhmann의 시스템 이론에서 고안된 개념을 사용해 표현하자면, 어떤 의미에서 우리는 '자기생성적 시스템(autopoietic system)'이다. 우리는 우리가 경험하는 것들에서 더 깊은 의미를 찾아내고, 그러한 의미를 새로운 시각으로 자신과 세계를 바라보는 것에 활용할 수 있는 기회를 갖고 있다.
- 한편, 이와 동시에 전기적 배경 지식은 구조를 변화시킬 수 있는 잠재력이기도 하다. 특정한 삶의 구성이라는 제한된 맥락에서조차도 개인의 자기 및 세계 참조의 수정은 사회적 존재의 제도적 틀 조건을 변화시킬 수 있는 기회를 포함한다. 이러한 '구조'의 실질적인 요소는 사회적 개인이 일상적인 차원에서 행동할 때뿐만 아니라 전기적으로 행동할 때도 직관적으로 관계를 맺는 배경에서 작동하는 의심할 여지가 없는 확실성이다. 그러한 처방들(혹은 그 일부만)이 우리의 인식에 들어와 이용 가능하게 되자마자 구조들은 변하기 시작한다. '살아 보지 못한 삶'은 실로 사회적으로 폭발적인 힘을 가지고 있다.

이러한 '이중적 교육자원'의 역학은 고전 정신분석에서 '이드(id)가 있던 곳에 에고(ego)가 있으리'라는 계몽적 옵션과의 연계를 일깨운다. 그러나 더 자세히 들여다보면, 중요한 문제는 자기 확신과 강한 에고가 다른 방법으로는 변경할 수 없는 기본 역학을 다루는 것뿐만 아니라, 새로운 자기 및 세계 참조성으로의 질적 전환임을 명확하게 이해할 수 있는데, 이 과정은 학습주체나 주변의 구조적 맥락을 변경하지 않는 과정이다. 다시 말하면, 우리는 여기에서 전이 내의 학습과정을 다루고 있다(Alheit, 1993). 전이적 학습과정은 어떤 의미에서 '귀추적(abductive)'이다. 이는 초기 미국 프래그머티즘, 특히 Charles Sanders Peirce가 설명한 것, 즉 '우리가 이전에는 결합될 수 있다고 꿈에도 생각하지 못했던 것' (Peirce, 1991 [1903], p. 181)을 네트워크화하는 능력을 실현한다.

물론 이 능력은 사회적 행위자를 필요로 한다. 지식은 **전기적 지식**일 때만이 진정 전이적일 수 있다. 특정 개인이 자기성찰적 활동이 사회적 맥락을 형성하기 시작하는 방식으로 자신의 생활세계와 관련을 맺을 때만, 내가 다른 곳에서 **전기성**(biographicity)'(Alheit, 1992)이라고 불렀던 근대성의 핵심 자격과의 접촉이 이루어진다. 전기성이란 우리가 살아가는(살아가야 할) 특정 맥락 안에서 우리 삶의 윤곽을 처음부터 계속해서 다시 설계할 수 있고, 이러한 맥락을 형상화하고 설계할 수 있는 것으로서 경험한다는 것을 의미한다. 우리의 전기에서 우리는 상상할 수 있는 모든 기회를 소유하고 있지는 않지만, 구조적으로 설정된 한계의 틀 안에서 여전히 상당한 정도의 기회를 얻는다. 중요한 문제는 우리의 전기적 지식의 '잉여 의미(surplus meanings)'를 해독해 내는 것이며, 이는 결국 우리가 아직 살아 보지 못한 삶에 대한 잠재력을 인식하는 것을 의미한다.

그러나 성찰적 학습과정은 개인 내부에서만 배타적으로 일어나는 것이 아니라, 타인과의 의사소통과 상호작용 그리고 사회적 맥락과의 관계에 따라 달라진다. 전기학습은 특정 조건 하에서 '학습환경' 또는 '학습맥락'으로 분석될 수 있는 생활세계에 박혀 있다(Lave & Wenger, 1991 참조). 따라서 개인의 생애사 내에서 한편으로는 상호작용적이고 사회적으로 구조화되어 있지만, 다른 한편으로는 특정한 전기적 경험 구조에 의해 생성되는 개별적인 논리를 따르기도 한다. 전기적 구조는 세상과 타인 및 자신과의 상호작용을 통해 획득한 새로운 경험을 통합해야 하는 개방적 구조이기 때문에 학습과정을 결정하지는 않는다. 한편, 새로운 경험이 형성되고 전기적 학습과정에 구축되는 방식에는 큰 영향을 미친다. 전기학습은 개인이 새로운 경험을 특정한 과거 경험의 '자기참조적 지식체계'로 통합하는 **구성주의적 성취**(constructionist achievement)인 동시에, 주체가 자신의 사회 세계를 능동적으로 형성하고 변화시킬 수 있는 유능하고 능력 있는 주체가 되도록 하는 **사회적 과정**이다 (Alheit & Dausien, 2000).

국제 평생학습 의제에 대한 새로운 연구질문

실제로 평생학습이라는 복잡한 현상에 대한 진지하고 분석적인 관여는 교육학자들 사이의 **패러다임 전환**에 달려 있는 것으로 보인다.

- 사회적 차원의 **거시적** 수준에서 경제적 · 문화적 · 사회적 자본 간의 균형을 맞추는 것을 목표로 하는 새로운 교육 및 훈련 정책과 관련하여
- 기관적(또는 조직적) 차원의 **중간** 수준에서 조직이 더 이상 성문화되고 지배적인 지식의 관리자나 전달자로서가 아니라, 복잡한 학습 및 지식 자원의 '환경'이나 '에이전시(agencies)'로서 자신을 생각해야 하는 조직의 새로운 자기성찰성에 관해서도 마찬가지이다(Field, 2000).
- 개인적 차원의 **미시적** 수준에서 후기 근대의 사회적 및 미디어 관련 도전들에 직면하여 특정 행위자가 수행하는 점점 더 복잡해지는 연결과 처리와 관련하여 개인 및 집단적 의미 구성에서 새로운 특성을 요구한다(Alheit, 1999).

우리는 사실 경제적 자본과 사회적 자본 사이의 체계적 균형에 대해서는 거의 알지 못한다. 새로운 지식의 '회색자본'(Field, 2000, p. 1)과 그것이 장기적인 학습과정에 미치는 영향에 대해서도 아직 아는 것이 없다. 물론 산업화 이후 사회의 여러 유형을 비교하는 것, 예컨대 덴마크나 영국 혹은 독일이 **학습사회**에 도달하기 위해 이용한 전략 간의 뚜렷한 차이점을 비교하는 것은 교육경제학에 대한 체계적인 국제비교를 수행하는 것을 가치 있게 만든다.

하지만 우리는 패러다임의 전환에 필요한 기관 차원의 전제조건에 대해서는 단지 몇 조

각의 정보만을 가지고 있을 뿐이다.

> 교육 및 훈련기관에는 어떤 변화의 압력이 작용하는가? 품질관리, 조직개발, 인
> 력개발 분야에서는 어떤 개념과 조치가 최상의 실천방법으로 적용되고 받아들
> 여지는가? 교육기관을 '학습조직'이라고 말하는 것을 정당화하는 이론적 · 경험
> 적 조건은 무엇인가?

(Forschungsmemorandum, 2000, p. 13)

우리는 현대의 삶의 과정에서 점점 더 새롭고, 복잡하며, 위험한 지위 경로와 전환을 발견하고 있다. 우리는 개별 전기에서 놀랍고 창의적인 (재)구성을 목격한다(Alheit, 1993; Dausien, 1996). 그러나 우리는 아직 **전기학습과 상황학습**에 관한 체계적으로 정교한 이론을 갖추고 있지 못하다. '개인 학습은 어떤 학습문화와 초개인적 패턴, 사고방식 그리고 환경의 의존성에 영향을 받아 발전하는가? 사회적 환경과 집단(예: 가족 내, 세대 간)에서는 어떤 암묵적인 학습 잠재성과 학습과정이 드러나는가?'(Forschungsmemorandum, 2000, p. 5)

이런 열린 연구문제들은 평생학습의 '새로운 개념'에 의해 제기된다. 이 연구문제들은 사회 학습(social learning)이 역사상 그 어느 때보다 더 명백히 관계된 주체들의 성취라는 생각을 포함하고 있다. **학습의 전기성**은 기관 및 심지어는 사회적 차원의 거시구조에까지 영향을 미친다. Jacque Delors는 그의 유명한 UNESCO 보고서(1996)에서 이를 '**내면에 감추어진 보물**'이라고 표현했다. 한 가지 덧붙이자면, 학습의 전기성은 시민 사회의 미래 발전에 필요한 하나의 중요한 사회 및 문화적 자본으로 이해되어야만 한다는 것이다.

참고문헌

Alheit, P. (1992) 'The biographical approach to adult education' in: Mader, W. (Ed.) *Adult Education in the Federal Republic of Germany: Scholarly Approaches and Professional Practice*. Vancouver: University of British Columbia, pp. 186–222.

Alheit, P. (1993) Transitorische Bildungsprozesse: Das "biographische Paradigma" in der Weiterbildung' [Transformative learning processes: The 'biographical paradigm' in adult education] in: Mader, W. (Ed.) *Weiterbildung und Gesellschaft. Grundlagen wissenschaftlicher und beruflicher Praxis in der Bundesrepublik Deutschland,* 2nd edition. Bremen: University of Bremen Press, pp. 343–418.

Alheit, P. (1999) 'On a contradictory way to the "Learning Society": A critical approach', *Studies in the Education of Adults* 31 (1), pp. 66–82.

Alheit, P. and Dausien, B. (2000) ' "Biographicity" as a basic resource of lifelong learning' in: Alheit, P., Beck, J., Kammler, E., Salling Olesen, H. and Taylor, R. (Eds.) *Lifelong Learning Inside and Outside Schools,* Vol. 2. Roskilde: RUC, pp. 400–422.

Beck, U. (1992 [1986]) *Risk Society: Towards a New Modernity.* London: Sage.

Bentley, T. (1998) *Learning Beyond the Classroom: Education for a Changing World.* London: Routledge.

Bourdieu, P. (1984 [1979]) *Distinction: A Social Critique of the Judgement of Taste.* London: Routledge.

Commission of the European Communities (2000) *A Memorandum on Lifelong Learning.* Brussels: European Community.

Dausien, B. (1996) *Biographie und Geschlecht. Zur biographischen Konstruktion sozialer Wirklichkeit in Frauenlebensgeschichten* [Gender and Biography: Toward the Biographical Construction of Social Reality in Female Life Histories]. Bremen: Donat.

Delors, J. (1996) Learning: The Treasure Within. Report to UNESCO of the International Commission on Education for the Twenty–First Century. Paris: UNESCO.

Field, J. (2000) *Lifelong Learning and the New Educational Order.* Stoke–on–Trent, UK: Trentham Books.

Forschungsmemorandum für die Erwachsenen– und Weiterbildung (2000) Im Auftrag der Sektion Erwachsenenbildung der DGfE verfasst von Arnold, R., Faulstich, P., Mader, W., Nuissl von Rein, E., Schlutz, E. Frankfurt a.M. (Internet source: http://www.die–bonn.de/oear/ forschungsmemorandum/forschungsmemorandum.htm download: 20.4.2008). [Research Memorandum of Adult and Continuing Education].

Giddens, A. (1984) *The Constitution of Society: Outline of the Theory of Structuration.* Cambridge, UK: Polity Press.

Giddens, A. (1991) *Modernity and Self–Identity: Self and Society in the Late Modern Age.* Palo Alto, CA: Stanford University Press.

Hall, P. (1999) 'Social capital in Britain', *British Journal of Political Science* 29 (3), pp. 417–461.

Kohli, M. (1985) 'Die Institutionalisierung des Lebenslaufs. Historische Befunde und theoretische Argumente' [The Institutionalisation of the Life Course: Historical Facts and Theoretical Arguments], in: *Kolner Zeitschrift fur Soziologie und Sozialpsychologie 37*, pp. 1–29.

Lave, J. and Wenger, E. (1991) *Situated Learning: Legitimate Peripheral Participation*. Cambridge, UK: Cambridge University Press.

OECD (1997a) *Literacy Skills for the Knowledge Society: Further Results of the International Adult Literacy Survey*. Paris: OECD.

OECD (1997b) *What Works in Innovation in Education: Combating Exclusion through Adult Learning*. Paris: OECD.

Peirce, Ch.S. (1991 [1903]) *Schriften zum Pragmatismus und Pragmatizismus* [Texts on Pragmatism and Pragmatizism] (edited by Karl–Otto Apel), Frankfurt a.M.: Suhrkamp. Putnam, R.D. (1995) 'Bowling alone: America's declining social capital', *Journal of Democracy* 6, pp. 65–78.

Schuller, T. (1998) 'Human and social capital: Variations within a learning society' in: Alheit, P. and Kammler, E. (Eds.) *Lifelong Learning and Its Impact on Social and Regional Development*. Bremen: Donat, pp. 113–136.

Schuller, T. and Field, J. (1999) 'Is there divergence between initial and continuing education in Scotland and Northern Ireland?', *Scottish Journal of Adult Continuing Education* 5 (2), pp. 61–76.

Simons, P.R.J. (1992) 'Theories and principles of learning to learn' in: Tuijnman, A. and van der Kamp, M. (Eds.) *Learning Across the Lifespan: Theories, Research, Policies*. Oxford: Pergamon Press.

Smith, R.M. (1992) 'Implementing the learning to learn concept' in: Tuijnman, A. and van der Kamp, M. (Eds.) *Learning Across the Lifespan: Theories, Research, Policies*. Oxford: Pergamon Press.

Stehr, N. (2002) 'The social role of knowledge' in: Genov, N. (Ed.) *Advances in Sociological Knowledge: Over Half a Century*. Paris: ISSC, pp. 84–113.

Tavistock Institute (1999) *A Review of Thirty New Deal Partnerships. Research and Development Report ESR 32* Employment Service. Sheffield, UK: University of Warwick.

Tuckett, A. and Sargant, N. (1999) *Making Time: The NIACE Survey on Adult Participation in Learning 1999*. Leicester: NIACE.

Weizsäcker, V. von (1956) *Pathosophie* [Pathosophy]. Gottingen, Germany: Vandenhoeck & Ruprecht.

12

자기(the self)의
생애사

Mark Tennant

Mark Tennant

Mark Tennant는 시드니 공과대학의 성인교육과 명예 교수이다. 그는 특히 1988년 처음 출간되었고, 이후 1997년과 2005년에 개정판으로 출간된 『심리학과 성인 학습(Psychology and Adult Learning)』으로 국제적으로도 유명하다. 그는 경력 후반부에 개인의 정체성과 자기의 발달, 특히 성인교육과 포스트모던 및 사회구성주의적 접근과의 관계에 특별한 관심을 발전시켰고, 2012년에는 전적으로 이 주제를 다룬 『학습하는 자기(The Learning Self)』를 출간하였다. 이 장은 대부분 이 책의 1장과 이전 논문의 내용을 결합하여 구성되었으며, 여기에서 그는 자신이 이해한 자기 발달의 본질을 제시한다.

도입

· · · · ·

전기, 내러티브 및 생애사에 대한 관심은 학술 연구 및 교육, 대중문화에 깊이 자리 잡고 있다. 사람들은 전기적 내러티브를 통해 자신을 표현하고, 다른 사람의 내러티브를 자신의 내러티브와 비교하여 탐색하려는 만족할 줄 모르는 욕구가 있는 것 같다. 이에 대한 일반적인 설명은 현대 세계에서 우리가 이전과는 전혀 다른 방식으로 자신을 관리해야 한다는 것이다. 우리는 이제 소매, 여행, 엔터테인먼트, 은행, 정부 및 교육 부문에서 우리 자신에게 서비스를 제공하는 것에 익숙해졌다. 피고용인으로서 우리는 그 어느 때보다 유연하고 혁신적이며, 스스로 규제하고, 모니터링하며, 자기 성찰을 하고, 필요한 경우에는 변화할 것으로 기대된다. 여기에서 자신을 알고, 자신을 관리하고, 자신을 돌보고, 지속적으로 자신을 재창조하는 등 삶 전체를 '자기'의 프로젝트로 간주하는 것은 작은 단계에 불과하다. 우리 대부분은, 적어도 서구 문화권에서는 우리의 정체성에 대한 강력한 고정점을 갖는다는 안락함이 더 이상 존재하지 않는다. 그리고 우리의 인생 궤적에는 불확실성과 분열이 존재한다. 따라서 삶의 과정은 질서 정연한 순서로 발전하기는커녕, Marguerite Yourcenar가 Hadrian에 관한 허구적 자서전에서 시적으로 포착한 것처럼 파편화되고 불연속적이다.

내 일상의 풍경은 마치 산악지대처럼 다양한 것이 뒤죽박죽 쌓여 있는 것처럼 보인다. 거기에서 나는 본능과 훈련이 고루 섞여 있는 복합적인 내 본성을 본다. 여기저기에 피할 수 없는 화강암 봉우리들이 튀어나와 있지만, 모든 것은 우연의 산사태로 인한 잔해들이다. 나는 납맥이나 금맥 또는 지하 하천의 흐름을 따

257

라 어떤 계획을 찾기 위해 내 삶을 되짚어 보려고 노력하지만, 너무 많은 길은 아무 데도 연결되지 않으며 수없는 합산 역시 소용이 없다. 확실히 나는 이 다양성과 무질서 속에서 사람의 현존을 감지한다. 하지만 그의 형태는 거의 항상 상황의 압력에 의해 형성되는 것 같다. 그의 얼굴은 물에 비친 모습처럼 흐릿하다.

(Yourcenar, 1959, p. 26)

이 가상의 자서전은 로마 황제 Hadrian 시대를 배경으로 하고 있지만, 작가는 현대 세계의 감성을 수용하고 있다. 문제는 '이 매우 현대적인 문제를 어떻게 해결할 수 있는가?'이다. 여기에서 전기적 내러티브가 전면에 등장하는데, 이는 어느 정도의 연속성과 일관성을 제공하는 방식으로 우리 자신의 삶을 구성하는 수단으로 볼 수 있다. 그러나 그것은 그 이상이 될 수 있다. 성찰적(reflexivity)으로 사용한다면, 즉 우리의 생애사 내러티브가 우리의 감정 상태, 대인 관계 및 우리가 살고 있는 사회 세계와 어떻게 교차하는지 생각한다면 변화에 대처하는 방법이기도 하다. 성찰적인 생애사 내러티브는 우리에 대해 전해지는 지배적인 이야기에 도전하고 저항하는 방법으로 행위자성(agency)과 자기결정의 능력을 일깨울 수 있다.

이와 관련하여 교육은 중요한 역할을 할 수 있다. Hoggan 등(2017)이 지적하는 바와 같이, 전기(biography)로의 전환에는 비판적인 시각도 있지만, '교육자로서 우리는 이러한 요구에 응답할 필요가 있다'(p. 59). 확실히 종종 공식 및 비공식 교육을 통해 지원받는 소외된 그룹은 세상에 떠도는 수많은 내러티브 속에 새로운 자기와 새로운 삶의 이야기를 주장하고 끼워 넣어 왔다. 연구 관점에서 볼 때, 생애사 내러티브는 개인의 삶에 관한 것이 아니라 주관적인 경험과 독특한 생애사가 더 광범위한 역사적·사회적·정치적 상황과 어떻게 연결되어 있는지에 관한 것이다. 그것은 또한 우리가 어떻게 자기를 형성하게 되었는지에 대한 이론적 구성에 구체적인 삶의 경험을 끼워 넣는 수단이기도 하다. 생애사는 또한 개인의 삶의 이야기를 좀 더 일반적인 것, 즉 삶의 이야기, 사회 구조, 내러티브 및 이론을 통합하는 전체론적인 방법과 연결하기 위해 삶을 코딩하고, 색인화하며, 분석하는 기술과 방법을 제공한다(Plummer, 2001 참조). 자성 및 연구를 위한 기술로서, 생애사는

Foucault가 '자기에 관한 기술(technologies of the self)'이라고 부르는 기법, 프로세스 및 실천 등과 함께 중시될 필요가 있다(Fejes & Nicoll, 2015; Foucault, 1988; Tennant, 1998 참조).

나는 특히 평생에 걸쳐 '자기 작업(self work)'을 촉진하는 데 사용되는 다양한 기법, 프로세스 및 실천(여기에는 다양한 교육 실천 포함)과 자기와 정체성, 우리가 형성되는 방식 및 변화 능력에 대한 내재된 가정에 관심이 있다. Foucault가 우리에게 상기시켜 주듯이 '삶과 일에 대한 주된 관심사는 처음의 내가 아닌 다른 누군가가 되는 것이다'(Michel Foucault가 Gauntlett, 2002에서 인용).

나는 이 분야에 학문적·직업적 관심이 있다. 나의 학문적 관심은 심리학에 대한 나의 기초 지식을 통해 형성되었는데, 심리학에 대한 다양한 비판, 특히 심리학이 현대 사회 및 경제적 상황의 이익에 부합하는 방식으로 사람들을 정상화하는 기능을 수행하는 학문이자 실천이라는 비난에 관한 관심을 통해 더욱 강화되었다. 나의 직업적 관심은 교육 분야에서의 경력을 통해 형성되었는데, 나는 교사로서의 성공이 전적으로 자기감(sense of self)과 직업적 정체성에 달려 있다는 견해를 가지고 있다. 나는 Palmer(1998, p. 10)의 다음과 같은 말에 동의한다.

> 학생들과 소통하고 학생들을 주제에 연결시키는 능력은 내가 사용하는 방법보다는 내가 나의 자기다움(또는 자기성, selfhood)을 얼마나 잘 알고 신뢰하며, 학습을 위해 기꺼이 그 자기를 개방하고 드러낼 수 있는지에 달려 있다.

이는 의심할 여지 없이 다양한 분야에서 사람들을 돕는 직업군 전반에 적용되지만, 직장에서 관리나 리더 역할을 하는 사람들에게도 적용된다. 물론 자기다움은 논쟁의 여지가 많은 개념이며, 자기다움에 대한 가정은 우리가 교사, 조언자, 상담자 또는 관리자로서 사용하는 방법과 완전히 분리될 수 없고, 실제로 그러한 가정은 우리의 일상적인 실천에 내재되어 있을 것이다.

현대 사회에서 단일하고 변하지 않는 '자기'는 만족스럽고 성공적인 삶으로 이어질 가능성이 작다. 대신, 우리는 우리가 '자기'를 발견하는 변화하는 환경에 대응하여 바뀔 수 있어야 한다는 말을 듣는다.

우리가 일생에 걸쳐 개인적으로 중대한 변화를 겪어야 한다는 생각을 받아들이면 그러한 변화가 어떻게 일어날 수 있는지에 대한 의문이 생긴다. 우리 자신은 그러한 변화의 유일한 주체가 될 수 있을까? 그렇다면 이러한 변화를 일으키기 위해 우리는 무엇을 생각하고, 행동하고, 말하고, 느껴야 할까? 그렇지 않다면 우리는 자기변화(self-change)를 위해 다른 사람들에게 어느 정도 의존하고 있는가? 어떤 공유된 활동이 자기변화를 촉진하는가? 우리의 자기변화는 다른 사람의 변화에 달려 있는가? 자기변화를 위해 다른 사람과의 관계에는 어떤 것이 필요할까? 우리 자신을 변화시킴으로써 우리는 자신과 타인의 환경을 변화시킬 수 있을까? 변화의 과정에서 교육자 또는 관리자의 역할은 무엇인가? (Tennant, 1998 참조).

이러한 질문은 항상 자기, 주체성 또는 정체성을 이해하기 위한 명시적 또는 암묵적인 이론적 프레임워크 내에서 이루어진다. 이 논문의 목적은 자기, 주체성 및/또는 정체성을 개념화하는 다양한 방법을 탐구하는 것이다.

자기

· · · · ·

특히 일상생활과 심리학에서 자기(self)에 대한 지배적인 이미지는 우리의 경험, 생각, 의도, 행동 및 신념의 근원을 지칭하는 '기계 속의 유령'(Koestler, 1967 참조)의 이미지였다. 그것은 우리 고유의 개인적 전기와 시간의 흐름에 따른 일관성 및 연속성에 대한 감각을 소유하는 내면의 심리적 실체이다. 이 이미지가 심리학의 많은 이론, 연구 및 실천의 근간을 이루고 있다고 해도 과언은 아니지만(Allport, 1961; Maslow, 1968; Rogers, 1967 참조), 심리학 내부와 외부 모두에서 이 이미지에 대한 도전이 끊이지 않고 있다. 그리고 심리학은 확실히 자기라는 주제를 독점할 수는 없다. 예를 들어, Danziger(1997)는 심리학자들이 자기라는 주제에 대해 상대적으로 후발 주자였으며, 자기라는 용어는 처음에는 사회학, 철학, 문학 및 역사학과 같은 인접 학문 분야에서 유행했던 용어라고 지적한다. 실제로 그는 자기라는 용어가 수십여 년 동안 심리학에서 금기시된 주제였으며, 특히 인식론적 근거에서 내적 정신 상태를 밝히는 것에 대해 일체의 시도를 거부했던 행동주의가 지배적이었다고 지적한다[예: Skinner의 『자유와 존엄성을 넘어서(Beyond Freedom and Dignity)』(1973)]. 더욱이 학문으로서 심리학이 등장하기 훨씬 이전부터 적어도 서구 사회에서는 인간과 그들의 일상 세계에 대한 구체적인 심리학적 사고방식이 존재했다. 이와 관련하여 Danziger는 여기에서 소문자 'p' 심리학과 대문자 'P' 심리학을 구분한 Richards(1989)의 연구를 인용한다.

> 심리학이라는 학문이 사람들의 행동과 경험을 이해하기 위한 심리적인 방식을 발전시키기 전에, 사람들은 자신과 자신의 행동, 경험을 이해하는 심리학적 방법을 개발해야 했다. 그들은 자신을 이해할 수 있는 구체적인 심리적 개념과 범주를 개발해야 했다. 그제야 사람들의 삶의 측면이 종교적 명상이나 도덕적 논쟁을 위한 대상이 아니라 심리학적 연구의 잠재적인 대상으로 떠오르기 시작했다. 따라서 소문자—p 심리학의 역사는 나중에 발전한 과학적 이론들의 원시적인 예측들의 역사가 아니라, 심리학의 연구대상이 되는 담론적 대상(사람들의 행동, 경험, 인지, 감정 등을 포함하는 개념적·언어적·사회적인 대상)이 나타남으로써 형성된 역사이다.
>
> (Danziger, 1997, p. 139)

이것은 자기가 객관적으로 연구될 수 있는 자연적 실체가 아니라는 것을 암시하기 때문에 중요한 주장이다. 자기는 자연적 지위보다는 역사적 지위를 갖는다. 즉, 물리적 세계의 대상과 달리 자기는 우리가 그것에 대해 생각하고 이론화하고 이야기하는 방식과 무관한 것이 아니다. 물론 이러한 주장은 자기가 다른 자연 현상과 마찬가지로 경험적으로 알 수 있는 지식의 대상이라고 가정했던 사회과학의 초기 연구와 상반된다. Danziger는 John Locke의 철학적 저서[『인간 이해에 관한 에세이(An Essay Concerning Human Understanding)』(1694/1959)]에서 처음 제시되었을 때, 이 견해의 급진적 성격을 강조하기 위해 애썼다. Locke는 자기를 지식의 대상이자 인간 개체의 통일성의 원천으로 간주함으로써 불멸의 영혼이 인간 개체의 통일성의 열쇠라는 지금까지의 지배적인 견해에 도전했다. 그는 종교적 견해를 세속적 견해로 대체하고 있었고, 이것은 지속적인 논쟁을 불러일으켰다

(Danziger, 1997, p. 141). 자기를 죄 많고 악한 존재가 아니라 자기 성찰, 자기모니터링, 심지어 '자기 사랑'을 통해 지속되고 양육될 수 있는 긍정적인 것으로 볼 수 있는 가능성을 열었다. 일탈은 더 이상 신의 선하심에 미치지 못하는 죄인의 관점에서가 아니라 자기에 대한 모니터링 메커니즘의 실패로 간주되는 새로운 관점을 취했다. 자기에 집행 기능이 있다는 이러한 관점은 20세기 초 자기에 대한 사고를 지배했다. 자기는 인식자인 '나(I)'와 나 자신과 타인 모두가 속성과 행동의 집합체로 알 수 있는 '나(me)' 또는 '대상'으로 구성된다는 것이 바로 이 관점의 바탕이다. '나(I)'와 '나(me)'에 대한 이러한 구분은 William James의 1890년 저서인 『심리학 원리(Principles of Psychology)』에 실린 '자기의 의식(consciousness of self)' 장에서 유래한 것이다. 중요한 것은 자기평가가 도덕적 가치를 갖는다는 점이다.

> 현재 사람들이 내면에 품고 있는 객관화된 자기는 무엇보다도 타인과 본인 모두에게 승인과 비승인의 대상이다. 자기는 항상 가변적인 가치의 대상으로 생각되며, 따라서 그 가치를 높이거나 유지하려는 욕구는 인식 가능한 인간의 동기로 간주된다.
>
> (Danziger, 1997, p. 145)

치료와 일상생활에서 자기계발은 이제 핵심적인 문화적 가치이며, 인간 활동의 스펙트럼에는 개인이 자신과 자신의 생각, 감정 및 행동을 성찰하고 평가하도록 안내하는 수많은 실천과 절차가 존재한다. 이와 관련하여 자기 관련 구인(construct) 및 프로세스에 관한 어휘가 확장되었다. Leary와 Tangney(2003)는 2001년 6월까지의 PsycInfo 초록에 수록된 150,000개가 넘는 'self' 용어 66개를 표로 정리했다. 자기개념(self-concept), 자기존중(self-esteem), 자기통제(self-control), 자기공개(self-disclosure), 자기실현(self-actualisation), 자기모니터링(self-monitoring), 자기신뢰(자신감, self-confidence)와 자기인식(self-awareness)이 가장 빈번하게 언급되었다. 이러한 각 용어에는 안정적이거나 현실적인 자기개념을 갖는 것이 좋다, 자기인식이 있는 것이 좋다, 자기공개는 좋은 일이다 등 규범적 이상을 달성하기 위한 실천이 존재한다. 다양한 관행에도 불구하고 공통된 규범적 이상은 통일되고, 일관되며, 통합된 자기이다. 따라서 건강한 자기는 분열되기보다는 통합되고, 감춰져 있기보다는 의식적이며, 과거와 불연속적이기보다는 연속적이다.

정체성

. . . .

Gleason(1983)은 정체성(identity)의 의미론적 역사를 기록하면서 그것의 편재성, 애매성 및 모호성을 관찰했다. 예를 들어, 그것은 한 민족 집단과의 동일시에서와 같이 **동일성**(sameness)과 특정 개인의 정체성을 설명하기 위해 이 용어를 사용한다는 의미에서의 **고유성**(uniqueness) 모두(같음과 독특함)를 지칭한다. 정체성은 또한 시간이 지남에 따라 개인의 연속성과 통일성을 지칭할 때도 사용되지만, 여러 개인이나 때로는 분열되거나 적어도 갈등을 겪는 개인을 지칭할 때도 사용된다. Gleason(1983)은 정체성을 개인의 내적 심리 상태이자 연속성의 원천으로 보는 Erikson(1982)과 같은 심리학자들과, 정체성을 사회적으로 생산되고 상황 변화에 따라 변화할 수 있는 것으로 보는 Cooley(1922)부터 Mead(1972), 그리고 나중에 Goffman(1971)과 Berger(1966)에 이르는 사회학자들의 개념화 방식을 구분한다.

> 정체성의 경우, Erikson은 개인이 생애 주기의 단계를 거치면서 겪는 모든 변화를 통해 성격의 내적 연속성이 지속된다고 주장하는 반면, 상호작용주의자들은 다양한 사회적 상황의 요구에 따라 채택되고 버려지는 정체성의 깜빡거리는 연속성을 상상한다.
>
> (Gleason, 1983, p. 919)

특히 주목할 만한 점은 '상징적 상호작용주의자들'(Cooleym & Mead)이 초기에 '자기'라는 용어를 사용하던 것을 '정체성'이라는 용어로 바꾼 것인데, 그것은 아마도 개인과 사회의 관계를 탐구하는 데 더 유망한 범주로 생각했기 때문일 것이다. 일상 언어에서 이 용어의 사용은 서구 자유민주주의 시민들이 직면한 새로운 고민, 즉 처음에는 대량 상품 소비가 지배하는 비인격적인 대중사회에서 개인의 정체성을 어떻게 확립할 것인가에 대한 고민, 그다음에는 남성, 백인, 신체장애가 없는 사람 및 이성애자로 코드화된 정체성이 지배하는 사회에서 소외된 집단이 어떻게 자신의 정체성을 인정받고 존중받을 수 있는지에 대한 고민, 마지막으로 다양하고 끊임없이 변화하는 사회에서 정체성을 확립하고 유지하는 방법에 대한 고민을 포착하는 듯했다. 따라서 '자기'가 아닌 '정체성'을 설명 범주로 채택하는 것은 대량 생산된 상품과 행동 규범을 가진 서구 자유민주주의에 대한 비판이 커지는 것과 관련이 있다. 따라서 '정체성'으로의 이동은 이전에 '중립적'이었던 '자기'라는 심리적 용어의 정치화를 수반한다. 이는 또한 Gee(2000)가 묘사한 것처럼, 내적 상태의 사적인 영역에서 사회적 세계의 공적 수행의 영역으로의 전환을 상징하는 것이기도 하다.

> 어떤 사람이 주어진 맥락에서 행동하고 상호작용할 때, 다른 사람들은 그 사람이 특정 '종류의 사람' 혹은 심지어 동시에 여러 '종류'의 사람으로서 행동하고 상호작용하는 것으로 인식한다. … 사람은 무수한 가능성을 통해 어떤 종류의 급진적 페미니스트, 노숙자, 지나치게 마초적인 남성, '여피족', 거리의 갱단원, 지역사회 활동가, 학자, 유치원 교사, '위기에 처한' 학생 등으로 인식될 수 있다. 주어진 시간과 장소에서 '존재'로 인식되는 '어떤 사람'이란 상호작용 속에서 시시각각 변할 수 있고, 맥락에 따라 달라질 수 있으며, 물론 모호하거나 불안정할 수 있다. 주어진 맥락에서 특정 '종류의 사람'으로 인식되는 것이 바로 여기서 내가 말하는 '정체성'이다. 이러한 의미에서 모든 사람은 자신의 '내적 상태'가 아니라 사회에서의 수행과 연결된 다양한 정체성을 지니고 있다.

> (Gee, 2000, p. 99)

Gee는 이어서 정체성을 바라보는 네 가지 관점, 즉 자연 상태(예: 일란성 쌍둥이), 제도적 지위(예: 은행 관리자), 담론적 지위(예: 다른 사람으로부터 카리스마 있는 사람으로 인정받고 회자되는 것), 마지막으로 독특한 사회적 실천을 가진 그룹이나 커뮤니티 소속(예: 서퍼, 요가 애호가, 조류 관찰자)을 나열한다. Gee는 이 네 가지 관점이 상호 배타적인 것이 아니라 서로 얽혀 있고 서로 연결되어 있다는 점을 강조한다. 예를 들어, 노인이 된다는 것은 자연 상태(85세까지 사는 것), 제도적 지위(예: 노인 요양 시설에 거주하는 것), 담론적 지위(다른 사람들로부터 노인이라는 인식과 이야기를 듣는 것) 그리고 소속(예: 노인을 위한 활동에 참여하는 것) 등이 될 수 있다. 이러한 범주는 서로 겹치지만, 정체성이 어떻게 형성되고 유지되는지에 대한 질문을 던지는 데 도움이 된다. 노인의 사례를 계속 이어 가기 위해 나는 노인 주간을 홍보하기 위해 사용된 캐치프레이즈에 대한 논쟁을 떠올려 본다. 원래 제안된 캐치프레이즈는 '당신은 당신이 느끼는 만큼 젊습니다'였다. 이에 대한 반대 의견은 그것이 젊음을 높게 평가한다는 점과 실제로 자신의 나이를 느끼는 사람들이 스스로에 대해 좋게 느낄 수 있는 여지를 남겨 두지 않는다는 것이다. 결국 이 캐치프레이즈는 '젊음'이라는 문구 없이 나이 듦의 긍정적인 측면에 초점을 맞춘 '나이가 가치를 더합니다'로 대체되었다. 이것은 담론적 정체성에 저항하는 좋은 예이며, 담론이 '어떤 종류의 사람'이 된다는 것을 구체화하기 위해 경쟁하는 방식을 보여 준다. 그것은 또한 정체성을 형성하고 유지하는 데 있어 담론의 역할을 지적한다.

역사적으로 볼 때, 정체성과 자기라는 용어는 상당 부분 중첩되지만, 정체성이라는 용어의 사용은 개인-사회의 이분법에서 사회적 측면으로의 전환을 의미한다. 개인심리학의 관점에서 볼 때, 정체성과 그 상관관계인 '동일시(identification)'는 사회가 어떻게 개인심리학의 구성요소가 되는지를 설명하는 데 활용될 수 있는 용어이다. 사회적 관점에서 보면 정체성은 전통, 제도의 규칙, 사회적 규범, 사람에 관해 이야기하는 방식, 자연스러운 것에 대한 견해 등 정체성의 기저에 있는 해석 시스템에 도전함으로써 저항하고, 경쟁하고, 협상될 수 있음이 명백하다. 여성, 원주민, 아프리카게 미국인, 이민자 또는 레즈비언 등 소외된 집단은 자신의 정체성이 용인되거나 포용되는 것이 아니라 자신의 정체성을 인정받길 원한다. 물론 이는 정체성 정치의 영역으로 인식될 수 있다. 그러나 정체성 정치의 언어와 실천에는, 적어도 일부에게는, 행동을 지시하고 선택을 내리는 내면의 거의 본질주의적인 자기의 잔재가 남아 있다(역자 주: 정체성 정치에 참여하는 일부 개인은 자신의 정체성—인종, 성별, 성적 지향 등—이 자신의 존재에 내재된 부분이며 그것이 자신의 생각, 행동, 선택을 좌우한다고 믿을 수 있음을 시사함). 집단과 개인의 '의식 고양'을 통해 사회적 실천을 변혁시키려는 시도와, '진정성'과 '자기결정'에 대한 요구가 이를 증명한다. '주체성'으로의 전환은 부분적으로는 이러한 비판에 대한 대응으로 볼 수 있다.

주체성

• • • • • • •

Blackman 등(2008)은 '주체성(subjectivity)'이라는 용어의 등장과 그것의 복잡한 이론적 얽힘에 대하여 훌륭한 설명을 제공한다. 그러나 Blackman 등의 분석을 되풀이하기보다는 '주체성'으로의 전환으로 인해 어떤 문제가 해결되고 있는가를 묻는 것이 더 생산적이다. 문제는 자기에 대한 심리학적 이해가 20세기 대부분 동안 학계, 전문적인 심리학 및 일상생활을 지배해 온 방식에 있는 것으로 보인다. 비평가들은 심리학이 규범적이고, 단일하고, 일관성 있고, 비역사적인 실체로서의 자기에 대한 이해를 조장해 왔다고 말한다 (예: Rose, 1998 참조). 이러한 개념의 정치적 문제는 그러한 개념이 규범적 또는 본질주의적 관점에서 '수용 가능한 자기'를 묘사함으로써 대안적이고 소수적인 존재 방식을 허용하지 않고 불법화하는 데 있다. Bell(2010)이 지적한 바와 같이, 이러한 자기의 개념화는 마르크스주의, 페미니즘, 반정신의학, 탈식민주의, 문화연구와 같은 20세기의 많은 지적·사회적·정치적 운동에서는 받아들일 수 없는 것이었다.

> 전후 대학교육의 확장으로 수많은 불운한(심리학에 별다른 관심이 없었던 혹은 달리 다른 기회가 없었던) 인문학도들은 비록 순수하게 경험적이고 절충주의적 인본주의 심리학이었음에도 불구하고 심리학을 훌륭하게 이수하였다. 새로운 비평가들은 이 '과학'에서 순응주의와 지적 소심함, 실증주의와 정치적 보수주의를 보았고 … 사람들을 '현실'에 '적응시키는 것'을 목표로 하는 전통적인 정신의학과 심리학은 점점 더 조롱거리가 되었다. Thomas Szasz, RD Laing, Gregory Bateson 등은 정신의학적 '정상성' 모델에 대한 프랑스 비평가들의 의견에 동의하고, 정신의학적 제재를 통한 '환자' 통제에 반대했다. 정신질환은 '신화'였으며, '정신병원'은 학교나 가족과 같은 다른 기관에서 발견되는 억압적인 순응을 더욱 강화시키는 감옥에 불과하다고 Szasz는 말한다.
>
> (Bell, 2010, p. 58)

심리학이 '규범적' 자기를 조장하는 한 심리학은 규제 및 통제의 도구로 간주되며, 그것은 직장, 학교, 감옥, 양육, 스포츠, 건강, 노인 돌봄, 도시생활 및 군대와 같은 인간 활동의 모든 영역에 걸쳐 영향력을 행사한다. 그것은 지능, 적성, 성격, 태도 및 가치관 등 안정적이고 규범적인 심리적 특성을 측정하기 위해 고안된 가장 두드러진 심리 테스트, 설문지 또는 서베이와 같은 다양한 기법을 이러한 활동 영역에 적용함으로써 수행된다. 이러한 방식으로 심리학의 학문과 실천은 일반 대중의 심리적 사고방식의 채택과 함께 사람들이 스스로의 지배 상태에 능동적으로 참여할 수 있는 기반을 제공한다는 것이다. 이러한 점에서 심리학 비판의 매우 감정적인 성격과 '본질주의, 환원주의 및 이원론의 재앙'의 근원이자 주요 주체로서의 악마화에 주목할 가치가 있다(Blackman et al., 2008, p. 17).

정상화하고 본질화하는 실천으로서 심리학은 저항받았다. 정치적으로 이러한 저항은 이전에는 소외되고 덜 힘이 센 집단을 위한 공간을 열어 '차이'가 더 이상 기존 규범의 '일탈'과 동일시되지 않도록 하기 위한 목적으로 차이와 다양성에 대한 새로운 축하의 형태를 취했다. 학문적 관점에서 볼 때, 이는 '주체성'이라는 용어의 사용으로 상징되는 사회적·문화적 현상으로서의 자기에 대한 새로운 이해의 형태를 취했다.

'주체성'이라는 용어를 채택한 학자들은 '주체가 형성되는 장소로서 언어, 기호 및 담론으로 눈을 돌렸다'(Blackman et al., 2008, p. 3)라는 공통점을 가지고 있다. 이는 사람의 심리적 내면을 분석하는 것에서 언어, 기호, 담론 등 외적 영역을 분석하는 것으로의 전환을 의미한다. 예를 들어, Bell(2010)이 설명한 것처럼 문화연구의 핵심 접근 방식은 문화현상을 텍스트로 간주하고 다양한 텍스트를 해체하여 그것이 어떤 작용을 하는지 밝히는 것이다. 이러한 의미에서 텍스트는 의미를 전달하는 모든 문화현상으로 간주될 수 있으며, 영화, 문학, 광고, 요리, 음악은 물론 심리학과 같은 학문은 모두 텍스트로 분석될 수 있다. '자기' 역시 텍스트로 간주되는데, 주권적인 '자기'는 존재하지 않고 담론을 통해 만들어진 '주체'만 존재할 뿐이다. 예를 들어, 사람은 정신생물학적 관점이 아닌 사회학적/담론적 관점인 젠더화된 '주체 지위(subject position)'를 차지한다고 말할 수 있다(Bell, 2010 참조). 이러한 관점에서 주체는 문화의 강력한 영향에 반대되는 어떤 종류의 실체로 이해되어서는 안 되며, 오히려 이미 그 영향의 일부이다. '정체성'이라는 용어가 개인-사회적 이분법의 사회적 측면을 강조한다면, '주체성'이라는 용어는 이분법을 해체하는데, 이는 주로 개인 자체가 사라지기 때문이다. 자기는 순수한 허구이며, 그 특성을 열거하려는 사람들은 자신과 타인 모두를 통제하고 규제하는 '진리'의 버전을 홍보하도록 속고 있다(역자 주: 자기는 완전한 독립체가 아니라 타인과의 관계 속에서 형성된다는 의미임). 진리에 관한 주장이 포기되었다는 점을 감안할 때, 이 시점에서 '주체성' 분석의 핵심 동인은 본질적으로 정치적이라는 것이 분명하다.

주체성을 순전히 사회적·문화적 용어로만 급진적으로 이론화하는 것은 몇 가지 중요한 논리적 어려움을 야기하는데, 그중 가장 중요한 것은 우리가 어떻게 사회적으로 생산된 하나의 표현과 다른 표현을 동일시하게 되는가 하는 문제이다(더 상세한 분석에 대해서는 Bell, 2010 참조; 또한 Blackman et al., 2008, p. 8). 또한 주체가 사회문화적으로 완전히 구성되어 있다면 통제와 규제에 저항하는 주체의 행위자성(agency)를 설명하기 어렵다. 이러한 이유로 이 사회문화적 전통 내에서 연구하는 저자들은 이제 순수한 사회문화적 분석의 한계를 인정한다. 예를 들어, Blackman 등(2008)은 Foucault의 연구와 관련하여 "우리는 개인의 분화와 생산에 관한 Foucault의 중요한 주장의 의미를 온전히 받아들이면서도 그러한 개인의 '주체성'이 권력, 담론, 역사적 상황에 의해 전적으로 설명되지는 않는다고 여전히 의문을 제기하지 않는가?"라고 묻는다(p. 9). 그들은 실제의 신체와 그것이 주체성을 어떻게 조절하고 강화하는지를 고려해야 한다고 주장하며 긍정적으로 대답한다. 그들은 비평가들에게 다소 소심하게 호소하는 방식으로 자신들의 주장을 펼친다.

> 따라서 우리는 단호히 순진한 개인주의적 휴머니즘, 탈사회화된 비역사적인 설명 범주로의 회귀 또는 심리적 기능의 본질주의적인 내면적 역학으로의 회귀를 요구하지 않는다. 그러나 탈정치화된 설명 방식에 대한 이러한 혐오와 환원적인 심리적 개인주의와 관련된 여러 문제에도 불구하고, 우리는 항상 파생적인 형성 이상의 주체성의 고유한 밀도와 복잡성을 일시적으로라도 붙잡을 수 있는 외관상의 심리적 틀과 용어를 탐구하는 데 (그것이 우연적일 수 있지만) 여전히 관심이 있다. 예를 들어, 많은 현대 사회학 및 문화연구 작업의 중심인 정서에 대한 현재의 의존을 (뒷문을 통해 심리적 개인주의를 끌어들이지 않는) 심리적 또는 신경학적 기능 모델과 연결하는 데 훨씬 더 많은 작업이 필요하다.
>
> (Blackman et al., 2008, p. 10)

Elizabeth Grosz는 북유럽 여성학 저널과의 인터뷰에서 순전히 문화적·담론적인 분석에 대한 거부를 더욱 솔직하게 드러냈다.

> 자연이나 물질성은 끊임없이 변화하고 끊임없이 새로워진다는 점에서 정체성이 없다. 일단 우리가 역동적인 자연의 개념을 가지게 되면 문화는 자연을 활성화하는 것으로 볼 수 없다. 자연은 이미 생동하고 있으며, 문화는 자연으로부터 에너지를 빌려오는 것이다. 따라서 문화는 자연의 변형이 아니라 결실이자 절정이다. 문화는 더 이상 인간만의 고유한 것으로 이해되거나 철저하게 언어적인 창조물로 이해되지 않는다.
>
> (Kontturi & Tiainen, 2007, p. 248)

이른바 'Insiders'에서 발췌한 앞의 내용은 주체성을 담론적 현상으로만 보는 극단적인 시각은 이미 그 시대가 지났다는 것을 보여 준다(Damasio, 2000 참조). 하지만 특히 '자기'라는 용어를 계속 사용하는 심리학자들이 자신의 이론적 연구에서 이 용어의 역사적·담론적 차원을 다루는 방식에서 이 용어의 사용이 그 역할을 다하고 흔적을 남겼다는 것은 의심의 여지가 없다.

자기, 정체성, 주체성이 사용된 방식에는 상당한 중복이 있지만, 한 용어를 다른 용어보다 채택하는 것은 다양한 이론적 문제에 대해 특정 입장을 나타내는 경향이 있다고 말하는 것이 타당하다. 이 논쟁의 핵심은 말하자면 '외부'와 '내부'의 관계, 즉 사회와 개인 간의 관계를 어떻게 생각할 것인가 하는 문제이다. 이 논쟁의 중요한 차원은 '인적 자료(human material)'의 상대적인 깊이와 두께에 대한 가정이다. du Gay 등(2000)은 정신분석이 세계의 '외부' 경험과 대비되는 개인의 역동적인 '내면' 역사에 대한 정교한 개념을 가지고 있다는 점에서 인간 자료에 대한 비교적 '두터운' 관점을 가지고 있다고 인용한다. 이와 대조적으로 주체성 이론은 "역사가 작용하는 인간 자료에 대한 최소한의 또는 '얄팍한' 개념만을 전제하며 … 여기서 인간 존재에 대한 표상은 내면화되고 심리화된 실체로서 주어진 것이 아니라 역사적 사례로 취급된다"(2000, p. 4). 따라서 이 차원에 대한 입장은 교육, 치료, 관리 및 기타 '주체성의 이름으로 개입하기'(Rose, 1998에서 어구를 빌리자면)에 대해 매우 다른 함의를 가진 매우 다른 이론적 입장을 구분하는 역할을 한다.

　교육자와 연구자가 이러한 다양한 이론적 관점을 가장 잘 탐색할 수 있는 방법은 무엇일까? 첫째, 전적으로 '사회화된 자기'에 반대되는 '본질적 자기'라는 측면에서만 논쟁을 보지 않는 것이 중요하다. 이것은 더 이상 논쟁이 행해지는 영역이 아니다. 둘째, 언어, 감정 및 인지, 신체, 다른 사람과의 관계에서 자기의 중요성과 사회적·문화적·정치적 맥락에서 자기를 이해하는 것 등 각 자리의 힘을 인식하는 것이 중요하다(비슷한 분석은 Hunt, 2013 및 Hunt & West, 2009 참조). 마지막으로, 다양한 이론적 통찰과 관련하여 자신의 실천에 대한 성찰적 접근 방식을 채택하는 것이 중요하다.

　이 마지막 요점은 가족 치료에서 '통합적 접근'이라고 불리는 것으로 잘 설명된다. 이러한 접근은 '진리의 다중성에 대한 존중'(Nichols & Schwartz, 2004, p. 348)과 결합된 다양한 기술을 사용하므로 하나의 이론이나 모델이 다른 이론이나 모델을 전적으로 배제할 정도로 적용되지는 않는다. 이것은 단지 실용적인 방법으로 효과가 있는 것처럼 보이는 기술에만 초점을 맞춘 단순한 절충주의 그 이상이다. 그것은 여러 이론과 여러 실천을 결합하여 사용하는 것이다. Larner(2010)는 우울증과 자살충동을 느끼는 사춘기 소년 Tom을 치료하는 과정에서 이를 잘 설명한다.

　　Tom은 스스로 만든 침묵의 벽에 갇혀 더욱 절박함을 느낀다. 역전이(counter transference)의 정신역동적 입장에서 나는 Tom의 정서적 고통과 우울증과 비밀에 시달리는 그의 투쟁을 받아들이고 이에 대해 생각한다. 이 환상은 청소년 층의 우울증, 자살충동 및 자해 발생률에 대해 심리교육적인 방식으로 이야기하도록 영감을 준다. 나는 그의 경험을 정상화하고 젊은이들의 자살충동이 드문 일은 아니며 부끄러워할 일이 아니라고 안심시키려고 노력한다. 그런 다음 나는 인지치료방식으로 Tom의 신념과 그의 자살충동에 대해 비밀을 유지한 이유에 대해 탐색하고 도전한다. 다음으로 내러티브치료 관점에서, 마치 바이러스처럼 자살충동이 너를 비밀을 유지하도록 함정에 빠뜨리고 그 힘을 키우고 있다고 설명하면서 그것을 드러내는 것의 중요성을 언급한다. 나는 가장 좋은 무장해제 전략은 다른 사람들에게 털어놓는 것이라고 제안하고, 나의 동료와 함께, 지금

당장 아버지와 아들 간의 유대감을 탐색하는 체계적인 가족 인터뷰에서 그의 아버지와 함께 이것을 시행하는 것의 중요성을 강조한다.

(Larner, 2010, p. 309)

Larner는 정신분석, 인지 및 가족 치료, 임상적 직관과 경험, 자살 위험 관리를 위한 프로토콜을 실행하는 관료적 책임 그리고 청소년 우울증에 관한 증거에 기반한 문헌을 통해 획득한 지식 등을 통합하여 다양한 치료 언어 사이를 자유롭게 넘나들고 있다. 동시에 그는 치료 관계에서 호기심, 개방성, 유연성 및 반응성을 통해 개방성을 유지하면서 '모른다(not knowing)'는 입장에서 작업한다. 이는 그가 새로운 이론에 대한 수용의 윤리와 다양한 치료 언어에 대한 불손한 입장의 조합으로 묘사한 것을 요구한다(Larner, 2010).

이 통합적 접근 방식의 기저에 있는 자기의 버전은 자율적이면서도 타율적이며, 다중적이면서 단일하고, 독립적이면서 의존적이며, 일관성 있으면서도 파편화되어 있고, 안정적이면서 불안정하다. 이는 상호 배타적인 특성으로 보일 수 있지만, 우리가 자기를 어떤 식으로든 **완전한** 것으로 보는 한 그렇지 않다. 그러나 자기는 어떤 완전한 의미에서도 결코 알 수 없는데, 부분적으로는 우리의 성찰성(자기에 대해 생각할 수 있는 능력과 자기에 대한 생각)이 원칙적으로 무한한 퇴행으로 이어지고, 부분적으로는 우리가 항상 변화하고 부분적이며 파편화되어 있기 때문이다. 이런 상황에서 어떻게 자기를 형성하는 것이 가능할까? 그 대답은 확실히 우리의 **관여된 행위자성**(engaged agency)에 있다. 비록 우리가 우리 문화에서 완전히 벗어날 수는 없지만, 우리는 문화의 가정과 전제에 의문을 제기할 수 있는 능력을 가지고 있다. 우리의 자기(self)가 문화 속에서 형성되고 유지되는 것은 분명하지만, 우리는 모두 고유한 전기와 고유한 성향과 잠재력을 가지고 있다.

Allport, G. (1961) *Pattern and Growth in Personality*. New York: Holt, Rinehart and Winston.

Bell, P. (2010) *Confronting Theory: The Psychology of Cultural Studies*. Chicago: The University of Chicago Press.

Berger, P.L. (1966) *Invitation to Sociology*. Harmondsworth: Penguin.

Blackman, L., Cromby, J., Hook, D., Papadopoulos, D. and Walkerdine, V. (2008) 'Creating Subjectivities.' *Subjectivity*, 22, 1–27.

Cooley, C.H. (1922) *Human Nature and the Social Order*. New York: Scribner.

Damasio, A. (2000) *The Feeling of What Happens: Body, Emotion and the Making of Consciousness*. London: Vintage.

Danziger, K. (1997) 'The Historical Formation of Selves.' In R. Ashmore and L. Jussim, *Self and Identity*. Rutgers Series on Self and Identity, Volume 1. Oxford: Oxford University Press, 137–159.

du Gay, P., Evans, J. and Redman, P. (eds.) (2000) *Identity: A Reader*. London: Sage.

Erikson, E. H. (1982) *The Life Cycle Completed*. New York: Norton.

Fejes, A. and Nicoll, K. (2015) *Foucault and a Politics of Confession in Education*. London: Routledge.

Foucault, M. (1988) 'Technologies of the Self.' In L. Martin, H. Gutman, and P. Hutton(eds.) *Technologies of the Self: A Seminar with Michel Foucault*. Amherst: University of Massachusetts Press, 16–49.

Gauntlett, D. (2002) *Media, Gender, and Identity*. London: Routledge.

Gee, J.P. (2000) 'Identity as an Analytic Lens for Research in Education.' *Review of Research in Education*, 25, 99–125.

Gleason, P. (1983) 'Identifying Identity: A Semantic History.' *The Journal of American History*, 69(4), 910–931.

Goffman, E. (1971) *The Presentation of Self in Everyday Life*. Harmondsworth: Penguin Books.

Hoggan, C., Malkki, K. and Finnegan, F. (2017) 'Developing the Theory of Perspective Transformation: Continuity, Intersubjectivity, and Emancipatory Praxis.' *Adult Education Quarterly*, 67(1), 48–64.

Hunt, C. (2013) *Transformative Learning Through Creative Life Writing*. London: Routledge.

Hunt, C. and West, L. (2009) 'Salvaging the Self in Adult Learning.' *Studies in the Education of Adults*, 41, 1.

Koestler, A. (1967) *The Ghost in the Machine*. London: Hutchinson.

Kontturi, K. and Tiainen, M. (2007) 'Feminism, Art, Deleuze, and Darwin: An Interview with

Elizabeth Grosz.' *Nordic Journal of Women's Studies*, 15(4), 246–256.

Larner, G. (2010) *Deconstructing Therapy as Ethical Relation*. Unpublished PhD thesis. University of Technology, Sydney.

Leary, M. and Tangney, J. (2003) 'The Self as an Organizing Construct in the Behavioral and Social Sciences. In M. Leary, and J. Tangney, *Handbook of Self and Identity*. New York: The Guilford Press, 3–14.

Locke, J. (1959/1694). *An Essay Concerning Human Understanding*. New York: Dover.

Maslow, A. (1968) *Towards a Psychology of Being*. New York: Van Nostrand.

Mead, G.H. (1972) *On Social Psychology*. Selected papers edited by A. Strauss. Chicago: University of Chicago Press.

Nichols, W.C. and Schwartz, R.C. (2004) *Family Therapy Concepts and Methods* (6th Edition). Boston: Pearson Education Inc.

Palmer, P.J. (1998) *The Courage to Teach*. San Francisco: Jossey–Bass.

Plummer, K. (2001) *Documents of Life 2: An Invitation to a Critical Humanism*. London: Sage.

Richards, G. (1989) *On Psychological Language*. London: Routledge.

Rogers, C. (1967) *On Becoming a Person: A Therapist's View of Psychotherapy*. London: Constable.

Rose, N. (1998) *Inventing Our Selves*. Cambridge: Cambridge University Press.

Skinner, B.F. (1973) *Beyond Freedom and Dignity*. Harmondsworth: Penguin.

Tennant, M. (1998) 'Adult Education as a Technology of the Self.' *International Journal of Lifelong Education*, 13(4), 364–376.

Tennant, M. (2012) *The Learning Self: Understanding the Potential for Transformation*. San Francisco: Jossey–Bass.

Yourcenar, M. (1959) *Memoirs of Hadrian*. Harmondsworth: Penguin.

13

문화, 정신
그리고 교육

Jerome Bruner

Jerome Bruner

1915년에 태어난 Jerome Bruner는 2016년에 사망하기까지 수십 년 동안 미국의 학습 및 인지에 관한 연구 및 이론 분야의 '위인'이었으며, 오랫동안 Vygotsky와 Piaget를 모두 개인적으로 알고 있던 이 분야의 유일한 연구자라 말할 수 있다. 1940년대와 1950년대에 지각, 사고, 인지에 관해 심도 있는 연구를 수행하였으며, 1957년 이른바 '스푸트니크 쇼크(Sputnik-shock)' 이후 Bruner는 미국의 학교시스템을 근본적으로 재건하기 위해 설립된 위원회의 의장으로 임명되었다. 이후 그는 과학중심 교육과정 개념의 토대를 마련했다. 교육 분야에서 그의 마지막 중요한 저서인 1996년의 『교육의 문화(The Culture of Education)』는 여전히 적절하고 현대적인 공헌으로 간주될 수 있으며, 이 장은 이 책의 첫 두 부분으로 구성되어 있는데, 아마도 그의 방대한 저작 중에서 가장 불후의 글로 남게 될 것이다.

계산주의와 문화주의

. . . .

『교육의 문화(The Culture of Education)』에 실린 에세이들은 모두 1990년대의 산물인데, 인지혁명 이후 수십 년 동안 인간 정신의 본질에 관한 개념들이 어떻게 변화해 왔는지 잘 표현하고 있다. 지금 돌이켜 보면, 이러한 변화는 정신이 어떻게 작동하는가에 대한 서로 확연하게 다른 두 가지 개념에서 비롯된 것이 분명해 보인다. 이 중 첫 번째는 정신이 계산장치(computational device)로 구상될 수 있다는 가정이다. 이것은 아주 새로운 아이디어는 아니지만, 새롭게 발전하는 계산과학(computational science)에서 강력하게 받아들여지고 있다. 다른 하나는 정신이 인간문화(human culture)에 의해 구성되고 실현된다는 주장이다. 이 두 가지 견해는 정신의 본질이 무엇인지, 정신이 어떻게 길러져야 하는지에 대한 매우 다른 개념들로 이어졌다. 각각은 정신이 어떻게 기능하는지, 그리고 '교육'을 통해 어떻게 개선될 수 있는지에 대한 뚜렷하게 다른 탐구 전략을 따르도록 지지자들을 이끌었다. 첫 번째 혹은 **계산적** 관점은 **정보처리**, 즉 세상에 대한 유한하고, 코드화되고, 모호하지 않은 정보가 어떻게 계산적 장치에 의해 새겨지고, 분류되며, 저장되고, 대조되고, 검색되고, 일반적으로 관리되는지와 관련되어 있다. 이 견해는 정보를 주어진 것, 즉 세상의 상태에 매핑되는 기존의 규칙에 구속된 코드와 관련하여 당연한 것으로 받아들인다. 앞으로 보겠지만, 소위 '잘 형성된(well-formedness)' 정보는 강점이면서도 단점이다. 왜냐하면 앎의 과정은 종종 이러한 견해가 허용하는 것보다 더 엉망이고 모호함 투성이기 때문이다.

계산과학은 교육활동에 관한 흥미로운 주장을 하고 있지만(Bruner, 1993; Chi et al., 1988; Segal et al., 1985), 교육자들에게 구체적으로 어떤 교훈을 가르쳐야 하는지는 아직 불분명하다. 컴퓨터를 효과적으로 프로그래밍하는 방법을 알면 인간을 더 효과적으로 가르치는 방법에 대한 무언가를 발견할 수 있을 것이라는 믿음이 널리 퍼져 있으며 이는 비합리적이지 않다. 예를 들어, 컴퓨터가 학습자가 지식체계를 숙달하는 데 강력한 도움을 제공한다는 사실은 거의 의심할 여지가 없다. 특히 해당 지식이 잘 정의되어 있다면 더욱 그렇다. 잘 프로그래밍된 컴퓨터는 "인간 생산에 부적합하다"고 선언될 수 있는 작업을 넘겨받는 데 특히 유용하다. 컴퓨터는 더 빠르고, 더 질서 있으며, 기억력이 떨어지지 않고, 지루해하지 않기 때문이다. 그리고 물론 우리가 서번트 컴퓨터보다 무엇을 더 잘하고 더 못하는지를 물어보는 것은 우리 자신의 정신과 인간의 상황을 드러내는 것이다.

어떤 깊은 의미에서 이론적으로 상상할 수 있는 가장 잘 반응하는 컴퓨터라고 하더라도 교사의 일을 양도할 수 있을지는 훨씬 더 불확실하다. 물론 적절하게 프로그래밍된 컴퓨터가 수업과정을 복잡하게 만드는 일부 루틴을 대신하여 교사의 부담을 덜어 줄 수 없다는 말은 아니다. 하지만 그게 핵심 문제는 아니다. 결국 책은 구텐베르그의 인쇄술 발명으로 널리 보급되면서 그러한 기능을 수행하게 되었다(Olson, 1994; Ong, 1991).

오히려 문제는 정신 자체에 대한 계산적 관점이 정신을 '교육'하려는 우리의 노력을 안내할 만큼 정신이 어떻게 작동하는지에 대해 적절하고 충분한 관점을 제공하는지 여부인데, 이는 미묘한 문제이다. 어떤 측면에서 '정신이 어떻게 작동하는가'는 그 자체로 우리가 사용하는 도구에 따라 달라지기 때문이다. 예를 들어, '손이 어떻게 작동하는지'는 손에 스크루드라이버, 가위 혹은 레이저빔 총이 장착되어 있는지 여부를 고려하지 않으면 온전히 이해할 수 없다. 마찬가지로 체계적인 역사가의 정신은 조합 가능한 신화와 같은 모듈을 가지고 있는 전통적인 이야기꾼의 정신과는 다르게 작동한다. 따라서, 어떤 의미에서, 단순히 계산장치의 존재(그리고 작동방식에 관한 계산이론)만으로도 책이 그랬던 것처럼 '정신'이 어떻게 작동하는지에 대한 우리의 생각을 바꿀 수 있다(Olson, 1994).

이것은 정신의 본질에 관한 두 번째 접근 방식인 **문화주의**로 바로 연결된다. 문화주의는 문화 없이는 정신이 존재할 수 없다는 진화론적 사실에서 영감을 얻었다. 인간 정신의 진화는 '실재(reality)'가 문화공동체 구성원이 공유하는 상징으로 표현되는 삶의 방식의 발전과 연관되어 있으며, 이 기술-사회적 삶의 방식은 그 상징체계에 근거하여 조직되고 해석된다. 이러한 상징적인 방식은 공동체에 의해 공유될 뿐만 아니라 보존되고, 정교화되어 다음 세대에 전승됨으로써 문화의 정체성과 삶의 방식은 계속 유지하게 된다.

이러한 의미에서 문화는 **초유기적**(superorganic)**이다**(Kroeber, 1917). 그러나 문화는 개인의 정신도 형성한다. 문화의 개별적인 표현은 특정 상황에서 사물에 의미를 부여하는 **의미만들기**(meaning-making)에 내재되어 있다. 의미 만들기는 '그것이 무엇에 관한 것인지'를 알기 위해 세상과의 만남을 적절한 문화적 맥락 속에 두는 것을 포함한다. 비록 의미가 정신 속에 있지만, 의미의 근원과 중요성은 그것이 만들어진 문화 속에 있다. 의미가 협상 가능성과 궁극적으로 의사소통 가능성을 보장하는 것은 바로 이러한 의미의 문화적 상황 맥락성이다. '사적인 의미'가 존재하는지 여부는 중요하지 않다. 중요한 것은 의미가 문화적 교류를 위한 토대를 제공한다는 것이다. 이러한 관점에서 볼 때, 앎과 소통은 본질적으로 매우 상호 의존적이며 사실상 분리될 수 없다. 아무리 개인이 혼자서 스스로 의미를 탐구하는 것처럼 보일지라도 그 누구도 문화의 상징체계 도움 없이는 그것을 해낼 수 없다. 문화는 우리가 사는 세상을 소통 가능한 방식으로 조직하고 이해하는 도구를 제공한다. 인간의 진화에 있어 가장 눈에 띄는 특징은 인간이 문화라는 도구를 활용할 수 있는 방식으로 정신이 진화해 왔다는 점이다. 그것이 상징적이든 물질적이든 이러한 도구가 없다면 인간은 '벌거벗은 유인원'이 아니라 '공허한 추상(empty abstraction)'일 뿐이다.

그러므로 문화는 그 자체가 인간이 만든 것이기는 하지만 인간 고유의 정신작용을 형성하고 가능하게 만든다. 이런 관점에서 학습과 사고는 항상 문화적 배경 속에 **자리 잡고** 있으면서도 문화적 자원의 활용에 의존한다(Bruner, 1990). 심지어 정신의 본질과 사용에 있어 개인차도 다양한 문화적 환경이 제공하는 차별화된 기회에 기인한다고 볼 수 있다. 하지만 이것이 정신 기능의 변이를 유발하는 유일한 원천은 아니다.

계산주의와 마찬가지로 문화주의는 심리학, 인류학, 언어학, 인문과학 전반으로부터의 통찰을 모아 정신에 관한 모델을 재구성하고자 한다. 그러나 이 둘은 근본적으로 다른 목적을 위해 그렇게 한다. 계산주의는 정보처리가 실현되는 형태와 관계없이 정보가 조직되고 사용되는 모든 방식, 즉 앞서 언급한 잘 형성되고 유한한 의미의 정보에 관심을 두고 있다. 이러한 넓은 의미에서, 계산주의는 그것의 학문적 경계를 인정하지 않으며, 심지어 인간과 비인간적 기능 사이의 경계조차 인정하지 않는다. 이와는 달리 문화주의는 문화공동체에서 인간이 어떻게 의미를 창조하고 변형하는지에만 집중한다.

이번 장에서는 문화적 접근법의 몇 가지 중요한 주제를 제시하고, 이들이 교육과 어떤 관련이 있는지 살펴보고자 한다. 그러나 이런 막중한 과제를 다루기에 앞서, 문화주의와 계산주의 사이에 필연적인 모순이 있다는 오해를 불식시킬 필요가 있다. 내 생각에는 이러한 명백한 모순은 오해에 기반하며, 이로 인해 심각하고 불필요한 과장을 불러일으키기 때문이다. 분명히 두 접근 방식은 매우 다르며, 이를 명확하게 구분하지 않으면 이데올로기적 과잉이 우리를 압도할 수 있다. 어떤 종류의 인간의 정신에 '모델'을 수용하는지는 이데올로기적으로 분명 중요하기 때문이다(Brinton, 1965). 실제로 어떤 모델을 고수하느냐는 교실 안에서의 실제적인 '대중 페다고지(folk pedagogy)'에도 영향을 미친다. 정신을 연합이나 습관 형성의 힘과 동일시할 때는 훈련을 진정한 페다고지로 보지만, 진리의 본질에 대한 성찰과 담론을 위한 능력으로 받아들일 때는 소크라테스식 대화를 선호한다. 그리고 이들 각각은 이상적인 사회, 이상적인 시민에 대한 우리의 개념과 연결되어 있다.

하지만 사실 계산주의나 문화주의 모두 특정 페다고지에 속박될 만큼 특정 정신모델과 연관되어 있지는 않다. 이 둘의 차이는 상당히 다른 종류인데, 살펴보면 다음과 같다.

계산주의의 목적은 잘 구성된 정보의 흐름을 관리하는 **모든** 기능적 시스템을 공식적으로 재기술하는 것이다. 계산주의는 예측 가능하고 체계적인 결과를 도출하는 방식으로 그렇게 한다. 그러한 시스템 중 하나가 바로 인간의 정신이다. 그러나 사려 깊은 계산주의는 정신을 마치 체계적이고 '효율적으로' 작동하기 위하여 특정한 방식으로 프로그래밍되어야 하는 어떤 특정 '컴퓨터'와 같은 것으로 보지는 **않는다**. 오히려 정보를 처리하는 모든 시스템은 입력된 정보를 어떻게 처리할지 규정하는 특정한 규칙이나 절차에 의해 관리되어야 한다고 강조한다. 그것이 신경계이든 DNA의 지시를 받아 다음 세대를 재생산하는 유전자 조직이든 아니면 다른 무엇이든 중요하지 않다. 이것이 소위 인공지능(artificial intelligence: AI)의 이상이다. '실제 정신(real mind)'은 동일한 인공지능 일반화의 관점에서 설명될 수 있다. 이는 코드화된 정보의 흐름을 관리하기 위한 구체적인 규칙에 의해 통제되는 시스템을 말한다.

그러나 이미 언급한 바와 같이, 모든 정보 시스템에 공통으로 적용되는 규칙은 지저분하고 모호하며 맥락에 민감한 의미 만들기의 과정을 다루지 않는다. 이러한 과정은 구체적인 범주를 사용하여 입력을 이해 가능한 출력으로 정렬하는 것만큼이나 '흐릿한' 의미와 은유적인 범주체계를 구축하는 것 역시 중시되는 활동의 한 형태이다. 일부 계산주의자들은 선험적으로 의미 만들기조차도 인공지능의 사양(specifications)으로 환원될 수 있다고 확신하며, 의미 만들기의 복잡성이 그들의 범위를 넘어서는 것이 아니라는 것을 증명하기 위해 끊임없이 노력하고 있다(McClelland, 1990; Schank, 1990). 이들이 제안하는 복잡한 보편적 모델은 때때로 농담 삼아 '모든 것에 관한 이론(theories of everything)'의 약자인 'TOEs'로 불린다(Mitchell, 1995). 그러나 많은 사람이 믿고 있듯이 이 이론은 성공에 근접하지 못했고 원칙적으로 결코 성공하지 못할 것이지만, 그럼에도 불구하고 그들의 노력은 의미 만들기와 정보처리 사이의 차이를 밝혀 냈다는 점에서 흥미롭다.

계산주의자들이 직면하는 어려움은 계산에서 가능한 '규칙'이나 연산의 종류에 내재되어 있다. 우리가 알다시피, 모든 규칙은 미리 특정되어야 하고 모호성이 없어야 한다. 또한 이러한 규칙은 계산적으로 일관성이 있어야 하는데, 이는 이전 결과의 피드백에 따라 연산이 변경될 수 있지만 변경된 연산도 일관되고 미리 정해진 체계성을 준수해야 함을 의미한다. 계산 규칙은 우연적일 수 있지만, 예측할 수 없는 우연을 아우를 수는 없다. 따라서 햄릿이 플로니어스에게 자기 아버지의 죽음에 관한 진실을 폭로하거나 죄책감을 불러일으키려는 요량으로 "저기 저 구름은 낙타 모양인데, 등 모양은 족제비 같군요."라는 모호한 농담은 (인공지능에서는) 불가능하다.

바로 이러한 명확성, 즉 이미 정해진 범주가 정신모델을 구성하는 매개체로써 계산주의에 가장 심각한 제약을 가한다. 하지만 일단 이러한 한계가 인정되면 문화주의와 계산주의 사이에 존재하는 사생결단식 논쟁은 사라진다. 문화주의자의 의미 만들기는 계산주의자의 정보처리와 달리 원칙적으로 해석적이고, 모호함이 가득 차 있으며, 상황에 민감하고, 종종 사후에 이루어진다. 문화주의의 정형화되어 있지 않은 절차들은 완전히 명시된 규칙이라기보다는 격언과 같은 것이다(Grice, 1989; Sperber & Wilson, 1986). 그렇다고 이들이 원칙이 없는 것이 아니다. 오히려 그것들은 **해석학**의 내용으로, 해석학은 계산과정에서 명확한 출력을 생성하지 못하더라도 여전히 엄격한 지적 활동이 필요한 학문이다. 해석학의 대표적 사례가 텍스트 해석이다. 텍스트를 해석할 때 부분의 의미는 전체의 의미에 대한 가설에 의존하고, 그 가설은 다시 텍스트를 구성하는 부분의 의미에 대한 개인의 판단에 근거한다. 하지만 인간 문화 활동의 광범위한 부분이 그것에 의존한다. 또한 '해석학적 순환(hermeneutic circle)'이라는 악명 높은 개념이 명료성과 확실성을 추구하는 이들로부터 비판을 받아 마땅한 것인지도 분명하지 않다. 결국 해석학은 의미 만들기의 핵심에 위치하고 있다.

해석학적 의미 만들기와 잘 정형화된 정보처리는 서로 잘 어울리지는 않는다. 이들이 잘 어울리지 않는다는 것은 단순한 예를 통해서도 명확하다. 물론 계산 시스템의 입력은 모호함의 여지를 남기지 않는 특정 방법으로 인코딩되어야 한다. 그렇다면 입력이 인간의 의미 만들기에서와 같이 맥락에 따라 인코딩되어야 한다면 어떻게 될까? 의미 만들기의 상당 부분이 언어와 관련되어 있기 때문에 언어와 관련된 흔한 예를 하나 들어 보자. 시스템에 'cloud'라는 단어라고 입력한다고 해 보자. 이것을 '기상학적인' 의미로 받아들여야 할까? '정신적 상태'의 의미로 받아들여야 할까? 아니면 다른 방식으로 받아들여야 할까? 이제 계산장치에 'cloud'의 여러 가지 대안적 의미를 제공하는 검색 사전을 제공하는 것은 쉽다(실제로 필요하다). 어떤 사전도 그 일을 할 수 있다. 그러나 특정 문맥에 적합한 의미를 결정하려면 계산장치에 'cloud'라는 단어가 나타날 수 있는 모든 문맥을 인코딩하고 해석하는 방법도 필요하다. 이를 위해서는 컴퓨터가 가능한 모든 문맥에 대한 조회 목록, 즉 '콘텍스티콘(contexticon)'을 보유해야 한다. 하지만 단어의 수는 한정되어 있지만, 특정 단어들이 등장할 수 있는 문맥은 무한히 많다. 햄릿의 '저기 있는 구름(yonder cloud)'에 관한 수수께끼의 문맥을 인코딩하는 것은 인간이 상상할 수 있는 최고의 콘텍스티콘의 능력을 거의 확실히 벗어날 것이다.

문화주의에서의 의미 만들기와 계산주의에서의 정보처리 사이의 비교 불가성을 극복할 수 있는지에 대한 의문을 해결할 수 있는 결정 절차는 알려져 있지 않다. 그러나 이 모든 것에도 불구하고 이 둘은 무시하기 어려운 유사성을 가지고 있다. 일단 의미가 정립되면 계산 규칙에 의해 관리될 수 있는 잘 짜인 범주체계로 형식화되기 때문이다. 이렇게 하면 문맥 의존성과 은유의 미묘한 부분을 잃게 되는 것은 분명하다. 즉, 'cloud'가 연극에 등장하려면 진실 기능성(truth functionality)이라는 테스트를 통과해야만 한다. 그러나 과학에서의 형식화는 바로 그러한 조작들로 구성된다. 즉, 형식화되고 연산된 의미의 배열을 마치 계산에 적합한 것처럼 다루는 것이다. 결국 우리는 과학 용어가 실제로 탈맥락화되고, 모호성을 없애며, 완전히 검색 가능한 방식으로 탄생하고 성장했다고 믿게 되었다.

반대 방향으로도 똑같이 혼란스러운 거래가 있다. 우리는 종종 계산 결과를 '이해하기 위해', 즉 '의미'를 파악하기 위해 이를 해석해야 할 때가 있다. 최종 산출물의 이러한 '의미 찾기'는 통계 처리를 통해 발견된 서로 다른 변인 간의 연관성을 해석학적으로 해석하여 '의미'를 찾아야 하는 요인 분석과 같은 통계 절차에서는 항상 관례로 행해져 왔다. 이와 같은 문제는 조사자들이 병렬 처리의 계산 옵션을 사용하여 일련의 코드화된 입력 사이의 연관성을 발견할 때도 발견된다. 이러한 병렬 처리의 최종 산출물도 마찬가지로 해석을 통해 의미를 부여해야 한다. 따라서 계산주의자가 설명하려는 것과 문화주의자가 해석하려는 것 사이에는 분명히 상호 보완적인 관계가 있는데, 이러한 관계는 오랫동안 인식론을 공부해 온 학생들을 곤혹스럽게 해 왔다(Bruner, 1985; von Wright, 1971).

'우리의 정신이 어떻게 작동하는지' 혹은 어떻게 하면 더 잘 작동하도록 만들 수 있는지를 특징짓는 것처럼 본질적으로 성찰적이고 복잡한 작업에서는 앎의 본질에 대한 두 가지 관점이 존재할 여지가 분명히 있다(von Wright, 1971). 세상을 이해하는 유일하며 합법적인 '진실한' 방법이 없다면 우리는 상대주의로 이어지는 미끄러운 비탈길에서 힘없이 굴러떨어질 수밖에 없다고 가정할 만한 입증 가능한 이유도 없다(역자 주: 다양한 방법으로 세상을 이해할 수 있으며, 이러한 다양성이 상대주의로 빠지는 것을 의미하는 것은 아니다). 유클리드의 정리(theorem)가 계산 가능하다고 말하는 것은 시인과 함께 '유클리드만이 아름다움을 순수하게 감상했다'라고 말하는 것만큼이나 '사실'이 분명하다.

정신이론

· · · · · · · ·

우선 정신이론(theory of mind)이 교육적으로 흥미롭기 위해서는 그 기능이 어떤 중요한 방식으로 개선되거나 변경될 수 있는지에 대한 몇 가지 사양(또는 이와 관련된 시사점)이 포함되어야 한다. 전부 아니면 전무 그리고 모든 것에 대한 유일무이한 정신이론은 교육적으로 흥미롭지 않다. 보다 구체적으로 교육적으로 흥미로운 정신이론은 정신이 효과적으로 작동하는 데 필요한 '자원'에 대한 일종의 사양이 포함되어 있다. 여기에는 (정신적인 '도구'와 같은) 도구적인 자원뿐만 아니라 효과적인 운영에 필요한 설정이나 조건도 포함된다.

필요한 자원과 환경에 대한 자세한 설명이 없는 정신이론은 인사이드 아웃(inside-out)이며 교육에 적용할 수 있는 범위가 제한된다. 그것은 좀 더 아웃사이드 인(outside-in)이 되어 정신(혹은 마음!)을 효과적으로 사용할 수 있도록 필요한 세계를 보여 줄 수 있을 때만 흥미롭게 된다. 그러한 세계는 어떤 종류의 상징체계들, 과거에 대한 어떤 종류의 설명, 어떤 예술이나 과학, 기타와 같은 것들이다. 교육에 대한 계산주의의 접근 방식은 인사이드 아웃하는 경향이 있다. 비록 앞서 든 사전의 예에서처럼, 세상의 일부를 기억 속에 새겨 정신 속으로 밀수입한 다음 검색 조회 루틴에 의존하기는 하지만 말이다. 문화주의는 훨씬 더 아웃사이드 인하며, 정신작용에 대한 사양을 포함할 수는 있지만 계산 가능성의 형식적 요건만큼 구속력이 있지는 않다. 계산주의자의 교육에 대한 접근 방식은 확실히 계산 가능성의 제약에 묶여 있다. 즉, 정신을 지원하는 어떤 도구라도 계산장치에 의해서만 작동될 수 있어야 한다는 것이다.

실제로 계산주의가 교육이슈에 어떻게 접근하는지를 살펴보면, 세 가지 다른 스타일이 있는 것으로 보인다. 첫째는 교수 혹은 학습에 대한 고전적인 이론을 계산 가능한 형태로 재구성하는 것이다. 그러나 이렇게 하면 모호한 부분을 찾아내는 등 어느 정도 명확성을 확보할 수는 있겠지만, 그다지 큰 힘을 얻지는 못한다. 오래된 와인은 비록 유리가 더 맑아진다고 하더라도, 다른 모양의 병에 붓는다고 해서 크게 개선되는 것은 아니다. 물론 고전적인 답변은 계산 가능한 재구성이 '잉여 통찰력(surplus insight)'을 낳는다는 것이다. 그러나 예를 들어, 연합이론(association theory)은 아리스토텔레스에서 로크, 파블로프, 클라크 헐에 이르기까지 수많은 번역을 거쳤으나 별다른 잉여 통찰력을 얻지 못했다. 따라서 소위 많은 병렬분산처리(parallel distributed processing: PDP) '학습모델'(Rumelhart & McClelland, 1986)과 같은 베일에 싸인 버전에 대한 새로운 주장에 대해서는 정당하게도 인내가 바닥나기 마련이다.

그러나 사실 계산주의는 그것보다 더 나은 성과를 낼 수 있고 실제로도 그렇게 하고 있다. 두 번째 접근 방식은 누군가가 특정 문제를 풀거나 특정 지식을 습득할 때 실제로 어떤 일이 일어나는지에 대한 풍부한 설명이나 프로토콜로 시작한다. 그런 다음 관찰된 내용을 엄격한 계산 용어로 다시 설명하려고 한다. 예를 들어, 피험자는 어떤 순서로 정보를 요청하고, 무엇이 그를 혼란스럽게 하며, 어떤 종류의 가설에 흥미를 느끼는지? 그런 다음 이 접근 방식은, 예컨대 피험자의 '정신'과 같은 방식으로 작동하는 장치에서 계산적으로 어떤 일이 벌어지는지를 묻는다. 이를 통해 계산 가능성의 한계 내에서 이런 종류의 학습자를 어떻게 도울 수 있는지에 대한 계획을 재구성하려고 한다. John Bruer의 흥미로운 저서『생각을 위한 학교(Schools for Thought)』(1993)는 이 새로운 접근 방식을 통해 무엇을 얻을 수 있는지 보여 주는 좋은 예이다.

그러나 계산주의자들이 때때로 따르는 훨씬 더 흥미로운 세 번째 경로가 있다. Annette Karmiloff-Smith(1979, 1992)의 연구는 몇 가지 추상적인 계산 아이디어와 함께 고려하면 좋은 사례가 될 수 있다. 모든 복잡한 '적응형' 계산 프로그램은 복잡성을 줄이고 적응 기준에 대한 '적합성'을 개선하기 위해 이전 연산 결과를 재기술하는 작업을 포함한다. 이것이 바로 '적응형'의 의미이다. 즉, 기준에 대한 '적합성'을 높이기 위해 이전의 복잡성을 줄이는 것이다(Crutchfield & Mitchell, 1994; Mitchell, 1995). 한 가지 예가 도움이 될 것이다. Karmiloff-Smith는 언어 습득과 같은 특정 문제를 풀려고 할 때, 우리는 국지적으로 효과가 있었던 절차의 결과를 '뒤집어' 보다 일반적이고 단순화된 용어로 다시 설명하려고 하는 것이 특징적이라고 말한다. 예를 들어, "복수로 만들기 위하여 명사 끝에 s를 붙였는데, 모든 명사에 똑같이 적용하는 것은 어떨까?"라고 말한다. 새 규칙이 woman을 복수로 하는 데 실패하면 학습자는 몇 가지 부가적인 규칙을 생성할 수 있다. 결국 학습자는 몇 가지 이상한 '예외'만 남겨두고, 복수화에 어느 정도 적절한 규칙을 갖게 된다. Karmiloff-Smith가 '재기술'이라고 부르는 이 과정의 각 단계에서, 학습자는 자신이 어떻게 생각하고 있는지와 무엇에 관해 생각하는지를 고려하면서 '메타적으로 되어 간다'. 이는 심리학자들뿐만 아니라 계산과학자들 사이에서도 열정적인 관심을 끄는 주제인 '메타인지(metacognition)'의 특징이다.

말하자면, 재기술의 규칙은 **모든** 복잡한 '적응형' 계산의 특징이지만, 현재의 경우에는 진정 흥미로운 **심리적** 현상이기도 하다. 이는 서로 다른 탐구 분야가 겹치는 드문 음악이며, 그 겹침이 비옥한 것으로 판명된다면 더욱 그렇다. 따라서 인간의 문제 해결에도 좋은 규칙이 될 수 있는 적응형 계산 시스템을 위한 TOE와 같은 규칙인 '재기술(REDESCRIBE)'은 '새로운 개척지'가 될 수 있다. 그리고 이 새로운 영역은 교육현장 바로 옆에 있는 것으로 드러날지도 모른다.

따라서 교육에 대한 계산주의자의 접근 방식은 앞에서 언급한 대로 세 가지 형태를 취하는 것 같다. 첫째는 학습(또는 교육 등)에 대한 오래된 이론을 계산 가능한 형태로 재구성하는 것으로, 재구성을 통해 잉여력(surplus power)을 얻을 수 있기를 희망한다. 둘째는 풍부한 프로토콜을 분석하고 계산이론의 장치를 적용하여 계산적으로 무슨 일이 일어나고 있는지 더 잘 식별하는 것이다. 그런 다음 그 프로세스를 어떻게 도울 수 있는지 알아내려고 한다. 사실상 이는 뉴엘, 쇼, 사이먼이 일반문제 해결자(General Problem Solver)에 대한 연구에서 수행했던 작업이며, 현재 '초보자'가 '전문가'가 되는 방법에 대한 연구에서 수행되고 있는 작업이기도 하다(Chipman & Meyrowitz, 1993). 마지막으로, 재기술과 같은 중심적인 계산 아이디어가 '메타인지'와 같은 인지이론의 중심 아이디어에 직접적으로 매핑되는 것처럼 보이는 행복한 우연이 있다.

문화주의자는 매우 다른 방식으로 교육에 접근한다. 문화주의는 교육이 섬이 아니라 문화라는 대륙의 일부라는 것을 첫 번째 전제로 삼는다. 문화주의는 먼저 '교육'이 문화에서 어떤 기능을 수행하는지, 그 속에서 활동하는 사람들의 삶에서 어떤 역할을 하는지를 묻는다. 그다음 질문은 왜 교육이 문화에 그처럼 자리 잡고 있는지, 그리고 이러한 배치가 권력, 지위 및 기타 혜택의 분배를 어떻게 반영하는지에 대한 것일 것이다. 필연적으로, 그리고 사실상 처음부터 문화주의는 사람들이 대처하기 위해 이용 가능하게 된 자원과 그러한 자원 중 어느 정도가 제도적으로 구상된 '교육'을 통해 제공될 수 있는지에 대해 묻는다. 그리고 교육의 과정에 부과되는 여러 가지 제약에 대해서도 지속적인 관심을 가질 것이다. 여기에는 학교 조직과 교실 혹은 교사의 채용 등과 같은 외부적인 요인들과 천부적 자질의 생래적, 혹은 강제적 분포 등과 같은 내부적 제약들이 있다. 왜냐하면 천부적 자질은 유전자의 분포 못지않게 상징체계의 접근성에 의해서도 영향을 받기 때문이다.

문화주의의 과제는 두 가지이다. '거시적' 측면에서 문화주의는 문화를 가치, 권리, 교환, 의무, 기회 그리고 권력 시스템으로 보고 있다. '미시적' 측면에서는 문화 시스템의 요구가 그 안에서 활동해야 하는 사람들에게 어떤 영향을 미치는지 살펴본다. 후자의 정신에서, 문화주의는 개별 인간이 어떻게 '실재(reality)'를 구성하는지와 어떤 개인적인 비용을 지불하며, 어떤 기대된 결과를 가지고 그들을 시스템에 적응시키는지에 대한 의미들에 집중한다. 문화주의는 인간의 기능, 특히 의미 만들기에 영향을 미치는 내재된 정신생물학적인 제약에 대한 특별한 견해를 의미하지는 않지만, 보통 그러한 제약을 당연한 것으로 여기고 어떻게 그러한 제약들이 문화와 그것의 제도화된 교육시스템에 의해 관리되는지를 고려한다.

비록 문화주의는 계산주의 및 그 제약과는 거리가 멀지만, 한 가지 예외를 제외하고는 통찰력을 통합하는 데 어려움이 없다. 문화주의는 계산 가능성의 테스트를 충족하지 못하더라도 인간의 의미 만들기와 관련된 프로세스를 배제할 수는 없다. 결론적으로 문화주의는 문화에서 주관성과 그것의 역할을 배제할 수도 없고 하지도 않는다. 실제로 앞으로 살펴보겠지만, 문화주의는 인간이 어떻게 '서로의 정신'을 알게 되는지, 즉 간주관성(intersubjectivity)에 많은 관심을 두고 있다. 이 두 가지 의미에서 문화주의는 '주관성의 과학'에 속한다고 할 수 있다. 그리고, 결과적으로, 나는 종종 이것을 '문화심리학적' 접근 혹은 간단히 '문화심리학'으로 부를 것이다. 문화심리학은 주관적인 것을 포괄하고 '실재의 구성(construction of reality)'을 자주 언급하지만, 어떤 존재론적 의미에서도 '실재'를 배제하지 않는다. 문화심리학은 (인식론적 근거로) '외부적' 또는 '객관적' 실재는 정신의 속성과 정신이 의존하는 상징체계에 의해서만 알 수 있다고 주장한다(Goodman, 1978).

마지막 요점은 감정과 느낌의 위치와 관련이 있다. 모든 '인지심리학'은 심지어 그 문화적 버전조차도 정신의 삶에서 감정과 느낌의 위치를 무시하거나 심지어 무시한다고 종종 말한다. 내 생각에는 이것이 반드시 그럴 필요는 없다고 본다. 왜 인지에 대한 관심이 감정과 느낌을 배제해야 하나(Oatley, 1992 참조)? 분명 감정과 느낌은 의미 만들기 과정과 우리의 실재의 구성에서 표현된다. 감정은 후속적인 인지적 결과를 초래하는 세상에 대한 직접적이고 매개되지 않은 반응이라는 Zajonc의 견해를 채택하든, 감정이 사전 인지추론(cognitive inference)을 필요로 한다는 Lazarus의 견해를 채택하든 간에, 감정은 여전히 '존재'하며 고려해야 할 대상이다(Lazarus, 1981, 1982, 1984; Zajonc, 1980, 1984). 앞으로 살펴보겠지만 특히 '자기구성(self-construction)'에서 학교의 역할을 다룰 때, 이는 교육의 한 부분에서 매우 중요하다.

참고문헌

Brinton, C. (1965). *The Anatomy of Revolution.* New York: Vintage Books.

Bruer, J.T. (1993). *Schools for Thought: A Science of Learning in the Classroom.* Cambridge, MA: MIT Press.

Bruner, J. (1985). "Narrative and Pragmatic Modes of Thought." In E. Eisner (ed.): *Learning and Teaching the Ways of Knowing: Eighty-Fourth Yearbook of the National Society for the Study of Education.* Chicago: Chicago University Press, pp. 97–115.

Bruner, J. (1990). *Acts of Meaning.* Cambridge, MA: Harvard University Press.

Chi, M.T.H., Glaser, R., and Farr, M.J. (eds.) (1988). *The Nature of Expertise.* Hillsdale, NJ: Lawrence Erlbaum.

Chipman, S., and Meyrowitz, A.L. (1993). *Foundations of Knowledge Acquisition: Cognitive Models of Complex Learning,* vols. 1 and 2. Boston: Kluwer Academic Publishers.

Crutchfield, J. P, and Mitchell, M. (1994). *The Evolution of Emergent Computation.* Santa Fe Institute Technical Report 94–03–012, Santa Fe, NM: Santa Fe Institute.

Goodman, N. (1978). *Ways of Worldmaking.* Indianapolis, IN: Hackett.

Grice, H.P (1989). *Studies in the Way of Words.* Cambridge, MA: Harvard University Press.

Karmiloff–Smith, A. (1979). *A Functional Approach to Child Language: A Study of Determiners and Reference.* Cambridge, UK: Cambridge University Press.

Karmiloff–Smith, A. (1992). *Beyond Modularity: A Developmental Perspective on Cognitive Science.* Cambridge, MA: MIT Press.

Kroeber, A.L. (1917). "The Superorganic." *American Anthropologist,* 19 (2), pp. 163–213.

Lazarus, R.S. (1981). "A Cognitivist's Reply to Zajonc on Emotion and Cognition." *American Psychologist,* 36, pp. 222–223.

Lazarus, R.S. (1982). "Thoughts on the Relations between Emotion and Cognition." *American Psychologist,* 37 (9), pp. 1019–1024.

Lazarus, R.S. (1984). "On the Primacy of Cognition." *American Psychologist,* 39 (2), pp. 124–129.

McClelland, J.L. (1990). "The Programmable Blackboard Model of Reading." In D.E. Rumelhart and J.L. McClelland: *Parallel Distributed Processing: Psychological and Biological Models,* vol. 2. Cambridge, MA: MIT Press, pp. 122–169.

Mitchell, M. (1995). "What Can Complex System Approaches Offer the Cognitive Sciences?" Paper presented at the Annual Meeting of the Society for Philosophy and Psychology, State University of New York at Stony Brook, June 10.

Oatley, K. (1992). *Best Laid Schemes: The Psychology of Emotions.* Cambridge, UK: Cambridge University Press.

Olson, D.R. (1994). *The World on Paper: The Conceptual and Cognitive Implications of Writing and Reading.* Cambridge, UK: Cambridge University Press.

Ong, W.J. (1991). *Orality and Literacy: The Technologizing of the Word.* London: Routledge.

Rumelhart, D.E., and McClelland, J.L. (eds.) (1986). *Parallel Distributed Processing: Explanations in the Microstructure of Cognition,* vols. 1 and 2. Cambridge, MA: MIT Press.

Schank, R.C. (1990). *Tell Me a Story: A New Look at Real and Artificial Memory.* New York: Scribner.

Segal, J.W, Chipman, S.F., and Glaser, R. (1985). *Thinking and Learning Skills: Volume 2, Relating Instruction to Research.* Hillsdale, NJ: Lawrence Erlbaum.

Sperber, D., and Wilson, D. (1986). *Relevance: Communication and Cognition.* Cambridge, MA: Harvard University Press.

von Wright, G.H. (1971). *Explanation and Understanding.* Ithaca, NY: Cornell University Press.

Zajonc, R.B. (1980). "Feeling and Thinking: Preferences Need No Inferences." *American Psychologist,* 35 (2), pp. 151–175.

Zajonc, R.B. (1984). "On the Primacy of Affect." *American Psychologist,* 39 (2), pp. 117–123.

14

경험 , 페다고지
그리고 사회적 실천들

Robin Usher

Robin Usher

국제 학습 및 교육이론에서 영국계 호주인이며 철학자이자 교육자인 Robin Usher 는 Michel Foucault와 다른 프랑스 포스트모더니스트들로부터 강한 영감을 받은 포스트모던 접근의 첫 번째 대변인으로서의 또렷한 입지를 가지고 있다. Usher는 1990년대 말까지 영국의 사우샘프턴 대학교(University of Southampton)의 부교 수였지만, 그 후 호주로 이주하여 로열 멜버른 공과대학(Royal Melbourne Institute of Technology)의 연구 책임자가 되어 2013년 사망할 때까지 근무했다. 다음 장은 1997년 Usher가 동료인 Ian Bryant 및 Rennie Johnston과 함께 출판한 성인교 육과 관련하여 학습 및 실천의 네 가지 포스트모던 방식으로 이해한 것을 다루고 있는 『성인교육과 모던 도전(Adult Education and the Modern Challenge: Learning Beyond the Limits)』이라는 저서에서 발췌한 것이다. 본문은 Usher가 쓴 5장의 마지 막 부분을 요약한 것으로 그의 접근 방식에 관한 매우 중심적인 예이다.

경험, 페다고지 그리고 사회적 실천들

· ·

성인교육 담론에서 경험은 주로 개인의 자율 그리고/또는 사회적 임파워먼트에서의 규제로부터 자유를 의미한다. 자율, 임파워먼트, 자기표현 및 자아실현이 핵심 기표들이다. 지금까지 깊이 감춰져 있던 '적용'과 '적응' 같은 다른 기표들 역시 이제 하나의 중요한 의미를 갖는다. 경험의 의미는 서로 다른 논변적 실천들에 따라, 그리고 경험으로부터 학습에 주어진 특별한 의미에 따라서도 달라질 것이다. 비록 경험학습(experiential learning)이 포스트모던 시대의 교육이론과 실천의 중심이 되었지만, 페다고지[1]로서 그것은 본질적으로 양면성이 있고 다의적인 의미를 가질 수 있다. 경험학습을 순전히 로고스 중심주의적[2] (logos-centric) 관점에서 개인 학습자의 타고난 특성으로나 혹은 페다고지적인 테크닉으로만 바라보는 것을 멈추고, 그것이 기능하고 그 의미를 도출해 내는 사회문화적이고 제도적인 맥락들의 관점에서 바라볼 필요가 있다. 그러므로 그 자체로는 명백하거나 '주어진' 의미를 가지고 있지 않으며, 생래적으로 해방적이지도 억압적이지도 않으며, 교화적이지도 않고 전환적이지도 않다. 오히려 그것의 의미는 이들 양극성 사이에서, 또 그 사이를 오가며 끊임없이 변화한다. 이는 아마도 경험학습이 해방과 억압, 교화와 전환을 위한 잠재력을 지니는 것으로 보는 것이 가장 유용할 듯싶다. 거기에는 동시에, 그리고 맥락에 따라 이 두 경향이 나타날 수도 있고 서로가 충돌할 수도 있다. 따라서 그것은 서로 다른 사

---

1 역자 주 - 교육 또는 교수방법
2 역자 주 - 로고스 중심주의(logocentrism)는 '말(logos, the word)' 또는 '텍스트' 그 자체에만 집중하여 독자들이 그 텍스트에 가져오는 다의적인 지식이나 경험의 스펙트럼을 무시하는 것을 의미함.

회경제적·문화적 가정과 전략이 차별적으로 표명될 수 있는 논쟁의 여지가 있고 모호한 지형을 제공한다. 긴장의 장으로서 경험학습은 각각 다른 특정 차원을 강조하는 서로 다른 그룹들에 의해 이용될 수 있다.

예를 들어, 경험학습은 학문 기반 교육과정에서뿐만 아니라 역량 기반 교육과정에서도 하나의 페다고지적인 전략으로써 효율적으로 사용될 수 있다. 마찬가지로 경험학습은 우리를 주체로 위치시키는 파워의 형태에 대한 지속적인 의문과 저항의 일부로써도 효율적으로 이용될 수 있다. 그러나 동시에, 심지어 여기에서도, 경험적 협업은 단순히 추론의 일부분이 아닌 전 주체를 훈육하는 보다 효과적인 수단이자 차이에 목소리를 부여함으로써 억압적인 보편적 이성의 지배를 전복시키는 전략으로서도 기능할 수 있다. 그렇다면 이것이 의미하는 바는, 경험이란 항상 투쟁의 현장으로, 학습 맥락에서 배양해야 할 경험의 의미와 중요성이 서로 다투는 영역이라는 것이다. 이 투쟁의 중심은 포스트모던기의 해방과 억압의 재구성이다. [그림 14-1]에서 보여지는 경험학습의 스키마 또는 '지도'는 다양한 가능성을 묘사하려고 시도한다. 그것은 자율(autonomy)-적응(adaptation) 그리고 적용(application)-표현(expression)의 두 가지 연속체들을 중심으로 구성되어 있다. 결과적으로 네 가지 사분면은 '라이프스타일' '고백' '직업' '비판'으로 불리는 네 가지의 논변적/물질적

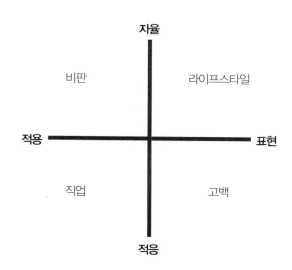

그림 14-1 포스트모더니티 사회적 실천들에서의 경험학습 지도

(discursive/material) 실천들을 나타낸다. 사실 여기에서 묘사되고 있는 것은 적용/표현/자율/적응은 서로 다른 논변적/물질적 실천들 안에서 차별적으로 구성되는 경험학습의 페다고지를 중심으로 구조화되는 연속체라는 것이다. 이것들이 의미하는 바는 경험학습의 페다고지가 서로 다른 논변적 실천들과 각 실천 안에서의 페다고지적 및 인식론적 관계들에 따라 상대적으로 달라질 것이라는 것이다. 이 스키마는 경험의 맥락과 의미를 탐구할 수 있게 하며, 따라서 경험으로부터의 학습의 위치를 그 사분면의 사이와 안에 자리 잡게 한다.

라이프스타일 실천들

오늘날 라이프스타일 실천들은 성인교육의 이론과 실천을 재구성하는 데 중요한 함의를 가진다. 포스트모던 교육은 현대의 사회경제적 및 문화적 분열(fragmentation)에 조건부로 반응하는 경험을 통한 욕망의 배양(cultivation)으로써 재구성된다. 학습은 단순하게 경험으로부터 비롯되는 것이 아니다. 오히려 경험과 학습은 하나의 상호작용적인 역동 속에서 자리매김된다. 학습은 소비와 새로움을 통해 획득된 경험이 되는데, 이것은 다시 새로운 경험을 만들어 낸다. 결과적으로 '수용 가능한' 학습을 정의하는 경계들은 무너진다. 라이프스타일 실천들에서 학습은 다양한 학습 사이트 어디에서나 발견될 수 있다. 주된 관심사는 경험의 소비와 정체성을 표현하는 수단으로써의 삶에 대한 학습 태도를 통해 끊임없이 변화하는 정체성에 관한 것이다. 페다고지적 측면에서 보자면, 포스트모던기에 편히 자리 잡은 경험학습은 욕망을 배양하고 정체성을 형성하는 수단으로서 점점 더 특권적인 위치를 차지하고 있다.

라이프스타일 실천들은 특히 취향과 스타일 감각에서 개성과 자기표현을 통한 자율의 달성에 중점을 둔다. 삶의 일반적인 양식화 내에서 자율의 표식은 신체, 옷, 말하는 방식, 여가 활동, 휴일 등에 새겨진 하나의 양식적인 자의식(self-consciousness)이다. 하나의 라이프스타일은 성찰적(reflexive)이고 자기참조적인(self-referential) 방식으로 채택되고 개발되는 것이지, 결코 맹목적으로나 무의식적으로 행해지지는 않는다.

라이프스타일의 실천들은 소비자 문화의 특징인 다름(difference)의 놀이(play) 안에 확고히 자리한다. 모던(modernity)기의 대규모 소비와는 다르게, 포스트모던기에서의 소비는 다름으로서의 선택과 선택으로서의 다름에 토대를 둔다. 포스트모던기에서의 라이프스타일은 자신의 라이프 프로젝트를 개발하는 데 있어 꿈, 욕망, 환상을 불러일으키고, 정체성의 지속적인 구성(그리고 재구성)과 관계들에 대한 시도가 있는 의미 있는 문화(Featherstone, 1991) 내에서의 독특한 것과 다름의 획득을 중심으로 돌아간다.

자율과 자아실현(자기표현)을 통한 임파워먼트는 중요해졌지만 새로운 포스트 포디스트(post-Fordist) 경영에서의 위계의 붕괴부터 새로운 사회운동들(예: 여성운동, 민족, 성 인식에 대한 운동들)에서의 사회 및 문화적 임파워먼트까지 매우 다른 의미를 지닌다. 이것의 한 가지 영향은 지식인들 그리고 실제로 교육자들이 입법자나 깨인 교육자로서보다는 논평자와 해설자로서의 역할을 맡도록 강요된다는 것이다. 교육자들은 지식/취향의 원천이나 생산자로서보다는 모든 이의 지식을 해석하고 더 많은 경험을 위한 가능성을 열어 주는 조력자가 된다. 그들은 교육 하이퍼마켓(hypermarket)의 판매자인 '문화' 산업의 일부분이 된다. 모더니스트(modernist) 교육과는 정반대로, 생산자(교육자)보다는 소비자(학습자)가 더 큰 의미와 파워를 갖는다.

반면에, 소비주의(consumerism)는 어떠한 경계도 없으며 기존의 표지(marker)들도 존중하지 않는다. 이미지, 스타일, 디자인은 의미를 부여하는 데 있어 모더니스트의 메타 내러티브(meta-narratives)를 대체한다. '문화' 산업, 광고 및 미디어는 모두 소비자를 '교육'하고, 사람들이 경험적으로 확인하고 해석해야만 하는 이미지의 폭격을 통해 소비를 필수적이며 강제적으로 만든다.

포스트모더니티에서 자기(self)에 영향을 미치는 것은 자기참조(self-referenced) 대상 및 이미지의 세계에서 선택을 통하여 하나의 삶을 조형하는 책무인 라이프스타일 실천들의 촉진이다. 자율은 선택을 의미하는 소비를 통하여 정체성을 표현하는 일이 된다. 자기 프로젝트(project of self)는 일방적이고 도구적 합리성에 의해 지배되는 것이 아니라 원했던 재화의 소유나 욕구의 자극에 의해 지배되는 라이프스타일 추구 가운데 하나가 된다. 한때는 적이었던 쾌락은 이제는 없어서는 안 될 존재로 여겨진다. 삶이 일관되고 지속적인 의미를 찾는 것으로 보이기보다는, 이미지에 몰입하는 것, 소비와 여가에서의 이미지의 흐름과 쇼핑과 같은 포스트모던적 추구에서의 이미지의 결합에서 경험하는 즐거움으로 해석된다. 여기에서 경험은 경험으로서 평가된다. 예컨대, 사람은 구매한 재화의 유용성은 고사하고 '실제' 필요를 충족시키기 위해 쇼핑하지 않는다(필요는 라이프스타일 실천들의 요구에 의해 정의되기 때문에 거기에 '실제' 혹은 '근원적인' 필요가 없다). 소비가 기호를 소비하는(consuming signs) 문제일 때, 중요한 것은 의미를 부여하고 정의하는 경험 그 자체이다.

자기들(selves)은 '중재된' 경험을 통해 구성된다. 소비는 각 개인에게 광고에 의해 형성되고 정당화되었을 수도 있지만, 반드시 개인적인 욕망으로 경험되고 정당화되어야 하는 바람(wants)의 레퍼토리에 대응하는 다양한 생산물(products)로부터 선택할 것을 요구한다. 외부적 혹은 내부적 요소들, 경제적 혹은 심리적인 요인의 제약을 받지만, 포스트모던 자기는 여러 대안 가운데서 선택의 행사(exercise)를 통해 삶을 구성해야 한다. 모든 상품과 마찬가지로 삶의 모든 측면에는 자기참조적(self-referential) 의미가 스며들어 있다. 우리가 하는 모든 선택은 우리 정체성의 상징이자 개성의 표식이다. 각각은 우리가 어떤 종류의 사람인가에 관해 우리 자신 및 다른 이들에게 보내는 하나의 메시지이다. 각각은 소비하는 자기를 분명하게 드러낸다.

라이프스타일은 어떤 특정한 사회적 혹은 연령 그룹에만 국한되지 않으며, 순수하게 경제적 결정의 문제도 아니다. 경제적 자본도 중요하지만 문화적 자본 역시 중요하다. 이 둘 모두는 라이프스타일을 선택하는 데 어느 정도 능동적이게 하는 개인의 역량에 영향을 미친다. 라이프스타일 실천들과 가장 쉽게 연관되는 사회 그룹인 소위 신중산층이 이를 잘 보여 준다. 그들의 라이프스타일 실천들에의 참여는 단순히 수입이나 이데올로기의 기능으로서는 설명될 수 없다. 오히려 나는 그들의 포스트모던 감성의 핵심은 삶에 대한 하나의 학습모드 채택이라고 주장하고자 한다. 그들의 아비투스(habitus)(그들의 무의식적인 성향, 분류 체계들, 당연시하는 선호들)는 문화적 재화와 실천에 대한 취향의 부합성과 타당성에 대한 그들의 감각에서 분명하다. 그들은 그들의 감성, 가치, 가정 그리고 그들의 문화적 입장의 열망에 필수적인 평생학습에 대한 명시적인 개념의 전달자이다. 그들은 삶에 대한 하나의 학습모드, 즉 취향과 스타일 분야에서의 자기(self)에 대한 의식적이고 성찰적인 교육을 채택한다. 그들은 의미가 구성되는 매개체로서의 경험과 새로운 경험과 새로운 의미에 대한 요구를 우선시함으로써 이미 정립된 질서에 대하여 반대를 표명한다. 그리하여 라이프스타일 실천들을 추구함에 있어 자율과 자기표현의 중요성을 부여하는 경험학습에 중점을 둔다. 이와 함께 일상의 삶을 포함한 다양한 로컬 소스로부터 생성된 지식과 지식의 상대화에 대한 일반적인 경향이 있다. 여기에서, 경험은 미리 주어지는 것이 아니라 부단히 재구성되는 것이다. 의미는 단순히 경험에 의해 전달되는 것이 아니라 경험을 통해 구성되는 것이다. 경험학습은 교육에 대한 하나의 합법적인 근거로써 정립되었지만, 그것의 의미와 중요성에 관한 논쟁을 수반한다.

라이프스타일 실천들 안에서, 경험, 지식, 페다고지 간의 관계는 특별한 방식으로 표현된다. 경험은 몰입하게 되는 무언가로, 그것의 가치는 지식으로서의 잠재성에 있다기보다는 라이프스타일을 정의하는 수단에 있다. 경험은 라이프스타일과 관련하여 의미를 갖기 때문에 소비된다. 지식은 다중의 실제와 경험의 다중성(multiplicity)에 기반을 두기에 다중적이다. 지식은 규범적(canonical)이지도 위계적이지도 않다. 거기에는 취향과 스타일 외에 본질적으로 '가치 있는' 지식이라는 개념이 없다. 페다고지는 지식의 규범(canon)이나 단일 질서의 세계관을 전달하려고 하지 않는다. 그것은 계몽주의 '메시지'와 관련이 없다. 따라서, 이를 고려할 때 학습자는 소비자 중심의 시장 주도 문화 안에서 의미가 있는 경험의 다중성 안에 위치한다. 경험은 라이프스타일을 만들어 내고 '재창조'하는 수단이다.

따라서 어떤 의미에서 학습자는 속박하는 전통과 이데올로기에서 벗어나 스스로를 창조하는 능동적인 주체로서 라이프스타일 실천들에 의해 자리매김된다. 그러나 그들은 라이프스타일이 사회적으로 정의되고, 문화적으로 정당화되며, 경제적으로 영향을 받고, 또 소비주의와 미디어가 만들어 낸 이미지의 먹이가 되기 때문에 수동적인 주체로서 자리매김되기도 한다. 유연한 축적(flexible accumulation, 후기 자본주의)과 기술과학 혁명은 생산과정을 변화시키고 육체노동의 필요성을 줄여 왔지만(그리하여 적극적인 '파워 있는' 주체를 창조하였음), 동시에 막대한 상품과 매혹적인 이미지 그리고 상징적인 경쟁들(signifying rivalries)로 사람들의 삶을 침범해 왔다. 이 모든 것은 해방적인 것으로 볼 수도 있지만, 새로운 형태의 사회적 통제를 구성하고 그 과정에서 '주관화된(subjectified)' 무력한 주체를 만들어 내는 유혹으로도 보일 수 있다. 더욱이, 유혹은 억압과 함께 진행되는데(Bauman, 1992), 선택의 영역에서 배제되었지만 그럼에도 소비자 사회의 세계적인 영향권(global reach)에 있는 사람들은 점점 더 빈곤과 주변화의 억압에 종속되어 간다.

직업적 실천들

• • • • • • • • • •

포스트모더니티(postmodernity)는 해산(dispersal)과 분열(fragmentation) 모두가 공존하는 세계적 현상(condition)이다. 유연한 축적과 포스트 포디즘(post-Fordism)은 더욱 변덕스러운 노동시장과 한 생산품으로부터 다른 것으로의 더 빠른 전환, 틈새시장 마케팅과 더 확대된 소비자 지향을 가져왔다. 포스트 포디즘은 대량 생산, 대중시장, 기계 생산(machine-paced) 시스템으로부터 전문가의 생산, 틈새 및 사치품 그리고 정보기술(IT)의 적용에 기반을 둔 생산 시스템에 이르기까지 생산과 소비에서의 변화를 수반한다. 이러한 생산의 근본적인 변화들(유연한 전문화, flexible specialization)은 수작업의 필요성을 줄여 왔으며 새로운 형태의 사회적 노동 개발로 이어졌다. 동시에 현대 교육은 포스트모던 현상으로서 가장 잘 이해될 수 있는 전환(transformation), 즉 교육이 하나의 시장 형태로 점차 변화되는 것이 그 특징이다. 교육이 중앙과 지방 정부의 통제로부터 점점 확대된 자율을 얻는 것으로 보이지만, 사유화, 자유주의 시장경제로의 이행 그리고 직업교육 중시주의에 대한 강조로 자율을 잃어버리기도 한다. 비시장적 관계들(nonmarket relations)이 시장의 논리에 따라 재정의됨에 따라 이러한 발전으로부터 스스로를 격리할 수 없는 교육은 시장/소비자 지향적이게 된다.

직업적 실천들은 다기능 훈육(multi-skilling)과 개인적 동기가 특권을 갖는 시장 형태를 통해 구축된다. 여기에서 학습은 문제 해결과 프로젝트 기반 활동들을 중심으로 조직되는 페다고지와 함께 '적용(application)'을 의미한다. 학습자는 시장을 '읽어 내고' 사회경제적 환경의 요구에 지속적으로 적용하는 것과 관련된 개인적 변화의 방향으로 고도로 동기화되는 것이 요구된다. 이것은 비공식적이고 네트워크화된 사회적 관계와 수평면/측면적 위계로 특징지어지는 포스트 포디스트(post-Fordist)적 업무 조직을 반영한다. 따라서 직업주의자 담론은 동기부여와 기술 숙련의 필요성을 강조함으로써 경제적 경쟁력을 개인화한다. 동시에 그것은 인적자본론의 재구성과 비난의 환유법('만약 당신이 훈련되고 동기부여가 되었더라면 우리가 오늘날 이 지경에 이르지는 않았을 거요!' -Ball, 1993, p. 74)에 기초한 경제회복의 공식을 제공한다. 교육은 산업이 소비하는 제품을 생산하도록 하는 배역을 맡는다. 산업의 변화와 교육의 변화는 함께 진행되며, 교육기관들은 포스트 포디스트 경제에 적합하고 그 시장에서 자리를 잡을 준비가 되어 있는 유연성과 성향을 지닌, 그리고 진취적이고 소비지향적인 태도와 역량을 갖춘 개인을 길러 낼 것으로 기대된다.

그리하여 직업주의(vocationalism)는 유연한 역량과 변화하려는 성향을 만들어 내도록 고안되었다. 이것은 지배적인 자유인문주의 학문교육과정에 대한 비판과 관련이 있으며, 동기부여와 학습에 관한 진보주의 이론의 일부 측면들(과정지향, 협력, 문제 해결, 개방적 탐구)에 의지한다. 직업주의는 첫째, '실제' 세계(포스트 포디즘과 유연한 전문화의 세계)는 학문적 교과 구분에 포함되는 것이 아니며, 따라서 학문적 교육과정은 이 세계와 '무관한' 교육과 준비를 제공한다고 말한다. 둘째, 학문적 교육과정의 교훈주의(didacticism) 및 교사 중심주의는 적절한 태도와 역량을 제공하지 못한다는 것이다. 학습 경험을 향상시키고 동기부여를 높이기 위한 이러한 교육과정의 변화는 노동 과정과 생산 모드에 영향을 미치는 기술적 변화와 관련이 있다. 피고용인에게는 새로운 태도와 역량이 요구되며, 그리하여 페다고지, 지식, 노동 과정 사이의 관계는 변화한다. 전면에 등장하는 것은 교과 기반 지식보다 유연성과 지속적인 학습, 사회적 기술 및 유연한 역량의 필요이다.

페다고지로서의 경험학습은 기존의 질서를 뒤흔들 수 있는 능력을 가지고 있으며, 따라서 변혁적 잠재력(transformative potential)을 지닌다. 직업적 실천들에서 경험학습은 선택적이고 엘리트적인 고등교육의 속박을 깨 버리겠다는 약속을 드러낸다. 그것은 지식이 오직 교육기관 내에서 그리고 교과 기반 교육과정을 통해서만이 발견할 수 있다는 개념에 도전한다. 그것은 또한 지식으로 간주되는 것을 통제하고 정의하는 데 있어 자기선택적(self-selecting)이며 책임을 지지 않는 학문 전문가들의 특권에 도전한다. 그러므로 경험학습은 고등교육에 대한 접근을 넓히고 교육과정을 민주화시키는 데 열쇠가 된다.

하지만 동시에 직업주의 페다고지는 학습이 가장 효율적인 방식으로 정답으로 나아가는 것을 의미하는 맥락을 만든다. 여기에서 적응과 적용은 실험이나 개방성 또는 뜻밖의 결과를 위한 여지가 없다. 그리하여 학습자의 경험과 지식 그리고 그것으로부터 도출된 지식은 미리 정의된 결과를 가장 잘 달성하기 위한 하나의 단순한 장치 혹은 수단이 된다. 학습자는 학문의 형태로든 아니면 더 일반적으로 일련의 행동 목표의 형태로든 이미 존재하는 지식 형태에 접근하기 위해 페다고지적으로 조작된다. 학습자의 경험은 가치 있는 것으로 보이지만, 그것의 이용은 도구적이고, 선택적이며, 기껏해야 예시적일(illustrative) 뿐이다. 미리 정의된 지식이나 기술의 학습에 기여하는 경우에만 의미가 부여되지만, 그렇지 않다면 그것은 무시된다. 그리하여 이것은 경험이 고유의 가치를 지니지 않고 단지 동기부여를 강화하는 도구로만 기능하는 '기술화된(technicised)' 페다고지이다. 경험은 행동적 역량에 동화된다.

경험학습은 그 자체로 직업적 실천들을 통해 구성된 페다고지이다. 그래서 그것은 사회적으로 구성될 뿐만 아니라 경쟁적이다. 서로 다른 사회적 그룹들은 그들만의 의미를 부여하고 다른 방식으로 그것을 표현한다. 그리하여, 우리가 보아 온 것처럼, 새로운 중산층은 경험학습에 자율과 표현의 의미를 부여한다. 뉴라이트(New Right)와 관련된 그룹들에게, 그것은 미리 정의된 세계에 대한 적응과 그 세계에 적용가능하고 관련된 학습을 의미한다. 경험은 관련성, 유용성, 자기규율(self-discipline) 그리고 시장 유효성(market effectiveness)을 나타낸다. 그러나 역설적이게도 여기에서 이것과 현대의 라이프스타일 실천들 사이에 공명(resonances)이 발생한다. 경험학습은, 예컨대, '가치 있는' 지식을 정의하는 아카데미(academy)의 권위에 도전하며, 학문적 지식에 기반을 둔 교육과정에 대한 대안들을 제시함으로써, 문화 및 교육기관이 저항을 받고 전복될 수 있는 수단으로 작용한다. 물론 이러한 도전은 유연한 자본 축적, 전문화, 하층 계급의 성장과 결부된 핵심 및 주변부 노동인구의 발흥, 인플레이션에 대한 두려움 및 정부의 경제 운용 능력에서의 신뢰 상실 등과 같은 급격한 경제적 및 사회적 변화와 관련되어야만 한다. 그 결과 일과 삶의 기존 패턴에 대한 불확실성과 붕괴는 일탈, 태만, 무질서의 가능성을 초래한다.

정부의 경우 불안정성은 법과 질서 시스템을 통해 직접적으로 혹은 교육을 통해 간접적으로 관리되어야만 한다. 교육을 통해 불안정성을 관리하는 한 가지 방법은 규율(discipline)을, 더 중요하게는 자기규율을 정상화(normalize)하는 것이다. 의무교육 이후(post-compulsory)의 부문에 있어서는 학생들이 선택에 따라 거기에 있기 때문에 이것은 약간의 어려움을 제기한다. 그럼에도 자기규율의 필요성은 줄어들지 않으며, 자기규율이 쉽게 이루어지지도 않는다. 정부는 학교교육 이후(post-school)의 영역들에서 일어나는 일을 통제하기보다는 직접적으로는 고용주에게 더 많은 권한을 부여하며, 간접적으로는 사람들이 교육기관 밖에서 학습하도록 하고 교육시스템 밖에서 그것이 인정받을 수 있는 기회를 조장함으로써 통제권을 포기한다. 그리하여 청년들은 일에 대한 자기규율[3](self-discipline of labour)에 의해 '교육'된다. 초점은 어떻게든 직업윤리(work ethic)를 재발명하고 포착하지만, 필연적으로 유급 노동으로 이어지지는 않는 고용 가능성(employability)에 있다. 여기서 우리는 특정 종류의 노동과 특정 종류의 소비자에 대한 고용주의 요구 및 자기규율을 통한 사회통제 수단에 대한 정부의 요구에 의해 제한되는 경험학습을 마주한다.

따라서 경험학습의 페다고지는 길들이는 잠재력(domesticating potential)도 가질 수 있다. 직업적 실천들에서 경험학습은 변화를 통제하는 수단이 될 수 있다. 그것은 이미 확립된 질서를 뒤흔드는 동시에 동요가 사회질서의 확립된 한도(parameters) 내에 남아 있도록 보장하는 기능도 한다. 따라서, 예를 들어 평가 및 인증 절차는 오직 특정 형태의 경험만 가치가 있음을 보장한다. 더욱이 경험에 대한 규제는 교육자들의 통제를 벗어나고, 대신에 그것은 중앙에서 공식화한 예상 결과에 배치된다. 직업적 실천들 내에서 우리가 목격하는 것은 경험의 상품화이다. 경험은 교육시장에서 교환될 수 있는 하나의 상품이 된다.

직업적 실천들에서 경험, 지식, 페다고지 간의 관계는 경험이 개인적인 동기와 실제적 실용주의를 제공하는 기능을 수행하는 방식으로 명확하게 표현된다. 학습은 지식 자체가 좁게 정의된 지식, 즉 학습자로 하여금 당연시되고, 사전에 정의된 '실제 세계'에 적응할 수 있게 하는 체험적, '사실적' 지식을 적용하는 것의 문제가 된다. 페다고지는 개인적 동기와 적응기술(adaptive skills)의 형태로 사전에 정의된 결과에 대한 학습 사이를 연결하는 고리이다. 이런 맥락에서 학습자는 포스트 포디스트 시장에서 기술을 필요로 하는 주체로서 자리매김된다. 기술은 그것을 통해 사람이 더욱 유능하고 '고용 가능한' 사람이 될 수 있도록 하는 힘을 부여한다. 학습은 사람이 경제의 지각된(perceived) 요구에 더 잘 적응하고 적응할 수 있도록 배운 것을 적용하는 것의 문제이다. 경험학습은 같은 순간에 열려 있기도 하고 닫혀 있기도 하다.

---

3 역자 주 - 현 직업세계 혹은 경제가 요구하는 바에 자신을 적합하도록 스스로 맞추는 일

고백적 실천들

· · · · · · · · · ·

'자기(selves)'는 이 세상에 자연적으로 주어진 것이 아니며, 그것에 관한 지식을 갖는다는 것은 단순히 그들의 실재(reality)를 발견하거나 드러내거나 하는 문제가 아니다. 자기(self)에 대한 개념들은 상당한 파워를 가지며, 자기들은 이러한 개념과 관련된 논변적 실천들을 통해 구성된다. 사람들이 훈육체제들(disciplinary regimes)에 적극적이고 헌신적으로 참여할 수 있게 함으로써 작동하는 목회적 파워(pastoral power)는 현대적 의미를 갖는 것으로 보인다. 사실 사람들은 그들의 내면의 삶을 권력의 영역(domain of power)으로 끌어들임으로써 스스로 다스리도록 교육받는다. 목회적 파워는 강요나 강압을 통해서가 아니라, 특정 '지식' 혹은 전문가 담론을 통해 그들의 정체성, 주체성 및 욕구를 원래 자신에게 귀속된 것으로 생각하는 사람들을 통해 작동한다.

이 과정에서 사람들의 자기규제(self-regulating) 능력은 사회적 및 경제적 목적들과 결부된다. 자신의 내적 자기를 안다고 하는 것은 내적 자기가 드러난다는 것이고, 그 드러남은 개인과 시장을 전면에 내세우는 현대의 정치적 합리성을 위해 보다 효과적인 규제를 위한 조건이 된다. 사실상 사적인 것이 공적인 것이 되고, 기업문화와 시장의 버팀목이 된다. 다시 말해, 자신을 깨닫고, 자신에 관한 진실을 발견해 내고, 자신에 대한 책임을 받아들이는 것은 개인적으로도 바람직하고 경제적으로도 기능적이다.

현대의 통치성(governmentality)은 주체의 포지션에 대한 자리매김(positioning)과 소유가 중요한 요소인 사람에 대한 정서적이고 효과적인 통치 측면에서 작동한다. 여기에 수반되는 것은 이제까지 입 밖에 내지 않은 채로 남겨져 있었던, 사람의 그러한 측면을 밝히는 기능을 수행하는 페다고지를 통해 지식의 한 객체(object)로서 '자기 생성하기(bringing forth of one's self)'이다. 자기는 자기에 관한 '진리'의 발견을 통해 지식의 한 객체가 된다. 하지만 고백에 있어서, 주체들은 이미 고백적 실천들의 정당성과 진실성 그리고 이들이 불러일으키는 특정 의미와 속성을 받아들여 왔다. 예를 들면, 성인은 자신들의 미래 계발(future development)을 위해 전문 성인교육자가 제공하는 '학습'을 필요로 하는 '학습자'로 자신을 받아들인다. 그렇게 함으로써, 그들은 그들의 주체성을 전문 성인교육자들이 가져오는 이러한 교육적 담론들과 의미들에 정렬시킨다. 그들은 자신이 느끼는 요구와 자기계발의 경로를 구성하는 실천들의 논변적 매트릭스 안에 갇히게 된다.

현대사회에서 외부적으로 부과된 규율은 자율적 주체성(subjectivity)의 자기규율로 대체된다. 고백과 더불어 자기개선(self-improvement), 자기계발(self-development), 자기규제(self-regulation)에 역점이 주어진다. 그것은 개인적 경험에 더 높은 가치를 부여함으로써 규범적 지식(canonical knowledge)을 대체하지만, 동시에 그 자체로 파워를 대체한다기보다는 진리와 자기지식(self-knowledge)의 고백적 체제에 내재된 목회적 파워의 범위를 확장시킨다. 그러므로 고백적 실천들은 이미 그들 스스로의 지배를 받는 생산적이고 권한이 부여된(empowered) 주체들을 창출한다. 따라서 외부로부터 부과된 규율과 규제는 필요치 않다. 거기에는 자기규제(self-regulation)를 통한 규제와 자기규율을 통한 규율 그리고 즐겁고 심지어는 임파워링한 과정이 있지만, 단 이것은 파워가 결코 부재하지 않는 매트릭스 내에서만 가능하다(Usher & Edwards, 1995).

고백적 실천들에서 학문에서부터 '대중'에 이르기까지 다양한 형태의 심리치료 전문지식은 자유, 성취 및 임파워먼트에 관한 하나의 도덕률(morality)을 제시하는 데 있어 핵심적인 역할을 한다. 그것은 타인에 의한 그리고 자기(the self)에 의한 자기의 규제가 현재 상황과 부합하는 수단을 제공한다. 따라서 고백적 실천들에서 자율은 전문성의 적용을 통해 강화된 자율인 적응이 된다. 임파워먼트는 심리적이고 개인주의적이다. 정치적, 사회적 그리고 제도적 목표는 자기표현, 행복 및 자기실현과 더불어 개인적 쾌락과 욕망으로 재조정된다. 자기주장 훈련이나 교육 지도와 같은 페다고지적인 실천들은 이를 매우 분명하게 보여 주고 있다. 페다고지적인 실천들은 자기의 '해방'을 강조하지만, 이것은 오직 양해되고 도전받지 않는 맥락과 시스템의 경계와 제약 내에서만이다.

자기에 관한 지식/전문지식은 주체성(subjectivity)을 자극하고, 자기이해를 촉진하며 능력의 극대화를 도모한다. 사람들은 적극적인 시민, 열렬한 소비자, 열정적인 직원 및 다정한 부모의 배역으로 캐스팅되며, 이 모든 것은 마치 그들이 그들 자신의 가장 근본적인 욕망과 내면의 깊숙한 요구를 실현하려는 것처럼 보인다. 하지만 동시에 주체성을 강화함으로써(능동적인 주체를 만들어 내는 것) 주체성은 그것에 대해 말하기 위한 새로운 언어(심리치료적 전문지식)를 통해 파워와 연결된다. 하지만 고백적 실천들은 소수만이 이해하는 (하지만 겉보기로는 객관적인 전문지식으로 보이는) 전문지식과 도움과, 임파워먼트에 관한 인문주의적인 담론 속에 은폐되어 있기 때문에 강력하게 인식되지는 않는다. 따라서 적극적이고 자율적이며 생산적인 주체성은 이러한 형태의 주체성을 이끌어 내고, 그것에 중요한 의미를 부여하는 파워/지식 형성에 종속되어 있음에도 불구하고 고백적 실천들에서 나온다.

고백적 실천들에서, 경험, 지식, 페다고지 간의 관계는 지식과 자기(self)에 관한 가장 내밀한 진실에 접근할 수 있도록 하는 경험의 표현(representation)이라는 측면에서 분명하게 표현된다. 페다고지는 이러한 과정을 촉진하기 위해 정신역학적(psychodynamic) 전문지식의 효율적인 이용을 포함한다. 이러한 관계에서 학습자는 고백적 네트워크 내에서 적극적인 주체가 됨으로써 자신의 경험의 의미를 발견하도록 자리매김된다. 경험의 의미는 능력을 향상시키고 적응하며 잘 조정되도록 자기에 관한 진실을 발견하는 것과 밀접한 관련이 있지만, 자기를 통제하는 이 적극적인 주체는 동시에 목회적 파워의 네트워크 안에서 주체화된다. 경험학습은 적응을 도모하기 위한 자기표현의 문제가 된다.

비판적 실천들

비판적 실천은 자율과 적용에 주어진 특정 의미를 통해 작용한다. 비판적 실천들에서의 자율은 라이프스타일 실천들에서의 자율과는 다른 의미를 갖는다. 후자는 욕망의 배양을 통한 표현과 소비를 통한 차이의 표명을 지향한다. 전자에서는 적용을 지향하지만, 이는 다시 직업적 실천들의 '적용'과는 다르다. 그것은 기존 기술 사회(techno-social) 질서에 적응하기 위해 학습을 적용하는 것이 아니라, 오히려 자기와 사회적 변혁을 위하여 학습을 적용하는 것을 의미한다. 자율은 궁극적으로 특정 맥락에 적응하기보다는 특정 맥락을 변화시키는 데에서 발견된다.

비판적 실천들에서 의미는 논변적(discursively)으로 생성되며, 따라서 경험은 결코 단순히 '순수한' 것이나 혹은 기본적인 것이 아니라는 인식이 더 많다. 경험과 그것이 표현되는 방식은 '목소리'를 찾고 통제와 파워를 행사하기 위한 투쟁의 판돈(stakes)이다. 그렇다면 핵심 질문은 경험의 표현이 어떻게 논변적으로 생성되고, 또 주체들은 어떻게 논변적으로 그들 자신을 자리매김하며 또 자리매김되는지가 된다. 이것은 담론이 특정 그룹의 이익에 봉사한다는 점에서 파워에 관한 이슈들을 드러낸다. 그리하여 경험이라는 것이 순수하다고 가정하는 페다고지는 부득이하게 현상 유지를 무비판적으로 지지해야 하기 때문에 도전을 받는다. 경험의 표현이 정치적이라는 사실을 받아들이지 않는 것은 담론 속에 내재된 파워 관계와 특정 담론이 제공하는 특정 그룹의 이익이 보이지 않고 의문의 여지가 없는 상태로 남아 있음을 의미한다.

따라서 비판적 실천들에서 페다고지는 하나의 정치적 실천이 된다. 이와 관련하여 문화에 대한 강조는 문화가 살아 있는 지속적인 과정으로 물질적인 것이나 경제적인 것처럼 중요하며 투쟁의 영역이라는 인식이다. 페다고지는 지식의 규범(canon)을 전달하기 위한 기술적인 문제가 아니라 경험의 의미와 이해 그리고 정체성 형성을 빚어내는 문화적 과정 안에서의 표현의 정치(a politics of representation)(어떻게 사람들이 표현하고 이해하는지 혹은 어떻게 표현되고 이해되는지)와 필수 불가결하게 연루되어 있다.

경험, 지식, 페다고지 간의 관계는 경험의 표현(들)에 대한 자의식적인 질문의 관점에서 분명하게 표현된다. 거기에는 경험이 '의미를 부여하고', 경험의 의미들에는 파워가 스며들어 있으며, 그것들이 정체성의 형성에 영향력을 미친다는 명백한 인식이 있다. 경험과 지식의 관계는 그냥 주어진 것이라거나 또는 문제가 없는 것으로도, 혹은 순전히 체계적인 의지의 전개나 허위의식을 박멸하는 문제로도 간주되지 않는다. 거기에는 사람들이 자신의 경험에 대하여 어떻게 포지셔닝하는지, 그리고 사람들을 특정 포지션이나 정체성으로 묶는 지위 부여하기(investment)와 사람들이 그들 자신을 발견하는 다중적이고 모호한 포지셔닝에 대한 욕망의 장소를 인정한다.

비판적 실천들은 명확하고 명시적인 전환적 잠재력을 가지고 있지만, 이는 국지적인 맥락에 상주하며 특정 지식의 전개를 통해 작동한다. (비판적 실천들의) 페다고지적인 측면에서 보면 (그리고 어떤 의미에서, 그것들은 거의 전적으로 페다고지적이다) 그것들은 페다고지의 관습적인 길들이기(domesticating) 효과를 배척한다. 경험학습은 자기 및 사회적 임파워먼트와 전환(transformation)을 위한 '목소리'에 특권을 부여하기 위해 고안된 전략이 된다. 하지만 동시에 비판적 실천들에 규제적인(regulatory) 차원을 부여할 수 있는 것은 바로 이 강조이다. '비판적인' 것은 쉽게 규범(norm)이 되고, 어떤 공공연한 억압적 담론만큼이나 규제가 무거운 최종 진실이 된다[예를 들면, 정치적 올바름(political correctness)으로 행해지는 최악의 월권행위와 같이]. 실제로 어떤 면에서 이 규제는 임파워먼트와 전환의 이름으로 말하면서 저항하기가 훨씬 더 어려울 수 있다. Gore(1993)가 주장하는 것처럼, 비판적 교육학은 수사학적으로 '진실의 체제(regimes of truth)'에 반대하지만, 그 자신이 쉽게 그것의 하나가 될 수 있다. 그녀는 이것을 논증하는 페다고지(the pedagogy argued for)와 논증의 페다고지(the pedagogy of the argument) 사이의 차이로 언급한다. 비판적 페다고지의 경우에 전자는 해방적이고 전환적이며, 후자는 전체주의적이고 규제적이다.

비판적 실천의 새로운 형태는 일부 논평가들이 '포스트모던' 사회운동이라고 언급한 것과 관련이 있다. 그것들은 문화적 행동주의(activism)와 강렬한 '여기와 지금'으로서의 경험을 강조하는 것이 특징이다. 개인적이고 사회적인 변화를 추구하는 동안, 그것들은 비전체주의적이고 비목적론적인(non-teleological) 방식으로, 그리고 근대성의 거대 담화의 배경이 되는 이론적 토대 밖에서 그렇게 행한다. 페다고지적이기는 하지만, 그들은 종종 중산층의 정서를 초월하고 때론 '난폭한' 성과(performance)의 페다고지를 전개한다. 비판적 실천들에서 경험은 지식으로 이끄는 무엇인가로 간주되기보다는 지식 그 자체로 간주된다. 하지만 지식은 무엇인가를 행하는 행동, 활동, 실천에 봉사한다.

현대 성인학습의 맥락에서 경험 재고하기

. . . .

이 시점에서 Weil과 McGill(1989a)이 처음 제시한 경험학습에 관한 잘 알려진 네 가지 마을(villages)과 네 가지 실천이 나타내는 사분면을 연관시키는 것이 유용할 수 있다. 그것들은 어느 정도 성인교육 내의 경험학습에 관한 주류 담론을 대표한다. 이러한 '마을들'은 다양한 형태의 경험학습을 개념화하고 분류하며, 이러한 형태들 안에 그리고 사이에 있는 가정, 영향 및 목적을 검토하는 데 있어 휴리스틱(heuristic, 발견적인)한 장치로써 유용한 목적을 제공해 왔다. 실제로 '마을'이라는 개념 자체는 경험학습의 다양한 형태와 실천 사이의 배타적인 구별과 분할을 만들지 않고 그들 사이의 대화를 촉진하는 수단으로써 공식화되었다.

사분면들에 대한 탐색과 개발은 마을들의 영향(impact)을 보완하고 더 상세히 다루는 데 도움을 줄 수 있다. 사실 그것들의 강조점, 역학관계 및 복잡성 측면에서 이러한 범주화 간에 의미 있는 구별과 연결이 이루어질 수 있다. 여기에서 자세히 설명한 사분면들 내에서의 강조점은 경험에 따라 달라지는 학습과정에 초점을 맞추는 것만큼이나 다양한 맥락 및 담론과 관련하여 경험을 문제화하고 이해하는 것이다. 이런 광범위한 강조는 특정 이념적 전통이나 제도화된 교육 실천과의 연관성으로 인해 특정 마을에 '고착'될 위험을 피하는 데 도움을 줄 수 있다. 마찬가지로, 기존의 사회적 관계가 경험적 기술과 방법들에 사로잡혀 의문시되지 않은 채 남겨질 가능성을 낮출 수 있다.

서로 다른 사분면 안과 사이에서의 적용/표현/자율/적응의 상호관계의 중요성은 서로 다르고 변화하는 논변적인 실천들과 관련하여, 경험, 지식 및 페다고지 사이의 역동적인 상호 연결을 나타내는 데 있어 더 큰 유동성을 허용한다는 것이다. 이를 통해, 마을의 개념이 지나치게 설명적이거나 도식화되는 경향에서 벗어나고, 서로 다른 마을들에 관한 추상적 개념을 물화하는(reifying) 매우 현실적인 가능성에 대응할 수 있다. 그것은 또한 맥락, 이론 및 실천을 고려할 수 있는 경험과 경험학습에 대하여 좀 더 복잡하고 유연한 이해를 가능하게 하여, 교육과 학습에 대하여 Wildemeersch(1992, p. 25)가 본질적으로 '서사적(narrative) 대화 형태'라고 부르는 것에서 좀 더 도전적인 '논변적(discursive) 대화 형태'로의 이동을 가능하게 한다. 이것은 '우리의 비전과 우리 마을의 지경을 밀어 전체의 상호 연결성을 인정하려는'(Weil & McGill, 1989b, p. 269), Weil과 McGill이 열망하는 패러다임 전환을 향한 길을 보여 주는 데 도움이 될 수 있다. 이러한 넓은 맥락에서, 길들이기도 하고 변화시키기도 하는 경험학습의 다양한 논변적인 실천들 내에서의 잠재력을 더 잘 이해할 수 있다.

나는 경험이 문제가 없는 것이 아니며, 서로 다른 맥락과 다양한 담론의 영향과 관련하여 이해되고 해석될 필요가 있다고 주장해 왔다. 그것은 파워를 부여하고 통제하는 기능을 모두 수행하여 강력한 자기와 무력한 자기를 모두 생성할 수 있다. 그렇다면 교육적 실천에 시사하는 바는 무엇인가?

학생의 경험에 초점을 맞추면서, 나는 교육자가 학생이 경험에 접근하고 타당화하도록 하는 것만큼이나 그것에 문제를 제기하고 질문할 수 있도록 도울 필요가 있다고 제안한다. 경험학습은 하나의 전체론적인 과정이라는 점, 즉 경험학습은 사회적 및 문화적으로 구성되고 그것이 발생하는 사회정서적(socio-emotional) 맥락에 의해 영향을 받는다는 것(Boud et al., 1993)을 인정하는 것과 상호 보완적으로, 경험 그 자체의 성격, 구성 및 맥락에 관한 하나의 유사한 이해가 반드시 있어야만 한다. 먼저, 교육자는 경험학습이 경험과의 '직접적인 만남'을 수반한다는 명제에 근거하여 교육적 실천을 수행하는 것을 경계해야 한다(Weil & McGill, 1989b, p. 248). 경험은 광범위한 쟁점과 문제에 대해 새롭고 유용한 통찰을 제공할 수 있고, 학문 분야의 지식으로부터 파생된 세계에 관한 이해에 접근하고, 보충하며, 보완하고, 비판하며, 도전하는 데 이용될 수 있지만, 나는 '경험적 지식과 이론적 지식 사이의 대립은 무익하고 심지어는 거짓'이라는 Wildemeersch(1992, p. 22)의 견해에 동의한다.

경험에 초점을 둔 학습은 이전에 저평가되었던 지식, 기술 및 태도를 강조하고, 의미를 부여하며, 학생의 학습을 확장하고 지식을 추구하도록 자극한다는 점에서 확실히 '방임된 학습자'에 대한 염려와 '은행저축식(banking)' 교육에 대한 반대에서 '해방'될 잠재력을 가지고 있다. 하지만 그것은 또한 한편으로는 억압적인 교육기관에 의해, 다른 한편으로는 '급진적인' 담론들을 총체화함으로써, 학습자가 자신의 경험에 대해 비성찰적인(unreflexive) 포로가 되거나, 그들의 경험이 식민지화되고 축소될 수 있다는 점에서 길들여질 수 있다. 이러한 접근 방식은 문화적으로 가치 있는 지식이 부족한 학습자를 승인할 위험이 있으며, 최악의 경우, 그들을 차선의 지식에 가두고, 경험에서 얻은 선행학습을 인정하고 승인하는 무비판적이고 엄격하지 않은 접근 방식을 통해 심지어는 차선의 자격에 가두어 버린다. 동시에 경험을 지식의 '원재료'로 바라보는 것을 지속해서는, 우리가 어떻게 자기(selves)로서 지식인 우리가 구성하는 정체성과 사회적 산물을 통하여 우리 자신의 특정한 이야기 사이를 넘나드는지를 조사할 수 있는 그런 상황들을 만들어 낼 수가 없다. 그 과정에서 우리는 지배적인 지식 분류체계와 그것들이 연루된 파워 관계에 도전하는 데 실패한다.

교육자는 '당신은 언제나 경험으로부터 배울 수 있다' 등의 지나치게 단순한 관찰에 근거한 실천을 넘어 경험학습에 필수적인 전제조건들을 좀 더 세심하게 살펴볼 필요가 있다. 부분적으로 이것은 학생의 경험을 탐구하는 데 있어 정교하지 않으며, 이론화되지 않고 또한 잠재적으로 위협적인 것보다는, 경험을 탐구하고 문제화하는 데 필요한 심리적 환경과 인프라를 구축하기 위한 노력을 포함할 수 있다. 이것은 충분한 학생의 안도감과 자신감, '진정한 담론이 나올 수 있는 올바른 정서적인 어조(emotional tone)'(Brookfield, 1993, p. 27) 그리고 적어도 학생의 경험을 검토하고 이해하기 위한 개략적인 이론적 프레임워크를 만드는 것을 의미할 수 있다. 이는 학습을 하나의 경험적·문화적 맥락에서 다른 곳으로 옮기는 데 따르는 어려움(예: 국내 관리 기술 및 지식과 더 규제되고 위계적이며 젠더화된 직장에 있는 사람들 사이의 문제가 있는 연결; Butler, 1993)은 물론, 제한적이거나 억압적인 경험의 가능성(예: 실직, 사별 또는 상실의 경험)을 보다 명확하고 솔직하며, 민감하게 인정하는 것을 의미할 수 있다.

지식에 대한 보다 생산적인 접근은 우리가 경험을 어떻게 그리고 왜 이론화하는지를 탐구하고, 과거와 미래에서의 맥락, 문화 및 담론의 경험에 미친 영향을 비판적으로 검토하는 '다시 보기(re-view)'의 과정에 참여하는 것일 수 있다(Usher, 1992; Brookfield, 1993). 이러한 절차는 교육자의 이론은 존재하지만 인정되지 않고, 학습자의 경험은 전경으로 대두되지만 부적절하게 프레임화되거나 맥락화되는 학습자의 경험에 대한 순진하고 심지어는 잠재적으로 조작적인 페다고지적 접근의 함정을 피한다.

마찬가지로, 의미부여자뿐만 아니라 의미수용자로서의 자기(selves)를 좀 더 많이 고려할 수 있도록 앎의 서로 다른 방식에 개인적 의미를 부여하는 개인 경험에 대한 Weil과 McGill의 위치(location)를 새로 재구성하는 것이 필요할 수 있다. 이를 염두에 두고 경험학습에 관한 페다고지를 재구성할 때, 개별 경험을 밝히고, 진단하며, 분류하고, 순서화하는 심리학적 모델에만 의존하거나 아니면 게임, 역할놀이, 시뮬레이션들을 통한 공유 경험의 인위적 생성(artificial creation)에만 전적으로 의존하는 것은 불충분할 수 있다. 경험학습에 대한 하나의 대안적인 접근은 오히려 관여된 다른 이의 의미와 다른 맥락 및 다른 담론의 존재와 영향과 함께 개인적 의미에 대한 조사를 통해 경험을 삼각측량(triangulate)하려는 시도일 수 있다. 여기에서 사분면 자체가 유용한 휴리스틱 도구로 기능할 수도 있다. 이는 학습자가 자신의 경험을 '원재료'가 아닌 '텍스트'로 보는 데 도움을 줄 수 있으며, 따라서 경험학습이 그것의 맥락적 및 논변적 위치에 따라 '해방'일 수도 혹은 '길들이기'일 수도 있는 가능성을 포함하여 경험에 대한 다양한 해석 및 평가의 가능성을 열어 둘 수 있다.

참고문헌

Ball, S.J. (1993) 'Self–Doubt and Soft Data: Social and Technical Trajectories in Ethnographic Fieldwork', in M. Hammersley (ed.), *Educational Research: Current Issues,* London: Open University/Chapman.

Bauman, Z. (1992) *Intimations of Postmodernity,* London: Routledge.

Boud, D., Cohen, R. and Walker, D. (1993) 'Introduction: Understanding Learning from Experience', in D. Boud, R. Cohen and D. Walker (eds), *Using Experience for Learning,* Milton Keynes, UK: SRHE/Open University Press.

Brookfield, S. (1993) 'Through the Lens of Learning: How the Visceral Experience of Learning Reframes Teaching', in D. Boud, R. Cohen and D. Walker (eds), *Using Experience for Learning,* Milton Keynes, UK: SRHE/Open University Press.

Butler, L. (1993) 'Unpaid Work in the Home and Accreditation', in M. Thorpe, R. Edwards and A. Hanson (eds), *Culture and Processes of Adult Learning,* London: Routledge.

Featherstone, M. (1991) *Consumer Culture and Postmodernism,* London: Sage.

Gore, J. (1993) *The Struggle for Pedagogies: Critical and Feminist Discourses as Regimes of Truth,* London: Routledge.

Usher, R. (1992) 'Experience in Adult Education: A Postmodern Critique', *Journal of Philosophy of Education* 26, 2: 201–213.

Usher, R. and Edwards, R. (1995) 'Confessing All? A "Postmodern" Guide to the Guidance and Counselling of Adult Learners', *Studies in the Education of Adults* 27, 1: 9–23.

Weil, S. and McGill, I. (1989a) 'A Framework for Making Sense of Experiential Learning', in S. Weil and I. McGill (eds), *Making Sense of Experiential Learning: Diversity in Theory and Practice,* Milton Keynes, UK: SRHE/Open University Press.

Weil, S. and McGill, I. (1989b) 'Continuing the Dialogue: New Possibilities for Experiential Learning', in S. Weil and I. McGill (eds), *Making Sense of Experiential Learning: Diversity in Theory and Practice,* Milton Keynes, UK: SHRE/Open University Press.

Wildemeersch, D. (1992) 'Ambiguities of Experiential Learning and Critical Pedagogy', in D. Wildemeersch and T. Jansen (eds), *Adult Education, Experiential Learning, and Social Change: The Postmodern Challenge,* The Hague: VUGA.

15

청소년의 '정상학습의 문제들'
근본적인 문화적 신념의 맥락에서

Thomas Ziehe

Thomas Ziehe

1975년 박사학위 논문인 『사춘기와 나르시시즘(Puberty and Narcissism)』을 발표한 이래, 현재 하노버 대학(Hanover University)의 석좌교수인 Thomas Ziehe는 청소년심리학, 청소년문화, 청소년교육에 대한 통찰과 해석으로 독일과 스칸디나비아에서 잘 알려져 있다. 1982년에는 Herbert Stubenrauch와 함께 통념을 깨고 현대사회의 청소년과 교육에 대한 새로운 관점을 소개하는 중요한 저서인 『색다른 학습을 위한 탄원(Pleading for Unusual Learning)』 독일판을 출간했다. 이후 Ziehe는 청소년의 생각, 느낌, 학습, 이해, 행동에 있어서의 변화와 발달을 추적하고, 그에 따른 교수와 학교교육의 변화를 제안하는 논문과 기사를 지속적으로 발표해 왔다. 이 장은 독일어로 된 Ziehe의 최근 논문 세 편을 편집한 것인데, 오늘날 청소년의 학습과 발달 그리고 문화를 지배하는 기본적인 힘에 대한 그의 이해를 설명하고 있다.

청소년의 학습 스타일에 대한
상징적 맥락으로서의 기본 신념

. . . .

학교 연구와 청소년 연구는 일반적으로 통합되지 않은 채 진행된다. 교사들 대부분의 일상적인 직업적 경험은 학생들의 행동이 여러 가지 방식으로 변화했다는 사실에 깊은 영향을 받기 때문에 이것은 다소 의아한 일이다. 학교 전통의 문화적 단절의 출현과 결과는 서서히 드러나고 있으며, 그래서 초점이 된 것은 청소년문화의 매력이 학생들의 습성 (habitus)에 어떻게 영향을 미치는가 하는 것이다.

나의 연구에서는 다른 접근 방식을 취한다. 나의 주된 관심은 지식과 규칙의 체계를 개인의 사회화의 근간이 되는 기본적인 상징구조로 재구성하는 것이다. 문화이론의 관점에서 보면, 이러한 기본적인 구조는 개별화보다도 먼저 나타난다. 대부분의 심리학적 접근은 방법론적인 이유로 사회적 실재의 상징적·문화적 구성 수준을 생략하고, 동기, 태도, 학습 스타일과 같은 개인의 내면적 정신세계와 직접 연관 짓는다. 반면에 문화이론은 개인이 이미 갖추고 있는 기본구조와 기원의 상징적 조건들, 즉 개인과 그 자신의 가장 친밀한 관계를 **문화적으로 사전에 코드화한 것들**을 다룬다.

나는 학습과 학교에 관한 모습과 문제들을 해석하려고 할 때, 나의 접근 방식에 따라 다음과 같이 진행되는 세 단계의 분석절차를 이용한다.

- 조사된 학교 과정은 학생들의 의미 지평에 따라 어떻게 체험되는지에 대한 맥락을 고려하여 구체화되어야 한다. 이는 **주체지향적 맥락화**(subject-oriented contextualization)일 것이다.

- 하지만 학생들의 의미구조, 경험형태, 사회적 및 정서적 세계, 자기의 주제화는 그들의 말만으로는 이해할 수 없다. 오히려 이러한 내용은 여타 해석학적 활동과 마찬가지로 반드시 사회과학자에 의해 해석되어야 한다(대부분의 기존 설문조사는 이를 생략하지만). 따라서 해석의 두 번째 단계는 **의미구조지향적 맥락화**(meaning structure-oriented contextualization)여야 하며, 여기에는 관련된 행위자들이 의도적으로 통제하지 않는 숨겨진 의미 내용 또한 고려되어야 한다.
- 세 번째 수준의 맥락화에는 개인의 의미표현에 선행하는 의미패턴과 지식구조를 구성적으로 재구성할 수 있는지를 확인하기 위해 의미의 잠재적 설명에 대한 추가 조사가 포함된다. 이를 **의미체계지향적 맥락화**(meaning system-oriented contextualization)라고 하는데, 여기에는 초주관적인 의미패턴, 문화적 이해, 일반적인 사회적 지향의 '큰' 의미론적 변화도 포함되어야 한다.

나는 이 짧은 언급들이 지나친 자랑으로 들리지 않기를 바란다. 이것들은 내가 지향하는 방향의 관점을 보여 주기 위한 것이다. 내가 그것들에 부합하는지 그리고 어느 정도로 부합하는지 여부는 결국 내가 스스로 답할 수 없는 질문이다.

어쨌든 **문화적-분석적 의미**에서의 **맥락화**는 내가 다루고자 하는 것이다. 나는 이용 가능한 일반적인 문화적 지식구조와 규칙체계에 특별한 관심을 가지고 '학습 스타일'과 '청소년 문화'를 두 가지 조사 항목으로 연결하고자 한다. 나는 변화된 상징적 의미구조가 **조사의 기본 수준**에서 발견할 수 있을 정도로 문화적-분석적 질문에 관심을 두고 있다. 물론 이러한 의미구조는 우리가 언제든지 '정상적인'이거나 의심할 여지가 없는 문제라고 생각하는 것을 전제한다. 따라서 이러한 의미구조는 일반적이고 추상적이며, 문화적-분석적 관점에서 볼 때 다양한 청소년문화가 경험적으로 드러나기 이전에 존재한다. 따라서 청소년문화의 현상학은 근본적인 상징구조의 변화에 따른 **파생적 결과**로 볼 수 있다.

청소년문화는 우리가 일상에서 의식하지 못하는 방식으로 우리의 동기, 기대, 행동 등을 촉진하는 '지식'을 포함한 **일반적인 기본 신념**의 변화에 의해 형성된다.

지식체계를 이렇게 이해하는 데에는 몇몇 전제가 깔려 있다.

- 문화적-분석적 지식의 개념은 문화적 지식이 타당한가 또는 진실한가 하는 질문을(적어도 결정적인) 배제한다. 모든 상징적 규칙과 체계는 인간 실재를 관찰하고, 경험하는 방식에 선행하고, 이를 규제하는 지식으로 이해된다. 이러한 지식의 개념에는 객관적 현실의 내용과 독립적으로 인지적 실재를 구성함에 따라 실제적인 것으로 간주되거나 고려되는 것을 포함한다.
- 더 나아가 지식은 개인적이거나 주관적으로 내부에서 기원된 것이 아닌, 문화적으로 이용 가능하고 간주관적으로 공유되는 해석체계의 정교화로 이해되며, 개별적으로 구성된 지식의 축적을 위한 일종의 초안으로서 기능한다.
- 문화적 지식체계는 인지적 인식론뿐만 아니라, 세계와 자기참조에 대한 가치, 평가, 표현에 대한 '**문법적' 사전 구조**를 형성한다. 감정, 소망, 동기는 또한 역사적으로 위치한 문화 내에서 예상되고 정상적으로 받아들여지는 것에 관한 문화적 패턴에 기반을 둔다.
- 사람들은 문화적 지식체계로부터 근본적인 신념을 형성한다. 이러한 신념은 일상, 일상의 확실성, 정상성에 대한 관념들로 구성되며, 이는 이미 우리의 현실 경험에 내포되어 있다. 근본적인 신념은 우리 지식의 주요 부분을 구성한다. 이러한 신념은 우리가 우리 삶 세계의 참여자 관점을 관찰자 관점으로 전환할 때 성찰할 수 있다. 그러나 '일상생활'에서 근본적인 신념은 무의식적인 **암묵적 이해의 맥락**을 형성한다. 이런 무의식적인 조건에서, 우리가 상징과 의미를 다루는 방식은 의식적이고 명시적이며 일상생활에서 적용할 수 있는 지식의 기초가 된다.

하지만 이러한 근본적인 상징적 구조가 (잠재적으로 믿을 만한) 개인에게 이차적으로 강요되는 경직되고 제한적인 장애물로 이해되어서는 안 된다. 어떤 맥락에서는 더 좋은 의미로 해석되는 경우에 구조가 훨씬 더 모호하다. 이 상징적 구조는 가능한 상징의 정교함과 의미 부여의 범위를 **제한**하지만, 행동의 상황에서 무언가를 화젯거리로 만드는 **처분** 기능도 가지고 있다. 이는 행위자에게 세계를 여는 의미론을 제공하고 어떤 상황에서도 적절한 해석을 마음대로 할 수 있게 해 준다.

그리하여 이러한 **근본적인 신념의 변화**는 예상치 못한 것의 변화이며, 눈에 띄지 않는 것의 변화이다. 만약 때로 근본적인 신념들이 어떤 식으로든 실현될 수 있다면, 행위자들의 반응은 '왜, 이건 정말로 간단하군.' 혹은 '도대체 뭐가 문제야?' 등과 같은 표현으로 이루어질 것이다. 사람들은 문화적으로 명백한 것에 대해서는 (적어도 참여자의 위치에 있는 동안은) 그것에 대해 의아하게 생각하지 않는다.

근본적인 신념의 현대화

사회과학에서는 문화, 사회, 성격과 같은 기본 개념을 구조화하는 데 큰 가치를 둔다. 나는 여기에서 ① 문화, ② 사회, ③ 자아, 이 세 가지 수준에 대한 근본적인 신념의 변화를 제시하고자 한다. 나는 이것을 강력하게 일반화하는 방식, 즉 환경, 생활 환경, 생활 연령의 차이를 추상화하고 이질적인 것의 특정한 **분석적 공통 특징**들에 초점을 맞춰서 이 작업을 진행할 것이다.

여기에서 이론적으로 다루게 될 변화된 근본적인 신념은 세대별로 크게 다르지 않다. 근본적인 신념은 사회 전반적으로 변하기 때문에 청년기의 특성으로 바로 고정되어서는 안 된다. **세대 특유의 것**은 제한적인 측면에서만 해당되며, 변화된 문화적 규칙체계에 대한 접근 방식의 강도와 사회적 관례를 말한다. 젊은 세대의 경우, 발달적 관점에서 보면 사회화의 '첫 번째' 상징적 프레임워크를 형성한다. 기성세대에게 근본적인 신념은 이미 전기적 사전인상(biographical pre-impressions)에 의해 전달되는 문화적 가능성과 위험이기 때문에 이차적으로 정교화된다. 따라서 각 연령집단은 모든 집단이 잠재적으로 우려하는 문화적 변화와 새로운 도전을 세대 및 사회집단에 맞는 방식으로 정교화해야 한다.

지식 컨텐츠의 적격성과 부적격성

오늘날 젊은 세대가 자라는 일상 문화와 당연시하는 것들은 이전 세대와 달리 규범적으로 규제되지 않는다. 오히려 선호도와 관련된, 즉 개인적 취향과 감수성을 지향한다. 이는 우리가 지난 30년 동안 겪어 온 포괄적인 탈전통화에서 기인한 것이다. 이러한 맥락에서 자라난 젊은 이들에게 탈전통화란 한편으로는 자유의 증가와 해석과 행동에 대한 개인적인 폭이 확장된다는 것을 의미하지만, 다른 한편으로는 이러한 탈전통화로 인해 방향을 잡는 데 더 큰 부담을 지운다.

오늘날의 개인들은 일반문화의 규범적 지시를 약하게 받는다. 고급문화와 대중문화 간의 위신 추락은 오늘날 널리 탈계층화되어 고급문화의 중요성이 상당 부분 상대적인 것이 되었다. 이전에 **고급문화**는 사람들이 관계를 맺어야 하는 (또는 적어도 손상시키지 않아야 하는) 일종의 사회의 상징적 지붕이었다. 그렇다고 해서 이전에 인구의 대다수가 고급문화에 접근할 수 있었다는 의미는 아니다. 그러나 고급문화는 긍정적으로 관계를 맺는 것이 중요한 상징의 저장고로 기능했다. 예를 들어, 독일에서는 주요 연설에 반드시 괴테의 인용구를 포함해야 했다. 이는 대부분의 사람이 괴테를 읽었기 때문이 아니라 그가 상징으로 생략될 수 없었기 때문이다. 이는 모든 문화 영역에 상당한 영향을 끼쳤다. 이전에는 문화적 지식에 직접 전기적(biographical)으로 접근할 수 없었지만, 나중에 일반 성인교육을 통해 그러한 문화적 과정에 참여할 수 있었던 사람들이 느끼고 표현했던 감사함에 대해 필자는 생각해 본다. 이는 이들에게 상당한 감사를 불러일으켰는데, 상황이 급격하게 변한 오늘날에는 거의 찾아볼 수 없는 종류의 감사함이었다. 이제 문화에 대한 이해의 폭이 훨씬 넓어졌고, 고급문화를 향유할지 여부는 개인이 선택할 수 있게 되었다.

이와 대조적으로 **대중문화**는 동시에 사람들의 지식형태, 사회적 관례, 관찰습관 및 사고방식을 진부하게 만드는 방식을 바꾸고 있다. 대중문화는 불안하면서도 실제적이고, 일상생활과 통합되어 어디에나 존재한다. 대중문화가 주관적으로 유발하는 것은 수도 공항에서 뿜어내는 시끄러운 소리만큼이나 긴요한 영향을 가진다. 이로 인해 측정값과 잣대가 바뀌거나, 변화된 문화의 정상성(normalities)이 점진적으로 스며들게 된다.

이로 인해 현재의 대중문화와 다른 모든 형태의 생산과 지식은 특히 매력, 즐거움, 짜릿함, 고상함, 강렬함, 재미에 대한 주관적인 기준과 관련하여 정당화의 압력을 받게 된다. 오늘날 대중문화는 고급문화와 교육기관의 첨예한 **경쟁자**로 기능하고 있다. 하지만 고급문화에 대한 현재의 거리감은 더 이상 강력한 사회적 제약이 아니라 수용의 문제에서 비롯된다. 완전히 다른 관심과 즐거움의 습관으로 인해 고급문화가 점점 기피되고 있다.

따라서 젊은이 대부분이 고급문화의 산물과 관행에 대해 느끼는 주관적인 거리는 엄청나게 커졌다. 역사적으로 강력하게 확장된 청소년 교육조차도 이를 보완하기 어렵다. 베토벤이라는 이름이 언급되면 11살짜리 아이들은 어떤 영화에 나오는 개 이름을 떠올리고, 놀랍게도 그 이름을 가진 작곡가가 있었다는 사실을 알게 된다. 하지만 이러한 큰 거리감의 결과는 흔히 주장하듯 서구문명의 종말이 아니라, 단지 **고급문화가 전반적으로 소외되는 것**일 뿐이다. 고급문화는 다른 하위문화들 사이에서 하나의 하위문화로 전락한 것이다. 고급문화의 위상은 하나의 선택사항이 되었다. 요컨대, 심각한 평판의 손실 없이 원하면 참여하고, 원하지 않으면 떠날 수 있게 된 것이다. 그리고 특히 젊은이들이 이를 외면하는 경우가 점점 더 많아지고 있다.

내가 대중문화와 고급문화를 대비시키는 것을 상호 미학적·이론적 배척으로 이해하지 말았으면 한다. 나는 '예술 대 오락'이라는 문화적 비관론을 공유하지 않는다. 나의 접근 방식은 문화사회학적인 것이다. 대중문화의 산물 자체에 대한 비판이 아니라, 일상의 관례들이 '대중화'로 변하는 것에 대한 비판일 뿐이다. 이는 대중문화의 산물과 경험 형태에 대해 **주관적인 결론**을 내리는데, 이는 대중문화와는 다른 것이다.

긍정적으로 생각하면 이러한 '대중화'로의 전환에는 동기부여의 자유가 높아진다는 점이 있다. 선택성의 모드, 즉 스스로 선택하고 결정할 수 있는 가능성과 동시에 선택의 필요성이 일상생활의 일부가 되었으며, 개인은 어린 시절부터 이러한 모드에서 자라난다. 선택성에는 선택할 가능성뿐만 아니라, 선택하지 않을 가능성까지도 포함하고 있다. 일상 문화에서는 불쾌하거나 위험한 것으로 경험되는 외부의 기대에 대해 '아니오'라고 말하는 것이 더 쉬워졌다. 제도가 지식 콘텐츠로 제시하는 것에서 벗어나는 내적 개인 공간은 분명히 확장되었다. 그리고 주관적으로 불쾌한 것으로 경험되는 지식 형태를 **기피**하는 것이 일상적인 태도가 되었다.

역할 패턴의 해방과 재정립

사회적 차원에서는 상징적 의미구조가 사회와 개인 간의 관계를 변화시키고 있다. 사회 속에서 살아가는 개인의 사회적 통합은 사회적 탈전통화 과정을 통해 변화한다.

과거 현대 산업사회에서는 '개인'이라는 규범적 개념이 확장되었다. 하지만 이 개인은 내면화된 의무, 자기규율, 감정 통제의 규범을 고수해야 했다. 이는 초기의 사회적 규범이 개인에게 자신이 속한 계급과 지위의 공통된 역할 패턴을 외부적으로나 내부적으로도 따르도록 강제했다는 것을 의미한다. 이런 식으로 사회적 역할과 개인의 개성을 통합하는 엄격한 노선을 따라야 했다. 개성의 표출은 규율 안에서만 수용되어야 했다.

이와는 대조적으로, 오늘날의 현대적 상징질서에서는 고정된 행동프로그램의 성격을 훨씬 덜 가지고 있다. 현대의 규칙체계는 문자 그대로 실행되는 것이 아니라, 맥락과 상황에 따라 개인이 채울 수 있는 틀을 만들어 낼 뿐이다. 이는 더 높은 수준의 개인적 성과가 사회적으로 현대의 개인에게 맡겨지고 동시에 강요된다는 것을 의미한다. 단순한 규칙 준수만으로는 더 이상 사회적 인정을 보장할 수 없다.

이런 식으로 근본적인 신념에 더 광범위한 변화가 일어난다. 오늘날 사회적 역할의 범위 내부에 다양한 가능성의 여지가 있다. 동시에 사회적 역할체계의 이면에는 개인의 성과에 대한 요구가 존재한다. 현대의 사회질서는 규범적으로 더욱 추상적이고 암묵적이며 까다로워졌다. Jürgen Habermas는 이러한 변화를 '비관습적 자아 정체성(non-coventional ego identity)'의 요구로 규정했다. 관습적 형태의 정체성이 무너지고 있다는 것은 의무지향적 정체성의 차원이 자아-이상 지향적 차원과 긴장 관계에 놓이게 되었다는 것을 의미한다. 개인의 지침은 더 이상 금지된 것과 허용된 것 사이의 관습적인 이분법이 아니라, 허용되는 것과 허용되지 않는 것 사이의 주관적인 이분법을 향하게 된다.

개인에 대한 자기관찰과 인식

비관습적인 형태의 정체성 방향으로의 이러한 변화는 많이 논의되는 개인화의 핵심이다. 사회 이론의 관점에서 개인화란 절대적인 고립을 의미하는 것이 아니라, **정신적 자기참조**의 변화를 의미한다. 정신적 건강성에 대한 현대사회의 기대는 개인이 필요하다면 자신의 사회적 실천에 대하여 이유를 대거나 토론할 수 있어야 한다는 것이다. 현대의 정신적 자기참조란 외부 세계에 대한 모든 기대와 요구를 '주관적 필터'를 통과하도록 하는 것을 의미한다. 이러한 유형의 자기관찰이 바로 개인화된 변화를 수반하는 것이다.

이런 식으로 정신은 공공의 공간을 갖게 되었다. 자기참조와 관계에 대한 토론은 일상적인 상호작용의 일부로 자리 잡게 되며, 이것들은 외부 사회질서와의 일치보다는 현재 자신의 동기와 실존적 분위기에 더 의존하고 있다.

결과적으로 공적 영역은 사적 영역의 확장으로 나타난다. 특히 토크쇼, 일일드라마 등을 통해 대중매체는 정신적 자기관찰의 의미를 강조한다. 긍정적인 관점에서 보면, 자기주도적인 사생활에 대한 권리는 이런 식으로 강화되고, 비판적인 관점에서 보면 내적 자기갈등의 형태가 날카로워진다. 대중매체는 외부 세계의 표현을 구체화하며, 따라서 의심의 순간들을 일상생활의 영역으로 계속 전이시킨다.

따라서 자기 자신에 대한 예리한 관찰은 개인에게 쉽게 후퇴할 수 있는 가능성을 제공하지 않는다. 오히려 개인은 자기의심의 소용돌이, 즉 타인의 인정에 더욱 의존하게 만드는 일종의 '정체성의 고통'에 빠지게 된다. 자신감을 지속적으로 인정받고자 하는 갈망은 타인과의 사회적 관계뿐만 아니라 자기참조에도 영향을 미친다. 모든 것은 그것이 '나에게 어떤 영향을 미치는가'라는 관점에서 고려되어야 한다. 정체성은 주로 자기상(self-images)에 의해 구성된다. 현대의 근본적인 신념에는 암묵적인 행동규칙이 포함되어 있다. 즉, 그것이 당신의 자기상과 일치하도록 하고, 바로 이러한 이유로 다른 사람들에게 인정받을 수 있도록 행동해야 한다는 것이다.

그러나 동시에 외부의 강제, 요구 및 배제는 여전히 개인의 삶의 연결에서 기능하고 있으며, 개인의 삶 관리 가능성을 제한하고 있다. 따라서 한편으로는 자존감과 자기인정에 대한 요구와 다른 한편으로는 상실되고 유보된 삶의 가능성에 대한 날카로운 의식 사이에 인지할 수 있는 불균형이 발생한다. 이는 수치심과 자존감 저하로 이어질 수 있다.

불안한 정체성은 회피로 이어지는 경향의 행동 패턴을 증가시킨다. 이 세계는 더 많은 선택지를 드러내는 안경을 썼다고 더 잘 관찰되는 것은 아니다. 그보다 훨씬 더 눈에 띄는 것은 회피와 불안의 대상이 늘어나는 것이다. 그렇게 되면 개인의 선호에 영향을 받는 지식의 상징적인 체계는 문화적으로 늘어난 선택지와 일탈의 공간을 선택하지 않거나 피하는 가능성으로 정확하게 경험되도록 적용될 것이다. 이는 일반적으로 때로는 조심스럽고, 때로는 이미 저항적인 동기 부족으로 이어진다.

간단히 줄이면, 변화된 근본적인 신념들은 다음과 같은 암묵적인 주제들(leitmotifs)로 이어진다.

- 선호하는 컨텐츠를 이용할 수 있는 공간이 늘어나고 불쾌한 컨텐츠에 대한 거부감 증가
- 자아–이상 지향 역할관리에 대한 의존도가 높아지면서 더 자유로운 역할관리가 가능해짐
- 주관적으로 중요한 타인으로부터의 인정에 대한 의존도가 높아지면서 자기관찰이 예리해짐

이러한 주제들은 이미 언급한 바와 같이, 제한된 의미에서만 특정 세대와 관련이 있다. 오히려 이 주제들은 나이와 관계없이 분포되어 있다. 그러나 나는 이 중 몇몇은 완전히 청소년에 특화되어 있으며, 이것이 학교가 학습 스타일을 기르는 노력에서 지속적으로 증가하는 문제를 일으키고 있다고 생각한다.

청소년의 일상생활에 미치는 영향

개인사로의 지향

나는 이미 지금까지의 상징체계에는 다양한 사회적 역할과 관련된 지식의 종류에 대한 규범적 규칙이 포함되어 있다고 언급했다. '옛 학교'의 상징적 기능의 경우, 즉 이전 전통이 붕괴되기 전의 경우에는 이에 대한 추가 설명이 거의 필요하지 않았다. 이전의 상징체계는 지식관계를 미리 정의했다. 그리고 이는 동기적 측면과 아울러 인지적·사회적 측면에서 근본적인 신념에 반영되었다. 이러한 사전 정의는 교육기관, 교사, 학생에게 안도감을 주기도 하고 긴장을 주기도 하는 고유의 문화적 조건들에 따른 것이다. 물론 여기에는 잘 알려진 '옛 학교'에 대한 비판이 포함될 수 있다. 그러나 학교의 상징적 지원은 존재했고 지속적으로 만들어지고 유지될 필요가 없었지만, 컨텐츠의 지평, 사회적 형태, 주관적 동기를 제공해 주었다.

기관으로서의 '옛 학교'는 기존 상징체계의 기능에 의지했다. 인지적 수준에서 이러한

상징적 규칙은 학생들이 역사적 교육 전통에 의해 전파되고 문화 유물과의 만남과 대립을 핵심 프로그램으로 하는 문화 **정전**(canon)을 쉽게 참조할 수 있도록 했다. 이와 관련하여 '문화'는 삶의 철학의 다양한 지평, 특히 고급문화의 차별화된 분야에서 가치를 인정받은 지식을 의미한다.

하지만 상징적 사전 정의는 인지적 내용 차원뿐만 아니라, 사회 규범적 차원에서도 작동했다. 문화 유물에 접근한다는 것은 세대 간 위계와 진지한 '성인' 지식에 대한 요구를 포함하여 학교의 제도화된 **아우라**(aura)를 충족해야 한다는 것을 의미하기도 했다. 물론 이러한 응축되고 사회적으로 엄격한 분위기의 경험에는 공감과 불안의 요소가 포함되어 있었다. 그러나 이러한 경험은 학교라는 울타리를 벗어난 상황에서도 강렬한 정체성을 생성하기도 했다.

마지막으로, 이전의 상징체계는 교육에 대한 긍정적 태도를 강요하는 자아-이상적 (ego-ideal) 이미지를 미리 각인시켰다. 이전의 **금욕적인** 자아상 패턴에는 자기수양의 부담뿐만 아니라 개인의 문화화 과정의 노력에 투사적으로 수반되는 자부심의 잠재적 경험도 포함되어 있었다. 이는 감정적으로는, 문화적으로 성인이 되는 것이 자아-이상 내용의 일부였다.

지금까지 우리는 **정전, 아우라, 금욕주의**라는 상징체계 요소에 대한 엄청난 무력화와 매혹을 경험해 왔다. 이전의 사전 설정(pre-figuration)은 더 이상 작동하지 않는다. 지식 참조는 문화적으로 사전 정의된 것이 거의 없지만, 적어도 학생과 청소년의 관점에서 보면, 그것들은 개별적으로 자유롭게 사용되고 있다. 교육은 이제 예전처럼 부담스럽게 느껴지지 않지만, 동시에 지향, 평가와 동기부여라는 이전의 철책도 사라져 버렸다.

오늘날 젊은이들을 둘러싼 일상의 세계는 거의 알아차리기 어려울 정도로 대중문화와 융합되어 있다. 보행자 전용구역, H&M 스토어, 휴대폰, 문자메시지, 힙합 음악, 바디 피어싱, 일일연속극, MTV, MP3플레이어 등 모든 것이 일상생활에 통합되어 어디에나 존재하며, 절대적인 관습처럼 습관화되어 있다. 사회화 환경은 **일상의 삶과 대중문화의 융합**으로 이루어져 있다. 이를 통해 청소년은 거리를 유지하고, 원할 때 어떠한 상황에서도 부모 및 기관의 공간과 평행하게 작동하는 공간에 들어갈 수 있다.

모든 것을 포용하는 환경으로서의 대중문화는 거의 온종일 유흥 프로그램에 참여할 수 있고, 전 세계적으로 제공되는 사진, 음악 및 정보의 흐름에서 끊임없이 조사하고 선택적으로 고를 수 있게 한다. 이러한 상황에서 개인은 **자신의 문화를 스스로 지지하는 입장을** 취하는 경향이 있다. 이들은 대중문화가 제공하는 상징, 기호, 해석 패턴, 행동 방식에 주목하되 자신의 주관적 선호에 따라 이를 자신의 일상과 '시나리오'에 통합한다. 그들은 대중문화의 기성품을 그대로 받아들이는 것이 아니라 그것을 응용한다. 이러한 상징적 요소들을 통해 개인은 자신만의 정신세계를 구성한다.

이런 정신세계는 지역성을 가진 사회적 환경이 아니기 때문에 장소로 이해되어서는 안 된다. 그것들은 (단순히) 사물화로 이해되어서는 안 되며, 특히 지식과 관습 스타일의 변화를 통해 기능한다. 즉, 개인의 정신세계에는 특정 관행, 선호, 우선순위, 삶의 접근 방식에 대한 자기 결정이 포함된다.

오늘날 그러한 개인적 정신세계는 개인의 심리적 장비의 구조를 형성하고 있다. 이것들은 더 이상 이전 세대의 청소년처럼 외부 세계의 요구에 맞서 지켜내야만 하는 휴식공간이 아니다. 오히려 이제는 개인 라이프 스타일의 정신적 중심으로 이해될 수 있다. 따라서 개인적인 세계는 그 자체로만 중요한 게 아니다. 말하자면, 그것들은 삶의 모든 영역으로 발산되어 독특한 색깔을 입히기도 한다. 그러므로 정신세계는 단순히 일반적으로 수용되는 평행세계가 아니라 진정한 '주도문화(leit-culture)'가 되었다. 개인 세계에서의 기준은 합리적이고 의미 있으며, 수용 가능한 것의 척도가 된다. 그리고 이러한 개인적인 세계에서 나오는 기준들은 사실상 거의 걸러지지 않은 채로 다양한 삶의 영역, 학교를 포함한 여러 분야로 전이된다. 이러한 암묵적인 척도는 강력한 규범적 압력을 행사하여 학교와 교사들을 무엇이 수용 가능한지에 대해 학생들과의 심화된 갈등에 노출시킨다.

고급문화의 상대화에 대한 긍정적 효과는 한때 그렇게 끔찍했던 교육 정전의 내용이 극단적으로 줄어들었고, 그 결과 오늘날에는 교육적 수치심이 거의 일어나지 않는다는 사실이다. 한 인기 있는 TV 퀴즈 프로그램의 일화에서는 한 20대 청년이 대중문화와 스포츠 주제 외의 질문에 대해서는 계속해서 답을 하지 못하는 모습을 보인 적이 있다. 이러한 경우에, 그 청년은 진행자에게 "이것은 우리 세대 이전의 것이에요."라고 말했다. 이는 '그의 시대 이전'의 모든 것은 그의 세계에 속하지 않는 것으로 더 이상 말할 필요가 없음을 드러낸다.

사회적 행동 패턴의 탈격식화

현대화의 두 번째 결과는 청소년의 사회적 관습과 관련이 있다. 이 문제는 현재 일상생활에서 이루어지고 있는 근본적인 탈격식화로 인해 발생한다. 사람들의 내적 삶을 경직되고 단호하게 형성하는 엄격한 행동 및 규율의 맥락은 어느 정도 옛이야기가 되었다. 예컨대, 1950년대의 학교 사진 한 장만 봐도 표정, 몸짓, 복장 규정, 역할 상징이 일상생활의 세부적인 부분에서 얼마나 중요한 역할을 했는지 바로 알 수 있다. 사회생활 세계는 광범위하게 규제되었다. 규율 및 역할 관련 행동 규범은 인간의 상호작용과 내면의 심리적 자기관찰에 대한 세부적인 것까지 규제했다. 이전의 규칙체계에는 또한 사회적 유효 영역 간의 명확한 차별도 포함했다. 이는 특히 사적 영역과 공적 영역을 구분하고, 외부의 상징체계와 내적 상상력을 혼동하지 않는다는 것을 의미했다. '내부'와 '외부' 사이의 이러한 구별은 행동 양식 및 자기상과 같은 미시적인 사회적 세부 사항에 이르기까지 영향을 미쳤다.

오늘날 이는 오래전 일처럼 보인다. 이제 '신경과민'이라는 고전적인 현대의 진단이 단순히 절제된 표현으로 나타날 정도로 유효 영역의 철폐와 자기 철회의 폐지 현상이 심상치 않게 되었다. 이러한 현상은 더 이상 사춘기 동안 규칙체계가 일시적으로 완화되거나 연기되는 것이 아니라 **사회적 습관(habitus) 전체의 변화**에 관한 문제이다. 일상생활의 세계는 경계와 혼란, 과잉이 특징이며, 이는 이제 일상이 되었다. 물론 이전과 마찬가지로 제도적 영역과 사적 영역이 존재하지만, 오히려 그것들은 명백한 탈격식화의 바다에 있는 섬의 성격을 띠고 있다.

따라서 아이들이 사춘기에 도달하면 성인의 사회세계와 대조적으로 발달적으로 조건화된 과잉 욕구를 경험하는 것이 아니라, 기껏해야 이미 일어나고 있는 일의 강화된 변형으로 경험한다. 예컨대, 14세 청소년 30명과 수학여행에서 동행하거나, 유스호스텔에서 함께 저녁을 먹는다고 해 보자. 충동적이고, 광범위하며, 산만한 행동과 모든 종류의 규제에서 과도하게 일탈하는 것이 일반화되었다. 일상 행동의 두 가지 특징을 들자면 탈격식화와 비구조화이다. 그리고 그것은 두 가지 방식으로 확장된다. 즉, 거의 필터링되지 않은 채 개인에서 기관으로 '전이'되어 내부로 확장되고, 탈격식화와 구조의 결여가 내부의 개인적 조건도 지배하고 있다는 것이다.

예를 들어, 교실에서 표면적으로 드러나는 공식적인 교수와 쉴 새 없이 일어나는 상당히 다른 주변 사건들 사이에서 벌어지는 헤아릴 수 없이 많은 상호작용의 혼합과 관련된 개인적인 '초조함'은 매우 숙련된 교사라도 엄청난 어려움과 노력을 통해서만 겨우 일부 덜어 낼 수 있을 뿐이다. 제도와 관련된 행동에서 젊은이들은 규칙, 시간 구조 및 합의와 관련하여 상당한 문제를 안고 있다. 이것은 또한 구조의 결여로 볼 수 있다. 즉, 일반적으로 이러한 행동은 교사에게 개인적으로 향하는 것이 아니라, 해당 학생들에게는 그저 '일어나는 일'로 여겨진다.

마찬가지로, 탈격식화와 구조의 결여는 개인의 주의력의 변화된 방식에 영향을 미친다. 특히 주의력은 더 빠르고 덜 집중된 형태를 띤다. 이러한 주의력의 가속화는 파편화, 분할, 중단, 순간순간의 해체와 뭉침에 대한 습관화와 동시에 지루함과 혐오감으로 갑작스럽게 반전되는 경향을 의미한다. 주관적으로는 슬라이딩과 점프 모드가 선호되는 반면, 느린 성격이나 선형 구조의 주의력 모드는 거부된다.

동기부여의 주체화

문화적 현대화의 세 번째 현상은 자기, 개인의 내면 세계 그리고 그 동기 사이의 관계에 관한 것이다. 이는 자기관찰의 질적 변화를 수반하는 것으로 보인다. 개인은 '사회'와는 다른, 그리고 '사회'와는 다른 존재로서 자신에 대한 보다 정확하고 고립된 관찰을 피할 수 없다. '나는 누구인가?' '나는 무엇을 원하는가?'와 같은 고전적인 질문은 어떤 면에서는 더욱 심리적이고 일상생활의 일부가 되었다. Niklas Luhmann은 이에 대해 내부의 조명이 켜졌다고 말한 적이 있다. 이전의 심리학 및 사회과학에 대한 전문지식의 일부가 일상적인 지식에 포함되었다. 이러한 지식은 심지어 오후 토크쇼나 모의치료 프로그램 출연자가 자신을 설명할 때도 적용된다. 따라서 동기부여의 주체화는 자기지향성이 매우 개인적인 가치 기준을 강하게 지향한다는 것을 의미한다. 매일 방영되는 TV 드라마는 이러한 주체화의 욕구를 끝없이 보여 준다. 드라마에 등장하는 친밀한 우정 그룹 안에서는 누구나 모든 것에 관해 이야기하며, 특히 관계적인 갈등과 자기관찰에 대해 이야기한다. 거기에는 (자신의 내면을 솔직하게 드러내라는) 심리적 투명성에 대한 절대적인 요구가 있다. 끝없는 대화를 통해 모든 사람은 자기통찰이라는 몽상의 관점에서 가능하면 자신과 관련된 타인에 대해 '모든 것'을 알아야 한다. 그렇지 않으면 뻔한 자기속임에 방해가 되며, 일일연속극에서는 어떤 종류의 극적 긴장감도 부족할 것이다. 끝없이 반복되는 대화를 통해서만 탤런트는 마침내 자신이 오랫동안 사랑에 빠졌다는 것을 확신할 수 있다. 이를 인정하지 않고 싶었지만 다른 사람들(시청자들)은 줄곧 알고 있었던 사실이다. 마침내 자신이 사랑에 빠졌음을 깨닫게 된다. 이런 과정은 다음의 내면적 미스터리가 등장할 때까지 계속된다…….

자기성찰에 대한 압박이 자기평가에 영향을 미치지 않는 것은 아니다. 진정한 자아지향적인 자기평가의 기준이 상당히 필요하다. 동시에 주류 대중문화가 제공하는 웅장하고 완벽한 이미지는 공격적이면서 성가시다. 개인은 때때로 자신의 능력을 부정적으로 평가하지 않고, 자신이 특별하거나 웅장하다고 생각하는 경향이 있다. 웅장함에 대한 개념은 노력과 필요성의 중간 목표를 달성할 수 있게 하고, 그러한 목표의 부족함에 대처할 수 있는 심리적 가능성을 제한한다. 이로 인해 내적인 수치심의 갈등, 모욕과 무시 경험에 대한 강한 민감성, '다른 사람의 눈에는 어떻게 비칠까'라는 위태로운 질문에 대한 끊임없는 집착이 생긴다.

이러한 자기평가의 위험에서 자신을 보호하기 위해 많은 개인이 회피기제를 개발하여 방어적인 방식으로 갈등에서 벗어나려고 한다. 교사에게는 이러한 젊은이들이 일반적으로 약에 취해 있거나, 찌들어 있거나, 졸고 있는 것처럼 보인다. 이러한 회피전략의 결과로 교사들에게는 전문적인 요구가 크게 증가한다. 왜냐하면 교사가 이러한 젊은 학생들을 흥미롭게 만들려고 노력할 때마다 학생들을 깨우기가 정말 쉽지 않기 때문이다.

그러면 핵심 문제는 더 이상 개인이 무언가를 원하지만, 그것을 실현하지 못하는 방식으로는 설명될 수 없게 되는 점이다. 이러한 개인은 자신이 무엇을 실현할 수 있다고 생각하는지 자기 자신도 알지 못하는 경우가 훨씬 많다. 이것은 핵심 문제가 이제 거의 이해할 수 없는 비결정성이나 자기주도성의 기본 조건에 내재된 취약성이라는 것을 의미한다.

이 관점에서 해석하면 이러한 젊은이들은 주제별 참여나 고도로 개별화된 학습환경에서의 자기 동기부여와 같은 자유로운 교육 제안을 받아들이는 것을 그다지 선호하지 않는다는 점을 이해할 수 있을 것이다. 이들에게 문제는 무엇보다 '의지를 보여 주는 것'이 무엇인지를 배워야 한다는 것이다. 이는 동기부여 역량의 획득 그 자체에 관한 것이다. 문제는 의지의 사용이라기보다는 의지를 확보하는 데 있다.

구조화를 지지하는 의미의 필요성

• •

　나는 앞서 언급한 세 가지의 변화된 근본 신념을 현대 청소년과 관련하여 명시한 것은 문화적으로 쇠퇴했다는 비관적인 진단이 아니라, 특히 생산적인 학습문화가 강력한 위험으로부터 압력을 받고 있다는 가능성과 관련이 있다.

- 선호하는 컨텐츠에 의존할 수 있는 공간이 넓어지고 '불쾌한' 컨텐츠를 선택하지 않을 가능성이 높아짐에 따라 개인 세계의 지평을 제한하는 일종의 '자기 지방화'가 발생할 수 있다.
- 역할관리의 보다 자유로운 발전은 누적된 신경질적인 행동방식을 촉진하는 문제로 이어질 수 있다.
- 타인으로부터의 인정을 획득하는 데 의존도가 높아지면서 날카로운 자기관찰은 '의지'와 관련하여 매우 복잡한 전제에 얽매이게 되어, 자신이 원하지 않는 것들의 합으로 자신을 정의하는 습관에 빠질 수 있다.

　다시 한번 강조하지만, 이는 서구 문명의 종말을 의미하는 것이 아니라, 일상생활의 자유화로 인해 가까이에 있던 상징적 가능성의 유감스러운 고갈을 의미한다.

'탈전통화 이후'의 분위기

　하지만 이전의 권위주의적 일상문화와 비교하여 보면 원하는 해방의 이점을 유지하는 것이 가능하다. 그러나 1970년대 강력한 탈전통화로부터의 시간이 흐름에 따라, 이러한 파괴적인 변화의 관성적 결과는 중요한 주제가 되었다. 특히 이러한 구조붕괴의 결과로 나타나는 생활방식이나 생활양식 등에 대한 영향은 공공 담론에서도 중요한 이슈로 떠올랐다. 한편으로는, 지속적인 제한과 탈구조화 과정을 계속해서 추진하는 것은 현대적인 문제에 대한 해결책이 될 수 없다는 것이 명백해지고 있다.

　또한 흥미롭게도 젊은이들은 더 이상 자신에 대한 위기를 해방에 대한 소망으로 표현하는 경우가 거의 없다. 오히려 그들은 해방과 탈구조화의 결과와 관련하여 자신을 설명한다. 따라서 그들의 정체성 작업은 지나치게 엄격한 규칙과 금지 혹은 지나친 억압과 관련된 문제에 초점이 맞춰지지 않은 것 같다. 본질적인 소망은 주로 지향성의 혼란과 불안정성을 제거하는 방법에 관한 것이다.

'탈전통화 이후'라고 말할 때, 나는 탈구조화 맥락의 균형이 요구되는 경험의 맥락을 가리킨다. 이러한 맥락에서 생활세계의 규칙과 구조는 더 이상 어떤 식으로든 부당한 제약으로 느껴지지 않는다. 오히려 그와는 정반대로 해방과 탈구조화에 대한 '대항 욕구'가 생겨났다는 것이 내 생각이다. 그 예는 다음과 같다.

- 안정적인 관계, 통합, 지원, 공동체에 대한 대항 욕구
- 사회와 권력기관에 지속적으로 관찰당하는 것과 관련하여 일종의 보호막에 대한 대항 욕구, 즉 준 낭만적 비밀과 불투명성(아마도 〈해리 포터〉나 〈반지의 제왕〉과 같은 영화의 엄청난 매력이 이와 관련이 있을 것이다)
- 규범적 명확성, 즉 지향성, 보안 및 장벽에 대한 뚜렷한 규칙과 비상대주의 및 고착된 경계의 분위기에 대한 대항 욕구

폐쇄구조에 대한 현재의 관심

현재의 청소년 세대와 이전 세대를 비교하면 다음과 같이 추상적으로 표현할 수 있다. 이전의 개인은 (상대적으로) 자유로웠던 유년기를 거쳐 청소년기가 시작되면서 구조가 점차 가까워지는 인생의 시기로 접어들었다. 더 간단하게 표현하자면, 청소년기에는 나이가 들수록 거의 모든 것이 더 심각하고 엄격해졌다. 오늘날은 청소년기가 시작된다는 것이 결코 주변 구조가 더 가까워진다는 것을 의미하지 않는다. 반대로, 청소년기가 시작되면 스스로 선택하고, 결정을 내리고, 자신의 선호를 어느 정도 따를 수 있는 영역이 상당히 증가한다. 즉, 구조가 더 느슨해진다. 사실 오늘날의 청소년기에는 '이중 탈구조화'를 해야 한다고 말할 수 있다. 말하자면 내부의 거대한 심리적 '건축 현장'인 주체성의 재편은 사회 환경이 점점 더 예측할 수 없고 불안정해지는 것과 동시에 관리되어야 한다. 전기적 시간표는 더 이상 명확하지 않다.

이와 관련하여, 나는 어느 정도는 역순환적으로, 탈격식화 및 탈구조화로 인한 문제에 대한 확산 경험의 **보상**에 대해 주장해야 한다. 나는 젊은이들이 구조의 경험을 통해 배울 수 있다는 것이 매우 중요하다고 생각한다.

주목할 만한 영화 〈베를린 필과 춤을(Rhythm Is It!)〉에서는 소위 문제 청소년들이 미학적-사회적 프로젝트에 어떻게 참여하는지를 보여 준다. 이들은 전문 안무가의 지도 아래 스트라빈스키의 곡 〈봄의 제전(Le Sacre du Printemps)〉을 단체 댄스 버전으로 준비하여 마침내 베를린 심포니 오케스트라와 함께 공연하게 된다. 영화에서 볼 수 있듯이 이 과정은 고통스럽기도 하고 즐겁기도 하다. 몇 주에 걸친 리허설에서 젊은 배우들 중 일부는 자신의 과거 습관을 버리는 것을 계속해서 거부한다. 리허설이 시작될 때마다 모든 참가자는 특정 시작 자세를 취하도록 요청받는데, 그들은 빈 벽 앞에서 움직이지 않고 잠시 집중해야 한다. 예상할 수 있듯이 몇몇 젊은이들은 수다를 떨고 장난을 치면서 이 작은 의식을 방해한다. 이는 안무가와의 반복되는 충돌과 상징적 싸움으로 이어진다. 젊은이들의 자만심은 안무가가 명료하게 해석한 대로 너무나도 작아서 그들은 진지한 요구를 거의 견딜 수 없다. 하지만 안무가는 끈질기고 현명하여 마침내 모두를 설득해 낸다. 심각한 위기를 겪고 나서 리허설은 마침내 웅장한 공연으로 탄생한다.

나는 여기에서 학습과정 '설정'의 중요성을 보여 주고자 이 예를 들었다. 치료적 및 사회적-페다고지적 맥락에서, 설정은 행동 영역의 표준 작업조건을 정의하고 규제하는 규칙과 협약의 총체를 나타낸다. 설정의 규칙은 지시사항과 금지사항을 정하며, 무엇이 정상인지에 대한 공동의 정의, 목표 및 의미 맥락에 대한 합의를 의미한다. 따라서 설정은 기술적으로 규제하는 기능뿐만 아니라, 지지, 의미 창출, 표현적인 영향도 있다. 설정은 관련된 사람들 간의 공식적·개인적 차이를 인정하는 지지적인 의식을 포함할 수 있다. 설정은 다양한 장소의 특정 규정(예: 공적인 것과 사적인 것의 구분)을 보장하고 설명할 수 있다. 그리고 설정은 자아를 지지하는 경계선을 포함할 수 있으며, 이러한 방식으로 자기 확신, 규칙 준수, 양가감정의 완화를 촉진할 수 있다.

영화 〈베를린 필과 춤을〉에서는 리허설 시작 전 벽 앞에 서서 집중하는 것과 같은 사소한 규칙에 관한 것일지라도, 이러한 규칙적인 프레임은 일상적인 습관을 잠정적으로 폐지하기 때문에 갈등을 유발하면서 생산적으로 확대된다. 상황 설계의 완벽한 인위성은 젊은이들이 낯선 상황에 참여하도록 '유혹'한다. 이미 익숙한 것에 대한 근사치가 아니며, 일상적인 루틴과의 차이를 평준화하는 것이 아니라, 오히려 일상적인 것에서 작고 고정된 일탈의 경험이 제공된다. 물론 교사는 안무가가 아니며, 교육적 상황은 일반적으로 댄스 공연을 위한 준비가 아니다. 그러나 여전히 교육적 상황에는 무언가를 연출하는 요소도 포함된다. 그리고 교육활동의 다양한 상황에서 새로운 자기이해의 확립을 위해 특별한 '놀이의 규칙'을 도입하는 것은 사태를 안정화시킴과 동시에 자극제가 될 것이다.

의사결정의 약화와 자기관찰의 증가가 동시에 일어나면 기존의 자기고착화에 연결되는 불행한 결과를 초래할 수 있다. '원치 않음'이라는 말은 말 그대로 어디에나 존재할 것이다. 그러한 마비를 일으키는 자기고착화를 풀기 위해서는 즉각적인 감정과는 거리를 두고 해당 주제에 개인적인 관심을 두는 것이 필요하다. 이런 식으로 우리는 의지에 대한 이상이나 의지가 어떻게 형성될 수 있는지에 대한 이미지를 개발할 수 있다. 이러한 방식은 이미 언급한 바와 같이, '내적 가능성을 시험해 보도록 하는' 내적 거리감이나 상상력을 창조하는 능력에 달려 있다. 이는 상징 창조의 가능성과 연결될 수 있는 내적 의사소통 능력을 향상시키는 것, 즉 우리가 원하는 가치를 결정하는 말이나 이미지로 표현할 수 있는 수단을 찾는 법을 배우는 것과 관련이 있다.

따라서 습관적인 자기고착화를 느슨하게 함으로써 의지의 이상, 즉 자신의 의지에 따라 어떤 관계를 발전시키고 싶은지에 관한 이상적 이미지를 바꿀 수 있다. 이와 관련하여 나르시즘의 요소는 불가피하다고 생각한다. 나는 이것을 '감정적 미래 II'라고 부른다. 즉, 기타를 배우고 싶다는 장기적인 소망을 이루기 위해서는 가상의 중간 목표를 설정하는 힘이 있어야 한다는 뜻이다. 이 힘은 내가 기타를 '배웠을 때' 기분이 얼마나 좋을지에 대한 이미지를 만드는 상상력과 내적으로 연결되어 있다(미래 II). 이러한 자부심과 자기만족의 상태에 대한 기대는 단순히 중간 단계의 좌절에 견딜 수 있는 강렬한 기대를 만드는 능력에 지나지 않는다. 내 생각에는 자부심의 욕구, 안정적 기대, 자아가능성의 확장 사이에는 좁은 연결이 있다. 그러나 자아가능성의 확장은 본질적으로 자신의 동기부여의 시야를 넓히는 것에 불과하다. 자신이 무엇을 어떻게 의지할 수 있는지에 대한 상상력이 풍부해진다는 것을 의미한다.

폐쇄구조는 개방의 부하를 무시할 수는 없으나, 이를 더 쉽게 감당할 수 있도록 도와준다. 어쨌든 설정을 세우는 것, 그리고 그 설정에 대해 가치를 부여하는 것은 탈구조화, 탈격식화, 주체화의 확산적 결과를 온전히 덜어 줄 수 있는 일종의 대응적 관심이 될 것이다.

16

학습에 대한
사회적 이론

Etienne Wenger

Etienne Wenger

미국인인 Etienne Wenger는 스위스의 프랑스어권에서 태어났다. 홍콩에서 3년 간 교편을 잡은 후 스위스와 미국에서 컴퓨터 과학과 인공지능을 공부했다. 캘리포니아 Palo Alto에 위치한 학습연구소의 연구원으로서 Jean Lave와 함께 획기적인 저서인 『상황학습: 합법적 주변적 참여(Situated Learning: Legitimate Peripheral Participation)』를 1991년에 출간했다. 이 책은 또한 중요한 학습환경으로서 '실천공동체(communities of practice)'란 개념을 처음 내놓았다. Wenger가 1998년에 이 개념을 공고히 하고, 그의 저서 『실천공동체: 학습, 의미 그리고 정체성(Communities of Practice: Learning, Meaning and Identity)』에서 보다 정교하게 다듬었다. 다음 장은 이 책 서문의 보다 프로그램적인 부분과 Wenger가 학습에 대한 다른 중요한 접근 방식에 대한 자신의 이해를 제시한 노트로 구성되어 있다. Wenger는 나중에 '실천의 풍경(landscapes of practice)'이라는 개념을 학습능력의 보다 폭넓은 프레임워크로서 소개하기도 하였다.

도입

·　·　·　·　·

　　우리의 교육기관은 학습에 관한 이슈를 명시적으로 다루는 한, 대체로 학습이 개인적인 과정이며, 시작과 끝이 있고, 우리의 나머지 활동과 가장 잘 분리되어 있으며, 교수의 결과라는 가정에 기초하고 있다. 따라서 우리는 학생들이 외부 세계의 방해에서 벗어나 교사에게 주의를 기울이거나 연습에 집중할 수 있는 교실을 마련한다. 우리는 학생들이 다양한 정보와 훈련 연습을 다루는 개별화된 세션을 통해 차례차례 배우도록 하는 컴퓨터 기반 교육프로그램을 설계한다. 학습을 평가하기 위해 우리는 학생들이 일대일 전투에서 고군분투하는 시험을 사용하는데, 이러한 시험에서는 지식이 맥락과 상관없이 입증되어야 하며, 협력은 부정행위로 간주된다. 결과적으로 제도화된 교육과 훈련의 상당 부분이 학습자가 되려는 사람들에게 무의미한 것으로 인식되고, 대부분의 우리는 이런 대우를 받고 나와서 학습이 지루하고 고되며, 실제로는 그것에 맞지 않는 것 같다고 여긴다.

　　그렇다면 학습을 우리가 세상에 참여하는 삶의 경험이라는 맥락에서 바라보는 다른 관점을 채택한다면 어떻게 될까? 만약 우리가 학습을 먹거나 자는 것과 마찬가지로 인간 본성의 일부라고 가정한다면, 즉 학습은 삶을 지속시키고 불가피한 것이며, 기회가 주어진다면 우리가 학습을 꽤 잘할 수 있다고 가정한다면 어떨까? 또한 학습이 그 근본에 있어 본질적으로 사회적인 현상이며, 앎의 능력이 있는 인간존재로서 우리 자신의 깊은 사회적인 본성을 반영한다고 가정한다면 어떨까? 이러한 관점은 학습이 어떻게 이루어지며, 이를 지원하기 위해 무엇이 필요한지에 대해 어떤 종류의 이해를 제공할까? 이 장에서는 그러한 관점을 개발해 보려고 한다.

개념적 관점: 이론과 실천

학습이론에는 여러 가지 종류가 있다. 각 이론은 학습의 다른 측면을 강조하고, 따라서 각기 다른 목적에 유용하다. 이러한 강조점의 차이는 어느 정도는 학습이라는 다차원적 문제의 일부에 의도적으로 초점을 맞춘 것이며, 어느 정도는 지식(knowledge), 앎(knowing) 그리고 아는 자(knowers)의 본질에 관한 가정과 결과적으로 학습에서 무엇이 중요한지에 대한 보다 근본적인 차이를 반영하는 것이기도 하다(관심 있는 이들을 위해 이 장 마지막 부분에 이러한 이론 중 몇 가지와 그들의 초점에 대한 간단한 설명을 제시하였다).

내가 제안하는 사회적 학습이론은 문제의 상이한 측면들을 다루는 다른 학습이론을 대체하는 것이 아니다. 하지만 이것은 나름의 가정과 초점을 가지고 있다. 이러한 맥락에서 이는 일관성 있는 수준의 분석을 구성하며, 학습을 이해하고 가능하게 하는 일관된 일반 원칙과 권고 사항을 도출하기 위한 개념적 프레임워크를 제공한다.

학습에 관한 중요한 점과 지식, 앎, 아는 사람의 본질에 관한 나의 가정은 다음과 같이 간결하게 요약된다. 나는 네 가지 전제로 시작한다.

- 우리는 사회적 존재이다. 이는 사소한 진실이 아니라, 학습의 핵심적인 측면이다.
- 지식은 선율에 맞춰 노래 부르기, 과학적 사실 발견하기, 기계 수리, 시 쓰기, 명랑해지는 것, 남자아이 또는 여자아이로 성장하는 것과 같은 가치 있는 일과 관련된 역량으로 볼 수 있다.
- 앎은 그러한 일을 추구하는 데 참여하는 것, 즉 세상에 적극적으로 참여하는 것이다.
- 의미(우리가 세상을 경험하고 그것과의 관계를 의미 있게 여기는 능력)는 궁극적으로 학습이 만들어 내는 것이다.

이러한 가정을 반영하여 이 이론의 주요 초점은 사회참여로서의 학습에 맞추고 있다.

여기에서 참여란 단지 특정 사람들과 함께 특정 활동에 참여하는 국지적 이벤트뿐만 아니라, 사회 공동체의 **실천**에 적극적으로 참여하고 이러한 공동체와 관련하여 **정체성**을 구축하는 보다 포괄적인 과정을 의미한다. 예를 들어, 놀이터 친구 그룹이나 직장에서 팀에 참여하는 것은 일종의 행동이자 소속의 한 형태이다. 이러한 참여는 우리가 하는 일뿐만 아니라, 우리가 누구인지, 우리가 하는 일을 어떻게 해석하는지에도 영향을 미친다.

그래서 학습에 대한 사회적 이론은 사회적 참여를 학습과 앎의 과정으로 특징짓는 데 필요한 구성 요소들을 반드시 통합해야만 한다. [그림 16-1]에 표시된 이러한 구성 요소에는 다음의 내용이 포함된다.

- 의미: 우리의 삶과 세상을 의미 있는 것으로 (개인적으로나 집단적으로) 경험하는 우리의 (변화하는) 능력에 관해 이야기하는 방식이다.
- 실천: 행동에 있어 상호 참여를 유지할 수 있는 공유된 역사적 · 사회적 자원, 프레임워크, 관점에 관해 이야기하는 방식이다.
- 공동체: 우리의 이러한 활동이 추구할 가치가 있는 것으로 정의되고, 우리의

그림 16-1 학습에 관한 사회적 이론의 구성 요소: 초기 목록

참여가 역량으로 인정되는 사회적 구성체에 관해 이야기하는 방식이다.
- 정체성: 우리 공동체의 맥락에서 학습이 어떻게 우리를 변화시키고 개인적인
  성장의 역사를 형성하는지에 관해 이야기하는 방식이다.

분명히 이러한 요소들은 상호 간에 깊이 연관되어 있고 상호 정의된다. 실제로 [그림 16-1]을 보면 네 개의 주변 구성 요소 중 어느 것이든 학습과 자리를 바꿔 중심에 배치할 수 있고, 그림은 여전히 의미가 있을 것이다.

따라서 이 책 제목에 '실천공동체'라는 개념을 사용할 때, 나는 실제로 이 개념을 하나의 구성요소로 하는 더 큰 개념적 프레임워크로 들어가는 진입점으로 사용한다. 이 개념의 분석적 힘은 정확히 [그림 16-1]의 구성 요소들을 통합하면서 익숙한 경험을 참조한다는 데 있다.

어디에나 있는 실천공동체

우리는 모두 실천공동체에 속해 있다. 가정에서, 직장에서, 학교에서, 취미생활에서 우리는 언제든지 여러 실천공동체에 속해 있다. 그리고 우리가 속해 있는 실천공동체는 삶의 과정에 따라 변화한다. 사실, 실천공동체는 어디에나 있다.

가족은 적합한 삶의 방식을 확립하기 위해 고군분투한다. 가족은 자신들만의 실천, 일상, 의식, 공예품, 상징, 관습, 이야기 그리고 역사를 발전시킨다. 가족 구성원 서로 미워하기도 하고 사랑하기도 하며, 동의하기도 하고 반대하기도 한다. 가족은 계속 살아가기 위해 필요한 일을 한다. 설사 가족이 분열되더라도 서로를 대하는 방식을 만들어 낸다. 생존이 음식과 거처를 찾는 것이든, 생존 가능한 정체성을 찾는 것이든 함께 살아남는 것이 중요한 일이다.

직장인은 자신의 업무를 완수하기 위해 직장 동료 및 고객과 더불어 그들의 삶을 조직한다. 그렇게 함으로써, 그들은 함께 생활하고, 즐겁게 지내며, 고용주와 고객의 요구사항을 충족시킬 수 있는 자신만의 감각을 개발하거나 유지한다. 공식적인 업무내용이 무엇이든 간에 이들은 해야 할 일을 하는 실천을 만들어 낸다. 비록 직장인이 계약적으로 큰 기관에 고용되어 있을지라도, 일상적인 실천에서는 훨씬 작은 규모의 사람들 및 공동체와

함께 일하며, 어떤 면에서는 그들을 위해 일한다.

학생들은 학교에 다니면서 학교라는 제도가 강제하는 일정과 청소년기의 불안한 수수께끼에 나름대로 대처하기 위해 함께 모이면서, 교실과 운동장, 공식적이든 비공식적이든 모든 곳에서 실천공동체가 싹트게 된다. 그리고 교육과정, 규율, 권고에도 불구하고, 가장 개인적으로 전환적인 학습은 바로 이러한 실천공동체의 일원으로 참여하는 학습인 것으로 밝혀졌다.

차고에서 음악밴드는 결혼식 공연을 위해 같은 곡을 연습한다. 다락방에서는 햄 라디오 애호가들이 전 세계 커뮤니케이터 클러스터의 일원이 된다. 교회 뒷방에서는 회복 중인 알코올 중독자들이 단주를 유지할 용기를 얻기 위해 매주 모임에 참석한다. 실험실에서는 과학자들이 멀리 떨어져 있는 동료들과 연락을 주고받으면서 연구를 진행한다. 전 세계 웹을 통해 사람들은 가상공간에 모여 공통의 관심사를 추구하는 공유방법을 개발해 낸다. 사무실에서는 컴퓨터 사용자들이 서로 의지하며 모호한 시스템의 복잡성에 대처한다. 동네에서는 젊은이들이 함께 모여 거리에서의 삶과 자신들에 대한 감각을 형성한다.

실천공동체는 우리 일상생활의 필수적인 부분이다. 이것은 너무 비공식적이고 만연하여 명시적으로 부각되는 경우는 드물지만, 같은 이유로 매우 친숙하기도 하다. 실천공동체라는 용어는 생소할지 몰라도 경험은 그렇지 않다. 대부분의 실천공동체는 이름도 없고 회원 카드도 발급하지 않는다. 하지만 이러한 관점에서 우리 자신의 삶을 잠시만 생각해 본다면 현재 속해 있는 실천공동체와 과거에 속했던 실천공동체, 그리고 앞으로 속하고 싶은 실천공동체에 대해 꽤 괜찮은 그림을 그려 볼 수 있다. 우리는 또한 회원 자격이 명단이나 자격 기준 체크리스트에 명시적으로 나타나지 않더라도 누가 우리의 실천공동체에 속해 있고, 왜 그런지도 꽤 잘 알고 있다. 나아가 우리는 아마도 우리가 핵심 구성원인 몇몇 실천공동체와 좀 더 주변적인 위치에 있는 보다 많은 수의 실천공동체를 구분할 수 있을 것이다.

이런 점에서 실천공동체라는 개념은 낯설지 않다. 이 개념을 좀 더 체계적으로 탐구한다는 것은 그것을 날카롭게 다듬어 사고의 도구로서 더 유용하게 만드는 것을 의미한다. 이를 위해 그것의 친숙함이 나에게 도움이 될 것이다. 익숙한 현상을 명료하게 표현하는 것은 우리의 직관을 심화하고, 확장하며, 검토하고, 재고해 볼 수 있는 기회이다. 그 결과

도출되는 관점은 낯설지 않으면서도 우리 세계에 새로운 빛을 비출 수 있다. 이런 의미에서 실천공동체라는 개념은 새롭지도 낡지도 않았다. 그것은 눈을 뜨게 만드는 참신함과 뻔함이라는 잊혀진 친숙함을 동시에 가지고 있지만, 어쩌면 이것이 우리에게 가장 유용한 통찰력의 표식일지 모른다.

학습에 대해 다시 생각하기

참여에 중점을 두는 것은 학습을 이해하고 지원하는 데 필요한 요소에 광범위한 영향을 미친다.

- **개인**에게는 학습이 자신이 속한 공동체의 실천에 참여하고 기여하는 문제임을 의미한다.
- **공동체**에게는 학습이 자신들의 실천을 개선하고 새로운 세대의 구성원을 확보하는 문제임을 의미한다.
- **조직**에게는 학습이 조직이 무엇을 알고 있는지 파악하고, 이를 통해 조직이 효과적이며 가치 있는 조직으로서 거듭날 수 있도록 상호 연결된 실천공동체를 유지하는 문제임을 의미한다.

이런 의미에서 학습은 별도의 활동이 아니다. 이것은 우리가 아무것도 하지 않을 때 하는 일이 아니며, 다른 일을 한다고 해서 중단하는 일도 아니다. 우리의 삶에는 학습이 강화되는 시기가 있다. 예를 들면, 상황이 우리의 익숙함을 흔들 때, 우리가 대응할 수 있는 능력을 넘어서는 도전을 받을 때, 우리가 새로운 실천에 관여하고 싶거나 새로운 공동체에 참여하고자 할 때 등이다. 또한 사회가 우리를 명시적으로 학습이 문제가 되며 주의가 필요한 상황에 놓는 경우가 있다. 우리는 수업에 참석하고, 외우며, 시험을 치르고, 졸업장을 받는다. 그리고 학습이 빛을 발하는 어떤 순간이 있다. 아기가 처음 말을 하거나, 누군가의 말 한마디에 문득 깨달음을 얻었을 때, 우리가 드디어 공동체의 구성원으로 인정받는 순간 등이다. 그러나 학습에 초점을 맞추는 상황이 반드시 우리가 가장 많이 혹은 가장 깊이 있게 배우는 상황은 아니다. 우리가 거론할 수 있는 학습의 사건은 아마도 화산 폭발과 비슷할지 모른다. 그 화산 폭발은 지구의 지속적인 움직임을 극적인 순간에 드러내 준다. 학습은 우리가 그것을 보든 보지 않든, 돌아가는 방식이 맘에 들든 그렇지 않든, 우리가 배우는 것이 과거를 반복하는 것이든 과거를 떨쳐 버리는 것이든지 간에 우리가 가정할 수 있는 것이다. 주어진 상황에서 기대되는 것을 배우지 못하더라도 대신에 대개는 다른 것을 배우게 된다.

많은 사람이 학습이라고 하면 즉각적으로 교실, 학기, 교사, 교과서, 숙제 및 연습 등의 이미지를 떠올린다. 하지만 우리의 경험에 따르면 학습은 일상생활의 필수적인 부분이다. 학습은 우리가 속한 공동체와 조직에 대한 참여의 일부이다. 문제는 우리가 이것을 모른다는 것이 아니라, 이런 익숙한 경험에 대해 체계적으로 이야기할 수 있는 방법이 없다는 것이다. **실천공동체**에 관한 주제는 어떤 면에서는 모두가 알고 있는 것을 다루지만, 이에 관해 이야기할 수 있는 체계적인 어휘를 가지고 있느냐 그렇지 않느냐에 따라 차이가 생긴다. 적절한 어휘는 중요하다. 왜냐하면 우리가 세상을 이해하기 위해 사용하는 개념이 우리의 인식과 행동 모두를 결정하기 때문이다. 우리는 보고자 하는 것에 주의를 기울이고, 우리가 이해할 수 있는 것에 귀를 기울이며, 우리의 세계관에 따라 행동한다.

학습은 당연한 것으로 여겨질 수 있지만, 현대사회에서는 다양한 방식과 이유로 학습을 관심 주제로 여기게 되었다. 우리는 국가 교육과정, 야심 찬 기업훈련 프로그램, 복잡한 학교교육 시스템 등을 개발한다. 우리는 학습을 유발하고, 주도하고, 이끌고, 가속화하고, 요구하고, 심지어는 학습을 방해하지 않기를 원한다. 어쨌든 우리는 그것에 대해 뭔가를 하고 싶어 한다. 따라서 학습에 관한 우리의 관점은 중요하다. 우리가 학습에 대해 어떻게 생각하느냐는 우리가 학습을 인식하는 위치뿐만 아니라, 우리가 무엇인가를 해야 한다고 결정할 때 우리가 개인으로서, 공동체로서, 조직으로서 취하는 행동에 영향을 미친다.

만약 우리가 학습의 본질에 대한 근본적인 가정을 성찰하지 않고 진행한다면, 우리의 개념이 오해의 소지가 있는 파급효과를 가져올 위험이 커진다. 빠른 속도로 변화하고 더욱 복잡하게 상호 연결되어 가는 세상에서 학습에 대한 우려는 분명 정당한 것이다. 그러나 학습 그 자체보다 더 시급히 주목해야 할 것은 오늘날과 같은 규모로 학습에 개입하는 우리의 학습개념일 것이다. 실제로 우리가 어떤 종류의 설계에 관심을 가지면 가질수록 우리의 담론이 다루고자 하는 주제에 미치는 영향은 더 깊어진다. 목표가 더 멀리 있다면 초기 오류가 중요해진다. 우리의 삶과 환경을 조직하려는 시도가 더욱 야심 차게 진행됨에 따라 우리의 관점, 이론, 신념의 함의도 더욱 확장된다. 점점 더 큰 규모로 미래에 대한 책임이 커짐에 따라 우리의 일에 영향을 미치는 관점에 대한 성찰이 더욱 절실해지고 있다. 학습을 조직화하려는 시도의 핵심적인 함의는 학습에 대한 우리 자신의 담론과 그것이 학습을 설계하는 방식에 미치는 영향에 대하여 성찰해야 한다는 것이다. 사회적 측면에서 학습을 고려하는 프레임워크를 제안함으로써, 나는 이 긴급한 성찰과 재고의 필요성에 기여하고 싶다.

이론의 실용성

관점은 레시피가 아니며, 무엇을 해야 하는지 알려 주지 않는다. 오히려 그것은 무엇에 주목해야 하는지, 어떤 어려움을 예상해야 하는지, 문제에 어떻게 접근해야 하는지에 대한 지침 역할을 한다.

- 예를 들어, 지식이 뇌에 명시적으로 저장된 정보 조각들로 구성되어 있다고 믿는다면, 이 정보를 잘 설계된 단위로 포장하고, 이 정보를 받을 장래의 수신자를 완벽하게 고요하고 방해요소가 없는 교실에 모아서 가능한 한 간결하고 명료하게 전달하는 것이 좋다. 이러한 관점에서 보면, 학교, 기업 연수원 또는 도서관 뒷방에서 교사가 수업을 진행하는 것이 학습사태의 전형으로 자리 잡게 된 것은 당연한 일이다. 그러나 명시적인 방식으로 저장된 정보가 지식의 작은 부분일 뿐이고, 지식이 주로 사회공동체에 적극적으로 참여하는 것과 관련이 있다고 믿는다면 전통적인 형식은 그렇게 생산적으로 보이지 않는다. 유망해 보이는 것은 학생들을 의미 있는 실천에 참여시키고, 참여를 강화하는 자원에 대한 접근을 제공하며, 시야를 열어 그들이 스스로 확인할 수 있는 학습궤도에 오를 수 있도록 하고, 소중히 여기는 공동체의 변화를 가져오는 행동, 토론 및 성찰에 참여시키는 등의 창의적인 방법들이다.
- 마찬가지로, 조직에서 생산적인 사람들은 조직 프로세스를 부지런히 실행하는 사람들이고, 따라서 조직성과의 핵심은 사람들의 행동을 규정하는 보다 효

율적이고 세부적인 프로세스를 정의하는 것에 있다고 믿는다면, 이러한 프로세스를 추상적인 방식으로 엔지니어링하고 재설계한 다음 실행을 위해 그것을 배포하는 것이 의미가 있다. 그러나 조직 내 사람들이 제도화된 프로세스로는 결코 완전히 포착할 수 없는 실천에 창의적으로 참여함으로써 조직의 목표에 기여한다고 믿는다면, 우리는 규정이 너무 많으면 실천을 효과적으로 만드는 창의성을 저해할 수 있다고 판단하여 그것을 최소화할 것이다. 우리는 우리의 조직이 이러한 실천을 개발하는 공동체가 번영할 수 있는 환경으로서의 역할을 할 수 있도록 해야 한다. 우리는 공동체 형성의 작업을 가치 있게 여겨야 하며, 참여자들이 필요한 자원에 접근할 수 있도록 보장하여, 그들이 자신의 지식을 충분히 활용하여 행동하고 결정 내리는 데 필요한 학습을 하도록 해야 한다.

만약 이 모든 것이 상식적으로 보인다면, 우리는 왜 우리의 제도가 이러한 결과를 가져오는 데 실패할 뿐만 아니라 무자비한 열정으로 이를 반대하는 것처럼 보이는지 자문해 봐야 한다. 물론 이러한 비난 중 일부는 이해관계의 충돌, 권력투쟁, 심지어는 인간의 사악함 때문일 수 있다. 하지만 이는 너무 단순한 해답이며 불필요하게 비관적인 생각이다. 우리는 또한 우리의 제도가 설계이며, 우리의 설계는 우리의 이해, 관점 및 이론에 구속되어 있다는 것을 기억해야 한다. 이러한 의미에서 우리의 이론은 매우 실용적인데, 우리의 이론은 우리가 어떻게 행동하는지 뿐만 아니라, 특히 사회시스템을 설계하는 경우에 가장 중요한 측면인 우리의 행동을 어떻게 정당화하는지에 대한 방식도 포함하고 있기 때문이다. 제도적 맥락에서는, 자신의 행동을 제도적 담론으로 정당화하지 않고는 행동하기 어렵다.

따라서 학습에 대한 사회적 이론은 학문적 연구에만 국한되지 않는다. 이 이론의 관점은 학문적인 연구에도 도움이 되지만, 우리의 일상적인 행동, 정책, 우리가 설계하는 기술적·조직적·교육적 시스템과 관련이 있다. 따라서 학습에 대한 새로운 개념적 사고의 프레임워크는 이론가뿐만 아니라 교사, 학생, 학부모, 청소년, 배우자, 의료인, 환자, 관리자, 근로자, 정책입안자, 시민 등 우리의 관계, 지역사회 및 조직에서 학습(우리 자신과 다른 사람의 학습)을 촉진하기 위해 어떤 식으로든 조치를 취해야 하는 우리 모두에게 가치가 있다. 이런 정신에 따라 『실천공동체(Communities of Practice)』는 이론가와 실무자 모두를 염두에 두고 집필되었다.

참고사항

· · · · · · · ·

나는 여기에서 제안한 사회적 관점이 학습에 대한 모든 것을 말한다고 주장하는 것이 아니다. 이는 우리 인간의 경험을 가능하게 한 생물학적·신경생리학적·문화적·언어적·역사적 발전을 당연시한다. 또한 내 접근 방식의 기반이 되는 가정이 다른 이론의 가정과 양립할 수 없다고 주장하지도 않는다. 여기에서 자세히 설명할 여지는 없지만, 대조를 위해 다른 이론의 주제와 교육적 초점을 언급하는 것은 이 관점이 놓인 풍경을 스케치하는데 도움이 될 것이다.

학습은 학생의 **신경학**적 기능에 자연스러운 관심을 갖는다.

- 신경생리학(neurophysiological)이론은 학습의 생물학적 메커니즘에 초점을 맞춘다. 이 이론은 생리적 한계와 리듬 그리고 기억 과정의 자극과 최적화 문제에 대한 정보를 제공한다(Edelman, 1993; Sylwester, 1995).

학습은 전통적으로는 **심리학** 이론의 영역이었다.

- **행동주의**(behaviorist)이론은 자극-반응 쌍과 선택적 강화를 통한 행동수정에 중점을 둔다. 이들의 교육적 초점은 통제와 적응적 반응에 있다. 이 이론들은 의미의 문제를 완전히 무시하기 때문에, 자동화, 심각한 사회적 기능장애 또는 동물훈련과 같이 사회적 의미의 문제를 다루는 것이 불가능하거나 적절하지 않은 경우에 유용하다(Skinner, 1974).

- **인지**(cognitive)이론은 내적 인지구조에 초점을 두고 학습을 이런 인지구조의 변환으로 간주한다. 인지이론의 교육적 초점은 의사소통, 설명, 재조합, 대조, 추론, 문제 해결을 통한 정보의 처리와 전달에 있다. 인지이론은 기존의 정보구조를 기반으로 하는 개념적 자료의 시퀀스를 설계하는 데 유용하다 (Anderson, 1983; Hutchins, 1995; Wenger, 1987).
- **구성주의**(constructivist)이론은 학습자가 환경과 상호작용할 때 자신만의 정신적 구조를 구축하는 과정에 초점을 맞춘다. 이들의 교육적 초점은 과제지향적이다. 이들은 설계와 발견을 지향하는 실습 위주의 자기주도적 활동을 선호한다. 이들은 시뮬레이션 세계와 같은 학습환경을 구조화하여 자기주도적 과제에 참여함으로써 특정 개념구조를 구축하는 데 유용하다(Papert, 1980; Piaget, 1954).
- **사회학습**(social learning)이론은 사회적 상호작용을 고려하지만, 여전히 주로 심리학적인 관점에서 접근한다. 이들은 모방과 모델링을 포함한 대인관계에 중점을 두며, 따라서 관찰이 학습의 원천이 될 수 있는 인지과정에 대한 연구에 중점을 둔다. 이들은 사회적 상호작용이 행동에 영향을 미치는 세부적인 정보처리 메커니즘을 이해하는 데 유용하다(Bandura, 1977).

일부 이론은 전적으로 심리학적인 접근에서 벗어나 있지만, 나의 이론과는 다른 초점을 가지고 있다.

- **활동이론**(activity theories)은 역사적으로 구성된 실체로서의 활동의 구조에 초점을 둔다. 활동이론의 교육적 초점은 활동의 역사적 상태와 해당 활동과 관련된 개인의 발달단계 사이의 격차, 예를 들어 언어의 현재 상태와 아동이 그 언어로 말할 수 있는 능력 사이의 격차를 해소하는 데 있다. 이 개념의 목적은 학습자가 혼자서는 수행할 수 없지만 도움을 받으면 수행할 수 있는 활동을 '근접발달영역(zone of proximal development: ZPD)'으로 정의하는 것이다 (Engeström, 1987; Vygotsky, 1934; Wertsch, 1985).

- **사회화**(socialization)이론은 성원 자격 획득이 사회집단의 규범을 내면화하는 것으로 정의되는 기능주의 프레임워크 안에서 신참자의 성원 자격 획득에 중점을 둔다(Parsons, 1962). 내가 주장하듯이, 개인이 규범을 모방하거나 내면화하는 것과 실천공동체 내에서 정체성을 구축하는 것 사이에는 미묘한 차이가 있다.
- **조직**(organizational)이론은 조직의 맥락에서 개인이 학습하는 방식과 조직이 조직으로서 학습한다고 할 수 있는 방식 모두에 관심을 둔다. 이들의 교육적 초점은 조직 시스템, 구조, 정치 그리고 제도적 형태의 기억에 있다(Argyris & Schön, 1978; Brown, 1991; Brown & Duguid, 1991; Hock, 1995; Leonard-Barton, 1995; Nonaka & Takeuchi, 1995; Senge, 1990; Snyder, 1996).

참고문헌

Anderson, J.R. (1983). *The Architecture of Cognition*. Cambridge, MA: Harvard University Press.

Argyris, C. and Schon, D.A. (1978). *Organizational Learning: A Theory of Action Perspective*. Reading, MA: Addison-Wesley.

Bandura, A. (1977). *Social Learning Theory*. Englewood Cliffs, NJ: Prentice-Hall.

Brown, J.S. (1991). Research that reinvents the corporation. *Harvard Business Review*, Jan.-Feb., pp. 102-11.

Brown, J.S. and Duguid, P. (1991). Organizational learning and communities-of-practice: Toward a unified view of working, learning, and innovation. *Organization Science,* 2(1): pp. 40-57.

Edelman, G. (1993). *Bright Air, Brilliant Fire: On the Matter of the Mind*. New York: Basic Books.

Engeström, Y. (1987): *Learning by Expanding: An Activity-Theoretical Approach to Developmental Research*. Helsinki: Orienta-Konsultit.

Hock, D.W. (1995). The chaordic century: The rise of enabling organizations. Governors State University Consortium and The South Metropolitan College/University Consortium, University Park, IL.

Hutchins, E. (1995). *Cognition in the Wild*. Cambridge, MA: MIT Press.

Leonard-Barton, D. (1995). *Wellsprings of Knowledge: Building and Sustaining the Sources of*

Innovation. Boston: Harvard Business School Press.

Nonaka, I. and Takeuchi, H. (1995). *The Knowledge–Creating Company: How Japanese Companies Create the Dynamics of Innovation*. New York: Oxford University Press.

Papert, S. (1980). *Mindstorms*. New York: Basic Books.

Parsons, T. (1962). *The Structure of Social Action*. New York: Free Press.

Piaget, J. (1954). *The Construction of Reality in the Child*. New York: Basic Books.

Senge, P.M. (1990). *The Fifth Discipline: The Art and Practice of the Learning Organization*. New York: Doubleday.

Skinner, B.F. (1974). *About Behaviorism*. New York: Knopf.

Snyder, W. (1996). Organization, learning and performance: An exploration of the linkages between organization learning, knowledge, and performance. Doctoral dissertation, University of Southern California, Los Angeles.

Sylwester, R. (1995). *A Celebration of Neurons: An Educator's Guide to the Human Brain*. Alexandria, VA: Association for Supervision and Curriculum Development.

Vygotsky, L.S. (1934). *Thought and Language*. Cambridge, MA: MIT Press.

Wenger, E. (1987). *Artificial Intelligence and Tutoring Systems: Computational and Cognitive Approaches to the Communication of Knowledge*. San Francisco: Morgan Kaufmann.

Wenger, E. (1998). *Communities of Practice: Learning, Meaning, and Identity*. Cambridge, MA: Harvard University Press.

Wertsch, J. (1985). *Vygotsky and the Social Formation of Mind*. Cambridge, MA: Harvard University Press.

17

전이학습과 성찰적 퍼실리테이션
일자리를 위한 학습 사례

Danny Wildemeersch & Veerle Stroobants

Danny Wildemeersch & Veerle Stroobants

Danny Wildemeersch는 현재 벨기에 루벤 가톨릭 대학교(Catholic University of Leuven)의 명예교수이다. 벨기에, 네덜란드 그리고 EU 프로젝트에서 오랜 경력을 쌓는 동안 그는 사회적 배제, 참여, 지속 가능한 개발 등을 다루는 풀뿌리운동, 이니셔티브, 조직의 교육 및 학습활동에 특별한 관심을 가져왔다. 1990년대 후반부터 그는 다양한 유럽국가의 사회적 취약계층 청년의 상황과 가능성을 연구하는 범유럽연합 프로젝트를 비롯한 다양한 프로젝트에서 젊은 연구자인 Veerle Stroobants와 긴밀하게 협력하였다. 다음 장은 Wildemeersch와 Stroobants가 공동 저술한 것으로, Stroobants의 박사학위 논문과 유럽 연구결과를 기반으로 한 전이학습에 관한 프레임워크를 제시한다. 이러한 통찰 중 일부는 Stroobants, Marc Jans 그리고 Wildemeersch가 2001년에 국제평생교육지(International Journal of Lifelong Education)에서 발표한 논문인 『Making sense of learning for work: Towards a framework of transitional learning』에서 처음으로 소개되었다.

도입

• • • • •

이 기고문에서는 주로 일자리를 찾거나 유지하는 데 어려움을 겪는 사람들을 지원하기 위해 다양한 교육, 훈련 및 지도 실천의 맥락에서 발생하는 전이학습 과정을 해석하려고 시도한 약 10년간의 연구를 되돌아본다. 이 연구의 결과 중 하나는 현재 사회의 전환을 배경으로 개인 학습과정과 교육 실천의 변화하는 조건을 해석하는 데 도움이 되는 프레임워크이다. 다양한 관찰자는 오늘날 사회의 변화를 개인화의 관점에서 설명하고 있다. 개인은 자신의 사생활과 직업생활에 대해 적절한 선택과 결정을 내릴 자유와 의무, 책임이 동시에 있다고 언급된다. 이러한 개인화 과정은 개인적·사회적 성찰(reflexivity)의 필요성을 증가시킨다. 결과적으로, 개인화 과정은 한편으로는 사람들의 학습에 있어 상호 연관된 발전과 함께, 다른 한편으로는 기존의 교육모델과 실천에 대한 도전과 함께 진행된다. 사람들은 변화하는 상황을 예측하고 대처하기 위해 자기성찰적 전기(self-reflexive biography)를 개발해야 하는 과제에 직면해 있다(Beck, 1992; Giddens, 1991). 한편, 교육자들은 개인 및 사회 변화를 위한 이러한 학습의 퍼실리테이터로서 자신의 역할을 성찰적으로 재고할 필요가 있다.

우리는 이러한 발전을 개인화 과정의 관점에서만 해석하고 싶지는 않다. 일방적인 구조적 결정론이라 순진한 자발주의를 피하려는 다양한 이론과 일치하게(Bourdieu, 1990; Giddens, 1984; Hodkinson & Sparkes, 1997), 우리는 성찰적 전기가 사람들이 빠르게 변화하는 상황에 적응할 수 있게 할 뿐만 아니라, 변화하는 조건에 대한 대안적이고 특화된 답을 개발하고 사회적 맥락에 영향을 미칠 수 있는 기회를 창출할 수 있다고 주장한다(Alheit, 1995; Biesta, 2006; Fischer-Rosenthal, 1995). 이러한 측면에서 우리는 교육연구와 마찬가지로 교육 실천이 그 역할을 하고, 심지어 해야 한다고 믿는다. 우리가 여기에서 제시하는 전이학습 이론(Stroobants et al., 2001도 참조)은 일과 관련된 개인의 학습과정과 성인 및 평생교육 이니셔티브에 대한 참여를 이해하기 위한 서술적이고 설명적인 프레임워크이다. 우리는 이러한 전이학습 이론이 오늘날 '입법자'의 위치에서 '해석자'의 위치로 역할이 극적으로 변화하고 있는 성찰적 전문가(reflexive professional)의 의사결정 과정을 지원하는 데 도움이 될 것이라고 확신한다(Bauman, 1987). 이러한 이유로 학습이 자신의 전기와 어떻게 연관되어 있는지에 대한 진정한 이해가 무엇보다 중요하다.

성찰적 및 제한적 활성화 사이에서

● ● ● ● ● ● ● ● ● ● ● ● ● ● ● ●

1988년 우리는 청년 실업자를 위한 교육, 훈련, 지도에 관한 최초의 국제 연구 프로젝트를 시작하였다(Wildemeersch, 2001). 이 프로젝트를 수행하고 관찰한 내용을 책으로 정리하면서 우리는 사회정책 담론에 중요한 변화가 있었음을 발견하였다(Weil et al., 2005; Wildemeersch & Weil, 2008). 청년 실업자들을 위한 프로그램의 명칭과 프레임워크가 '활성화 실천(activation practices)'으로 더욱 두드러지게 되었다. 지난 10년 동안 유럽 전역의 사회정책 담론에서 능동적 시민, 능동적 구직자, 능동적 노인, 능동적 공동체, 능동적 복지국가에 대한 강조가 두드러졌다. 이러한 맥락에서 개인은 자신의 학습, 고용 및 지역사회의 복지에 대해 적극적인 책임을 져야 한다. 이에 따라, 실업자에 대한 '클라이언트 중심'의 접근 방식은 개별 상담, 경력궤도 안내, 지속적인 모니터링이 중요한 원칙이 되는 '인본주의적' 활성화 방식을 증가시켰다. 오늘날 경제활동 활성화 실무자들은 청년 실업자, 여성 그리고 장기 실업자 등 그들의 클라이언트에게 표준화된 처방이나 접근 방식이 아닌 특별한 접근 방식이 필요하다는 사실을 잘 알고 있다. 우리가 연구했던 프로젝트에 따라 다소 차이는 있지만, 실무자 대부분은 열린 소통과 이해, 클라이언트의 생활세계에 대한 고려, 존중의 태도를 특징으로 하는 접근 방식이 매우 중요하다는 것을 인정했다. 우리의 연구 결과, 클라이언트는 소위 '성찰적' 형태의 활성화를 선호하는 것으로 나타났다. 그러나 우리는 이러한 실천에서 성찰적 활성화는 때때로 지지받는 이론인 반면, 제한적 활성화는 사용 중인 이론이라는 점에 대해 더 자세히 살펴볼 것이다(Argyris & Schon, 1978).

또한 성찰적 활성화는 청년들의 독특성을 존중하는 한편, 노동시장의 요구와 필요에 균형을 맞추어야 한다는 것을 의미한다. 게다가 이상적인 균형은 개인마다 다른 것으로 보인다. 이러한 긴장으로 인해 활성화 실천은 다소 섬세하고 때로는 좌절스러운 경험이 될 수 있어 퍼실리테이터의 신중한 성찰이 요구된다. 이는 전문가와 청년이 노동시장과 사회정책의 복잡한 성격을 고려하여 특정 활성화 전략의 가능성과 한계를 공동으로 해석하고 협상해야 한다는 것을 의미한다. 또한 이는 청년과 전문가 간의 모호한 관계 맥락에서 이루어져야 한다. 청년들의 독특성을 존중하면 퍼실리테이터는 필연적으로 보다 전기적인 접근 방식을 취하게 된다. 그들은 불안정한 해석을 토대로 구체적인 행동을 구성해야 한다. 실제 문제 해결은 '해석 전문가'의 성찰적 활동이다(Wildemeersch, 2000).

> 이러한 관점에서 해석하고 협상하는 것은 개방형 프로세스를 구성한다. 전문가들은 실제로 새로운 형태의 대화, 탐구, 액션 리서치를 통하지 않고는 볼 수 없는 선택지에 대해 비판적이고 창의적인 태도를 유지함으로써 자신과 참여자의 생활세계 그리고 시스템 세계 사이의 경계 긴장에 나오는 정보를 사용한다.
>
> (Weil et al., 2005, p. 159)

전이학습

• • • • • • • •

우리 연구센터의 또 다른 연구 프로젝트(Stroobants, 2001)에서는 여성들이 자신의 인생과정과 삶의 이야기를 구성함으로써 일에 대한 의미를 찾는 전기적 학습과정에 초점을 두었다. 유급노동을 통한 해방의 약속, 여성의 실제 직장 경험 및 현재 노동시장의 기회구조 간의 모호한 관계를 전제로, 우리는 여성들이 자신의 삶과 사회 전반에서 다양하고 변화하는 일에 대한 의미를 다루는 방식을 연구하였다. 사실 우리는 여성들의 유급노동과 평생학습, 성인 및 평생교육 참여의 해방적 잠재력에 대해 다소 회의적인 시각을 가지고 연구를 시작하였다. 그러나 우리는 여성들이 자신의 전기를 더 넓은 사회적 문제와 연결시키는 적절한 방법을 찾아야 하는 방식에도 똑같이 매료되었으며, 어떤 식으로든, 종종 일과/또는 교육을 통해 이루어지기도 하지만 교육 및 훈련 전문가의 도움을 받았든 말았든 여성들은 이를 성공적으로 이루는 것 같다.

연구과정 전반에 걸쳐 우리는 여성들이 일생 동안 수행하는 실제 '일'은 사회와의 관계 속에서 자기(self)를 (재)구성하는 것이라는 점을 이해하게 되었다(Fenwick, 1998; Rossiter, 1999; Tennant, 1998). 자기를 찾고 발전시키는 이 과정에서, 일은 여성들이 자신들의 삶을 구조화하고 이해하며, 사회에서 자신들의 활동 공간을 넓힐 수 있는 가능하고 바람직한 방식이다. 그러나 한편으로는 자신의 능력과 개인적·사회적 열망에 부합하고, 다른 한편으로는 노동시장의 요구와 구조에 부합하는 일자리를 찾는 것은 간단치 않다. 우리는 일에 참여할 때 자신과 사회 사이의 의미 있는 연결을 찾는 것을 전이학습의 과정으로 간주한다.

전이학습과 의미 있는 연결들

전이학습은 개인이 자신의 삶의 과정과 전환하는 맥락 사이의 역학 관계에서 예측할 수 없는 변화에 직면할 때, 그리고 이러한 변화하는 상황을 예기하고, 처리하고, 재조직할 필요성에 직면했을 때 나타난다. 이러한 상황은 의미를 구성하고, 선택하며, 책임을 지고, 개인적 및 사회적 맥락의 변화에 대처하는 지속적인 과정을 촉발한다. Alheit(1995)의 맥락에 따라 우리는 자신의 전기를 형성하는 평생의 과정을 전이학습의 과정으로 부른다. 이는 한편으로는, 과거, 현재, 미래의 행위자로서의 자기에 대한 내러티브적 이해와 다른 한편으로는 더 넓은 주제와 이슈의 관점에서 자신이 활동하고 살아가는 맥락에 대한 이해 사이에 의미 있는 연결을 만드는 것이다. 전이학습은 영구적인 학습과정을 의미하지만, 의미 있는 연결은 특정 시점에 변화하고 구체적인 이해관계와 가능한 결과를 의미한다. 여기에서 강조할 중요한 점은 이러한 의미 있는 연결을 만드는 과정이 개인 '안'에 있는 과정이 아니라는 것이다. 자신이 누구인지, 어디에 서 있는지, 어디로 가는지 등의 이야기를 들려주는 것은 항상 다른 사람의 질문에 대한 '응답'이다. 따라서 단일한 삶의 이야기를 전개하는 것은 자신의 전기에 대한 자명성(self-evidence)을 방해하는 타인들과 함께 구성하는 상호 간주관적 공간으로의 '현존'하는 행위와 관련이 있다. '이렇게 인간의 주체성에 대한 질문, 즉 독특하고 단일한 존재로서의 주체가 어떻게 현존하게 되는지에 대한 질문은 인간 주체를 실체나 본질로 규정하는 것에서 벗어나게 해 준다'(Biesta, 2006, p. 43).

적응, 성장, 차별화, 저항: 네 가지 기본 전략

전이학습의 과정은 두 가지 차원으로 구성된 상징적 공간의 중앙에 위치한다([그림 17-1] 참조). 첫 번째, 수평적 차원은 사회적 요구와 개인적 요구 사이의 긴장을 다루는 행동 및 성찰과 관련이 있다. 이러한 요구는 요구, 가치, 규범, 열망으로 수렴되거나 갈라질 수 있다. 우선순위는 사회적인 기준이나 개인적인 기준, 또는 보다 현실적인 경우 두 기준의 조합에 부여될 수 있다. 두 번째, 수직적 차원은 개인 혹은 사회적 기대, 계획, 프로젝트의 관점에서 자신이 활동하는 분야(예: 일, 훈련, 여가 등)가 어느 정도까지 변경될 수 있는지에 대한 행위자의 인식에 관한 것이다. 즉, 이는 특정 삶의 영역과 사회 전반에서 조직과 구조(예: 기회의 배분)에 영향을 미치거나 변화시키는 주관적으로 경험되고 인식되는 가능성과 한계에 관한 것이다.

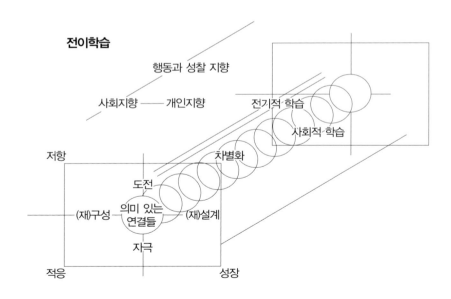

그림 17-1 전이학습

이 2차원 공간에서 의미 있는 연결을 만들기 위한 네 가지 기본 전략 또는 논리는 적응(adaption), 성장(growth), 차별화(distinction), 저항(resistance)으로 구분할 수 있다.

적응은 사회적 요구에 우선순위를 두는 전략으로, 노동시장 기회구조의 불변적 성격을 출발점으로 한다. 이 전략과 관련하여 자기와 맥락을 연결하는 과정은 주로 노동시장의 변화하는 요구와 조건에 의해 주도된다. 적응은 이러한 요구를 충족하고 사회적 기대에 부응하기 위해 필요한 역량을 습득하는 것이다.

성장은 주로 영향을 미치기 어려운 것으로 인식되는 사회적 맥락 내에서 적응에 대응하는 개인 중심적인(person-oriented) 개념이다. 이는 전인적 인간의 모든 측면과 잠재력을 개발한다는 의미와 변화하는 사회에 개인적으로 대처하기 위해 자기의 안녕과 회복을 돌본다는 의미 모두에서 진정성 있고 자유로우며 책임감 있는 주체로서 개인의 전인적 발달을 의미한다.

두 전략 모두 행위자는 주어진 사회적 맥락에서 가능한 최선의 방식으로 자신의 삶을 연출하고 해석한다. 하지만 사회적 기회구조의 변화 가능성을 시작점으로 삼을 때, 비판적 성찰과 행동의 활동이 중점에 놓이게 되며, 특정 사회 분야와 삶의 맥락(예: 노동시장의 실천)을 의도적으로 형성하려는 시도와 결합된다.

차별화 전략에서는 억압적인 것으로 경험되는 사회적 요구(예: 자유, 창의성, 진정성의 이미지와 상충되는 노동시장의 요구)에서 개인적인 해결책을 찾기 위해 대안적이고 개인적인 삶의 방식을 개발하는 것이 중요하다.

반면에, 저항은 비판적 성찰과 행동을 사회의 요구에 영향을 미치고 변화시킬 수 있는 방향으로 명시적으로 유도한다. 이는 사회적 헌신을 의미한다. 이러한 네 가지 전략의 관련성을 입증하기 위해, 우리는 이제 선별된 여성 그룹과의 전기적 인터뷰를 바탕으로 한 Stroobants (2001)의 해석 중 일부를 소개한다.

Anita의 구직 활동은 앞에서 설명한 전략과 관련하여 해석할 수 있다. 그녀는 아직 아이가 없는 젊은 기혼여성으로, 몇 번의 실망스러운 직장 경험 후 '적합한 일자리'를 찾고 있다. 그녀는 남자들이 주로 하는 일자리를 얻기 위해 훈련과정을 계속하길 원했다. 그러나 상담사들이 그 분야에서는 그녀를 위한 일자리를 구할 방법이 없다고 확신하기 때문에 그녀는 끝내 그 과정을 마치지 못한다. 대신 그녀는 간호사 일자리를 안내받았다. 다른 선택의 여지가 없었고 그 분야에서는 고용이 보장되기 때문에 그녀는 결국 이를 받아들였다(적응). 곧 그녀는 이 일자리가 자신이 기대했던 것과 다르다는 것을 깨닫는다. 자신의 열망, 역량 그리고 꿈과 맞지 않았기 때문이다. 이 일은 그녀를 실망시키고 자존감까지 떨어뜨리고 있다. 치료는 그녀가 자존감을 회복하고 그 상황에 대처하도록 도와주었다(성장). 그녀는 도자기와 가구 만들기 야간 과정에 참가하면서, 잊혀진 자기의 창의적인 측면을 개발하려고 노력한다(성장). 어떤 면에서, 그녀는 각종 강좌와 야간 강의를 통해 적절한 라이프 스타일을 개발한다(차별화). 사실 그녀는 가구 제작자가 되어 자신만의 조그마한 사업을 시작하고 싶어 하지만, 현재로서는 그녀가 운영해야 하는 여건의 한계를 고려할 때 이는 현실적인 선택이 아니다. 그녀는 자신이 남자의 일을 할 수 있다는 것을 증명하고 싶어 택시기사가 되기로 결심한다(저항).

앞에서 언급한 네 가지 전략 혹은 논리는 다소 이상적이고 이론적인 구성이며, 두 구조 차원의 두 극단의 결합으로 이해되어야 한다. 의미 있는 연결을 구축하는 데 있어 다른 극과의 긴장을 무시할 수 없기 때문에 이러한 전략이 순수한 형태로 나타나는 경우는 많지 않다. Anita의 이야기에서처럼 구체적인 상황에 대처하는 측면(예: Anita는 강좌와 치료에서 보상을 찾아야만 간호사 일을 계속할 수 있다)에서는 의미 있는 것처럼 보이지만, 전기적인 관점에서 보면 실제로는 연결되어 있지 않다. 동시에 저항 행위를 통해 Anita는 자신의 개인적인 발전을 자신이 더욱 발전시키길 원하는 라이프 스타일과 연계할 공간을 창조한다. 따라서 대부분의 경우 의미 있는 연결을 이루기 위해 두 차원의 교차점에서 전략을 결합하거나 혼합하여 적용한다고 가정하는 것이 좀 더 사실에 가까워 보인다. 중요한 점은 긴장의 영역이 개인이 활용할 수 있는 동적이고 생산적인 결과를 생성할 수 있는 기회를 주거나, 혹은 주체 내에서 통제 활동을 자극할 수 있는지를 확인하는 것이다. 다음에 설명하고 있는 자극, 도전, (재)설계, (재)구성의 결합전략은 두 가지 차원 중 하나에 대한 긴장을 명시적으로 고려하고 있다. 따라서 차원의 극은 or-or 결합보다는 and-and 결합의 방식으로 연결된다.

자극, 도전, (재)설계, (재)구성: 네 가지 결합 전략
자극(stimulation)은 주어진 기회구조 안에서 사회적 요구와 개인적 요구를 조율하여 작동하는 첫 번째 결합전략이다. 이는 한편으로는 전환하는 사회가 만들어 내는 변화하는 요구를 충족시키고(적응), 다른 한편으로는 개인의 지향성을 고려하려고 노력한다(성장). 오늘날 노동시장에서 통합에 부여된 중요성을 고려할 때, 이러한 결합전략이 자주 적용된다. 그러나 노동시장의 요구는 변화하기 어려운 것으로 간주되기 때문에 몇 가지 위험이 발생할 수 있다. 예를 들어, '피해자 비난모델(blaming-the-victim model)'을 재생산하는 경향이 있는 고용 가능성 담론(Jansen & Wildemeersch, 1996)의 경우처럼, 개인의 자유와 책임에 대한 신화를 배양하는 실천 맥락에서 배제의 메커니즘은 여전히 실재한다.

두 번째 결합 전략인 도전(challenge)은 사회적 요구와 개인적 요구 사이의 긴장과 동일하게 관련되지만, 사회적 맥락의 변화 가능성을 출발점으로 삼는다. 즉, 저항은 특정 생활방식 실천에서 개별화된 표현을 찾을 수 있으며, 역으로 그 차별화(distinction)가 저항 활동에서 역할을 할 수 있도록 허용된다는 것을 의미한다. 여기서 나머지 일방성은 사회질서를 변화시킬 가능성이 과대 평가되었거나, 기존의 제한적 메커니즘이 충분히 고려되지 않았을 수 있다는 것이다. 이는 실망, 좌절, 심지어 자기배제(self-exclusion)로 이어질 수 있다.

세 번째 결합 전략인 (재)설계[(re)design]는 기회구조의 전환 가능성에 관한 두 가지 상반된 인식의 경계선에 위치하며, 오로지 개인적 요구의 충족에만 사로잡혀 있다. (재)설계는 기존의 기회구조 내에서(개인적인 성장) 또는 그 너머(라이프 스타일을 통한 차별화)에서뿐만 아니라, 자기와 행동 환경의 기회, 가능성 그리고 한계를 현실적으로 계산하고 적극적으로 상호작용함으로써 이루어지는 개인적 발전과정을 의미한다. (재)설계 전략은 사회적 요구를 다루지 않는다.

네 번째 결합 전략인 (재)구성[(re)construction]은 설계 전략과 균형을 이룬다. 이는 개인적 요구보다는 사회적 요구를 지향한다. 이는 기회 구조와 그것들의 도덕적·정치적 차원에 대하여 비판적(저항)이면서도 실용적이고, 현실적(적응)인 인식에 바탕을 둔 실천의 (재)설정[(re)establishment]에 관한 것이다. (재)구성은 현안 문제의 개인적인 관점에 대해서는 눈을 감아 버릴 위험이 있다.

Monique는 미혼모로, 몇 번의 노동시장 이직 끝에 자신이 선택한 라이프 스타일에 맞는 일자리를 찾았다. 앤쓰로포소픽 원칙(anthroposophic principle)에 따라 생활하는 채식주의자인 그녀는 천연 건강제품 가게의 공동소유자기도 하다. 그녀는 자신의 일을 자신의 삶과 존재 방식의 연장선상에서 경험한다. 그녀는 자신의 삶을 창조[(재)설계]하여 특정 라이프 스타일에서 개인적인 발전을 찾은 셈이라고 말할 수 있다. 그녀의 사례는 자영업자로서 일을 소득 창출 활동으로 확장하고 일에 자신만의 프로필과 의미를 부여함으로써 여성이 노동시장과 관련될 수 있는 [(재)구성] 대안적인 방식을 제시한다.

비고 및 뉘앙스

결합 전략을 설명할 때, 우리는 전이학습의 두 가지 차원 중 하나에만 일방적으로 초점을 맞출 때 발생하는 몇 가지 위험을 지적한 바 있다. 의미 있는 연결을 만드는 과정은 두 차원의 긴장을 모두 고려해야 한다. 역동적인 사회구조 내의 사회적 주체(social agency)를 출발점으로 삼아 사회적 요구와 개인적 요구를 조율하고 주변 맥락의 수용과 변화를 현실적으로 통합하는 것이다. 이런 목표를 위해 제시된 몇 가지 전략은 창의적이고 변화하는 순서와 방향에 따라 실행될 것이다.

그러나 전이학습은 체계적이고 합리적인 방식으로 의미 있는 연결을 지향하는 의도적인 선형과정이 아니다. 또한 항상 성공하거나 가능한 것도 아니다. 무엇보다도 우연, 행운, 기회구조에서의 차이, 예상치 못한 가능성과 구조적인 한계가 전이학습의 과정을 형성하는 의미 있는 연결을 생성하는 데 중요한 역할을 한다. 중요한 것은 이러한 우연이나 '우연'의 상황에 적절하게 대응할 수 있는 (또는 대응하는 것을 배울 수 있는) 사람이냐는 것이다(Hokinson & Sparkes, 1997).

Denise의 이야기를 통해 우리는 의미 있는 연결을 찾는 것이 항상 쉽거나 분명한 것이 아니라는 것을 알게 된다. 그녀는 노동시장에 진입하기 위해 다양한 전략을 시도했지만, 지금껏 어느 것도 성공하지 못했다. 그녀는 아이가 없는 독신 여성이다. 그녀는 대학 학위를 가지고 있지만, 그에 상응하는 사회적 요구를 충족시킬 수 없다고 느낀다. 그녀는 여러 직종과 분야에서 일해 보았지만, 아직 자신에게 적합하고 유용한 일자리를 찾지 못했다. 그녀는 몇 년 동안 정규 직장을 가지고 있지 않아 다양한 노동시장 중심의 훈련(적응)과 상담(성장) 활동에 참여하고 있다. Denise는 거의 필사적으로 일자리를 찾고 있으며, 노동시장의 요구(자극/활성화)에 부합하도록 자신의 역량을 개발하기 위해 노력하고 있다. 그러나 동시에 그녀는 현재의 유연하고 스트레스가 심한 노동시장에 대해 매우 비판적이다. 현

노동시장은 그녀의 올바른 가치와 원칙에도 맞지 않으며 실제로 그것의 일부가 되고 싶지 않다(저항). 그녀는 노동시장에 대항하면서 자신만의 방식으로 일하고 싶지만, 아직 방법을 찾지 못했다.

그러나 개인적인 차원에서의 이러한 상대적 예측 불가능성(unpredictability)이 사회적인 차원에서 긍정적인 기회구조를 만들고, 의미 있는 연결을 가능하게 하는 것이 중요하지 않다는 것을 의미하지는 않는다. 비록 우리의 이론적 접근이 규범적 프레임워크를 제시하려는 것은 아니지만, 일에 관한 숙고와 선택의 과정이 중립적인 사회적 맥락에서 일어나지 않는다는 점을 강조한다. 이는 일과 노동 분야가 운영되는 방식에 관한 서로 다른 견해, 사회적 책임에 관한 공론화 및 기회구조의 (재)분배를 고려하여 이 분야를 (재)조직해야 할 책무와 명백히 관련되어 있다. 한편으로는 개인의 자율성과 책임, 다른 한편으로는 집단적 합의와 기회 사이의 새로운 균형 또는 관계가 개인적·사회적인 차원 모두에서 의미 있는 연결을 가져오고 촉진시킬 수 있다.

전이학습에 관한 교육적 관점

성인 및 계속교육을 통한 의미 있는 연결

전기적 연구 인터뷰 대상자들의 삶과 삶의 이야기에서 일뿐 아니라 성인 및 계속교육(continuing education) 이니셔티브에 참여하는 것은 구조화되고 의미 있는 활동으로 경험된다. 많은 경우, 종종 놀랍고 변화하는 방식으로, 다른 어떤 수단보다도 성인 및 계속교육 이니셔티브는 자신들이 경험한 전이학습의 과정에 도움이 되는 것으로 여겨진다. 여성과 일에 관한 이 연구의 참여자들은 여러 교육 및 상담 활동에 참여하여, 자연스럽게 자신의 전기적·상황적 관점에서 자신의 학습에 개인적인 의미를 부여했다. 그들은 노동시장과 전환하는 사회의 요구에 대응하는 수단으로 교육을 어느 정도 믿고 있다. 교육이 비록 그렇게 하는 데 실패하더라도 개인의 성장과 자기계발을 위해, 또는 적절한 라이프 스타일을 설계하거나 대안적인 고용 방식을 구축하는 데 도움이 되는 수단으로서 여전히 관련성을 유지한다. 다양한 경우에 인터뷰 대상자들이 교육과 학습 경험을 자신의 특별한 삶의 계획과 이야기에 통합하는 방식은 때때로 교육적 프레임워크에서 구축된 결과에 의문을 제기하거나 반박하기도 한다.

Magda의 이야기는 여성 인터뷰 참여자들이 교육경험에 의미를 부여하는 방식, 즉 자신의 학습을 다양한 전이학습 전략들과 연계시키는 방식을 잘 보여 준다. Magda는 상인 집안의 아홉 남매 중 막내로 자라났다. 언젠가 자신만의 가게를 갖는 것이 그녀의 어릴 적 꿈이었다. 결혼하고 아이가 생기면서 사무보조원 일을 그만두었다. 그녀는 엄마이자 주부로서의 역할을 진심으로 받아들이고 남편의 사업장부 작성을 돕는다. 몇 년 후, Magda는 자신의 행동을 제약하는 '패턴'에서 벗어날 방법을 찾기 시작했다. 결국 그녀는 베이커리 사업에 대한 교육을 받기 위해 저녁 강좌에 다니기로 했다. 그때만 해도 그러한 결심의 결과가 어떻게 될지 확신할 수 없었다. 돌이켜보면, Magda의 삶의 이야기는 그녀가 어릴 적 꿈꿨던 것을 이루어 냈음을 분명히 보여 준다. 그러나 제빵사 교육에 참석하는 것은 여러 가지 목표를 달성하기 위한 다층적 전략으로 이해되어야 하며, 때로는 미리 정해진 교육목표와 상반되는 경우도 있다. Magda에게 이것은 자신의 취미를 즐기는 방법(엄마이자 주부로서의 역할에 맞는 개인적 성장)이자, 부기 자격을 취득하는 방법(협력하는 배우자로서 수행하는 그녀의 '일'에 유용함-자극)이기도 하고, 그리고 자신의 사업을 시작할 가능성을 열어 두는 방법(자신의 꿈을 이루는 것-구성/설계/도전)이기도 하다.

의미 있는 연결과 활성화 전략들: Flexi Job 사례

전이학습 이론은 전체 프레임워크가 학습자의 관점에만 국한되지 않기 때문에 퍼실리테이션의 관점에서도 흥미로울 수 있다. 이는 또한 개별 학습과정을 지원하려는 교육, 훈련, 가이던스, 상담 전문가들의 활동에도 적용할 수 있다. 이 프레임워크는 또한 이러한 전문가들이 퍼실리테이터로서 자신의 위치와 실천을 이해하는 방식과 그들이 사용하는 (조합된) 전략을 의미한다. 학습하는 개인들에 대한 그들의 행동은 우리가 구별한 각 전략을 촉진하고 활성화하거나 아니면 억제하는 측면에서 이해될 수 있다. 따라서 전이학습의 프레임워크는 다양한 관점에서 접근할 수 있다. 이를 통해 전문가와 참가자 간의 상호작용에서 발생하는 긴장, 갈등, 모순을 해석할 수 있다. 이러한 측면에서 전이학습 이론의 타당성을 설명하기 위해 'Flexi Job'(Weil et al., 2005, p. 38) 사례를 간략히 살펴본다. 여기에서 제시하는 자료들은 우리가 『유럽의 청년 실업자와 사회적 배제(Unemployed Youth and Social Exclusion in Europe)』라는 책에서 광범위하게 다룬 '역량 균형 맞추기(Balancing competences)' 프로젝트의 맥락에서 구성된 사례연구를 통해 수집한 것이다(Weil et al., 2005). 이러한 자료들의 해석은 전이학습의 프레임워크를 개발하는 데 도움이 되었다. 동시에 이러한 새로운 프레임워크는 이 사례의 긴장과 모순을 더 잘 이해할 수 있게 해 주었다. 다음에서 제시한 사례는 사실 부분적인 관찰을 바탕으로 한 해석이다. 따라서 이 해석이 이 사례에 대한 궁극적인 진실로 간주되어서는 안 된다. 오히려 이는 관련 실무자들에게도 전이학습 프레임워크의 도움을 받아 이러한 실천을 고려하도록 하며, 이러한 프레임워크가 미처 고려하지 못했던 측면들을 경험해 볼 수 있도록 하는 초대이다.

Flexi Job은 벨기에의 한 '사회적' 고용기관을 가리키는 가상의 이름이다. 이는 도시의 중심부에 위치한 다른 기관과는 달리 Flanders와 Antwerp와 같은 대도시의 소외된 지역에 의도적으로 자리 잡고 있다. 이 기관은 불우한 청년들의 생활세계와 현재의 노동시장 상황을 연결하려는 포부를 가지고 있다. 정책 결정자들과 Flemish Employment Agency(VDAB)의 시각에서 유망해 보이는 이 모델은 프로젝트에 참가한 청년 근로자가 장기 실업 청년들로 구성된 대상 그룹과 장기간 집중적으로 접촉하는 것을 기반으로 한다. 이러한 경험들로부터 얻은 가설은 고려된 그룹이 안정적인 일자리를 받아들이기에는 아직 준비되어 있지 않거나, 받아들일 의향이 없으며, 그들에게 일자리 경험을 쌓게 하기 위해서는 비전통적인 방법을 찾는 것이 더 나으리라는 것이다. 따라서 Flexi Job은 청년 실업자들이 여가와 취업을 번갈아 가며 시도할 수 있도록 지원하고자 한다. Flexi Job의 개념은 이 특정 그룹에게 단기 일자리(1~30일)를 제공해야 한다는 원칙에 기초하고 있다. 이러한 일자리는 수입은 원하지만, 정규 노동시장의 규율은 따르고 싶지 않은 청년들을 격려하기 위한 것이다. '최대 30일' 슬로건은 그들의 노동에 대한 태도와 잘 어울린다고 여겨져, 그들을 유인하는 데 활용된다. '일'과 '자유' '안정성'과 일종의 '유목민적 라이프 스타일'의 조합을 약속하는 것이다. Flexi Job은 이러한 청년들이 '저항'의 문화를 반영하는 '새로운 삶의 방식'을 실험할 수 있도록 지원하고자 한다. 이러한 문화는 평생 노동의 규범을 포함한 주류사회에 대한 반발과 대안적인 라이프 스타일을 통해 자신을 차별화하려는 야망을 반영하는 것으로 여겨진다.

하지만 이들 청년과의 인터뷰를 통해 다른 열망을 발견할 수 있었다. 우리는 이 그룹이 지지하는 이러한 형태의 저항에 대한 충분한 증거를 찾지 못했다. 오히려 우리는 '평생 일자리'라는 전통적인 꿈을 가진 청년들을 많이 만날 수 있었다. 이 청년들에게 임시직은 긴급한 해결책이거나 장기계약으로 나아가는 중간 단계이다. 우리의 주장을 발전시키기 위해 '대안적 몽상가' 그룹을 고려해 보자. Flexi Job이 말하는 저항의 형태는 결국 저항이 아니라 적응을 향한 새로운 궤적일 수 있다. 이 관점을 뒷받침하는 세 가지 논거가 있다.

- 이러한 저항은 유연성을 효과적으로 다루면서 이를 경력 개발의 첫걸음으로 삼을 수 있는 청년들에게 의미가 있을 수 있다. 그렇게 되면 이는 저항 전략이거나 어쩌면 성장 전략과 동시에 관련된 일종의 라이프 스타일 차별화 전략이 될 수 있다.

자신의 성격 및 개인적 아젠다와 밀접하게 연관된 몇 가지 짧은 과제를 활용하면서 경력을 쌓는 데 성공한 우수한 자격을 갖춘 젊은 졸업생의 예를 들어 보자. 일하는 기간과 일하지 않는 기간을 번갈아 가며 몇 달 동안 세계여행을 하는 트렌드가 대표적인 예이다. 이러한 관점은 특히 고학력 청년들에게는 의미가 있다. 그러나 자격을 갖추고 있지 못한 사람들의 기회구조는 매우 제한적이어서, 이러한 형태의 저항이나 차별화는 결국 사회와 노동시장에서 불리한 위치에 있는 사람들에게는 단순한 적응이나 자기배제의 조건으로 바뀔 수 있다.

- 노동시장은 이런 저항에 무관심하지 않다. 이 저항은 유연성 담론(flexibility discourse)과 완벽하게 일치한다. 그런 점에서 저항은 애초에 저항이라기보다는 오히려 노동시장의 유연성 요구에 적응하라는 초대이다. 일부 청년들은 이러한 노동시장의 변화를 불안한 것으로 경험한다. 적응은 필수적인 것으로 간주되는데, 새로운 삶의 방식이라기보다는 불만족스러운 해결책이나 생존 전략 중 최선책이다. 임시직(temporary employment)은 삶의 위기와 맞물려 심

각한 경제적 문제를 극복하는 데 도움이 된다. 노동시장의 새로운 '가치', 특히 유연성과 일반적으로 저숙련자들이 장기적인 일자리를 찾으려는 기대 사이에는 간극이 있는 것 같다.

- Flexi Job은 청년들이 일하는 것과 일하지 않는 것을 번갈아 하며 동시에 자신만의 계획을 개발하여 자신의 계획 및 아젠다와 조화를 이루는 지속 가능한 일자리를 찾을 수 있다는 환상을 불러일으키는 일종의 실험적인 상태를 조성한다. 그러나 실제 실험적인 여지는 학교교육을 받지 않은 유연한 노동인력의 결함 있는 기회구조로 인해 제약을 받고 있다. 인터뷰에 참여한 청년들은 전화 교환원, 경찰관, 보안요원 등 자신의 꿈에 관해 이야기했다. 하지만 나중에 훈련을 받을 수 있을 만큼 충분한 돈을 벌지 않는 한 Flexi Job 내에서는 이러한 계획과 꿈을 실험할 수 있는 곳은 없다.

결론적으로 우리는 Flexi Job이 주로 청년 실업자의 단기적인 요구를 충족시킨다고 주장한다. 사실 젊은이들은 일자리를 원하며, 당장 급한 돈이 필요하기 때문에 빠르게 일자리를 얻고자 한다. 임시직은 이러한 요구를 완벽하게 충족시켜 준다. 그러나 Flexi Job과 일부 참여자 간의 열망의 차이는 장기적인 관점과 관련이 있다. 어떤 측면에서 보면, Flexi Job은 임시직이 중심이 되는 새로운 삶의 방식을 지원함으로써 삶의 질에 대한 새로운 이해를 제시한다. 하지만 우리가 인터뷰했던 청년들의 관점은 달랐다. 이들에게 임시직은 긴급 지원의 성격을 띠고 있다. 그들이 실제로 분명히 추구하는 (그리고 가능한 한 빨리 선호하는) 것은 지속 가능한 일자리에서의 장기계약으로, 멘토가 염두에 두고 있는 비전통적인 라이프 스타일보다는 전통적인 라이프 스타일을 개발하는 것이다. 이러한 이유로 우리는 이 사례가 '제한적 활성화'의 한 사례임을 주장한다. 우리는 이 사례를 배제 자체보다는 배제된 사람을 문제시하고, 참여자들에게 자기 삶의 궤적에 대하여 제한된 책임과 권리만을 부여하며, 일자리를 위해 학습하는 동안 의미 있는 연결을 만드는 데 거의 도움이 되지 않는 전략으로 특징지었다(Weil et al., 2005, p. 200). 우리는 전이학습의 프레임워크를 활용하여 Flexi Job의 활동에 영향을 미치는 몇 가지 가정을 재고할 수 있었다. 우리는 이 프레임워크가 특정 활성화 전략의 타당성을 더 탐색하고 논의하는 데 실제로 도움이 된다는 것을 설득력 있게 보여 주기를 기대한다.

결론

● ● ● ● ●

우리는 이 장에서 전이학습이 당사자 '내부'에서만 일어나는 것이 아니라, 응답을 요청하는 외부 사람들에 의해 시작된 상호작용을 통해서도 상당한 정도로 일어나는 과정이라고 주장했다. 그래서 이 장에서는 성인 및 계속교육의 실천 사례도 소개했다. 오늘날 성인 및 계속교육은 경제적인 요구에 맞춰 개인을 활성화시키기 위해 점점 더 직업 및 시장 중심의 훈련을 제공하는 역할을 맡고 있다. 그러나 성인 및 계속교육 이니셔티브들은 다른 학습 실천들에서도 역할을 할 수 있다. 이는 자기와 사회와 관련하여 일을 찾고 의미 있는 일을 창출하는 데 자극을 줄 수 있다. 그것들은 사람들이 대안적인 삶과 일 방식의 실현에 대한 개인적·구조적 가능성과 한계에 대한 개관을 개발하는 데 도움을 줄 수 있다. 새로운 기회를 창출하는 데도 도움을 줄 수 있다. 사람들을 자신의 삶 이야기를 개발하는 데 초대하여 '특별한 사람'으로 현존하게 할 기회를 만들 수 있다. 이런 경우, 참여자들이 '당연하다고 여기는 이야기'를 중단시키는 것이 적절하다. 이렇게 함으로써 그들은 또한 개인의 선택과 결정에 사회적인 의미를 부여하고, 사회에 대한 시그널을 강화하여 사회구조에 영향을 미치며, 새로운 현실을 설계하고 새로운 실천을 구축할 수 있는 가능성을 창출해 냄으로써 이니셔티브 자체의 목표와 미션 그리고 주변 사회 간의 중요한 연결을 창출할 수 있다. 오늘날 그러한 활동은 대체로 '성찰적 퍼실리테이션 실천'이라 할 수 있다. 지난 10년간의 다양한 연구 경험을 기반으로 제시한 사례들은 전이학습과 성찰적 활성화에 관한 새로운 이론에서 이러한 실천이 어떻게 영감을 받을 수 있는지를 명확히 보여 준다. 이러한 이론은 실무자와 정책결정자 사이 그리고 교육, 훈련, 가이던스를 제공하는 조직 내에서의 성찰, 대화 및 의사결정의 중요한 기반이 될 수 있다. 우리는 이 장의 고려사항이 이러한 과정을 심화시키는 데 도움이 되기를 바란다.

참고문헌

Alheit, P. (1995). Biographical learning: Theoretical outlines, challenges and contradictions of a new approach in adult education. In P. Alheit, A. Bron-Wojciechowska, E. Brugger and P. Dominice (eds.), *The Biographical Approach in European Adult Education* (pp. 57-74). Vienna: Verband Wiener Volksbildung.

Argyris, C. and Schon, D. (1978). *Organizational Learning: A Theory of Action Perspective.* Reading, MA: Addison-Wesley.

Bauman, Z. (1987). *Legislators and Interpreters: On Modernity, Post-Modernity and Intellectuals.* Ithaca, NY: Cornell University Press.

Beck, U. (1992 [1986]). *Risk Society: Towards a New Modernity.* Cambridge, UK: Polity Press.

Biesta, G. (2006). *Beyond Learning: Democratic Education for a Human Future.* Boulder, CO: Paradigm.

Bourdieu, P. (1990 [1987]). *In Other Words: Essays Towards a Reflexive Sociology.* London: Routledge.

Fenwick, T. (1998). Women composing selves, seeking authenticity: A study of women's development in the workplace. *International Journal of Lifelong Education,* 17(3), 199-217.

Fischer-Rosenthal, W. (1995). The problem with identity: Biography as solution to some (post)-modernist dilemmas. *Comenius,* 15, 250-265.

Giddens, A. (1984). *The Constitution of Society: Outline of the Theory of Structuration.* Cambridge, UK: Polity Press.

Giddens, A. (1991). *Modernity and Self-Identity: Self and Society in Late Modern Age.* Stanford, CA: Stanford University Press.

Hodkinson, P. and Sparkes, A.C. (1997). Careership: A sociological theory of career decision making. *British Journal of Sociology of Education,* 18(1), 29-44.

Jansen, T. and Wildemeersch, D. (1996). Adult education and critical identity development: From a deficiency towards a competency approach. *International Journal of Lifelong Education,* 15(5), 325-340.

Rossiter, M. (1999). A narrative approach to development: Implications for adult education. *Adult Education Quarterly,* 50(1), 56-71.

Stroobants, V. (2001). Baanbrekend leren – een levenswerk: Een biografisch onderzoek naar het leren, leven en werken van vrouwen [Learning for work: A biographical research into learning, living and working of women]. Leuven, Belgium: K.U. Leuven, Faculty of Psychology and Educational Sciences (doctoral dissertation).

Stroobants, V., Jans, M. and Wildemeersch, D. (2001). Making sense of learning for work: Towards a framework of transitional learning. *International Journal of Lifelong Education*, 20(1/2), 114–126.

Tennant, M. (1998). Adult education as a technology of the self. *International Journal of Lifelong Education,* 4(13), 364–376.

Weil, S., Wildemeersch, D. and Jansen, T. (2005). *Unemployed Youth and Social Exclusion in Europe: Learning for Inclusion?* Aldershot, UK: Ashgate.

Wildemeersch, D. (2000). Lifelong learning and the significance of the interpretive professional. In K. Illeris (ed.), *Adult Education in the Perspective of the Learners* (pp. 158–176). Copenhagen: Roskilde University Press.

Wildemeersch, D. (ed.) (2001). *Balancing Competencies: Enhancing the Participation of Young Adults in Economic and Social Processes.* (Report for the European Commission – Targeted Socio–Economic Research, FP4). Leuven, Belgium: Katholieke Universiteit Leuven, Centre for the Research on Lifelong Learning and Participation.

Wildemeersch, D. and Weil, S. (2008). Social sustainability and activation strategies with unemployed young adults. In P. Willis, S. McKenzie and R. Harris (eds.), *Rethinking Work and Learning: Adult and Vocational Education for Social Sustainability.* Berlin: Springer.

18

학습의 정치 중단하기

Gert Biesta

네덜란드인인 Gert Biesta는 2006년에 발간한 그의 저서 『학습을 넘어: 인간의 미래를 위한 민주교육(Beyond Learning: Democratic Education for a Human Future)』으로 국제적인 명성을 얻은 이후에 학습 및 교육에 관한 국제적 논쟁에서 중요한 비판적 목소리를 내왔다. 그는 네덜란드, 룩셈부르크, 스웨덴, 노르웨이, 스코틀랜드, 영국의 대학에서 근무했으며, 현재는 런던 브루넬 대학의 교육학과 교수이다. 그의 접근 방식은 근본적으로 이론적이지만 광범위하고 교육적이며 정치적인 측면도 있다. 그는 작가, 편집자, 위원회 위원 등으로 활발히 활동하고 있으며, 항상 인본주의적인 태도와 관점을 취해 왔다. 2013년 『Power and Education』(Vol. 5, No. 1)에 게재된 다음 장에서 Biesta는 '학습'의 개념, 언어, 담론에 대한 몇 가지 근본적인 질문을 제기하고, 교육의 해방적 잠재력을 되찾기 위해서는 개입이 필요하다고 주장한다.

도입: 학습, 학습, 학습

· · · · · · · · · · · · ·

Jacques Derrida는 자신의 저서 『마르크스의 유령들(Spectres of Marx)』 서문에서 '정의 상, 산다는 것은 배울 수 있는 것이 아니다'(Derrida, 1994, p. xviii)라고 썼다. 이 말이 사실이라면, 그리고 정의상 그렇다면, 2010년에 개최된 상하이 국제 평생학습 포럼에서 유네스코가 발표한 보고서의 서문에서 발췌한 다음 구절은 다소 '엉뚱하게' 들릴 수도 있다.

> 지금 우리는 빠르게 변화하는 복잡한 사회적·경제적·정치적 세계에 살고 있기 때문에 다양한 맥락에서 새로운 지식, 기술, 태도를 점점 더 빠르게 습득하며 적응해야 한다. 개인 차원에서는 평생학습자가 되지 않으면 삶의 도전에 대처할 수 없고, 사회 차원에서는 학습하는 사회가 되지 못한다면 지속 가능하지 않다.
>
> (Yang & Valdes-Cotera, 2011, p. v)

위협처럼 들리는 이러한 주장(당신은 평생학습자가 되지 않으면 인생의 도전에 대처할 수 없을 것이다! 사회는 학습사회가 되지 않으면 지속 가능하지 않을 것이다!)은 최근에 너무 익숙해져서 우리는 지금 '학습의 시대'[공교롭게도 이는 1998년 '새로운 영국을 위한 르네상스'를 약속한 영국 정부의 컨설테이션 챕터(consultation chapter) 제목과도 일치한다. DfEE, 1998 참조]에 살고 있다고 주장할 수 있을 정도이다.

학습의 시대에 우리는 학습이란 좋은 것이고 바람직한 것이며, 종종 **본질적으로도 좋고** 바람직하다는 주장에 둘러싸여 있다. 우리는 또한 학습이 피할 수 없는 것, 해야만 하는 것, **하지 않을 수 없는 것**이기 때문에 학교, 단과대학, 종합대학에서 이루어져야 할 뿐만 아니라, 실제로는 시간적으로 확장(평생학습의 개념)되고 공간적으로 확장(삶의 전방위에 걸친 학습, 우리 삶의 모든 측면에 스며드는 학습)되어 평생 동안 지속되어야 한다는 주장에 둘러싸여 있다. 하지만 1996년 Jacques Delors와 그의 동료들이 작성한 유네스코 보고서의 제목에 제시된 것처럼 학습은 정말로 '내면의 보물'일까(Delors et al., 1996)? 학습이란 정말 피할 수 없는 것일까? '숨을 들이마시는 것처럼, 우리가 언제나 생각 없이 학습하는 것은 불가피한 생물학적 사실인가'(Field, 2000, p. 35)? 정말 그런가? 그렇다면 학습이란 참으로 황혼에서 새벽까지, 요람에서 무덤까지, 자궁에서 무덤까지 우리 삶에 스며들어야 하는 것일까? 그렇다면 유럽의 모든 국가와 각 국가 내에서 궁극적으로 모든 개인이 학습을 얼마나 '잘' 하고 있는지를 극도로 상세하게 측정하는 유럽 평생학습 지표를 갖는 것(ELLI Development Team, 2008; Biesta, 2012a 참조)이 전적으로 합리적일까?

이 장에서 나는 우리 시대와 우리 삶 전반에 편재하는 '학습의 시대'에 대해 몇 가지 중요한 질문을 제기하고자 한다. 이러한 질문은 부분적으로 담론, 즉 학습 담론과 그것의 문제와 관련이 있다. 부분적으로는 파워, 즉 학습 담론을 통해 파워가 행사되는 방식과 관련이 있다. 또한 이 질문들은 저항과 관련이 있다. 즉, 우리가 학습에 대한 '요구'에 저항해야 하는지, 그렇다면 어떻게 저항할 수 있는지에 관한 문제와 관련이 있다.

나는 교육자이자 교육학자로서 이러한 질문에 접근하는데, 이는 학습의 언어가 세계에의 참여와 세계로부터의 해방이라는 교육의 이중적 과제에 있어서 전혀 도움이 되지 못한다고 생각하기 때문이다. 이 과제는 물질적이고 사회적인 세계(이러한 교육 '과제'에 대한 공식화는 예를 들어, Meirieu, 2007 참조)와의 관련성을 다루는 것이다. 이 장에서 내가 사용할 분석적이고 비판적인 '장치'는 '학습의 정치'라는 개념이다. 이를 통해 나는 '학습'의 담론 뒤에 숨겨진 상태로 동시에 진행되고 있는 강력한 작업을 강조하고자 한다. '논의의 장'은 평생학습 분야인데, 이 분야는 학습에 대한 주장과 요구가 가장 분명하게 드러나는 곳일 뿐만 아니라 정책과 연구를 통해 현대사회에서 학습에 대한 명백한 '상식'에 가장 강력하게 기여하고 있기 때문이다.

나는 내 아이디어를 다섯 단계로 발전시킬 것이다. 나는 학습에 관한 담론으로부터 시작하여, 한편으로는 교육 담론의 지속적인 '학습화(learnification)'에 대해, 다른 한편으로는 '학습'이라는 개념 자체를 둘러싼 몇 가지 문제를 강조할 것이다. 이러한 배경에서, 나는 평생학습 '분야'에서의 변화를 살펴보고(여기에서 학습이라는 용어로 이 '분야'를 명명하는 것 자체가 이미 내가 다루고자 하는 문제의 일부라는 점에 유의해야 한다), 이를 통해 작동되는 학습의 정치의 몇 가지 측면을 탐구하고자 한다. 그런 다음 나는 우리가 학습을 자연발생적인 것으로 여기는 경향에 어떻게 저항할 수 있는지에 대해 몇 가지 제안을 할 것이다. 이는 이론 수준과 실제 수준 모두에서 학습을 호흡 및 소화와 동등한 위치에 두는 경향에 저항하는 방법이다. 이제 나는 거기에서부터 해방의 문제로 전환하여 학습의 정치의 제약에서 벗어나 해방을 어떻게 생각하고 실천할 수 있는지 탐구할 것이다. 다섯 번째 단계에서는 학습이 없는 해방이란 어떤 모습일지에 대해 Foucault의 저작을 통해 설명한다. 이후 나는 결론을 통해 내 주장의 요지를 정리할 것이다.

'학습'의 문제

지난 20년 동안 '학습'이라는 단어는 교육 연구, 정책, 실천에서 인기 있는 개념이 되었다. 다른 곳(Biesta, 2009; 2010a)에서 나는 '학습'이라는 단어의 사용 급증과 보다 넓은 '학습의 언어' 부상을 교육 담론과 실천의 **학습화**(learnification)로 특징지었다. 이러한 과정은 교육을 '교수와 학습'으로, 학생을 '학습자'로, 성인을 '성인학습자'로 지칭하며, 교사를 '학습 촉진자'로 보고, 학교는 '학습 환경' 또는 '학습을 위한 장소'로 바라보는 경향 등 여러 담론적 변화를 통해 볼 수 있다. '학습을 위한 장소'는 Sheffield에 위치한 초등학교인 Watercliffe Meadow를 가리키는 문구로, 이는 '학교'라는 단어가 학생과 학부모에게 부정적인 의미를 내포하기 때문에 이 문구를 사용한 것으로 알려져 있다.[1] '성인교육'에서 '평생학습'으로의 전환은 이 '새로운 학습 언어'의 부상을 보여 주는 또 다른 두드러진 징후이다(Biesta, 2006a).

'새로운 학습 언어'의 부상은 여러 발전의 결과이며, 부분적으로는 의도치 않은 결과라

---

1 다음 웹사이트 참고. http://en.wikipedia.org/wiki/Watercliffe_Meadow (2017년 2월 26일 검색).

고 해야 할지도 모른다. 여기에는 (1) 새로운 학습 이론, 특히 구성주의 이론의 영향, 즉 교사나 교사의 투입보다는 학생과 그들의 활동에 더 중점을 두는 이론, (2) 권위주의적 형태의 교수법에 대한 (포스트모던의) 비판, (3) John Field(2000)가 학습의 '조용한 폭발'이라고 부르는, 즉 점점 더 많은 사람이 더 다양한 학습 형태와 모드, 특히 비형식 및 무형식 학습에 참여하고 있다는 사실, 그리고 (4) 신자유주의 정책과 정치가 성인교육을 포함한 교육 분야에 미치는 개별화 영향(이에 관한 내용은 뒤에서 다시 언급함) 등을 포함한다. 학습 언어의 부상은 어떤 경우에는, 특히 편협하고 통제적이며 권위주의적인 방식으로 교육이 이루어지던 곳에서 교육을 받는 사람들에게 힘을 실어 주기도 하였다. 하지만 학습 언어의 부상은 바람직하지 않은 결과도 가져왔다. 이러한 결과는 '학습'의 개념이 가지는 두 가지 측면과 관련이 있는데, 하나는 '학습'이 과정을 나타내는 용어라는 점이고, 다른 하나는 '교육'과 달리 '학습'이 개인주의적이며 개별화가 가능한 용어라는 점이다.

첫 번째 요점부터 살펴보면, 영어에서 '학습'은 일반적으로 과정이나 활동을 의미한다. 그러나 이는 '학습'이라는 단어 자체가 내용, 방향, 목적과 관련하여 중립적이거나 공허하다는 것을 의미한다. 따라서 학습이 좋거나 바람직하다고 제안하는 것, 즉 학습이 평생 동안 계속되어야 하거나 학교에서 장려되어야 한다고 제안하는 것은 학습의 내용이 무엇인지, 더 중요하게는 학습의 **목적**이 무엇인지 명시되지 않는 한 실제로 아무 의미가 없다. 학교교육이든 성인교육이든 교육의 요점은 학생들이 단순히 배우는 것이 아니라 특정한 **이유**에 의해 **무언가**를 배우는 것이기 때문에 '학습'이라는 개념의 공허함은 이러한 교육환경에서 상당히 문제가 되고 있다. 학습의 언어는 많은 경우 이 질문이 논의에서 사실상 사라질 정도로 목적에 대한 질문과 관련된 논의를 현저하게 어렵게 만들었다(Biesta, 2010a 참조). '학습'이 개인주의적이고 개별화된 용어라는 사실(학습은 결국 자신을 위해서만 할 수 있는 일이며, 다른 사람을 위해 학습하는 것은 불가능하다)은 교육의 과정과 실천에서 관계의 중요성으로부터 관심을 멀어지게 하여 교사나 성인교육자와 같은 교육 전문가의 특별한 책무성과 과업이 실제로 무엇인지 탐구하는 것을 훨씬 더 어렵게 만들었다.

학습에 대한 질문은 항상 그 목적에 대해 더 많은 질문을 제기한다는 것을 인정할 때 한편으로는 학습의 바람직한 목적이 무엇인가에 대한 질문을 시작할 수 있고, 다른 한편으로는 평생학습을 위한 정책과 실천에서 촉진되고 있는 특정 목적이 무엇인지를 비로소 알아볼 수 있다. 첫 번째 문제와 관련하여 성인교육 분야에서는 성인의 학습이 일차원적이지 않고 다양한 목적에 부합할 수 있다는 사실이 오랫동안 알려져 왔다. Aspin과 Chapman(2001)은 평생학습의 세 가지 의제를 경제적 진보와 발전을 위한 평생학습, 개인적 발전과 성취를 위한 평생학습 그리고 사회적 포용과 민주적 이해 및 활동을 위한 평생학습으로 구분하는 것이 도움이 된다고 말한다(pp. 39-40). 다른 곳(Biesta, 2010a)에서 나는 교육 목적의 세 가지 영역을 구분할 것을 제안했다. 이는 교육을 통해 개인이 특정 일을 할 수 있는 자격을 얻는 방법과 관련된 **자격** 영역(지식, 기술, 가치 및 성향의 획득에 관한 영역), 교육을 통해 개인이 기존의 사회, 정치, 직업적 '질서' 등의 일부가 되는 방식과 관련이 있는 **사회화** 영역, 그리고 사회화와는 반대로 개인이 기존 질서의 일부가 되는 방식이 아니라 어떻게든 독립적인, 또는 자율적인 행동과 책임의 주체가 될 수 있는지에 관한 **주체화** 영역 등이다. 자격화와 사회화는 기존의 사회정치적 구성과 환경 속에서 활동할 수 있는 힘을 준다는 점에서 개인의 권한 부여에 기여할 수 있지만, 주체화는 해방, 즉 주어진 질서를 단순히 받아들이는 것이 아니라 기존 질서의 변화를 꾀하기 때문에 다른 행동 방식과 존재가 가능해지는 방식을 지향한다. 뒤에서 이에 대해 더 자세히 다룬다.

따라서 학습 언어의 문제는 교육의 과정과 실천의 중요한 차원, 즉 내용, 목적 및 관계의 측면을 모호하게 만드는 경향이 있다는 것이다. 이는 학습 언어가 교육 분야에서 매우 도움이 되지 않는 언어라는 것을 의미할 뿐만 아니라(실제로 이는 교사들이 자신의 일에서 규범적·정치적 측면에 관여하는 능력에 부정적인 영향을 미친다는 증거가 있다. 예를 들어, Biesta, 2010a, p. 4 참조, 그래서 내가 이것을 강조하기 위해 '학습화'라고 하는 다소 어색한 용어를 만든 이유이기도 하다) 또한 학습의 언어로 수행되는 정치적 '작업'을 모호하게 만들고 있다는 것을 의미하기도 한다. 이제 이 문제로 넘어가 보자.

학습의 정치

· · · · · · · ·

교육 분야 담론의 학습화에 관한 예들은 학교, 단과대학 및 종합대학에서도 얼마든지 찾을 수 있지만 가장 명시적이고 가장 극단적인 예들은 평생학습 '분야'에서 벌어지고 있다. 이미 지적했듯이, 이 분야를 평생학습이라고 부르는 사실 그 자체가 이미 학습 언어가 이 영역에 미치는 영향을 강조하고 있다. '평생' 차원에 대한 관심은 오랫동안 존재해 왔지만, 예를 들어 영국의 Basil Yeaxlee와 미국의 Eduard Lindeman의 연구(둘 다 1920년대)에서 '평생'이라는 개념은 오랫동안 **학습**의 개념이 아닌 **교육**(Yeaxlee의 1929년 저서 제목도 평생교육이었다)의 개념과 연결되어 왔다. 1970년대에도 '평생'에 대한 관심의 증가는 1972년 유네스코 보고서인 '존재를 위한 학습: 현재와 미래의 교육 세계(Faure et al., 1972)'나 1973년 OECD의 초기 보고서 중 하나인 '순환교육(OECD, 1973)'에서처럼 항상 교육과 연관되어 있었다.

이후 20년이 지난 후에도 유네스코는 1996년 보고서 '학습: 내면의 보물(Delors et al., 1996)'에서처럼 여전히 교육 노선을 추구하였다. '학습: 내면의 보물'(하지만 제목에 주목하라)은 평생교육이 '일의 본질적 변화에 대한 적응'에 초점을 맞출 뿐만 아니라 '전인적 인간을 형성하는 지속적인 과정'이 될 수 있도록 '평생교육의 개념을 재고하고 확장할 필요성을 주장하였을 뿐만 아니라(ibid., p. 19), '사회적 결속에서 민주적 참여로'(ibid., 2장), '경제성장에서 인적 개발로'(ibid., 3장) 관심을 전환해야 한다고 주장하면서 평생학습의 정치적, 민주적, 글로벌 차원에 명시적인 관심을 기울였다. '학습: 내면의 보물'은 어떤 의미에서는 빠르게 부상하고 있는 평생학습에 관한 대안적 담론에 대한 응답으로 읽힐 수 있는데, 이는 경제적 논리(근거) 및 인적자본 개발로서의 평생학습에 중점을 둔 것이 특징이다.

평생학습이 무엇보다도 경쟁력 확보와 경제성장을 위한 인적자본개발에 관한 것이라는 생각은 OECD가 1997년 발간한 영향력 있는 문서인 '모두를 위한 평생학습(OECD, 1997)'이 핵심적인 역할을 했다. '모두를 위한 평생학습'은 평생학습에 대한 경제적 논리를 강조하는데, 이는 '평생에 걸친 학습'이라는 다소 형식적인 의미로 이해된다(ibid., p. 15). 이 보고서는 '모두를 위한 평생학습'이라는 개념을 '개인, 가족, 직장 및 지역사회의 지속적인 적응과 갱신 능력을 향상시킬 필요성에 직접 대응하는 정책전략의 기본 원칙'으로 제시하였다(ibid., p. 13). 이러한 적응과 쇄신은 세계 경제와 직업 세계의 변화에 대비하여 필요한 것으로 제시된다. 따라서 '유아교육부터 은퇴 후의 능동적 학습까지'의 평생학습은 '고용과 경제발전을 촉진하는 중요한 요소'로 제시되며, 이와 더불어 '민주주의와 사회적 결속'

을 촉진하는 데에도 중요한 요소로 제시된다(ibid., p. 13). 앞서 언급한 바와 같이, Delors 의 보고서는 사회적 결속에서 민주적 참여로, 경제성장에서 인적 개발로 관심을 전환해야 한다고 주장한 반면, '모두를 위한 평생학습은' 경제성장과는 정반대의 방향으로 나아가 며, 민주주의와 사회적 결집을 서로 잠재적으로 긴장 관계에 있는 의제가 아니라 양립 가 능한 '의제'로 보고 있다(이에 대해서는 Biesta, 2006b 참조).

평생교육에서 평생학습으로의 전환은 의미하는 바가 많다. 이는 무엇보다도 평생교육 의 지향이 개인적이고 민주적인 목표와 관련이 있는 것에서 경제학적(economistic)[2] 논리는 아니더라도 경제적(economic)인 것으로의 전환이다. 여기에서 평생학습은 개인과 그들의 기술 및 역량 수준에서 인적 자본의 추상적인 생산 문제로 나타나며, 더 큰 매크로 수준에 서는 '인적 자본을 새로운 요구사항에 맞추는 핵심 전략'으로 나타난다(ELLI Development Team, 2008, p. 8). 그러나 평생학습의 **방향성**만 변화한 것이 아니라, '**형태**'와 관련하여 중요 한 변화도 있다. 한 가지 중요한 변화는 평생학습의 지속적인 **개인화**(individualisation)인데, 이는 Field(2000)가 '조용한 폭발'이라는 개념으로 실증적으로 보여 주고 있지만, 이는 이념 적인 측면에서도 확인할 수 있다. 예컨대, 개인이 글로벌 경제의 요구에 적응하고 맞춰야 할 필요를 강조하는 것, 평생학습을 일련의 유연한 기술과 역량 습득으로 재구성하는 것 그리고 관계적 개념인 '평생교육'에서 **개인주의적** 개념인 '평생학습'으로의 미묘하지만 중 요한 의미 전환을 찾아볼 수 있다.

이는 '형태'의 문제이기도 하지만 정치의 문제이기도 하다. 이 수준에서의 가장 중요한 변화는 개인이 주장할 수 있는 **권리**로서의 평생학습이 모든 사람이 지켜야 할 **의무**로 전환 되는 것이다(OECD 1997년 보고서 제목인 '모두를 위한 평행학습'을 신중하게 읽으면 확인할 수 있는 데, 이는 모든 사람에게 **제공되는** 평생학습이 아니라 **모든 사람에게 요구되는** 평생학습이다). Astrid Messerschmidt(2011)는 이러한 변화를 일종의 'Bildungspflicht'['Bildung(교육)'에 대한 의무] (Messerschmidt, 2011, p. 18)의 출현으로 규정하고, 'Bildung(교육)'에 대한 의무가 부상하면 서 성인교육의 핵심적 특징 중 하나인 참여의 자발성이 사라졌다는 점을 리스본 전략과

---

2 여기서 나는 '경제학적(economistic)'이라는 용어를 사용하였는데, 이는 'scientific'과 'scientistic'의 차이와 유사 하게 경제(economy)를 그 자체로 목적과 가치로 삼는다는 의미이다.

연결하여 정확하게 지적하고 있다.

다른 곳(Biesta, 2006b, pp. 175-176)에서 나는 이러한 변화를 권리와 의무의 **역전**으로 볼 수 있다고 주장한 바 있다. **평생교육** '패러다임'하에서 개인은 평생교육을 받을 권리가 있고 국가는 자원과 기회를 제공할 의무가 있었지만, **평생학습** '패러다임'하에서 개인은 평생에 걸쳐 학습할 의무를 지게 되었고 국가는 이제 모든 시민에게 평생에 걸쳐 학습할 권리를 요구할 수 있는 위치에 있는 것처럼 보인다. 이를 보여 주는 한 가지 예로 영국 및 다른 영어권 국가의 평생학습 정책에서 '도달하기 어려운 학습자(hard-to-reach learner)'라는 개념이 등장한 것을 들 수 있는데, 이는 사회의 어두운 관심사 어딘가에 여전히 학습 의무의 이행을 거부하는 소수의 개인이 존재한다는 것을 시사한다(Brackertz, 2007 참조).

이곳에서 우리는 학습의 정치가 작동하기 시작하는 것을 볼 수 있다. 여기에는 여러 가지 측면이 있다. 학습의 정치의 한 가지 핵심적인 측면은 정치적 문제를 학습의 문제로 전환하는 경향의 증가이며, 따라서 이러한 문제를 해결하는 책임이 국가와 집단에서 개인 수준으로 이동하는 것이다. 이것은 경제적 논리의 부상과 급변하는 글로벌 시장에서 고용가능성을 유지하는 것이 개인 자신의 책임으로 강조되는 사실에서 분명히 볼 수 있다. 그런데 왜 이러한 시장이 애초부터 경제, 사회, 정치적 생활 전반에 걸쳐 권위를 행사해야 하는지에 대한 질문이 제기되어야 한다. 이 문제는 전적으로 개인의 **적응**과 **조정**의 문제, 즉 학습의 문제로 정의되며 더 이상 구조적 문제나 집단적 책임에 관한 문제로 정의되지 않는다.

그러나 이러한 압력은 개인 외부로부터 뿐만 아니라 내부로부터도 나온다. 이것은 개인이 평생학습에 대한 요구를 확인하고 내면화하기 시작하는 Foucault의 '통치성(governmentality)' 과정으로서의 평생학습자 정체성의 구성과 관련이 있다(Rose, 1999 참조). 따라서 그들은 단순히 외부 압력의 결과로 '영구적으로 학습하는 주체'(Field, 2000, p. 35)가 되는 것이 아니라, 실제로 이러한 방식으로 자신을 구성하고 수행해야 할 내적 '필요성'을 느낀다(예: Forneck & Wrana, 2005; Fejes, 2006; Biesta, 2006b). 그리하여 학습은 '내면의 보물'이 아니라 '내면의 압력'으로 바뀌며, 학습의 정치는 우리가 학습하려는 우리의 명백한 의지로부터 양분을 공급받는다(Simons & Masschelein, 2009 참조).

학습의 정치는 또한 평생교육과 평생학습에 대한 민주적 관심에서 사회적 결속과 통합에 대한 강조로 전환하는 과정에서도 작동하고 있다. 여기서 간단하지만 중요한 문제는 결집력이 있는 사회가 반드시 또는 자동적으로 민주주의적인 사회가 되는 것은 아니라는 점이다. 또한 사회 통합과 결속이라는 개념은 항상 누가 무엇에 통합되어야 하고 누구와 결속되어야 하는지, 그리고 누가 의제를 설정하고 통합과 결속이라는 용어를 정의할 수 있는지에 대한 문제를 제기한다(Biesta, 2010a, 6장 참조). 다시 말해, 평생학습은 경제의 '수요'에 대한 적응과 조정과 관련하여 우리가 본 것과 유사한 적응과 조정 과정을 통해 통합과 결집을 촉진하기 위해 동원되고 있다.

내가 강조하고 싶은 학습의 정치의 네 번째 측면은 학습의 **자연화**, 즉 학습을 우리의 호흡이나 소화와 같이 전적으로 자연스러운 현상으로 보는 경향과 관련이 있다. 학습이 우리의 생물학적 그리고 점점 더 우리의 신경학적 '구성'의 일부이기 때문에 단순히 우리가 할 수밖에 없는 것(하지 않을 수 없는 것)이라고 말하는 것은 다음과 같은 주장으로 이어진다. (1) 우선 학습이 삶과 동일시된다. (2) 그렇게 되면 이는 거의 필연적으로 평생의 과정이 되며, (3) 그다음에는 정상적인 인간이라면 누구나 학습할 수 있다는 주장으로 넘어가고, (4) 그런 다음에는 모든 정상적인 인간은 학습해야 한다는 제안으로 쉽게 이동하여, (5) 학습하기를 원하지 않고 학습자 정체성을 거부한다면 당신에게 뭔가 문제가 있다는 것이 틀림없다는 결론에 도달하게 된다.

학습의 정치, 즉 학습이라는 개념과 언어, 담론을 통해 이루어지는 정치적 작업의 이러한 측면을 강조하는 것은 학습에 좋은 측면이 있을 수 있다는 것을 부정하는 것이 아니다(앞에서 설명한 문제들로 인해 나는 점점 더 낙관적이지는 않지만). 그러나 근본적으로 개인주의적이고 개별화되며 실체적인 언어라기보다는 과정의 언어인 학습의 언어는 순진한 언어가 아니라 실제로 우리가 무엇이 될 수 있고 어떻게 될 수 있는지에 강력한 영향력을 행사하는 언어이며, 해방보다는 길들이는 경향이 있는 언어라는 사실을 인식해야 한다. 그렇다면 저항의 기회는 무엇이며, 거기에서 학습은 여전히 무엇을 해야 하는가? 이제 이 중요한 질문들에 답해 보도록 하자.

학습의 탈자연화는 학습의 재정치화이며, 학습의 재정치화는 학습의 탈자연화를 요구한다

• •

만약 이러한 학습의 정치가 작동할 수 있는 방식 중 일부가 학습이 자연적인 과정이자 현상이라는 제안에서 비롯된 것이라면, 학습을 통해 이루어지는 정치적 작업을 드러내기 위한 첫 단계는 학습의 탈자연화하는 것, 즉 학습의 인위적 본질을 강조하는 것이다. 학습 이라는 개념을 탈자연화하는 한 가지 방법은 '학습'이 서술적인 개념이 아니라 **평가적인 개 념**이라는 점을 인정하는 것이다. 만약 우리가 학습을 성숙의 결과가 아닌 널리 받아들여 지는 '어느 정도 지속적인 변화'로서 정의하는 것에서부터 출발한다면, 예를 들어 '존은 자 전거를 타는 법을 배웠다' 또는 '메리는 열역학 제1법칙을 배웠다'와 같은 문장에서 '학습' 이라는 단어를 사용할 때 변화를 **기술**하는 것이 아니라 변화에 대한 **판단**을 내리고 있다는 것을 알 수 있다. 요점은 만약 우리가 존을 좀 더 주의 깊게 관찰한다면 아마도 변화된 많 은 것을 식별할 수 있을 것이라는 점이다. 이러한 변화 중 일부를 '학습'으로, 다른 일부를 '그냥 변화'로 구분하는 이유는 우리가 이러한 변화를 **가치 있게 여기기** 때문이며, (긍정적으 로, 예를 들어 존이 자전거 타는 법을 배웠다는 것을 자랑스럽게 생각하거나 혹은 부정적으로, 예를 들 어 그 과정에서 나쁜 습관을 익혔을 때 그러하다) 그리고 우리는 적어도 어느 정도는 이러한 변 화가 단지 성숙의 결과가 아니라 환경과의 상호작용의 결과라고 믿을 만한 이유가 있기 때문이다.

이것은 '학습'이라는 용어가 **판단**을 표현하는 용어임을 나타내며, 우리가 '학습'이라는 단어를 사용할 때 어떤 사실을 묘사하기보다는 어떤 사건을 평가하는 것으로 볼 수 있다 는 것을 시사한다. (따라서 우리는 학습이 명사가 아니라고 말할 수 있다) 그렇다면 변화를 학습 으로 구성하는 것은 바로 이 판단이다. '학습'을 평가적인 용어로 보는 것은 학습이라는 개 념을 탈자연화하는 효과적인 방법이 될 수 있다. 왜냐하면 이렇게 함으로써 '학습'이라는 단어가 사용될 때마다 특정 변화를 학습으로 정의하는 이유가 무엇인지 묻는 것뿐만 아니 라 해당 판단을 내리는데 누가 참여하는지, 즉 누가 특정 변화를 학습으로 정의하고 다른 변화를 '그냥' 변화로 정의할 수 있는 권한을 주장하는지 물어볼 수 있기 때문이다.

학습이라는 개념이 탈자연화될 수 있는 또 다른 방법은 학습자라는 정체성 자체를 거부함으로써 이러한 정체성이 불가피한 것이 아니라 실제로 거부될 수 있다는 것을 보여 주는 것이다(Simons & Masschelein, 2009 참조). 이러한 거부는 누군가를 학습자라고 부르는 것이 실제로는 매우 구체적인 개입이라는 것을 가시화하는 데 도움이 될 수 있다. 여기에서 학습자라고 불리는 사람은 무언가 부족하고, 아직 완전하지 않거나 유능하지 않기 때문에 더 많은 '학습 활동'에 참여해야 한다는 주장이 제기된다(Biesta, 2010b 참조). 어떤 특정한 경우에는 이러한 가정을 하는 것은 전적으로 타당하지만, 예를 들어 어떤 사람이 특정한 기술을 습득하거나 특정한 지식이나 이해를 얻고자 하는 명백한 욕구가 있는 경우, 학습자의 정체성을 이러한 경우에만 국한시키고, 이를 실용적이며 시간적·상황적 제약이 있는 선택으로 여겨야 하며, 자연스러운 상태로 간주해서는 안 된다는 것이 중요하다. 또한 어떤 경우에는 학습자 정체성을 거부하는 것이 실제로 정치적으로 중요할 수 있는데, 특히 앞에서 언급한 바와 같이 학습자 정체성이 집단이 책임져야 할 과제, 요구 및 의무를 개인에게 부담시키는 데 사용되는 경우에는 더욱 그렇다. 학습자 정체성을 거부하고, 어떤 경우에는 실제로 배울 것이 없다고 주장하는 것, 예를 들어 '적절하게' 말하는 것이 무엇을 의미하는지 배우지 않고도 시민으로서 말할 수 있다고 주장하는 것(다음 참조 및 Biesta, 2011 참조)은 학습의 중요성을 비난하는 것이 아니라, 학습을 탈자연화하여 정치화함으로써 선택, 정치, 권력이 가시화되도록 하는 것이다. 따라서 학습자 정체성을 거부하는 것은 동시에 학습의 정치를 **폭로**하고 **반대**하는 것이다.

학습 없는 해방

● ● ● ● ● ● ● ● ●

지금까지 제시된 아이디어가 어느 정도 이해가 된다면 이 장의 마지막 단계에서는 어렵지만 중요한 이슈인 해방과 연결하고 싶다. 결국 학습이 상당 부분 길들이기(domestication)의 도구가 되는 경우거나, 랑시에르의 번역가에게 감사해야 할 아름다운 단어를 사용하자면, 무능화(stultification)의 도구가 되는 경우라면, (우리) 교육자들에게 중요한 질문은 우리가 여전히 해방의 기회를 엿볼 수 있는가의 문제, 보다 구체적으로는 학습 없이 해방의 기회를 여전히 상상할 수 있는지 여부이다. 내가 보기에 이 문제에 중요한 공헌을 한두 명의 저자가 있는데, 한 명은 Michel Foucault이고 다른 한 명은 Jacques Rancière이다. 여기서는 학습 없는 해방에 대한 이해의 한 예로서 Foucault의 아이디어를 제시하는 것으로 한정하고자 한다. [3] 이 섹션에서는 해방에 대한 '현대적' 이해에서 학습이 어떤 역할을 하는지를 언급하고, 다음 섹션에서는 Foucault와 함께 우리가 **학습 없는 해방**을 상상할 수 있는지 살펴보고자 한다.

해방에는 학습이 필요하다는 생각은 부분적으로 계몽주의와 임마누엘 칸트의 제안에서 비롯된 것으로, 만약 우리가 이성적 능력을 활용할 용기가 있다면 우리는 우리의 미성숙함(다른 사람에 의한 결정)에서 벗어나거나 극복할 수 있다는 것이다. 그러나 보다 명확하게, 해방과 학습의 연관성은 억압적인 권력의 작용으로부터 우리 자신을 해방시키기 위해서는 권력이 어떻게 작동하는지를 폭로해야 한다는 마르크스주의적 사상에서 찾을 수 있다. 마르크스주의 전통이 이 기본 아이디어(이는 비판적·해방주의적 페다고지에 강력한 영향을 끼쳤다)에 더하는 것은 이데올로기의 개념이다. 여기서 주장하는 것은 모든 사상이 사회적으로 결정된다는 것뿐만 아니라 이데올로기는 이러한 결정을 부정하는 사상이라는 것이다. '이데올로기의 딜레마'는 권력이 우리의 의식에 작용하는 방식 때문에 권력이 우리의 의식에 어떻게 작용하는지를 보지 못하는 것으로부터 나온다(Biesta, 2010c 참조). 이것은 권력의 작용에서 벗어나기 위해서는 우리의 의식에 권력이 어떻게 작용하는지를 드러내야 한다는 것을 의미한다. 이것은 또한 우리가 해방을 이루기 위해서는 권력의 작용에 종속되지 않는 의식을 가진 **다른 누군가**가 우리의 객관적인 상황에 대한 설명을 제공해야 한다는 것을 의미한다(이 주제에 대해서는 Honig, 2003 참조). 따라서 이러한 사고방식에 따르면, 해방은 궁극적으로 우리의 객관적 상황에 대한 진실에 달려 있으며, 이 진실은 이데올로기의 영향력 밖에 있는 누군가에 의해서만 생성될 수 있다.

이러한 해방의 '논리'를 교육적으로 '번역'하는 것은 기본적으로 두 가지 형태를 취하는

---

3 랑시에르와 학습 없는 해방에 관한 자세한 내용은 Bingham과 Biesta(2010) 및 Biesta(2012b; 2017)를 참고하기 바란다.

데, 하나는 **독백적인** 것으로 특징지을 수 있고, 다른 하나는 **대화적**(dialogical)인 것으로 특징지을 수 있다. 독백적인 접근은 앞에서 설명한 아이디어를 가장 직접적으로 번역한 것이다. 이 접근은 해방을 위해서는 외부로부터의 개입이 필요하다는 가정, 즉 극복해야 할 권력의 지배를 받지 않는 누군가의 개입이 필요하다는 가정에 의존한다. 따라서 해방은 누군가에게 **행해지는** 방식으로 나타나며, 해방하는 사람과 해방되는 사람 사이의 근본적인 **불평등**에 의존하는 것처럼 보인다. 이러한 이유로 평등은 해방의 결과가 되며, 미래의 어떤 것이 된다. 게다가 이 결과는 해방주의자의 개입을 정당화하는 데 사용된다. 이것이 바로 '식민지적'(예: Andreotti, 2011)이라고도 부를 수 있는 해방 교육의 '논리'인데, 여기에서는 교사는 알고 있지만, 학생은 아직 모르는 상태이다. 교사의 역할은 학생에게 세상을 설명하는 것이며, 학생의 역할은 궁극적으로 교사와 동등한 지식을 가지도록 자라나는 것이 해방 교육의 '논리'이다. 이 설정에는 학생에게 명확한 학습과제가 주어지며, 이 과제는 교사-해방자의 통찰력 습득을 목표로 한다는 점에서 기본적으로 **재생산적인** 과제이다.

파울로 프레이리의 주요 업적 중 하나는 해방이 더 이상 교사-해방자(프레이리의 '은행 저축식 교육' 개념)에 의한 진실 전달의 과정이 아니라, 억압적 구조, 과정, 실천을 집단적으로 발견하는 과정, 즉 교사와 학생이 '공동 주체'(Freire, 1972, p. 135)로 자리매김하는 과정이 되는 대화적 대안을 제공한 것이다. 프레이리는 억압을 개인이 세상과 단절되어 있고, 자신의 행동의 주체로서 존재하는 대신 억압자의 행동의 대상으로 존재하는 상황으로 특징짓는다. 따라서 억압은 사람들의 자연스러운 '프랙시스 속에서의 존재 방식(being-in-praxis)'이 방해받거나 억눌러질 때 발생하는 '비인간화'의 과정으로 이해된다(ibid.). 이러한 관점에서 해방은 인간과 세계 사이의 연결을 회복하는 것, 즉 프레이리의 용어를 빌리자면 **프랙시스**(praxis)를 회복하는 것을 목표로 한다. 이 과정에서 교사의 역할은 대화적이고, 성찰적인 실천을 촉발하여 다시 실천을 시작하고 사람과 세계를 연결하는 것이다(ibid., p. 30). 따라서 프레이리에게 해방은 학습을 수반하며, 아마도 은행 저축식 모델보다 더 많은 학습을 요구하며, 어떤 의미에서는 평생에 걸쳐서 진행되는 과정으로 볼 수 있다. 그러나 학습은 여전히 진실을 지향하지만 재생산적인 것이 아니라 구성적이거나 생성적인 것이다. 독백적 모델과는 달리, 이 모델에서는 학생들이 스스로 그러한 통찰력을 없을 수 없다는 가정하에 교사가 학생들에게 진실을 전달하는 방식으로는 작동하지 않는다.

예시: Foucault와 위반의 실천(practice of transgression)

비록 내가 진실이 독백적 접근과 대화적 접근에서 다른 위치를 차지하고 있다는 것을 보여 주었지만, 두 접근 모두는 궁극적으로 진실의 가능성, 더 구체적으로는 권력에 오염되지 않은 진실에 의존하고 있다. 독백적 접근에서는 이러한 진실이 교사로부터 학습되어 주어지지만, 대화적 접근에서는 집단적 학습과정을 통해 발견된다. 두 가지 접근 모두 권력에 의해 오염되지 않은 진실의 개념에 의존한다는 것은 독백적 접근에서 해방이 이데올로기적 왜곡을 극복하는 과정으로 간주된다는 사실과 관련이 있다. 여기서 해방은 탈신비화의 과정으로 작동한다. 대화적 접근에서 해방은 진정한 인간 존재를 회복하는 과정이며, Freire의 언어로 말하자면 진정한 인간 프랙시스를 회복하는 과정이다. 두 경우 모두 거짓 의식으로 인한 소외나 억압으로 인한 소외를 극복하기 위해서는 진실이 필요하다. 진실이 이러한 '역할'을 할 수 있으려면 진실과 권력 사이에 근본적인 차이가 있다고 가정해야 한다. 실제로 이러한 차이는 현대 계몽주의 프로젝트(예: Habermas, 1990)의 기초로 볼 수 있으며, 그 증거는 '권력에 진실을 말하기(speaking truth to power)'와 같은 아이디어에서 찾을 수 있다.

바로 이와 같은 가정에 이의를 제기한 저자 중의 한 명이 Michel Foucault이다. Foucault는 권력과 지식은 **결코** 분리되어 존재하는 것이 **아니라** 항상 함께 존재하며, 이는 '권력/지식'이라는 아이디어로 표현된다고 주장했다. 그가 '지식은 권력 관계가 중지된 곳에서만 존재할 수 있다고 믿게 만드는 모든 전통(해방에 대한 독백적 접근 및 대화적 접근의 기초를 형성하는 전통)'(Foucault, 1975, p. 27)을 버려야 한다고 제안한 것도 바로 이 때문이다. 그러나 우리가 이러한 특정 전통을 포기해야 한다는 주장은 변화가 더 이상 불가능하다는 것을 의미하는 것은 아니다. 오히려 우리가 항상 지식 대 권력이나 권력 대 지식이 아니라, 즉 권력/지식 대 권력/지식이라는 권력/지식 '구성' 안에서 움직이고 있다는 점을 강조하기 위한 것이다. 따라서 행동, 변화, 비판의 가능성은 있지만, 이를 위해서는 해방이 권력으로부터의 **탈출**이 아닌 근본적으로 다른 개념으로 이해해야 한다.

Foucault는 비평이 '한계를 분석하고 성찰하는 것으로 구성된다'라는 칸트와 같은 계몽주의 사상가들의 의견에 동의한다(Foucault, 1984, p. 45). 하지만 다음과 같이 질문한다.

> 칸트적 질문이 지식이 어떤 한계를 초과해서는 안 되는지를 아는 것이라면(…),
> 오늘날의 비판적 질문은 다시 긍정적인 방향으로 다음과 같이 바뀌어야 한다.
> 우리에게 보편적, 필수적, 의무적으로 주어진 것 중에서 특정한, 우연한, 임의적
> 인 제약의 결과물은 어떤 위치를 차지하고 있는가?
>
> (Ibid.)

Foucault는 자신의 일부 저작에서 이와 같은 접근 방식을 '사건화(eventalization)' (Foucault, 1991, p. 76)라고 불렀다. 사건화는 '역사적 상수, 즉각적인 인류학적 특성, 또는 모두에게 균일하게 부과되는 명백함을 불러일으키려는 유혹이 있는 곳에서 특이성을 시각화하는 것을 의미한다'(ibid.).[4] 사건화는 "단일 사건을 중심으로 … '다각형' 또는 오히려 '다면체'를 구성함으로써 작동하고, 그 면의 수는 미리 주어지지 않으며 결코 당연히 유한한 것으로 받아들일 수 없다"(ibid., p. 77). 따라서 사건화는 사건, 그 요소, 관계 및 참조 영역에 대한 우리의 이해를 복잡하게 만들고 다원화하는 것을 의미한다.

따라서 사건화는 근본적인 구조나 원인에 대한 더 깊은 이해, 즉 근본적인 구조나 원인에 대한 이해로 이어지지 않으며, 이러한 점에서 그러한 구조나 원인의 작용으로부터 우리를 자유롭게 할 수 있는 종류의 지식을 생성하지 못한다. Foucault는 그렇다고 해서 그러한 분석이 효과가 없다는 것을 의미하지는 않는다고 단호하게 말한다. Foucault가 주장한 바에 따르면, 사건화는 무엇을 해야 하는지에 대한 조언이나 가이드라인 또는 지침을 주지는 않는다. 그러나 이것이 가져올 수 있는 것은 '사람들이 더 이상 자신이 무엇을 하는지 알지 못하는' 상황을 초래할 수 있기 때문에, '이제까지는 아무렇지 않고 지나쳤던 행위, 제스처, 담론이 문제가 되고, 어렵고, 위험한 것이 될 수 있다'. 그리고 그는 이러한 효과는 전적으로 **의도적**이라고 주장한다(ibid., p. 84). 따라서 사건화는 권력이 어떻게 작동하는지

---

4 이 장의 앞부분에서 '학습'이라는 개념으로 내가 시도한 것은 바로 이런 방식으로 정확하게 이해될 수 있다. 학습 없이도 가르침이 진행될 수 있다는 것은 내가 Biesta(2015)에서 증명한 바 있다.

에 대한 더 깊고 더 진실한 이해를 가져다주는 것이 아니라 당연하게 여겨지던 일들을 혼란스럽게 만들 뿐이며, 구체적인 행동지침 제시를 목표로 하지도 않는다. 따라서 이러한 종류의 분석은 문제를 해결하기 위한 것이 아니다. '사회복지사'나 '개혁가'를 위한 지식이 아니라 행동하는 주체를 위한 지식이다. Foucault는 다음과 같이 설명한다.

> 비평은 '그렇다면 이렇게 해야 한다'라는 결론을 도출하는 추론의 전제일 필요는 없다. 비평은 싸우는 사람들, 저항하고 거부하는 사람들을 위한 도구가 되어야 한다. 그것은 갈등과 대립의 과정에서 그리고 거부의 에세이에서 사용해야 한다. 법을 위한 법은 불필요하다. 그것은 프로그래밍의 단계가 아니다. 이것은 현재 상황에 도전하는 것이다.
>
> (Ibid., p. 84)

Foucault는 해방을 권력으로부터의 도피로 생각하기보다는 '가능한 위반의 형태를 취하는 실천적 비판'으로 생각한다(Foucault, 1984, p. 45; 강조 추가). 위반에 대한 비판적 실천은 한계를 극복하기 위한 것이 아니다(한계는 제약으로 작용하지만 항상 가능성을 열어 두기 때문이다. Simmons, 1995, p. 69 참고). 위반은 오히려 학습의 존재 자체를 부정하거나, 우리가 학습과 관련이 있거나, 또는 우리가 학습과 관련이 있다는 바로 그 제안을 부정하는 데 우리가 어디까지 나아갈 수 있는지를 확인하려는 시도와 같이 실용적이고 실험적인 '한계에 대한 조명'(Foucault, 1977, pp. 33-38; Boyne, 1990)이다.

따라서 Foucault가 근대 계몽주의의 근본적 구분, 즉 진실과 권력의 구분을 거부한 것은 해방의 가능성이나 비판의 가능성이 종결되었음을 의미하는 것이 아니라, 진실에 기초한 노력, 즉 교사-해방자에 의해 주어지는 진실 또는 집단적 비판 학습을 통해 발견되는 진실로부터의 해방을 **위반**이라는 실천적 과업으로 바꾸는 것이다. 위반이란 Foucault가 말하듯이 상황이 다를 수 있고, 지금과 같은 방식이 반드시 그래야만 하는 방식이 아니라는 것, 즉 우리가 평생학습자가 될 수 없다는 것을 보여 주기 위해 또는 증명하기 위해 다르게 행동하는 것을 의미한다. 따라서 위반의 해방적 잠재력은 '우리가 존재하거나, 행하거나, 생각하는 것을 더 이상 하지 않을' 가능성에 있으며, 바로 이러한 의미에서 Foucault

는 위반이 '정의되지 않은 자유의 작업에 … 새로운 자극을 주려고 한다'(Foucault, 1984, p. 46)고 제안한다.

따라서 Foucault를 통해 우리는 해방에 대한 다른 이해와 접근 방식의 윤곽을 살펴볼 수 있다. 여기에서 해방은 더 이상 탈신비화를 통한 권력으로부터의 도피가 아니라 위반의 실천, 즉 서로 다른 권력/지식 구성과의 실제적인 대결을 통해 상황이 반드시 현재와 같을 필요는 없다는 것을 보여 주는 것이다. 이와 관련하여 수행해야 할 중요한 작업이 있는데, 하지만 이것은 권력에 대해 진실을 말하는 탈신비화의 과정이 아니라 진실의 다원화, 즉 사건화의 과정이다. 이것은 논의에서 매우 중요한 역할을 하는데, 이는 또한 해방에서 학습의 역할이 근본적으로 달라진다는 것을 의미한다. 어떤 의미에서 우리가 Foucault의 주장을 따르면 적어도 학습이 해방의 조건이 아니라면 우리는 더 이상 학습할 것이 없다고 말할 수 있다. 더 정확하게 말하자면, 우리가 Foucault를 따른다면, 우리의 객관적 상태와 이 상태에 대한 왜곡된 이해를 구분할 수 있다는 생각을 포기해야 하기 때문에 우리의 객관적 상태에 대해서는 학습할 것이 아무것도 없게 된다. 마찬가지로, Foucault를 따른다면 우리는 단 하나의 진정한 인간 존재가 있다는 생각을 포기해야 하기 때문에 우리가 진정한 인간 존재에 대해 학습할 것은 아무것도 없다. 여러 인간 존재가 있다는 것은 많은 것을 의미하는데, 이것은 모든 인간 존재가 동등한 추상적 가치나 실제적 가치가 있다는 것을 의미하지 않으며, 인간 존재에 한계가 없다는 뜻도 아니다.

따라서 특정 유형의 학습, 즉 진실을 드러내는 학습이 해방을 이끌어 낼 것이라는 제안은 더 이상 존재하지 않지만, 이러한 과정 자체가 학습에 의해 이끌어지지 않는다는 점을 염두에 둔다면 이것은 위반과 다원화로부터 얻을 것이 아무것도 없다는 것을 의미하지는 않는다. 위반과 다원화가 우선이고, 우리가 그러한 해방적 실험에 참여함으로써 얻는 것은 두 번째이다(그리고 우리가 그것으로 무엇을 하는지는 여전히 다른 문제이다). 이러한 점에서 Foucault의 접근 방식은 학습과 해방 사이의 다른 연계성을 시사한다. 그리고 Foucault에게 자유를 위한 작업이 정의되지 않았다는 사실을 고려하면 이 과정은 절대 끝나지 않을 것이며, 이 점에서 해방은 평생에 걸친 도전이라고 말할 수 있으며(비록 용어는 다르지만 Freire가 염두에 둔 것과 다르지 않음), 자유란 우리가 도달할 수 있는 지점이나 상태가 아니라고 말할 수 있다.

결론

· · · · ·

이 장에서 나는 '학습'의 개념, '학습'의 언어 그리고 '학습'의 담론에 관해 몇 가지 비판적인 질문들을 제기하고자 노력하였다. 나의 의도는 교육자, 교육학자 및 더 나은 변화를 위해 일하는 사람들로서 우리가 학습에 대해 가질 수 있는 따뜻한 감정은 아니더라도 긍정적인 감정에 대해 다시 생각할 기회를 만들고, 이 개념을 통해 수행되는 정치적 '작업', 특히 우리가 다르게 행동하고 다르게 행동하는 데 도움이 되는 것이 아니라 우리를 제자리에 있게 하고 우리를 길들이고 황폐하게 만드는 정치적 작업을 보여 주는 것이었다. 이를 위해 우선 교육 환경에서 학습의 언어의 몇 가지 문제점을 보여 줌으로써 학습의 언어가 말하자면, 교육을 교육적으로 만드는 차원을 모호하게 만드는 경향이 있다는 사실을 강조함으로써 이를 수행하였다. 여기서 나는 특히 교육을 개인주의적이고 개별화된 학습의 과정언어(process-language of learning)로 이야기하기 시작하면 내용, 목적, 관계에 대한 질문이 쉽게 시야에서 사라진다는 점을 강조했다. 나는 평생학습 분야의 변혁에 대한 논의를 통해서 '학습'이라는 바로 그 개념을 통해 수많은 정치적 작업이 어떻게 수행되는지, 그리고 평생학습을 하나의 '분야'로 구축하는 것 자체가 이미 작동하고 있는 학습의 정치의 한 사례임을 강조하려고 노력했다. 이러한 배경에서 나는 학습의 정치를 차단할 필요가 있다고 제안했다.

이러한 차단의 출발점은 학습이 자연스러운 과정이며(마치 우리의 통제를 벗어나는), 따라서 단순히 그냥 '발생'하는 것이라는 제안을 거부하는 것이다. 거기에 더해 나는 학습자의 정체성, 특히 평생학습자의 정체성 자체를 거부하는 것이 왜 중요한지를 강조하였으며, 이러한 거부는 동시에 학습의 정치가 작동하는 방식을 폭로하고 반대할 수 있다. 마지막 단계에서, 나는 학습이라는 개념을 포기하는 것이 해방이라는 개념을 포기하는 것이 아니라는 것을 보여 주기 위해 이를 해방에 대한 논의와 연계시켰다. 나는 Foucault를 예로 들어 학습 없는 해방(Foucault에게는 해방이 동시에 위반으로 해석됨)이 어떤 모습일 수 있는지 그리고 학습의 정치에 대한 나의 비판 자체가 어떻게 위반의 시도로 이해될 수 있는지를 보여 주었다. 이것은 학습이라는 개념에 대한 전면적인 비난이 아니다(혹은 아직은 아니다).

왜냐하면 나는 여전히 학습이 좋은 방향으로도 작용할 가능성을 열어 두고 싶기 때문이다 (그러나 앞서 언급한 대로 점점 더 이 가능성에 대해 비관적으로 생각하고 있다). 여기서 중요한 문제는 우리가 학습을 할 것인지 말 것인지, 학습자의 정체성을 채택할 것인지 말 것인지, 아니면 우리가 오직 학습에 대한 지속적인 요구와 평생학습자로서 자신을 형성하라는 지속적인 요구를 따를지 말지의 여부이다. 즉, 우리가 학습의 의무에 굴복할 수밖에 없는지 여부이다. 그렇기 때문에 나는 학습의 정치를 계속 차단해야 할 뿐만 아니라, 그 일환으로 교육 담론을 학습의 언어에 의존하는 담론에서 학습을 넘어 교육적일 수 있는 담론으로 바꿔야 한다고 생각한다(Biesta, 2006a; Biesta, 2015 & Biesta, in press).

참고문헌

Andreotti, V. (2011) *Actionable Postcolonial Theory in Education*. New York: Palgrave/Macmillan.

Aspin, D.N. & Chapman, J.D. (2001) Lifelong learning: concepts, theories and values. In *Proceedings of the 31st Annual Conference of SCUTREA*. University of East London: SCUTREA.

Biesta, G.J.J. (2006a) *Beyond Learning: Democratic Education for a Human Future*. Boulder: Paradigm Publishers.

Biesta, G.J.J. (2006b) What's the point of lifelong learning if lifelong learning has no point? On the democratic deficit of policies for lifelong learning. *European Educational Research Journal*, 5(3–4), 169–180.

Biesta, G.J.J. (2009) Good education in an age of measurement: on the need to reconnect with the question of purpose in education. *Educational Assessment, Evaluation and Accountability 21*(1), 33–46.

Biesta, G.J.J. (2010a) *Good Education in an Age of Measurement: Ethics, Politics, Democracy*. Boulder: Paradigm Publishers.

Biesta, G.J.J. (2010b) Learner, student, speaker. Why it matters how we call those we teach, *Educational Philosophy and Theory*, 42(4), 540–552.

Biesta, G.J.J. (2010c) A new 'logic' of emancipation: the methodology of Jacques Ranciere. *Educational Theory*, 60(1), 39–59.

Biesta, G.J.J. (2011) The ignorant citizen: Mouffe, Ranciere, and the subject of democratic education. *Studies in Philosophy and Education,* 30(2), 141–153.

Biesta, G.J.J. (2012a) Everything you always wanted to know about lifelong learning (but were afraid to ask). Is critical research on lifelong learning possible? And is it desirable? A chapter presented at the *23rd Conference of the Deutsche Gesellschaft fur Eriehungswissenschaft,* Osnabruck, March 2012.

Biesta, G.J.J. (2012b) Have lifelong learning and emancipation still something to say to each other? *Studies in the Education of Adults,* 44(1), 5–20.

Biesta, G.J.J. (2015) Freeing teaching from learning: opening up existential possibilities in educational relationships. *Studies in Philosophy and Education* 34(3), 229–243.

Biesta, G.J.J. (2017) Don't be fooled by ignorant schoolmasters. On the role of the teacher in emancipatory education. *Policy Futures in Education* 15(1).

Biesta, G.J.J. (in press) *The Rediscovery of Teaching.* New York: Routledge.

Bingham, C. & Biesta, G.J.J. (2010) *Jacques Ranciere: Education, Truth, Emancipation.* London/ New York: Continuum.

Boyne, R. (1990) *Foucault and Derrida: The Other Side of Reason.* London: Routledge.

Brackertz, N. (2007) *Who Is Hard to Reach and Why?* Institute of Social Research Working Chapter, Melbourne: Swinburne University of Technology.

Delors, J. et al. (1996) *Learning: The Treasure Within.* Paris: UNESCO.

Derrida, J. (1994) *Spectres of Marx.* New York: Routledge.

DfEE (Department for Education and Employment) (1998) *The Learning Age: A Renaissance for a New Britain.* London: The Stationery Office.

ELLI Development Team (2008) *European Lifelong Learning Indicators: Developing a Conceptual Framework.* Gutersloh: Bertelsmann Stiftung.

Faure, E. et al. (1972) *Learning to Be: The World of Education Today and Tomorrow.* Paris: UNESCO.

Fejes, A. (2006) *Constructing the Adult Learner: A Governmentality Analysis.* Linkoping: Linkoping University.

Field, J. (2000) *Lifelong Learning and the New Educational Order.* Stoke–on–Trent: Trentham.

Forneck, H.J. & Wrana, D. (2005) Transformationen des Feldes der weiterbildung. In H.J. Forneck & D. Wrana (Eds) *Ein parzelliertes Field: Eine Einfuhrung in die Erwachsenenbildung.* Bielefeld: Bertelsmann.

Foucault, M. (1975) *Discipline and Punish: The Birth of the Prison.* New York: Vintage.

Foucault. M. (1977) A preface to Transgression. In D.F. Bouchard (Ed.) *Language, Counter–*

Memory, Practice: Selected Essays and an Interview by Michel Foucault. Ithaca: Cornell University Press.

Foucault, M. (1984) What is Enlightenment? In P. Rabinow (Ed.) *The Foucault Reader*. New York: Pantheon.

Foucault. M. (1991) Questions of method. In G. Burchell, C. Gordon & P. Miller (Eds) *The Foucault Effect: Studies in Governmentality*. Chicago: The University of Chicago Press.

Freire, P. (1972) *Pedagogy of the Oppressed*. London: Penguin.

Habermas, J. (1990) *The Philosophical Discourse of Modernity*. Cambridge: MIT Press.

Honig, B. (2003) *Democracy and the Foreigner*. Princeton: Princeton University Press.

Meirieu, P. (2007) *Pedagogie: Le Devoir de Resister*. Issy–les–Moulineaux: ESF Editeur.

Messerschmidt, A. (2011) Weiter bilden? Anmerkungen zum lebenslangen Lernen aus erwachsenenbildnerischer und bildunstheoretischer Perspektive. In Kommision Sozialpadagogik (Ed) *Bildung des Effective Citizen. Sozialpadagogik auf dem Weg zu einem neuen Sozialentwurf*. Weinheim/Munchen: Juventa.

OECD (1973) *Recurrent Education: A Strategy for Lifelong Learning*. Paris: OECD.

OECD (1997) *Lifelong Learning for All*. Paris: OECD.

Rose, N. (1999) *Governing the Soul: The Shaping of the Private Self* (2nd edition). London: Free Association Books.

Simmons, J. (1995) *Foucault & the Political*. London and New York: Routledge.

Simons, M. & Masschelein, J. (2009) Our will to learn and the assemblage of a learning apparatus. In A. Fejes & K. Nicoll (Eds) *Foucault and Lifelong Learning*. London/New York: Routledge.

Yang, J. & Valdes–Cotera, R. (Eds) (2011) *Conceptual Evolution and Policy Developments in Lifelong Learning*. Hamburg: UNESCO Institute for Lifelong Learning.

Yeaxlee, B.A. (1929) *Lifelong Education*. London: Cassell.

찾아보기

인명

A

Ahmed, S. 224

Alheit, P. 238

Argyris, C. 025

B

Bakhtin, M. M. 086

Bateson, G. 089, 090, 094

Bauman, Z. 043, 224

Baumgartner, L. 149

Beck, U. 245

Belenky, M. 193

Bell, P. 266, 267

Bennett-Goleman, T. 194, 195

Berger, P. 046

Bierema, L. L. 136, 148

Biesta, G. 372

Biggs, J. B. 164

Blackman, L. 266, 267, 268

Boekaerts, M. 158

Bourdieu, P. 045, 242, 248

Boyd, R. 196

Brookfield, S. 142, 143, 189, 198

Bruner, J. 173, 276, 279, 283

Buber, M. 052

Burbules, N. 191

Burk, R. 191

C

Caffarella, R. S. 149

Chapman, J. D. 377

Cole, M. 086

Conklin, T. A. 119

Cranton, P. 195

Credé, M. 163

D

Danziger, K. 260, 261

Delors, J. 374

Derrida, J. 373

Dewey, J. 112, 113, 114, 115, 116, 117, 119,
    120, 121, 122, 123, 124, 125, 126, 127, 128,
    129

Dignath, C. 159

Dirkx, J. 146, 196

Donoghue, G. 156, 169

du Gay, P. 269

Dweck, C. 163

E

Elias, D. 196

Elkjaer, B. 112

Elliot, A. J. 229

Ellström, P. 025

Engeström, R. 086

Engeström, Y. 082

Erikson, E. 048, 065

F

Fasokun, T. O. 149

Field, J. 244

Fingerette, H. 181

Foucault, M. 259, 268, 292

Fowler, J. 048

Freire, P. 141, 180, 181, 190, 197

Freud, A. 026

G

Gardner, H. 029, 065, 202

Gee, J. P. 264

Giddens, A. 245

Gleason, P. 263

Gore, J. 307

Gould, R. 181, 193

Greco, M. 220

Grosz, E. 269

H

Habermas, J. 180, 181, 182, 183, 189, 321

Hascher, T. 219, 222

Hattie, J. A. T. 156, 167, 169

Hegel, G. W. F. 080

Heifetz, R. 076

Higgins, E. T. 164

Hirsch, E. D. 213

Hoggan, C. 258

Holst, J. 142

Houle, C. O. 136

Huxley 070

I

Il'enkov, E. 086

Illeris, K. 016, 041, 162, 172

J

Jackson, C. 218, 233

James, W. 262

Jarvis, P. 036, 040, 137

Jung, C. G. 195, 196

K

Katahoire, A. 149

Kegan, R. 056, 192

Kim, Y. S. 149

King, P. 193

Kitchener, K. 193

Knowles, M. 138, 139

Kohlberg, L. 048

Kolb, D. A. 039, 040, 118, 119, 120, 129

L

Latour, B. 086, 092

Lave, J. 112, 114, 143

Leithäuser, T. 027

Leont'ev, A. 084, 085

Lewin, K. 119

Linnenbrink, E. A. 220

Linnenbrink-Garcia, L. 219, 221

Luhmann, N. 249, 327

Luria, A. R. 086

M

Marton, F. 168, 173

Marzano, R. 174

Maslin, K. T. 049

Masschelein, J. 383

McGill, I. 307, 310

McGregor, H. A. 229

Mead, G. H. 048

Merriam, S. B. 136, 148, 149

Messerschmidt, A. 379

Mezirow, J. 056, 065, 066, 069, 070, 076, 077,
  141, 180, 198

Mulvihill, M. K. 145

N

Nah, Y. 149

Nonaka, I. 104

O

Oduaran, A. B. 149

O'Sullivan, E. 191

P

Pain, R. 233

Parker, S. 041

Pekrun, R. 219, 221

Perkins, D. 173

Perkins, D. N. 168

Piaget, J. 016, 023, 025, 048, 065, 084, 276

Pintrich, P. R. 167

Popper, K. R. 159, 164

Putnam, R. D. 246

Putwain, D. 226

R

Reynolds, M. 119

Rogers, C. 016

S

Salomon, G. 168

Scherer, K. R. 221

Schön, D. 025

Schwartz, D. L. 163

Shirlow, P. 233

Shuman, V. 221

Siegal, H. 181, 188

Simons, M. 383

Stenner, P. 220

Stroobants, V. 352

T

Takeuchi, H. 104

Tennant, M. 256

Tisdell, E. J. 136, 147

Tough, A. 140

U

Usher, R. 292

V

Vygotsky, L. 025, 084, 085, 086, 158, 276

W

Weil, S. 307, 310

Weizsäcker, V. von 249

Wenger, E. 048, 112, 114, 144, 336

Wertsch, J. V. 086

Wetherell, M. S. 221, 223

Wildemeersch, D. 308, 309, 352

Y

Yaeger, D. S. 163

Z

Ziehe, T. 314

내용

Foucault의 통치성 380

SDL 140

Standard Assessment Tasks 227

ㄱ

가설-연역법적 182

가이던스 032

간주관성 052, 287

감각 045, 046

감성 020

감정 146, 187, 219, 220, 221, 225, 287

개념 130

개성화 196

개인 342

객관화된 문화 051

객체 071, 072, 084, 098, 099

객체지향성 084

거래 127

결과 160

경계교차개념 088

경계교차실험 091, 103, 106

경험 038, 041, 042, 046, 114, 115, 118, 119,
　120, 123, 124, 125, 126, 128, 129, 137

경험의 개념 124

경험적 042

경험주의 041, 116

경험학습 118, 119, 293, 294

경험학습 모델 118

경험학습의 페다고지 295, 302

계산과학 277

계산주의 277, 279, 280, 281, 282, 284

고급문화 319

고백 294

고백적 실천 304

고유성 263

공감 지식 104

공고화 172

공동체 339, 342

과업지향학습 184

관여된 행위자성 271

관점 전환 181

관찰과 성찰 118

교사 158

교수 038, 121, 125, 162, 170

교수전략 174

교육 067, 121, 125, 129, 219

교육기관 337

교육시스템의 선택 및 배제 메커니즘 245

구성적 발달심리학 070

구성적 발달이론 071, 072

구성적 발달주의 070

구성주의 발달심리학자 192

구성주의이론 347

구조적 관점 247

구체적인 경험 118

권력 386

귀족주의 116

규범적 자기 267

규칙 098

그릿 163

근대성 245

근본적인 상징적 구조 317

근본적인 신념의 변화 318

근접발달영역 025, 088, 158, 347

금욕주의 324

기계적 학습 024

기능적 시스템 092

기능주의 050

기술 160, 161, 170

기억흔적 023

ㄴ

낭만주의 116

내가 되기 위해 학습 037, 048

내용 차원 020

노화 017

논리적 행동주의 050

누적학습 024

느낌 146

ㄷ

담론 182, 183

대중문화 319

대중 페다고지 280

대화성 086

대화적 385

대화적 접근 386

도구적 학습 182

도전 360

독백적 385

독백적 접근 386

동기 165

동기부여 163, 229

동일성 263

동일시 265

동화적 065

동화학습 024

되어 감 037, 048

두려움 224

ㄹ

라이프스타일 294

라이프스타일 실천 295

ㅁ

마음챙김 194

매개 084, 125

매개물 084

매듭 엮기 100, 103

맥락 143, 144, 151

맥락기반학습 151

맥락학습 142, 143

맥락화 316

메타인지적 과정 189

메타인지적인 인식론 185

명상적 깨어 있음 194

모델링 105

모든 것에 관한 이론 281

모순 088

모양 065, 066, 067, 069, 070, 080

몸 145, 146

몸과 두뇌 147

무형식 학습과정 240

문제기반학습 174

문제중심적 139

문제해결 174

문화 115, 130

문화역사적 활동이론 084

문화의 상징체계 279

문화의 정상성 319

문화이론 315

문화자본 242

문화적 교류 279

문화적 맥락 279

문화적-분석적 의미 316

문화적 실체 084

문화 정전 324

문화주의 277, 278, 279, 280, 281, 282, 286

ㅂ

반사궁 121, 123

방어기제 026, 028, 030

방어전략 228

범주 043

변혁적 067

변화된 사람 041, 046

분류 043

분산인지 092

분석적 행동주의 050

분절 038, 042, 044, 046

분절 상태 044

불안 224, 225

비서구 관점 148

비서구 사회 149

비유 말하기 207

비판 294

비판이론 142, 150

비판적 관점 142

비판적 교육학 190, 191, 307

비판적 담론 189

비판적 성찰 190

비판적 실천 305, 306

비판적인 사회과학적 관점 142

비판적 자기성찰 187

비판학습이론 143

비학습 026

비형식 학습과정 240

비환원주의적 일원론 050

ㅅ

사건화 387

사고 115, 122, 125, 130

사고습관 070, 184, 195

사전 성취 162

사전 지식 027, 161

사회 042

사회생태학 246

사회생활 세계 326

사회세계 045

사회적 과정 251

사회적 맥락 142

사회적 상황 046, 047

사회적 습관 326

사회적 인간 042

사회적인 실재 045

사회적 행동 188, 189

사회정의 147

사회학습이론 347

사회행동 이니셔티브 147

사회화되는 것 072

사회화된 192

사회화된 인식론 073, 076

사회화이론 348

살아 보지 못한 삶 251

삶 교육과정 076

삶의 전 영역에 걸쳐 240

삶의 전환 193

상상력 187

상징구조 315

상징적 상호작용주의자들 263

상징체계 284

상호 연결된 활동체계 092

상호작용 018, 049, 086, 127

상호작용 과정 019

상호작용 차원 021

상황 143

상황학습 092, 252

상황학습이론 094

새로운 상황에서 개념의 함의 테스트하기 118

생애사 내러티브 258

생애 전반에 걸쳐 240

생활세계 038, 042

성공 기준 160, 164

성숙 017

성인 138

성인교육 137, 181, 189, 199

성인교육 담론 293

성인교육자 044, 137, 183, 197

성인교육 전문가 077, 078

성인학습 040, 137, 142, 147, 150

성인학습이론 148

성인학습자 077, 137

성장 358

성장 마인드셋 163

성장지향학습 025

성찰적 활성화 355

성취 162

성취적 접근 164

세계와의 만남 043

소비주의 296

수행 지향 163

숙달 163

숙달 목표 163

숨겨진 능력 247

스릴 160, 161, 163, 165, 170

스키마 사고 195

스킬 162

습득 172

습성 315

시각 070, 184

시행착오 117

시행착오 학습 045

시험불안 226

신체 145

실재 070, 126, 286

실제 정신 280

실존적 042

실존주의 041

실증주의 116

실천 115, 130, 339

실천공동체 092, 114, 144, 151, 340, 341

실천기반학습 112

실체 049

실행을 통한 학습 117

심층 161, 164

심층 전략 165

심층학습 166, 170, 172, 173, 174

심층학습의 공고화 168

심층학습의 습득 167

써 가는 존재 072

쓰여지는 존재 072

ㅇ

아는 자 338

아동교육 137

아동학습 139

아비투스 045, 248, 297

아우라 324

앎 338

앎과 소통 279

앎의 방식 066

앎의 여섯 가지 형식 193

암묵적 146

암묵적인 지식 145

암묵지 104

앤드라고지 137, 138, 139, 142

양면가치 027

에고 의식 196

에이전트 045

연습 170

영성 146, 147

예기적 상상 126

예기적 상상력 121

오학습 026

우리가 붙잡힌 곳 071

우리가 소유하는 곳 071

우리가 아는 것 067

우리가 아는 방식 067

우주론 191

유기적 서클 123

유기적 조응 122

유기체 122

유의미한 학습 028

유의학습 025

유추-귀추법적 182

육체 049, 050

융합 065

은행저축식 309

의문 품기 104

의미 046, 279, 339

의미관점 181, 184

의미구조지향적 맥락화 316

의미 만들기 147, 279, 282

의미 있는 연결 356, 363

의미체계지향적 맥락화 316

의미형성 과정 070

의미형성의 재형성 070

의사소통 가능성 279

의사소통적 담론 182

의사소통적 학습 182

의식 고양 181, 265

의식화 181

의지 160, 161, 162, 170

이데올로기 비평 189

이론 130

이원론 049

인간 049

인간의 문제 115

인공지능 280

인과적 사고 121

인센티브 차원 020

인식론 070, 074

인식론적 전환 076, 079

인적자본론 243

인지이론 347

인지주의 학습이론 019

일반적인 기본 신념 316

일반화의 형성 118

일상의 삶과 대중문화의 융합 324

일상의식 027

임파워먼트 293

입력 160

ㅈ

자극 359

자기 078, 142, 196, 260, 263, 264, 269, 296, 303, 356

자기개념 262

자기결정 265

자기공개 262

자기구성 287

자기규율 304

자기규제 303

자기들(selves) 297

자기모니터링 262

자기생성적 시스템 249

자기 생성하기 303

자기성찰 192

자기성찰적 전기 353

자기신뢰 262

자기실현 262

자기인식 262

자기저작적 192

자기저작적 마음 079

자기저작적 인식론 072

자기전환적 192

자기조절 167

자기존중 262

자기주도성 142

자기주도적 학습자 077

자기주도학습 137, 139, 142

자기참조 296

자기충족적 예언 187

자기통제 262

자기표현 293

자동화 168

자리매김 303

자리알선 032

자아실현 293, 296

자율 293, 294, 296

자율적 주체성 304

자의식 196

잠재적 교육과정 089

(재)구성 360

재생산적 385

(재)설계 360

저항 358

저항기제 028, 030

적용 293, 294

적용/표현/자율/적응 295, 308

적응 293, 294, 358

적응적 065

적응지향학습 025

전기 038, 258

전기적 지식 250

전기적 학습과정 355

전기학습 252

전이 161, 168, 170, 174

전이 전략 173

전이학습 025, 356, 361

전이학습의 과정 357

전인적 학습 244

전체론적 149

전통주의 079

전환 065, 075, 076, 141, 196

전환이론 189

전환적 067

전환적 학습 065, 069

전환학습 025, 065, 066, 067, 070, 071, 072,
  076, 137, 140, 141, 142, 180, 181, 183, 197

전환학습의 과정 185

전환학습이론 141, 198

정교화 018, 020

정보적 학습 069

정보처리 277, 282

정보학습 066, 067

정서 219, 220, 221

정신 049, 050, 080, 147, 277, 278

정신/두뇌 정체성 050

정신이론 283

정신적 균형 020

정신적 스킴 023

정신적 저항 028

정전 324

정체성 263, 264, 267, 269, 340

정체성 발달 147

정체성 방어 027

제한적 활성화 355

조건화 024

조작적 정의 041

조절학습 024

조직 342

조직이론 348

조직학습 104

존재 037, 048

주제중심적 139

주체(agency) 094

주체(subject) 071, 072, 084, 094

주체성 266, 267, 268, 269, 304

주체 지위 267

주체화 377

준거틀 066, 069, 070, 181, 183, 184

지금 048

지식 121, 148, 338

지식 사건 115, 126

지식사회 245

직관 187

직관적 146

직업 294

직업적 실천 299

진입지점 205

진정성 265

진화 203, 204

진화론 204

집합적인 노력 089

ㅊ

차별화 358

참여 114

창의적 사고 174

체화된 지식 146

체화된 학습 145, 146

초월적 학습 024

초유기적 279

최상경로 095, 097, 106

추가학습 067

추상적 개념 118

치료연계 095

치료책임협의 107

치료피드백 102

치료합의 101, 102, 103, 105

치료협의 102

ㅋ

콘텍스티콘 282

ㅌ

탈맥락화된 학습 188

탐구 116, 121, 124, 125, 128, 129

탐구 과정 126

텍스트 281

통합 122

통합적 접근 270

ㅍ

패러다임 181

패러다임 전환 243, 251

페다고지 139, 293

평생교육 패러다임 380

평생학습 패러다임 380

포스트모더니즘 079

포스트모더니티 296, 299

포지셔닝 027

표면 161, 164

표면적 지식 174

표면학습 166, 170, 171, 172, 174

표면학습의 공고화 167

표면학습의 습득 166

표현 294

프래그머티스트 112

프래그머티즘 113, 114, 115, 116, 117, 121,
　250

프랙시스 190, 385, 386

피드백 170

ㅎ

학교 137, 219

학교 교육 219

학생 158

학습 017, 038, 041, 047, 089, 114, 137, 148,
　157, 240

학습결과 160

학습 경험 039

학습공동체 144, 151

학습과 감정 222

학습과정 052, 162, 170, 219

학습과학 158

학습내용 158

학습 동기 161

학습모델 284

학습방법 158

학습 사이클 039

학습 성향 161

학습 스타일 029

학습 스타일 인벤토리 119

학습 없는 해방 384, 390

학습 에이전트 160, 161, 164

학습 유형 023

학습의 세 차원 018, 030

학습의 시대 373

학습의 자연화 381

학습의 재정치화 382

학습의 전이 172

학습의 정치 380, 381

학습의 주체 083

학습의 탈자연화 382

학습의 패러독스 041

학습 이니셔티브 031

학습이론 338

학습자 018, 163

학습자 입력 160

학습 장애요소 018

학습전략 157, 158, 159, 160, 164, 166, 169, 171

학습화 374, 375

학습환경 165

학습 I 089

학습 II 089

학습 III 089, 094

학업성취도 228

해방 386, 389

해방적인 079

해석학 281

핵심에 접근하기 208

행동 084, 115, 122, 125

행동주의이론 346

행동주의자 019

행위자 네트워크 이론 092

행위자성 268

협상 가능성 279

협업 성찰적 지식 067

형식 학습과정 240

형식지 104

혼란스러운 딜레마 141

홀로코스트 203, 204

확장적 전환 088

확장학습 025, 083, 089, 094

확장학습이론 083

확장학습활동 090

환경 160

활동 085

활동네트워크 086

활동이론 086, 087, 347

활동체계 085, 086

활성화 전략 363

회색자본 242, 251

획득 018, 020

편저자 소개

Knud Illeris는 덴마크 오르후스대학교의 평생학습과 명예교수(professor emeritus)이자 Simonsen & Illeris 교육 컨설팅의 설립자이다. 그는 학습이론과 성인교육에 혁신적인 공헌을 한 인물로 국제적으로 인정받고 있다. 뉴욕 컬럼비아대학교의 명예교수(honorary professor)이며, 국제 성인교육 명예의 전당 회원이다. 그는 『청소년의 학습과 동기 이해(Understanding Learning and Motivation in Youth)』(2018), 『우리는 어떻게 배우는가(How We Learn, 2판)』(2017), 『학습, 발달 및 교육(Learning, Development and Education)』(2016), 『변혁적 학습과 정체성(Transformative Learning and Identity)』(2014), 『직장학습의 기초(The Fundamentals of Workplace Learning)』(2011) 등 다수의 책을 저술했다.

역자 소개

전주성(Jun JuSung)
미국 The University of Georgia 성인교육학 박사
현 숭실대학교 평생교육학과 교수

강찬석(Kang ChanSeok)
숭실대학교 평생교육학 박사

김태훈(Kim TaeHun)
숭실대학교 평생교육학 박사

김영배(Kim YoungBae)
숭실대학교 교육학 박사

현대학습이론(원서 2판)
Contemporary Theories of Learning (2nd ed.)

2024년 9월 10일 1판 1쇄 인쇄
2024년 9월 20일 1판 1쇄 발행

엮은이 • Knud Illeris
옮긴이 • 전주성 · 강찬석 · 김태훈 · 김영배
펴낸이 • 김진환
펴낸곳 • ㈜ 학지사

04031 서울특별시 마포구 양화로 15길 20 마인드월드빌딩
대표전화 • 02)330-5114   팩스 • 02)324-2345
등록번호 • 제313-2006-000265호

홈페이지 • http://www.hakjisa.co.kr
인스타그램 • https://www.instagram.com/hakjisabook

ISBN 978-89-997-3195-2 93370

정가 23,000원

출판미디어기업 학지사

간호보건의학출판 **학지사메디컬** www.hakjisamd.co.kr
심리검사연구소 **인싸이트** www.inpsyt.co.kr
학술논문서비스 **뉴논문** www.newnonmun.com
교육연수원 **카운피아** www.counpia.com
대학교재전자책플랫폼 **캠퍼스북** www.campusbook.co.kr